AI가 골라 담는 ETF

– 95개 가상사례로 읽는 AI 기반 ETF 투자 전략 –

원제무

publishing and culture
피앤씨 미디어

머리말

매일 아침 커피를 마시며 증권 앱을 켜는 당신, 월급날만 기다리며 '이번 달엔 뭘 사볼까' 고민하는 당신, 그리고 '투자는 해야 겠는데 도대체 뭘 어떻게 해야 할지 모르겠다'며 답답해 하는 당신을 위해 이 책을 쓴다.

ETF(Exchange Traded Fund)라는 단어를 처음 들었을 때의 그 막막함을 기억한다. 주식도 펀드도 아니면서 둘 다라고? 거래소에서 거래되는 펀드라고? 처음엔 마치 외계어 같았던 이 개념이, 이제는 개인투자자에게 가장 친근하고 강력한 투자 도구가 되었다. 더 나아가 AI와 만난 ETF는 투자의 새로운 지평을 열고 있다.

그러나 막상 투자를 시작하려 하면 'ETF', '분산투자', '리밸런싱'과 같은 낯선 용어의 벽에 부딪히고, 눈앞의 작은 파도에도 공포를 느껴 황급히 뭍으로 되돌아오기를 반복한다. 인간의 마음은 탐욕의 썰물과 공포의 밀물 사이에서 영원히 표류하도록 설계되었기 때문이다.

특히 이 책의 중심을 관통하는 'AI 기반 투자 전략'은 인간의 감정적 약점을 보완하고, 데이터에 기반한 이성적 판단을 내리는 가장 진화된 투자 방법론이다. AI는 시장의 환희에 취하지 않고, 공포의 순간에 침몰하지 않는다. 인간의 심리를 역이용하여 위기를 기회로 만들고, 변동성이라는 파도를 이용해 수익이라는 에너지를 만들어낸다.

이 책은 AI가 어떻게 시장의 소음을 걸러내고 본질을 꿰뚫어 보는지, 그리고 투자자가 어떻게 이 강력한 도구와 파트너가 되어 함께 성장할 수 있는지를 심도 있게 탐구한다. AI는 감정의 파도에 휩쓸리지 않는 조타수이며, 인간은 최종 목적지를 설정하는 선장이다.

이 책은 단순한 투자 가이드북이 아니다. 95개의 생생한 가상사례를 통해 ETF 투자의 모든 과정을 체험할 수 있는 실전 시뮬레이션이다. 20대 직장인 김영희 씨가 월 30만원으로 시작하는 첫 투자 이야기부터, 50대 자영업자 박사장님의 은퇴 준비 포트폴리오까지, 당신과 비슷한 상황의 사람들이 어떻게 AI의 도움을 받아 현명한 투자 결정을 내리는지 생생하게 보여준다. 각 사례는 평범한 직장인, 이제 막 사회에 첫발을 내디딘 청년, 은퇴를 앞둔 중년 등 우리 주변의 이웃들이 겪을 법한 현실적인 고민과 상황을 담고 있다.

독자들은 이들의 이야기를 통해 ETF라는 배를 만드는 법부터, AI라는 항해술을 익혀 목적지까지 안전하게 나아가는 전 과정을 생생하게 학습하게 될 것이다. 이는 단순한 지식의 전달을 넘어, 이론의 뼈대에 이야기의 온기를 불어넣어 독자들의 지적 호기심과 실천적 용기를 동시에 자극하기 위함이다.

이 책의 첫 번째 주제에서는 ETF가 무엇인지부터 차근차근 알아본다. 은행 예금만으로는 물가 상승을 따라잡을 수 없는 현실에서, 왜 ETF가 개인 투자자에게 희망의 빛이 되는지 살펴본다. 두 번째 주제에서는 AI와 함께하는 ETF 투자의 실제 방법을 배운다. 세 번째 주제는 이 책의 핵심으로, AI 기반 ETF 투자 전략의 모든 것을 다룬다. 마지막

네 번째 주제에서는 시장이 흔들릴 때 AI가 어떻게 우리의 자산을 보호하는지 알아본다.

AI는 이제 단순한 '도우미'가 아니라, 하나의 투자 파트너로 자리매김하고 있다. 시장의 흐름을 감지하고, 과거 수십 년 간의 데이터를 학습하여, 인간 투자자가 미처 보지 못한 신호와 기회를 포착한다. 예를 들어, 불안정한 금리 시장에서 채권 ETF와 배당 ETF를 자동으로 재 조합하여 안정성을 확보하거나, 글로벌 공급망 변화에 따라 원자재 ETF와 섹터 ETF의 비중을 즉각적으로 조정하는 일은 이제 인간이 아닌 AI가 수행하는 투자 전략의 일부가 되었다.

AI는 우리의 투자 결정을 대신해주는 만능 도구가 아니라, 더 나은 결정을 내릴 수 있도록 도와주는 비서(Agent)이다. 최종 판단은 언제나 우리의 몫이며, 그 판단의 질을 높여주는 것이 바로 AI의 역할이다.

투자의 세계는 복잡하고 때로는 무서운 곳이다. 하지만 올바른 지식과 도구, 그리고 현명한 파트너가 있다면 충분히 정복할 수 있는 곳이기도 하다. 이 책이 그 여정의 든든한 동반자가 되기를 바란다.

투자는 결코 도박이 아니다. 체계적인 학습과 꾸준한 실천을 통해 누구나 성공할 수 있는 기술이다. 특히 AI라는 강력한 도구를 얻은 지금, 개인 투자자에게도 전례 없는 기회가 열려 있다.

이 책을 읽는 모든 분이 AI 시대의 현명한 투자자로 거듭나기를 바라며, 여러분의 투자 여정에 작은 보탬이 되기를 진심으로 희망한다.

"투자의 미래는 AI와 함께 한다. 하지만 그 미래를 만들어가는 것은 바로 우리 자신이다."

차 례

주제 1

AI 기반 ETF, 제대로 알고 시작하자

제1장 ETF가 뭔가요? - 투자 초보자를 위한 첫걸음

1. 은행 예금만 믿기엔 너무 서글픈 내 월급과 가상사례 • 2
2. "물가는 오르는데 내 돈의 가치는 왜 그대로일까?"와 가상사례 • 6
3. 상장지수펀드(ETF)란 무엇인지 쉽게 이해하기와 가상사례 • 10
4. 주식과 펀드의 좋은 점만 모은 상장지수펀드(ETF)별 개념, 방법 및 기술, 효과, 배당, 장단점, 활용사례와 가상사례 • 16
5. ETF 투자 전 꼭 알아야 할 기본 용어들 • 21

제2장 내 생애 첫 투자, 왜 ETF일까?

1. 내가 ETF에 투자해야 하는 이유와 가상사례 • 25
2. ETF로 비빔밥 한 그릇처럼 완벽한 분산투자 효과와 가상사례 • 29
3. 한 주에 몇 천 원? 커피 값으로 삼성전자 ETF주주 되기와 가상사례 • 33
4. "ETF: 사고 팔기 편하고, 수수료는 저렴하고!"와 가상사례 • 37
5. 주식 vs 펀드 vs ETF: 초보 투자자를 위한 최종 선택과 가상사례 • 41

제3장 내 돈이 일할 집, 증권사 계좌 만들기

1. 어떤 증권사를 골라야 할까? (수수료, 편의성 비교)과 가상사례 • 46
2. 스마트폰으로 10분 만에 비대면 계좌 개설하기와 가상사례 • 50
3. 주식 거래 앱(MTS) 설치와 기본 화면 익히기와 가상사례 • 54
4. 예수금 입금부터 ETF 첫 주문까지 (매수/매도 실전)와 가상사례 • 57
5. 연금저축펀드, IRP 계좌: 세금 혜택까지 챙기는 법과 가상사례 • 62
6. ETF 이름 속에 숨겨진 비밀 코드 읽는 법 (TIGER, KODEX...)과 가상사례 • 66

제4장 세상의 모든 것에 투자한다, ETF의 종류

1. 시장의 흐름에 올라타는 '시장 대표' ETF (KOSPI 200, S&P 500)와 가상사례 • 72
2. 4차 산업혁명 시대의 주인공 '섹터' ETF (반도체, 2차전지)와 가상사례 • 76
3. 월세처럼 따박따박 '배당' ETF와 가상사례 • 80
4. 안전하게 돈을 지키는 '채권' ETF와 가상사례 • 84
5. 금, 원유, 옥수수에도 투자하는 '원자재' ETF와 가상사례 • 88
6. 분배금: ETF가 주는 반가운 용돈과 가상사례 • 93

주제 2

AI와 함께 ETF 투자하기: 나만의 포트폴리오 만들기

제5장 AI 시대의 투자 혁명 - 기계가 사람을 이기는 시대

1. AI가 주식과 ETF시장을 바꾸고 있는 현실과 가상사례 • 100
2. AI 투자의 장점과 한계 파악하기와 가상사례 • 105
3. 감정을 배제한 AI의 차가운 투자 판단과 가상사례 • 110
4. AI가 분석하는 빅데이터의 위력과 가상사례 • 114
5. 전문가도 놀란 AI의 투자 성과와 가상사례 • 118

제6장 ETF의 종류별 완전정복 - 내게 맞는 ETF 찾기

1. 국내 주식형 ETF의 특징과 대표 상품들과 가상사례 • 123
2. 해외 주식형 ETF로 글로벌 투자하기와 가상사례 • 128
3. 채권형 ETF로 안정성 확보하기와 가상사례 • 131
4. 원자재 ETF로 인플레이션 헤지하기와 가상사례 • 136
5. 섹터별 특화 ETF의 매력과 위험성과 가상사례 • 142

제7장 실전! AI로 ETF 투자하기, ETF 계좌 개설부터 매매까지

1. 비대면으로 10분 만에 AI로 증권사 계좌 만들기와 가상사례 • 148
2. 월급으로 시작하는 나의 첫 AI ETF 포트폴리오와 가상사례 • 154
3. 스마트폰으로 ETF 주문 넣기 (매수/매도) A to Z와 가상사례 • 158
4. '최소 얼마부터 시작할 수 있을까? (소액 투자의 마법)'와 가상사례 • 162
5. 수수료와 세금, 아는 만큼 돈 버는 꿀팁과 가상사례 • 167
6. ETF 정보 확인하는 사이트와 앱 활용법과 가상사례 • 171

주제 3

AI 기반 ETF 투자 전략 수립하기

제8장 AI 기반 ETF의 세계 - 똑똑한 기계가 고른 포트폴리오

1. AI가 운용하는 ETF의 작동 원리와 가상사례 • 178
2. 퀀트 투자와 AI 투자의 차이점 이해하기와 가상사례 • 182
3. 대표적인 AI 기반 ETF 상품 분석과 가상사례 • 187
4. AI 기반 ETF의 수수료와 비용 구조와 가상사례 • 193
5. AI 기반 ETF 투자 시 주의해야 할 점들과 가상사례 • 197

제9장 AI 기반 "나만의 ETF 투자 철학" 만들기

1. AI가 알려주는 내 투자 성향과 목표 파악하기와 가상사례 • 201
2. AI 기반의 정기 적립식 투자의 힘과 가상사례 • 205
3. 시장의 흐름에 몸을 맡기는 '패시브(Passive)' ETF 전략과 가상사례 • 211
4. 시장을 이기기 위한 '액티브(Active)' ETF 전략과 가상사례 • 215
5. 안정성과 수익성을 동시에 잡는 '코어-위성(Core-Satellite)' ETF 전략과 가상사례 • 219
6. AI가 알려주는 리밸런싱(Rebalancing) 전략으로 수익 극대화하기와 가상사례 • 223
7. AI 기반의 시장 상황별 대응 전략 세우기와 가상사례 • 228

제10장 투자의 황금률, AI는 자산배분을 어떻게 할까?

1. AI가 알려주는 공격형? 안정형? 나의 투자 성향 파악하기와 가상사례 • 233
2. 시장 상황에 따라 알아서 척척, AI의 동적 자산배분과 가상사례 • 236
3. 주식과 채권, AI가 찾아낸 최적의 조합 비율과 가상사례 • 240
4. 달러 자산, 왜 AI 기반의 포트폴리오에 꼭 필요할까?와 가상사례 • 245
5. 연령대별 추천 AI 포트폴리오 전략 (20대, 40대, 60대)과 가상사례 • 249

제11장 AI 기반 ETF, 수익률 200% 활용법

1. '거치식' vs '적립식', AI는 어떤 방식을 선호할까? 와 가상사례 • 253
2. AI 기반의 목표 수익률 달성 시 매도하는 나만의 원칙 세우기와 가상사례 • 257
3. 연금저축, IRP 계좌에서 AI ETF 굴리기(세테크)와 가상사례 • 260
4. ETF 분배금(배당)을 재투자하여 복리 효과 극대화하기와 가상사례 • 265
5. 수익률 인증에 흔들리지 않는 나만의 투자 철학과 가상사례 • 269

제12장 수수료와 세금, 똑똑하게 절약하기

1. ETF 투자 시 발생하는 각종 비용들과 가상사례 • 274
2. 증권사별 ETF 거래시 수수료 비교와 선택 기준과 가상사례 • 281
3. ETF 투자 관련 세금 제도 이해하기와 가상사례 • 287

4. 연금저축, IRP, ISA 절세 계좌 활용법과 가상사례 • 293
5. 해외 ETF 투자 시 세금 처리 방법과 가상사례 • 299

제13장 AI의 추천, 100% 믿어도 될까?

1. 과거 데이터가 미래 수익률을 보장하지 않는 이유와 가상사례 • 306
2. 최종 판단은 결국 '나의 몫'과 가상사례 • 311
3. 좋은 AI 플랫폼과 나쁜 AI 플랫폼을 구별하는 방법과 가상사례 • 315
4. AI와 파트너가 되어 함께 성장하는 투자자와 가상사례 • 320

제14장 투자 고수처럼 ETF 정보 해석하기

1. ETF 이름 속에 숨겨진 비밀 코드 읽는 방법과 가상사례 • 326
2. 투자설명서(KODEX, TIGER 등) 핵심만 골라 읽기와 가상사례 • 331
3. 총 보수(TER), ETF의 숨겨진 비용 찾아내기와 가상사례 • 335
4. 거래량과 추적오차, 꼭 확인해야 할 지표와 가상사례 • 340
5. 유용한 ETF 정보 사이트 및 커뮤니티 활용방법과 가상사례 • 344

주제 4

시장이 흔들릴 때, AI는 어떻게 위기를 관리할까?

제15장 위험 관리의 기술 - 손실을 최소화하는 법

1. AI 기반 투자 위험의 종류와 특성 파악하기와 가상사례 • 350
2. AI 기반의 분산투자로 위험 줄이는 전략과 가상사례 • 354
3. AI가 알려주는 손절매와 익절매의 올바른 기준 및 방법과 가상사례 • 358
4. AI가 말해주는 시장 폭락 시 대응 방법과 가상사례 • 364
5. AI 기반의 나이별, 자산별 위험 관리 방법과 가상사례 • 368

제16장 공포에 팔지 않고, 탐욕에 사지 않는 원칙 세우기

1. 하락장을 감지하는 AI의 위험 신호등과 가상사례 • 373
2. 공포에 팔지 않고, 탐욕에 사지 않는 AI의 원칙과 가상사례 • 376
3. AI 기반의 자동 ETF 리밸런싱: 최고의 위험관리 기술과 가상사례 • 382
4. 인간의 심리를 역이용하는 AI의 역발상 투자와 가상사례 • 386
5. 변동성을 친구로 만드는 AI 멘탈 관리방법과 가상사례 • 390

참고문헌 395

주제

1

AI 기반 ETF,
제대로 알고 시작하자

제 1 장

ETF가 뭔가요? - 투자 초보자를 위한 첫걸음

1. 은행 예금만 믿기엔 너무 서글픈 내 월급과 가상사례

1.1. 은행이 우리 자산의 가치를 조용히 침몰 시키는 보이지 않는 위협

월급은 통장을 잠시 스칠 뿐이라는 자조 섞인 농담은 더 이상 단순한 농담이 아닌, 우리 시대 직장인들의 냉정한 현실을 반영하는 명제가 되었다. 매달 25일, 알람처럼 정확히 입금되는 월급의 기쁨은 카드 값과 공과금, 대출이자로 순식간에 사라지며, 남은 돈을 은행 예금에 넣어두는 것이 재테크의 전부인 이들이 여전히 대다수이다. 그러나 우리가 '가장 안전하다'고 믿는 은행 예금이라는 항구는, 사실상 우리 자산의 가치를 조용히 침몰시키는 보이지 않는 위협에 무방비로 노출되어 있는 것이다.

1.1.1.'인플레이션(Inflation)', 즉 지속적인 물가상승이 우리 돈의 가치를 하락 시키다.

그 위협의 이름은 바로 '인플레이션(Inflation)', 즉 지속적인 물가상승이다. 물가상승은 단순히 짜장면 가격이 오르는 현상을 넘어, 내가 가진 돈의 실질적인 가치, 즉 구매력(Purchasing Power)이 하락하는 것을 의미한다. 10년 전 5,000원으로 점심을 해결할 수 있었지만 지금은 불가능한 것처럼, 은행에 잠자고 있는 내 돈의 가치는 숫자가 그대로일지라도 그 힘을 서서히 잃어가고 있는 것이다.

신문 읽어주는 남자, 지니입니다 [https://stibee.com]

과거 연 10%를 넘나들던 고금리 시대에는 은행 예금만으로도 물가상승률을 상회하는 수익을 얻으며 자산을 불릴 수 있었다. 하지만 지금의 제로금리 시대에 연 1~2% 수준의 예금 이자는 연 2~3%대의 물가상승률을 따라잡기에도 벅차다. 이는 곧, 은행에 돈을 넣어두는 행위가 실질적으로는 자산을 잃고 있는 '마이너스 성장'임을 의미한다. 아래의 표는 1억 원을 연 2% 예금에 보관했을 때와 연 3%의 물가상승률을 가정했을 때, 내 돈의 명목가치와 실질가치가 어떻게 달라지는지를 명확히 보여준다.

1.1.2. 예금의 명목가치와 실질가치 변화 시뮬레이션(원금 1억 원 기준)

연차	명목가치(연 2% 단리 예금)	연평균 물가상승률 3% 가정 시 실질가치
현재	100,000,000원	100,000,000원
1년 후	102,000,000원	약 99,029,126원
5년 후	110,000,000원	약 94,847,212원
10년 후	120,000,000원	약 89,240,410원

표에서 볼 수 있듯이, 10년 후 내 통장의 숫자는 1억 2,000만 원으로 분명히 늘어난다. 하지만 그 돈으로 살 수 있는 물건의 양은 현재의 약 8,924만 원어치에 불과하게 되는 것이다. 시간은 우리를 기다려주지 않으며, 인플레이션은 우리의 자산을 소리 없이 갉아먹는 것이다.

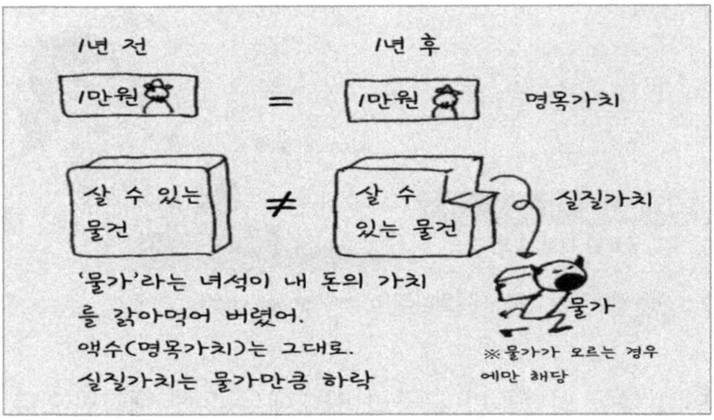

투자 꼭 해야 하나? [https://brunch.co.kr]

1.2. 가상 사례: '성실한 김 대리'의 잃어버린 5년

1) **그는 주식이나 펀드는 위험하다는 생각에 제1금융권의 연 2.5%짜리 정기적금에만 돈을 묻어두었다:** 여기에 30대 중반의 평범한 직장인 김 대리가 있다. 그는 연봉 5,000만 원을 받으며 성실함과 꾸준함을 미덕으로 살아가는 인물이다. 그는 재테크에 문외한이었지만, '아끼고 저축하는 것'이 최고의 방법이라 믿었다. 그의 목표는 5년 동안 매년 1,500만 원씩 저축하여 총 7,500만 원의 원금을 만들고, 여기에 이자를 더해 수도권 소형 아파트의 계약금을 마련하는 것이었다. 그는 주식이나 펀드는 위험하다는 생각에 오직 제1금융권의 연 2.5%짜리 정기적금에만 돈을 묻어두었다.

2) **아파트의 가격이 그사이 60%나 급등하여, 이제 계약금만 1억 2,000만 원이 필요하게 된 것이다. 난감한 상황이다:** 5년 후, 김 대리는 마침내 원금 7,500만 원과 이자 약 480만 원을 합친 약 8,000만 원을 손에 쥐게 된다. 목표를 달성했다는 뿌듯함도 잠시, 그는 부동산 정보를 확인하고는 절망에 빠지고 만다. 5년 전 그가 목표로 했던 아파트의 가격이 그사이 60%나 급등하여, 이제 계약금만 1억 2,000만 원이 필요하게 된 것이다. 김 대리가 5년간 잠을 줄여가며 아끼고 모은 돈은, 늘어난 숫자와는 반대로 그의 꿈으로부터 그를 더욱 멀어지게 만들었다.

3) **'자본이 스스로 일하게 만드는 시스템'의 중요성을 간과했을 뿐이다:** 김 대리의 실패는 그가 게을렀거나 어리석었기 때문이 아니다. 그는 누구보다 성실했지만, 단지 '자본이 스스로 일하게 만드는 시스템'의 중요성을 간과했을 뿐이다. 그의 돈은 은행이라는 안전한 금고에서 잠만 잤을 뿐, 자본시장에서 다른 자산들이 가파르게 성장하는 동안 아무런 역할을 하지 못했다. 그의 돈은 숫자상으로는 불어났지만, 그가 목표로 하던 자산을 구매할 수 있는 능력, 즉 '구매력'은 처참히 하락한 것이다.

4) **시사점:** 김 대리의 사례는 더 이상 노동 소득과 은행 예금만으로는 부의 사다리를 오르거나 자산을 지키는 것조차 불가능 해 졌음을 보여주는 냉정한 현실이다. 이제 우리는 잠자는 내 돈을 깨워 스스로 일하게 만드는 '투자'라는 새로운 항해를 시작해야만 한다. 그리고 그 항해에서 AI와 ETF는 가장 강력하고 현명한 나침반이 되어줄 것이다.

2. “물가는 오르는데 내 돈의 가치는 왜 그대로일까?”와 가상 사례

2.1.“내 돈의 ‘숫자(명목가치)’는 그대로이지만, 그 ‘힘(실질가치)’은 계속해서 약해지고 있다”

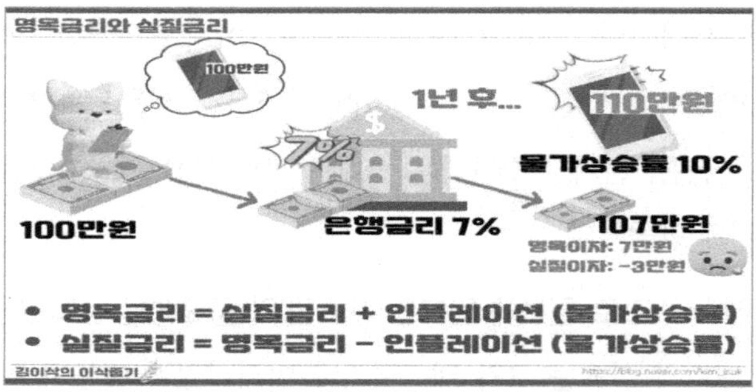

명목금리, 실질금리, 피셔효과 경제용어 공부하기: 네이버 블로그

2.1.1. 실질가치를 갉아먹는 주범이 바로 ‘인플레이션(Inflation)’이다

우리는 매일같이 숫자의 세계 속에서 살아간다. 통장에 찍힌 월급 액수, 아파트의 시세, 주식의 가격 등 모든 경제 활동은 숫자로 기록되고 평가된다. 하지만 우리가 무심코 지나치는 이 숫자들 속에는 ‘명목가치(Nominal Value)’와 ‘실질가치(Real Value)’라는 두 개의 얼굴이 숨어 있으며, 이 둘의 차이를 이해하는 것이야 말로 현대 자본주의 사회를 살아가는 최소한의 경제적 문해력(Literacy)이라 할 수 있다.

‘명목가치’란 화폐에 표시된 액면 그대로의 가격을 의미한다. 만 원짜리 지폐의 명목가치는 언제나 만 원이다. 그러나 ‘실질가치’는 그 화폐로 실제로 구매할 수 있는 재화나 서비스의 양을 의미하며, 이는 시간과 상황에 따라 끊임없이 변동한다. 우리가 던지는 질문, “물가는 오르는데 내 돈의 가치는 왜 그대로일까?"는 사실 잘못된 질문이다. 정답은 "내 돈의 '숫자(명목가치)'는 그대로이지만, 그 '힘(실질가치)'은 계속해서 약해지고 있다"인 것이다.

이 실질가치를 갉아먹는 주범이 바로 '인플레이션(Inflation)'이다. 중앙은행이 경제 성장을 위해 시중에 돈의 양, 즉 통화량을 늘리면 화폐의 희소성이 떨어지고, 이는 자연스럽게 화폐 가치의 하락으로 이어진다. 어제 2,000원이었던 커피가 오늘 2,200원이 되는 현상은 단순히 커피 원두 값이 올랐기 때문만이 아니라, 2,000원이라는 돈의 가치 자체가 하락했기 때문이기도 하다. 돈의 힘이 약해졌기에 커피 한 잔을 사기 위해 더 많은 돈을 지불해야 하는 것이다.

어린이 경제신문 [https://www.econoi.com]

이 사람의 월급은 300만 원에서 330만 원으로 올랐다. 그렇지만, 물가는 더 빠르게 상승했다. 작년에는 월급 300만 원으로 사과 300상자를 살 수 있었지만, 올해는 월급 330만 원을 모두 써도 110상자밖에 살 수 없다. 실제로는 임금(월급)이 줄어든 것과 다름없는 셈이다. 이러한 상황을 '명목임금'은 올랐지만(300→330만 원) '실질임금'은 줄어들었다고 말한다.

아래의 표는 1,000만 원의 실질가치가 연평균 3%의 인플레이션 하에서 시간이 지남에 따라 어떻게 감소하는지를 보여준다.

2.1.2. 1,000만 원의 명목가치와 실질가치 변화(연 3% 인플레이션 가정)

경과 시간	명목가치(통장 속 숫자)	실질가치(현재가치 환산 구매력)	실질가치 하락분
현재	10,000,000원	10,000,000원	0원
1년 후	10,000,000원	약 9,708,737원	-291,263원
5년 후	10,000,000원	약 8,626,087원	-1,373,913원
10년 후	10,000,000원	약 7,440,939원	-2,559,061원

이처럼 아무것도 하지 않고 돈을 그저 보유하는 것만으로도 10년 뒤에는 자산의 약 25%가 공기 중으로 사라지는 것과 같은 효과가 발생하는 것이다. 이는 눈에 보이지 않기에 더욱 무서운 자산의 손실이다.

2.2. 가상 사례: 동갑내기 두 친구의 엇갈린 3년

1) **둘의 목표는 3년 뒤 평소 꿈꾸던 브랜드의 신형 전기차 구매:** 2025년, 서른 살 동갑내기 친구인 '안정민'과 '이현우'는 각자 5,000만 원이라는 종자돈을 손에 쥐게 된다. 둘의 목표는 3년 뒤 평소 꿈꾸던 브랜드의 신형 전기차를 구매하는 것이었다. 당시 그 전기차의 가격은 정확히 5,000만 원이었다.

2) **'안정민'은 리스크를 극도로 싫어한다:** '안정민'은 리스크를 극도로 싫어하는 성격의 소유자였다. 그는 원금 손실의 가능성이 0.01%라도 있는 투자는 거들떠보지도 않았다. 그의 선택은 가장 안전하다고 알려진 제1금융권의 3년 만기 정기예금이었다. 연 2.5%의 복리

이자를 지급하는 상품에 5,000만 원을 예치한 그는 3년 뒤를 안심하며 기다렸다.

3) **이현우'는 돈의 가치가 시간에 따라 변한다는 사실을 이해하고 있다:** 반면, '이현우'는 돈의 가치가 시간에 따라 변한다는 사실을 이해하고 있었다. 그는 인플레이션을 이기지 못하는 자산은 결국 가치가 하락한다고 판단했다. 그는 전문가의 조언을 구해, 지난 10년간 연평균 8%의 성장을 보여준 글로벌 시장 대표 지수를 추종하는 ETF에 5,000만 원 전액을 투자했다. 물론 투자에는 원금 손실의 위험이 있었지만, 그는 장기적인 관점에서 화폐가치 하락의 위험이 더 크다고 생각한 것이다.

4) **3년 뒤인 2028년, 두 친구 앞에 펼쳐진 현실은 극명하게 엇갈렸다:** 안정민의 통장에는 원금 5,000만 원과 이자가 붙어 약 5,384만 원이 찍혀 있었다. 숫자는 분명 늘어났고 그는 만족했다. 그러나 그가 구매하려던 전기차의 가격은 그동안의 원자재 가격 상승과 연식 변경 등을 이유로 5,800만 원으로 인상되어 있었다. 그의 돈은 불어났음에도 불구하고, 그의 꿈이었던 자동차를 살 수 없게 된 것이다. 그의 돈이 인플레이션의 속도를 따라잡지 못했기 때문이다.

5) **이현우의 계좌는 달랐다:** 글로벌 증시는 약간의 등락을 거쳤지만 결과적으로 연평균 8%의 수익률을 기록했다. 그의 투자금 5,000만 원은 3년 뒤 약 6,298만 원으로 불어나 있었다. 그는 인상된 자동차 가격 5,800만 원을 지불하고도 약 500만 원의 여윳돈을 가질 수 있었다.

6) **시사점:** 이 사례는 투자를 하지 않는 '안전'이 실은 가장 위험한 '현상 유지의 착각'임을 보여준다. 안정민은 돈의 명목가치를 지키는

데 성공했지만, 돈의 실질가치, 즉 꿈을 이룰 수 있는 힘을 잃어버렸다. 반면 이현우는 약간의 리스크를 감수함으로써 화폐가치 하락의 파도를 넘어 자신의 목표에 도달할 수 있었다. 현대 사회에서 진정한 자산 관리는 '지키는 것'이 아니라 '인플레이션을 이기고 성장시키는 것'에서부터 시작되는 것이다.

3. 상장지수펀드(ETF)란 무엇인지 쉽게 이해하기와 가상사례

3.1. ETF란 무엇인지 쉽게 이해하기

3.1.1. ETF라는 이름은 '거래소(Exchange)에 상장되어(Traded) 주식처럼 거래되는 펀드(Fund)'를 의미한다.

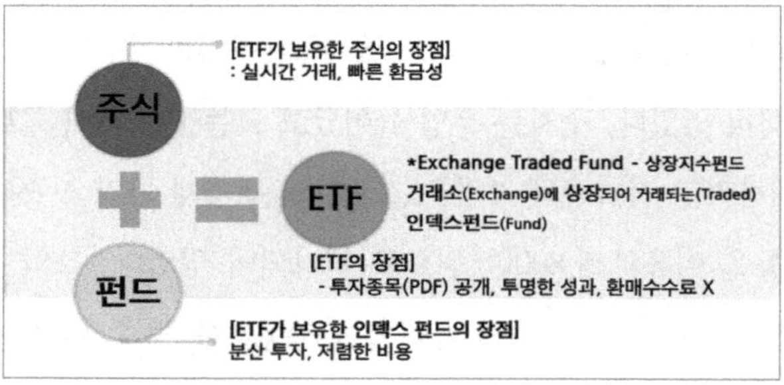

퇴직연금 대세 상품 알아보기, 상장지수펀드 [https://www.greenpostkorea.co.kr]

투자의 세계에는 수많은 금융상품이 존재하지만, 현대 개인 투자자에게 가장 혁신적이고 유용한 도구를 하나 꼽으라면 단연 'ETF(Exchange Traded Fund)'를 선택해야 할 것이다. ETF라는 이름은 '거래소(Exchange)에 상장되어(Traded) 주식처럼 거래되는 펀드(Fund)'를 의미한다. 이 이름 속에 ETF의 핵심적인 특징이 모두 담겨 있는 것이다.

ETF를 가장 쉽게 이해하는 방법은 '투자를 위한 고급 밀키트(Meal Kit)'에 비유하는 것이다. 우리가 '부대찌개 밀키트'를 산다고 상상해보자. 그 안에는 햄, 소시지, 라면 사리, 떡, 각종 채소와 양념 등 부대찌개를 만드는 데 필요한 모든 재료가 완벽하게 손질되어 담겨 있다. 우리는 어떤 햄이 맛있는지, 어떤 소시지가 좋은 지 일일이 고민하고 따로 구매할 필요 없이, 밀키트 하나만으로 최고의 요리사가 만들어낸 황금 비율의 부대찌개를 손쉽게 즐길 수 있다.

ETF가 바로 이와 같다. 예를 들어 '한국 반도체 산업 ETF'는 삼성전자, SK하이닉스, 반도체 장비 및 소재 기업 등 한국의 반도체 산업을 대표하는 여러 기업의 주식을 하나의 상품 안에 모두 담고 있다. 투자자는 이 ETF 한 주를 사는 것만으로, 한국 반도체 산업 전체에 손쉽게 분산 투자하는 효과를 누리게 되는 것이다. 어떤 개별 기업이 미래에 더 크게 성장할지 고민할 필요 없이, 유망한 산업 전체의 성장에 투자하는 현명하고 간편한 방법이라 할 수 있다.

ETF 투자시 유의사항 8가지

① 원금 손실 우려있는 펀드상품이라는 점 명심
② 자산구성내역 확인은 필수
③ 상품·운용사에 따라 수수료와 보수 상이
④ "추적오차"와 "괴리율"이 큰 ETF 투자는 신중
⑤ 레버리지와 인버스 ETF는 장기투자에 부적합
⑥ 합성ETF는 거래상대방의 신용위험 내재
⑦ 해외지수나 원자재 ETF는 환율위험 내재
⑧ 원칙적으로 매매차익에 대해 세금 부과

ETF 투자도 원금손실 가능…상품별 수수료 20배 차이 [https://www.fntimes.com]

이처럼 ETF는 펀드의 '분산투자' 장점과 주식의 '거래 편의성' 장점을 결합한 하이브리드(Hybrid) 금융상품이다. 아래의 표는 ETF가 개별 주식 투자나 일반 펀드와 어떻게 다른 지를 명확하게 비교하여 보여준다.

3.1.2. 투자 상품별 특징 비교

구분	개별 주식 (Individual Stock)	일반 펀드 (Mutual Fund)	ETF (Exchange Traded Fund)
분산투자	직접 여러 종목을 매수해야 하므로 어려움	상품 하나로 자동 분산투자가 가능함	상품 하나로 자동 분산투자가 가능함
거래 방식	증권거래소에서 실시간으로 매매	은행/증권사 창구에서 하루 한 번 기준가로 매매	증권거래소에서 실시간으로 매매
거래 비용	매매수수료 저렴	판매보수/운용보수가 상대적으로 높음	운용보수가 저렴하고 판매보수가 없음
투명성	기업 정보가 투명하게 공개됨	자산 구성 내역을 매일 확인하기 어려움	자산 구성 내역(PDF)을 매일 투명하게 공개함

결론적으로 ETF는 저렴한 비용으로 특정 국가, 산업, 테마에 손쉽게 분산투자할 수 있게 해주며, 주식처럼 원할 때 언제든 사고팔 수 있는 유동성까지 갖춘, 현대 투자자들을 위한 최고의 발명품 중 하나인 것이다.

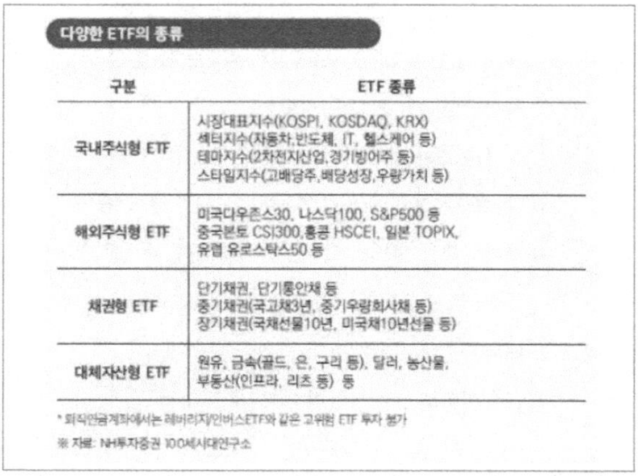
다양한 ETF의 종류

구분	ETF 종류
국내주식형 ETF	시장대표지수(KOSPI, KOSDAQ, KRX) 섹터지수(자동차,반도체, IT, 헬스케어 등) 테마지수(2차전지산업,경기방어주 등) 스타일지수(고배당주,배당성장,우량가치 등)
해외주식형 ETF	미국다우존스30, 나스닥100, S&P500 등 중국본토 CSI300,홍콩 HSCEI, 일본 TOPIX, 유럽 유로스탁스50 등
채권형 ETF	단기채권, 단기통안채 등 중기채권(국고채3년, 중기우량회사채 등) 장기채권(국채선물10년, 미국채10년선물 등)
대체자산형 ETF	원유, 금속(골드, 은, 구리 등), 달러, 농산물, 부동산(인프라, 리츠 등) 등

* 퇴직연금계좌에서는 레버리지/인버스ETF와 같은 고위험 ETF 투자 불가

※ 자료: NH투자증권 100세시대연구소

[토요재테크] 퇴직연금, ETF로 투자해볼까? [https://news.nate.com]

3.1.3. 상장지수펀드(ETF)의 이해

구분	내용
개념	'상장지수펀드(Exchange Traded Fund)'란, KOSPI 200과 같은 특정 지수나 자산의 가격 움직임과 성과가 연동되도록 설계된 펀드이다. 인덱스 펀드를 주식시장에 상장 시켜 개별 주식처럼 실시간으로 자유롭게 거래할 수 있도록 만든 금융 상품이다.
원리 및 방법	- 원리: 지정참가회사(AP)가 ETF의 기초자산(주식 등)을 운용사에 납입하면, 운용사는 이를 받아 ETF를 설정하여 발행한다. 투자자는 증권시장에서 이 ETF를 주식처럼 매매하며, 시장 가격은 펀드의 순자산가치(NAV)와 유사하게 형성된다. - 방법: 증권 계좌를 통해 주식시장이 열리는 동안 언제든지 원하는 가격에 실시간으로 매수 및 매도 주문을 체결하는 방식으로 거래된다.
역할	- 분산 투자: 하나의 ETF를 매수하는 것만으로도 해당 상품이 추종하는 지수를 구성하는 여러 종목에 동시에 투자하는 효과를 얻어, 포트폴리오의 위험을 효과적으로 분산시키는 역할을 한다. - 자산 배분: 주식, 채권, 원자재, 통화 등 다양한 자산군에 저비용으로 손쉽게 접근할 수 있게 하여, 투자 전략에 따른 자산 배분을 용이하게 한다.
배당	ETF가 편입한 기초자산(주식 등)에서 배당금이 발생할 경우, 운용사는 이를 모아 투자자에게 분배금의 형태로 지급한다. 지급 방식은 현금으로 직접 지급하거나, 자동으로 재투자하여 ETF 가격에 반영하는 방식 등으로 나뉜다.
비용	ETF 투자 시 발생하는 비용은 다음과 같이 구분된다. - 총보수(Expense Ratio): 펀드 운용 및 관리에 대해 연 단위로 부과되는 비용이다. - 매매수수료(Brokerage Commission): ETF를 주식처럼 사고팔 때 증권사에 지불하는 수수료이다. - 매매호가 스프레드(Bid-Ask Spread): 매수-매도 호가 사이의 가격 차이로, 실질적인 거래 비용으로 작용한다. - 기타 비용: 추적오차(Tracking Error), 순자산가치와의 괴리율 등도 잠재적 비용 요소가 된다.
장점	- 낮은 비용: 펀드매니저의 개입이 적은 패시브 상품이 많아 운용 보수가 일반 펀드에 비해 매우 저렴하다. - 높은 투명성: ETF가 어떤 자산을 편입하고 있는지 자산구성내역(PDF)을 통해 매일 투명하게 확인할 수 있다. - 분산 투자 용이성: 단 한 주만으로도 수십, 수백 개의 기업에 분산 투자하는 효과를 누릴 수 있다. - 거래 편의성 및 환금성: 주식시장에서 실시간으로 거래되므로, 원하는 시점에 손쉽게 현금화할 수 있다.

단점	- 추적오차(Tracking Error) 발생: ETF의 수익률이 추종하는 기초지수의 수익률과 미세하게 차이가 나는 현상이 발생할 수 있다. - 괴리율(Disparity) 발생: ETF의 시장 가격과 순자산가치(NAV) 사이에 차이가 발생하여, 이론적인 가치보다 비싸거나 싸게 거래될 수 있다. - 거래 비용: 매매가 잦을 경우, 매번 부과되는 매매수수료가 누적되어 수익률에 부정적인 영향을 미칠 수 있다.
활용 사례	- 포트폴리오의 핵심(Core) 자산: 시장 전체의 성장을 추종하는 S&P 500 ETF나 KOSPI 200 ETF 등을 포트폴리오의 중심에 두고 장기적으로 투자한다. - 전술적 자산 배분: 특정 산업(예: 반도체, 2차전지)이나 테마(예: AI, 신재생에너지)가 유망하다고 판단될 때, 해당 섹터 ETF를 활용하여 단기적인 초과 수익을 추구한다. - 자산 배분 포트폴리오: 주식, 채권, 금, 부동산 리츠 등 다양한 자산군의 ETF를 조합하여 위험은 낮추고 안정적인 수익을 목표로 하는 포트폴리오를 구축한다.

3.2. 가상 사례: IT 전문가 '나영 씨'의 현명한 선택

1) **나영 씨는 '클라우드 컴퓨팅' 분야가 향후 10년간 폭발적으로 성장할 것이라 확신했다:** 글로벌 IT 기업에서 근무하는 30대 직장인 나영 씨는 누구보다 4차 산업혁명의 잠재력을 믿는 인물이다. 그녀는 특히 미래 산업의 쌀이라 불리는 '클라우드 컴퓨팅' 분야가 향후 10년간 폭발적으로 성장할 것이라 확신했다. 그녀는 자신의 전문 지식을 바탕으로 이 유망한 산업에 직접 투자하여 자산을 불리고자 결심했다.

2) **한두 기업에 '몰빵' 투자를 했다가 해당 기업이 잘못되기라도 하면 큰 손실을 볼 수 있다는 불안감도 컸다:** 하지만 막상 투자를 시작하려니 막막함이 앞섰다. 클라우드 시장은 아마존(AWS), 마이크로소프트(Azure), 구글(GCP) 같은 거대 기업들이 경쟁하는 동시에, 스노우플레이크, 데이터도그 등 무서운 속도로 성장하는 신흥 강자들도 즐비했다. 이 중 어떤 기업이 최후의 승자가 될지, 어떤 기업이 경쟁에서 도태될지 예측하는 것은 IT 전문가인 그녀에게도 불가능에

가까운 일이었다. 한두 기업에 '몰빵' 투자를 했다가 해당 기업이 잘못되기라도 하면 큰 손실을 볼 수 있다는 불안감도 컸다.

3) **그 ETF는 그녀가 고민하던 유수의 클라우드 기업들을 30개 이상 담고 있는 하나의 '종합선물세트'였다:** 고민하던 나영 씨는 자산관리 전문가인 친구로부터 '글로벌 클라우드 컴퓨팅 ETF'에 대한 이야기를 듣게 된다. 그 ETF는 그녀가 고민하던 유수의 클라우드 기업들을 30개 이상 담고 있는 하나의 '종합선물세트'였다. 여기에는 서버 인프라 기업부터 관련 소프트웨어 기업까지, 클라우드 생태계를 구성하는 핵심 기업들이 골고루 포함되어 있었다.
   나영 씨는 무릎을 쳤다. 개별 기업의 흥망성쇠를 예측하는 불확실한 도박을 하는 대신, 클라우드 산업 전체의 성장에 투자하는 더 현명하고 안전한 길이 있다는 것을 깨달은 것이다. 그녀는 즉시 증권사 앱을 통해 해당 ETF를 매수했다. 마치 주식 한 주를 사는 것처럼 단 몇 번의 터치만으로 간단하게 투자가 끝났다.

4) **3년 후, 나영 씨가 투자한 기업 중 일부는 시장의 예상보다 부진한 실적을 보였다. 하지만 다른 몇몇 기업이 폭발적인 성장을 하며 전체 산업의 성장을 이끌었다:** 3년 후, 나영 씨가 투자한 기업 중 일부는 시장의 예상보다 부진한 실적을 보였다. 하지만 다른 몇몇 기업이 폭발적인 성장을 하며 전체 산업의 성장을 이끌었다.

5) **시사점:** 결과적으로 '글로벌 클라우드 컴퓨팅 ETF'의 수익률은 연평균 15%를 기록했고, 나영 씨의 자산은 꾸준히 불어날 수 있었다. 그녀는 개별 종목 선택의 스트레스에서 벗어나 산업 전체를 보는 거시적인 안목으로 편안하게 투자를 지속할 수 있었던 것이다. 이

처럼 ETF는 특정 분야에 대한 확신은 있지만 개별 종목 선택에는 어려움을 겪는 투자자에게 가장 합리적이고 강력한 투자 해법을 제시한다.

투자 성향별 ETF 유형 추천

투자 성향	추천 ETF 유형
안정형	배당주 ETF, 채권 ETF, 금 ETF
공격형	테마형 ETF, 성장 지수형 ETF(미국 빅테크·AI 빅테크), 레버리지 ETF
위험중립형	대표 지수 ETF(S&P500·나스닥100), 테마형+채권형 혼합

키움투자자산운용 [https://www.kiwoomam.com]

4. 주식과 펀드의 좋은 점만 모은 상장지수펀드(ETF)별 개념, 방법 및 기술, 효과, 배당, 장단점, 활용사례와 가상사례

4.1. ETF: '주식의 거래 편의성'과 '펀드의 분산투자 안정성'이라는 두 마리 토끼를 모두 잡은 혁신적인 금융상품

금융 시장의 모든 발명은 기존 상품의 불편함을 해소하고 장점을 극대화하는 방향으로 진화해왔다. 그런 관점에서 ETF는 20세기 후반 금융공학이 낳은 가장 위대한 발명품 중 하나라 단언할 수 있다. ETF를 한 문장으로 정의하면, '주식의 거래 편의성'과 '펀드의 분산투자 안정성'이라는 두 마리 토끼를 모두 잡은 혁신적인 금융상품이라 할 수 있다.

과거 투자자가 특정 산업에 투자하려면 직접 여러 기업의 주식을 골라 사거나, 환매에 수일이 걸리고 보수가 비싼 펀드에 가입해야만 했다. ETF는 이러한 불편함을 단번에 해결한 것이다. 마치 과거의 피처폰(개별 주식)과 MP3 플레이어(펀드)의 기능이 하나로 합쳐져 스마트폰(ETF)이 탄생한 것과 같은 혁신인 것이다.

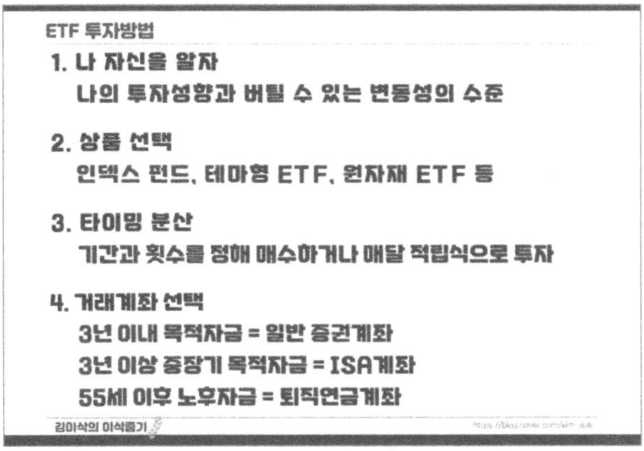

ETF란, 투자방법과 장단점 총정리 : 네이버 블로그

4.1.1. 개념 및 방법

ETF의 운용 방식은 그 자체로 하나의 정교한 기술이다. 자산운용사는 특정 지수(예: KOSPI 200)나 테마(예: 인공지능)를 추종하도록 주식 포트폴리오를 구성한 뒤, 이를 주식처럼 작은 단위로 쪼개어 거래소에 상장시킨다. 투자자는 본인의 증권 계좌를 통해 이 ETF를 일반 주식과 동일한 방식으로 실시간으로 자유롭게 사고팔 수 있다. 이 과정에서 유동성공급자(LP)가 시장에 참여하여 ETF의 시장가격이 순자산가치(NAV)와 큰 차이 없이 유지되도록 하는 정교한 메커니즘이 작동한다.

4.1.2. 효과

이러한 구조는 투자자에게 세 가지 핵심적인 효과를 제공한다.

(1) **고도의 분산투자**: 단 한 주의 ETF를 매수하는 것만으로 적게는 수십, 많게는 수천 개의 기업에 동시에 투자하는 효과를 누린다. 이는 개별 기업의 파산이나 주가 급락과 같은 비체계적 위험을 효과적으로 제거한다.

(2) **압도적인 비용 효율성**: 펀드매니저의 적극적인 판단을 최소화하고 지수를 추종하는 패시브(Passive) 전략을 주로 사용하므로, 일반 액티브 펀드에 비해 운용보수가 현저히 낮다.

(3) **뛰어난 투명성**: ETF는 매일 어떤 자산(주식, 채권 등)을 얼마나 담고 있는지(PDF, Portfolio Deposit File) 투명하게 공개하므로, 투자자는 자신의 돈이 어디에 어떻게 투자되는지 명확히 알 수 있다.

매월 15일 월배당 받으면서 미국 우량배당주에 투자하는 ETF
[https://m.samsungfund.com]

4.1.3. 배당(Dividends)

ETF는 포트폴리오에 포함된 주식 들로부터 발생하는 배당금을 수취하여 이를 투자자에게 지급할 의무가 있다. 이를 분배금이라 칭한다. 분배금 지급 방식에 따라 ETF는 크게 두 종류로 나뉜다.

(1) **분배금 지급 ETF**: 1, 4, 7, 10월 등 정해진 시점에 투자자에게 현금으로 분배금을 지급한다. 이는 현금 흐름이 중요한 투자자에게 적합하다.

(2) **TR(Total Return) ETF**: 발생한 분배금을 지급하지 않고 자동으로

해당 ETF에 재투자하여 복리 효과를 극대화한다. 이는 장기적인 자산 증식을 목표로 하는 투자자에게 유리하다.

4.1.4. 장단점

모든 금융상품이 그러하듯 ETF 또한 장점과 단점을 모두 가지고 있다. 이를 명확히 인지하고 투자에 임해야 한다.

장점	단점
① 소액으로 우량자산에 분산투자 가능	① 주식과 동일하게 매매수수료 발생
② 일반 펀드 대비 현저히 낮은 운용보수	② 추종하는 기초지수와의 오차(추적오차) 발생 가능
③ 주식처럼 실시간으로 편리하게 매매 가능	③ 시장 전체에 투자 시, 시장을 초과하는 수익 기대 불가
④ 자산 구성 내역이 매일 투명하게 공개됨	④ 유동성이 부족한 ETF는 원하는 가격에 매매가 어려울 수 있음

4.2. 활용 사례: 은퇴자 박 선생님의 '제2의 월급' 만들기

1) **퇴직금 5억 원으로 안정적으로 운용하여 매달 연금을 보완할 수 있는 현금 흐름을 만들고 싶었다:** 30년간 교직에 몸담다 정년퇴직한 박 선생님은 퇴직금으로 5억 원이라는 큰돈을 손에 쥐었다. 그는 이 돈을 안정적으로 운용하여 매달 연금을 보완할 수 있는 현금 흐름을 만들고 싶었다. 은행 예금은 금리가 너무 낮아 만족스럽지 않았고, 개별 주식 투자는 원금 손실의 위험과 끊임없이 신경 써야 하는 스트레스가 부담스러웠다.

2) **'월배당 고배당주 ETF'라는 상품을 추천 받게 된다:** 고민하던 박 선생님은 자산관리 전문가로부터 '월배당 고배당주 ETF'라는 상품을 추천 받게 된다. 이 ETF는 국내 증시에 상장된 우량 기업 중, 꾸준

히 높은 배당을 지급하는 30~40개의 기업만을 엄선하여 담고 있는 상품이었다. 가장 큰 특징은 분배금을 분기나 연 단위가 아닌, 매월 지급한다는 점이었다.

3) **퇴직금의 일부인 3억 원을 이 ETF에 투자했다:** 박 선생님은 퇴직금의 일부인 3억 원을 이 ETF에 투자했다. 그의 투자는 다음과 같은 효과를 가져왔다.

- 즉각적인 분산투자: 그는 단 한 번의 매매로 30개가 넘는 국내 대표 고배당 기업의 주주가 되었다. 특정 기업의 실적이 악화되더라도 다른 기업들이 이를 방어해주므로 포트폴리오의 안정성이 확보되었다.
- 안정적인 현금 흐름: 다음 달부터 그의 계좌에는 매달 꼬박꼬박 세후 약 100만 원의 현금이 '제2의 월급'처럼 입금되기 시작했다. 이는 그의 은퇴 생활에 경제적, 심리적 안정감을 더해주었다.
- 편리한 관리: 그는 개별 기업의 실적 발표나 뉴스에 일일이 신경 쓸 필요가 없었다. ETF 운용사가 정기적으로 포트폴리오를 최상의 상태로 조정(리밸런싱)해주었기 때문이다.

4) **시사점:** 박 선생님의 사례는 ETF가 어떻게 개인의 투자 목표와 생애주기에 맞춰 최적의 솔루션을 제공할 수 있는지를 보여주는 대표적인 예이다. 위험을 낮추고 안정적인 현금 흐름을 원하는 은퇴자에게 고배당 ETF는 주식의 배당 수익과 펀드의 안정성을 결합한 최적의 도구가 되어준 것이다. 이처럼 강력한 도구인 ETF를 인간의 직관이 아닌 AI의 데이터 기반 분석으로 선택하고 운용할 때, 우리는 투자의 새로운 지평을 열게 되는 것이다.

5. ETF 투자 전 꼭 알아야 할 기본 용어들

5.1. ETF 투자 전 꼭 알아야 할 기본 용어들

모든 학문과 기술에는 그 분야의 전문가들이 소통하는 고유의 언어가 존재한다. 투자의 세계 또한 마찬가지이다. 성공적인 ETF 투자를 위해서는 마치 여행자가 새로운 나라의 기본 회화를 익히듯, 시장 참여자들이 사용하는 핵심 용어들에 대한 명확한 이해가 선행되어야 한다. 이는 단순히 지식을 습득하는 것을 넘어, 상품의 가치를 정확히 판단하고 위험을 관리하며, 궁극적으로 투자 성공 확률을 높이는 가장 기본적인 행위인 것이다.

이 장에서는 ETF 투자설명서나 관련 뉴스 기사에서 반드시 마주치게 될 필수 용어들을 엄선하여 그 본질적인 의미를 심층적으로 해설하고자 한다. 이 용어들은 ETF의 건강 상태를 진단하는 청진기와도 같으므로, 그 개념을 명확히 숙지하는 것은 매우 중요하다.

5.1.1 기초지수(Underlying Index)

기초지수는 ETF가 추종하도록 설계된 목표물이 되는 시장 지수를 의미한다. 'KODEX 200' ETF가 한국의 대표 기업 200개로 구성된 'KOSPI 200' 지수의 움직임을 따라가도록 설계된 것처럼, 기초지수는 해당 ETF의 정체성이자 운용의 기준점이 된다. S&P 500, 나스닥 100, MSCI World 등 다양한 기초지수가 있으며, 투자자는 이 기초지수를 통해 자신이 간접적으로 투자하게 될 시장 또는 산업의 특성을 파악할 수 있는 것이다.

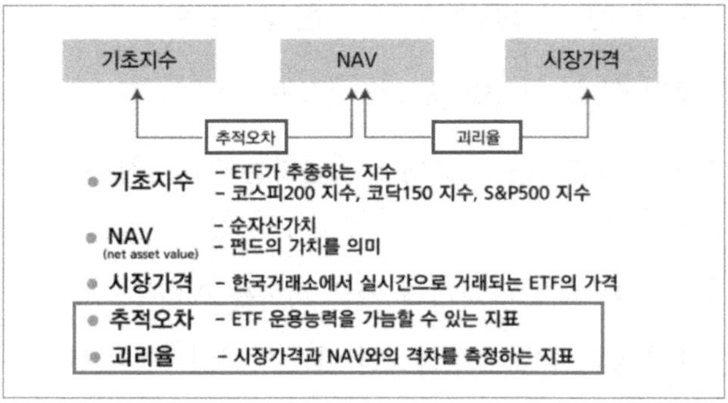

다음 금융 [https://m.finance.daum.net]

5.1.2. 순자산가치(NAV, Net Asset Value)

NAV는 'Net Asset Value'의 약자로, 해당 ETF가 보유한 모든 자산(주식, 채권 등)의 총 시장가치에서 운용보수 등의 부채를 차감한 순수한 자산의 가치를 의미한다. 이를 ETF의 총 발행 주식 수로 나눈 것이 바로 '주당 순자산가치(NAV/share)'이다. NAV는 해당 ETF의 실질적인 '본질가치' 또는 '이론적인 가격'이라 할 수 있다. 예를 들어, ETF가 청산될 경우 투자자가 돌려받게 될 금액의 기준이 바로 이 NAV인 것이다.

5.1.3. 시장가격(Market Price)

시장가격은 NAV와 구분되는 개념으로, 주식시장에서 투자자들 간의 수요와 공급에 의해 실시간으로 결정되는 ETF의 실제 거래 가격을 의미한다. ETF는 주식과 동일하게 거래소에서 매매되므로, 단기적으로는 투자 심리나 수급 상황에 따라 시장가격이 NAV보다 높거나 낮게 형성될 수 있다.

5.1.4. 괴리율(Disparity Ratio)

괴리율은 ETF의 본질가치인 NAV와 실제 거래 가격인 시장가격 사이의 차이를 백분율로 나타낸 지표이다.

괴리율(%) = ((**시장가격** - **NAV**)/**NAV**) **x 100**

괴리율이 양(+)이면 시장가격이 NAV보다 고평가된 상태(프리미엄)이고, 음(-)이면 저평가된 상태(디스카운트)임을 의미한다. 이상적인 ETF는 괴리율이 0에 가깝게 유지되는 상품이다. 만약 특정 ETF의 괴리율이 비정상적으로 높다면, 이는 본질가치보다 비싼 가격에 매수할 위험이 있음을 시사하므로 주의해야 한다.

5.1.5. 추적오차(Tracking Error)

추적오차는 ETF의 수익률이 목표로 하는 기초지수의 수익률을 얼마나 정확하게 따라가고 있는지를 나타내는 지표이다. 운용보수, 자산 구성의 미세한 차이, 시장 마찰 비용 등으로 인해 ETF의 수익률과 기초지수의 수익률 사이에는 필연적으로 약간의 오차가 발생한다. 이 추적오차 값이 작을수록 해당 ETF가 본연의 임무를 충실하게 수행하는 '성실한 ETF'라고 평가할 수 있다.

아래의 표는 위에서 설명한 핵심 용어들의 관계를 한눈에 파악할 수 있도록 정리한 것이다.

5.2. ETF 핵심 용어 비교 및 관계도

용어	정의	역할 및 중요성	비유
기초지수	ETF가 따라가고자 하는 목표 시장 지수	ETF의 정체성과 투자 대상을 결정함	여행의 목적지
NAV	ETF가 보유한 자산의 순수한 가치(1주당)	ETF의 본질가치, 이론적 가격	상품의 정가
시장가격	거래소에서 수요와 공급으로 결정되는 실제 가격	투자자가 실제로 매매하는 가격	실제 판매 가격

괴리율	NAV와 시장가격 간의 차이	ETF 가격의 고평가/저평가 여부를 판단하는 척도	정가와 판매가의 차이
추적오차	ETF와 기초지수 수익률 간의 오차	ETF가 얼마나 목표를 잘 따라가는지 보여주는 성실도 지표	내비게이션의 경로 이탈률

이 다섯 가지 기본 용어는 ETF라는 금융상품의 작동 원리와 가치를 이해하는 데 있어 가장 근본적인 열쇠가 된다. 이 개념들을 명확히 이해하고 투자에 임한다면, 복잡해 보이는 시장 상황 속에서도 흔들리지 않고 현명한 투자 결정을 내릴 수 있는 단단한 기초를 다지게 될 것이다.

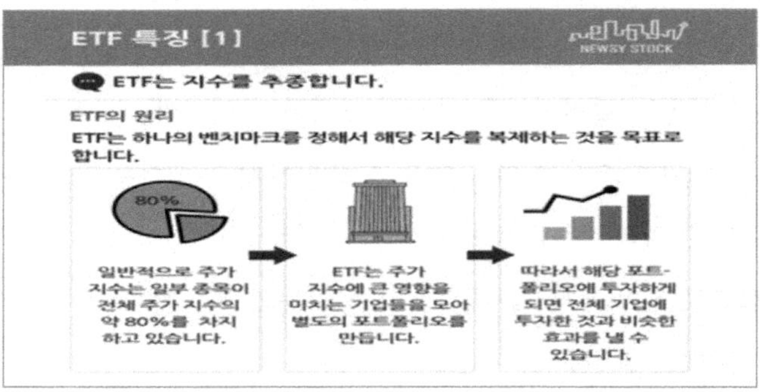

ETF: 네이버 블로그 [https://blog.naver.com]

제2장

내 생애 첫 투자, 왜 ETF일까?

1. 내가 ETF에 투자해야 하는 이유와 가상사례

1.1. 왜 ETF에 투자해야 하나?

왜 우리는 투자를 해야만 하는가? 더 나아가, 수많은 투자 수단 중에서 왜 ETF가 현명한 대안이 되는 것인가? 이 질문에 대한 답은 단순히 '돈을 벌기 위해서'라는 표면적인 이유를 넘어, 우리가 살아가고 있는 시대의 경제적 특성과 개인의 삶의 방식 변화라는 거시적인 맥락 속에서 찾아야 한다. 성실하게 일하고 아껴서 저축하면 안정적인 미래가 보장되던 시대는 저물었으며, 이제 투자는 부자가 되기 위한 선택이 아닌, 나의 자산 가치를 지키기 위한 필수적인 생존 전략이 된 것이다.

1.1.1. ETF에 투자해야 하는 이유 세 가지

ETF 투자는 바로 이 새로운 시대가 개인에게 요구하는 가장 합리적이고 강력한 응답이라 할 수 있다. 우리가 ETF에 투자해야 하는 이유는 크게 세 가지로 요약된다.

첫째, '노동 소득'이 '자본 소득'의 증가 속도를 따라갈 수 없기 때문이다. 월급으로 대표되는 노동 소득은 우리의 시간과 노력을 투입해야만 얻을 수 있으며, 그 증가율은 대부분 물가상승률을 약간 상회하는 수준에 머문다. 반면 주식이나 부동산과 같은 자산이 만들어내는 자본 소득은 돈이 스스로 일하게 만드는 시스템을 통해 창출되며, 장기적으로 노동 소득의 증가율을 압도하는 경향을 보인다. ETF 투자는 평범한 개인도 세계 우량 기업들의 주주가 되어, 그들의 성장에서 비롯되는 자본 소득의 과실을 공유할 수 있는 가장 직접적인 통로가 된다.

둘째, 투자의 '대중화'를 실현하는 가장 효과적인 도구이기 때문이다. 과거의 자산 투자는 거액의 자산가나 전문적인 지식을 가진 기관 투자자들의 전유물로 여겨졌다. 수십 개의 기업에 분산투자라는 포트폴리오를 개인이 직접 구축하는 것은 현실적으로 불가능에 가까웠다. 그러나 ETF는 단돈 몇만 원만으로도 미국의 S&P 500, 전 세계 시장, 혹은 미래 유망 산업 전체를 쇼핑하듯 구매할 수 있게 만들었다. 이는 자본의 규모나 지식의 격차에 상관없이 누구나 글로벌 자산 시장의 성장에 동참할 수 있도록 투자의 문턱을 획기적으로 낮춘 것이다.

셋째, 현대인의 삶에 최적화된 '시간 효율적'인 투자 방식이기 때문이다. 우리는 모두 각자의 본업에 충실하며 바쁘게 살아간다. 개별 기업의 재무제표를 분석하고, 산업의 동향을 파악하며, 적절한 매매 타이밍을 잡는 데는 엄청난 시간과 정신적 에너지가 소모된다. 하지만 시장 지수를 추종하는 ETF에 적립식으로 투자하는 것은 '시장은 장기적으로 우상향한다'는 거대한 흐름에 나의 자산을 맡기는 것과 같다. 이는 낱개의 나무가 아닌 숲 전체에 투자함으로써, 불필요한 노력을 최소화하고 자신의 삶에 집중할 수 있게 만드는 가장 현명한 방법론이다.

1.2. 자산 형성 패러다임의 변화

구분	과거의 패러다임(노동 + 저축)	현대의 패러다임(노동 + ETF 투자)
주요 수단	근로소득, 은행 예·적금	근로소득, 자본소득(배당, 시세차익)
성장 잠재력	낮음 (이자율이 인플레이션을 방어하기 어려움)	높음 (글로벌 경제 성장에 따라 자산가치 상승)
필요 자본	제한 없음	소액으로 시작 가능
접근성	누구나 가능	누구나 가능(투자의 민주화)
시간 효율성	신경 쓸 필요 없음	높음(시장 전체에 투자하므로 개별 종목 분석 불필요)

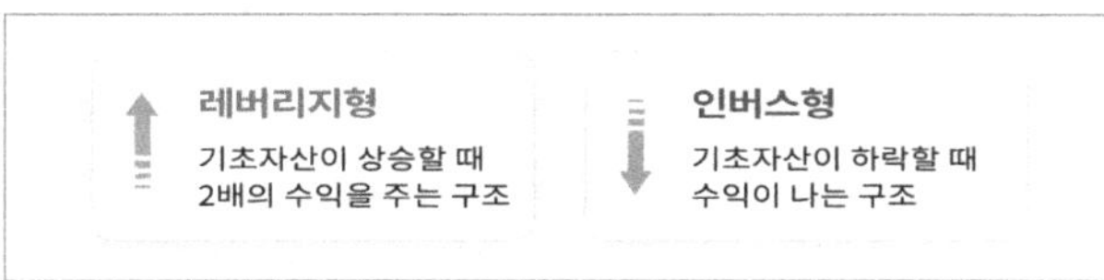

https://www.kcie.or.kr

1.3. 가상 사례: 30대 벤처 사업가 '김 대표'의 포트폴리오 혁명

1) **그는 자신의 자산이 예금과 자신이 창업한 회사 지분이라는 두 곳에만 극단적으로 편중되어 있다는 사실에 불안감을 느꼈다:** 인공지능 기반의 헬스케어 스타트업을 운영하는 30대 CEO 김 대표는 자기 분야에서는 최고의 전문가였다. 그는 밤낮없이 일에 몰두하여 회사를 성공적으로 성장시켰고, 상당한 규모의 자산을 형성하게 되었다. 그러나 그는 자신의 자산이 예금과 자신이 창업한 회사 지분이라는 두 곳에만 극단적으로 편중되어 있다는 사실에 불안감을 느꼈다. 그는 자신의 전문 분야가 아닌 반도체, 금융, 소비재, 친환경 에너지 등 다른 유망 산업에도 자산을 배분하고 싶었지만, 해당 분야를 공부하고 개별 기업을 분석할 시간은 전혀 없었다.

2) **투자 전문가는 개별 주식 투자가 아닌 ETF를 활용한 글로벌 자산배분 전략을 제안했다:** 그의 고민을 들은 한 투자 전문가는 개별 주식 투자가 아닌 ETF를 활용한 글로벌 자산배분 전략을 제안했다. 김 대표는 반신반의하며 ETF에 대해 알아보기 시작했고, 곧 이것이 자신의 문제를 해결해 줄 완벽한 해법임을 깨닫게 되었다.

3) **포트폴리오 구축하다:** 그는 단 하루 만에 자신의 증권 계좌를 통해 다음과 같은 포트폴리오를 구축했다.
   - 미국 시장 전체에 투자하는 'S&P 500 ETF'
   - 전 세계 선진국 시장에 투자하는 'MSCI World ETF'
   - 장기적으로 성장할 4차 산업혁명 기술주를 모아놓은 '글로벌 혁신기술 ETF'
   - 안정적인 현금흐름을 위한 '미국 장기채권 ETF'

4) **4개의 ETF를 매수하는 것만으로 자신의 자산을 전 세계의 다양한 국가와 산업, 그리고 주식과 채권이라는 자산군에 배분할 수 있었다:** 단 네 개의 ETF를 매수하는 것만으로, 김 대표는 자신의 자산을 전 세계의 다양한 국가와 산업, 그리고 주식과 채권이라는 서로 다른 성격의 자산군에 효과적으로 배분할 수 있었다. 그는 더 이상 개별 기업의 실적 발표에 전전긍긍할 필요가 없었으며, 자신의 사업에 온전히 집중하면서도 자산은 글로벌 경제의 성장과 함께 불어나는 경험을 하게 되었다.

5) **시사점:** 김 대표의 사례는 ETF가 어떻게 시간과 정보가 부족한 현대인에게 전문 기관 투자자 수준의 포트폴리오를 구축할 수 있게 만드는지를 극적으로 보여준다. 결국 ETF 투자는 특정 계층을 위한

고급 기술이 아니라, 변동성의 시대를 살아가는 우리 모두를 위한 새로운 시대의 생존법이자 성장법인 것이다.

미국 ETF로 33% 수익률…퇴직연금 고수의 투자 포트폴리오
매거진한경 [https://magazine.hankyung.com]

2. ETF로 비빔밥 한 그릇처럼 완벽한 분산투자 효과와 가상 사례

2.1. ETF로 완벽한 분산투자 효과: “계란을 한 바구니에 담지 말라.”

투자의 세계를 관통하는 가장 오래되고 중요한 격언이다. 이는 특정 자산 하나에 모든 것을 거는 집중투자의 위험성을 경고하고, 다양한 자산에 나누어 투자하는 ‘분산투자(Diversification)’의 중요성을 강조하는 말이다. 훌륭한 분산투자는 투자의 안정성을 높이는 안전벨트와 같으며, 예측 불가능한 시장의 변동성 속에서 우리의 자산을 지켜주는 가장 효과적인 전략인 것이다.

ETF는 이 분산투자라는 개념을 가장 완벽하고 손쉽게 구현해낸 도구이다. 이를 이해하기 위해 한국인이 사랑하는 음식, 비빔밥을 떠올려보

자. 최고의 비빔밥 한 그릇에는 고소한 참기름, 신선한 각종 나물, 매콤한 고추장, 영양가 높은 육류와 계란 등 수많은 재료가 황금비율로 어우러져 환상적인 맛의 조화를 이룬다. 우리는 이 재료들을 각각 따로 먹지 않는다. 모든 재료를 한데 모아 비볐을 때 비로소 최고의 맛과 영양을 경험할 수 있는 것이다.

ETF가 바로 금융 시장의 '비빔밥'이다. 예를 들어 'KOSPI 200 ETF'라는 비빔밥 그릇 안에는 삼성전자라는 최고급 나물부터 SK하이닉스, 현대자동차, NAVER 등 대한민국을 대표하는 200개의 신선한 재료(기업)가 골고루 담겨있다. 투자자는 이 ETF 한 주를 구매하는 것만으로, 이 모든 재료를 한 번에 맛보는, 즉 200개 기업에 자동으로 분산투자라는 효과를 누리게 된다.

만약 우리가 직접 200개 기업의 주식을 하나씩 사 모아 분산투자를 시도한다면 어떨까? 이는 마치 비빔밥을 만들기 위해 전국 팔도를 돌며 각 지역 최고의 나물을 직접 구해오는 것과 같다. 엄청난 시간과 노력, 그리고 막대한 자금이 필요할 것이다. ETF는 바로 이 모든 수고로움을 덜어주고, 최고의 전문가(자산운용사)가 이미 만들어 놓은 완벽한 비빔밥 한 그릇을 저렴한 가격에 제공하는 것과 같다.

2.2. 집중투자와 분산투자의 위험 비교

아래의 표는 투자자가 100만 원으로 단일 종목에 집중 투자했을 때와 ETF에 분산 투자했을 때의 위험성 차이를 극명하게 보여준다.

구분	A전자 단일 종목 집중투자	KOSPI 200 ETF 분산투자
투자 대상	A전자 1개 기업	대한민국 대표 200개 기업

기업 특유 위험	A전자의 실적 악화, 경영 리스크 등에 100% 노출됨	특정 기업의 리스크가 전체 포트폴리오에 미치는 영향이 미미함(1/200)
결과(가정)	A전자 주가가 악재로 -50% 폭락 시, 자산은 50만 원으로 감소	A전자가 -50% 폭락해도 다른 199개 기업이 선방하면 전체 손실은 -1% 내외로 제한됨
안정성	낮음(High Risk, High Return)	높음(시장 전체의 위험만 부담)

이처럼 ETF를 활용한 분산투자는 개별 기업이 망할 수 있다는 '기업 특유의 위험(Unsystematic Risk)'을 효과적으로 제거하고, 오직 시장 전체의 흐름에만 영향을 받는 '시장 위험(Systematic Risk)'만을 부담하게 만든다. 이는 투자의 불확실성을 획기적으로 줄여주는 가장 과학적인 방법인 것이다.

< 종목별 주요 특징 비교 >

종목명		KODEX 삼성전자채권혼합Wise	TIGER 테슬라채권혼합Fn	KBSTAR 삼성그룹 Top3채권혼합블룸버그
자산 구분	주식	삼성전자	TESLA	삼성그룹 대표 우량주
		1종목(30.0%)	1종목(29.5%)	3종목(40.0%)
	채권	발행만기 5년 이하 국고채	발행만기 3/5/10년 국고채	발행만기 3/5년 국고채
		9종목(70.0%)	9종목(70.5%)	10종목(60.0%)
총보수		0.07%	0.25%	0.20%
종목명		ACE 엔비디아채권혼합블룸버그	ARIRANG Apple채권혼합Fn	SOL 미국TOP5 채권혼합40Solactive
자산 구분	주식	NVIDIA	APPLE	美 시가총액 TOP5
		1종목(30.0%)	1종목(30.0%)	5종목(40.0%)
	채권	잔존만기 2년 미만 국고·통안채	발행만기 3/5/10년 국고채	잔존만기 평균 0.3년 통안채
		20종목(70.0%)	9종목(70.0%)	9종목(60.0%)
총보수		0.07%	0.25%	0.25%

* 신규상장 종목 정보는 붙임1 참조

주식+채권 '新 혼합형 ETF' 6종목 상장 - 한국금융신문
[https://www.fntimes.com]

2.3. 가상 사례: 사회초년생 '지혜 씨'의 첫 투자 포트폴리오

1) 그녀의 목표는 10년 뒤 독립을 위한 종자돈 1억 원을 만드는 것이었다:

대학을 갓 졸업하고 첫 직장에 입사한 20대 사회초년생 지혜 씨는 월급의 일부를 떼어 투자를 시작하기로 결심했다. 그녀의 목표는

10년 뒤 독립을 위한 종자돈 1억 원을 만드는 것이었다. 그녀의 주변 친구들은 소위 '대박'을 노리며 급등하는 테마주나 바이오 기업 한두 곳에 '몰빵' 투자를 하고 있었지만, 이제 막 사회생활을 시작한 그녀에게 그런 투자는 너무나 큰 위험으로 느껴졌다.

2) **ETF를 활용하여 자신만의 '비빔밥 포트폴리오'를 만들기로 했다:** 그녀는 투자를 공부하던 중 '자산배분'과 '분산투자'의 중요성을 깨닫고, ETF를 활용하여 자신만의 '비빔밥 포트폴리오'를 만들기로 했다. 그녀는 매달 50만 원의 적립금을 다음과 같은 비율로 나누어 각기 다른 ETF에 투자했다.
   - 한국 대표 주식 비빔밥(KOSPI 200 ETF): 20만 원(40%)
   - 미국 대표 주식 비빔밥(S&P 500 ETF): 20만 원(40%)
   - 안전한 채권 나물(국고채 10년물 ETF): 10만 원(20%)
3) **지혜 씨의 포트폴리오는 단 세 개의 ETF만으로 대한민국, 미국이라는 서로 다른 국가와 주식, 채권이라는 서로 다른 자산에 완벽하게 분산되었다:** 지혜 씨의 포트폴리오는 단 세 개의 ETF만으로 대한민국, 미국이라는 서로 다른 국가와 주식, 채권이라는 서로 다른 자산에 완벽하게 분산되었다. 몇 년 후, 글로벌 경제 위기로 주식 시장이 크게 흔들렸을 때 친구들의 계좌는 반 토막이 났지만, 지혜 씨의 포트폴리오는 안전자산인 채권 ETF가 방어막 역할을 해주어 손실을 최소화할 수 있었다. 반대로 주식 시장이 활황일 때는 주식 ETF들이 높은 수익을 내며 자산을 빠르게 불려주었다.
4) **시사점:** 지혜 씨의 사례는 ETF가 어떻게 소액의 자본과 최소한의 노력만으로도 글로벌 자산배분이라는 고급 투자 전략을 구현할 수 있

는지를 보여준다. 그녀는 특정 재료(개별 주식)의 맛이 잠시 변하는 것에 일희일비하지 않고, 잘 차려진 비빔밥 한 그릇(포트폴리오) 전체의 조화로운 맛을 즐기며 꾸준히 자산을 성장시켜 나갈 수 있었던 것이다. 이처럼 ETF는 평범한 개인에게 기관 투자자 수준의 분산투자 효과를 선물하는 가장 강력한 도구이다.

3. 한 주에 몇 천 원? 커피 값으로 삼성전자 ETF주주 되기와 가상사례

3.1. 한 주에 몇 천 원? 커피 값으로 삼성전자 ETF 주주 되기

과거 '주식 투자'는 목돈을 가진 자산가들의 영역으로 여겨졌다. 대한민국을 대표하는 우량주 한 주의 가격이 수십, 수백만 원을 호가하던 시절, 평범한 직장인이나 학생이 선뜻 투자를 시작하기란 결코 쉽지 않은 일이었다. '부의 사다리'에 오르기 위한 첫 디딤돌 자체가 너무나 높았던 것이다. 그러나 ETF의 등장은 이 모든 패러다임을 바꾸어 놓았다. 이제 우리는 매일 습관처럼 마시는 커피 한 잔 값으로 대한민국 1등 기업 삼성전자의 주주가 될 수 있는 시대를 살고 있다.

이것이 어떻게 가능한 것인가? 그 비밀은 ETF가 가진 '지분 공동구매'의 속성에 있다. KOSPI 200 지수를 추종하는 ETF는 그 안에 삼성전자, SK하이닉스 등 200개 기업의 주식을 모두 담고 있는 거대한 바구니와 같다. 자산운용사는 이 비싼 바구니를 잘게 쪼개어, 마치 피자 한 판을 여러 조각으로 나누어 팔 듯이 저렴한 가격에 시장에 공급한다. 투자자는 단지 이 ETF 한 조각(한 주)을 구매하는 것만으로, 바구니 안에 담긴 모든 기업의 지분을 0.0001%와 같은 작은 비율로 나마 소유하게 되는 것이다.

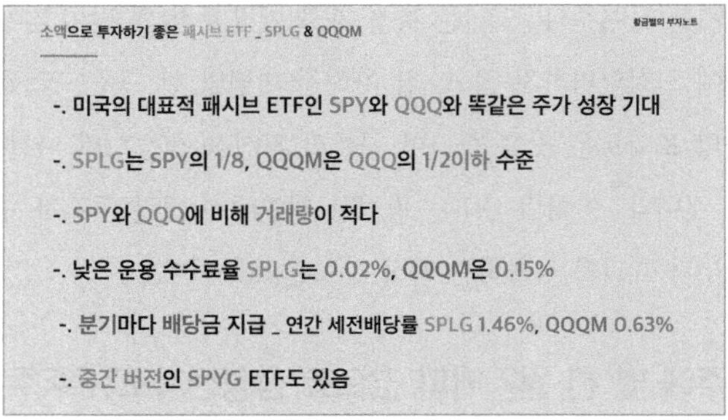

사회초년생이 소액으로 적립식 투자하기 좋은 ETF [https://brunch.co.kr]

즉, 8만 원짜리 삼성전자 주식 한 주를 직접 사는 것이 부담스럽다면, 그 삼성전자를 약 25% 비중으로 담고 있는 1만 5천 원짜리 ETF 한 주를 사는 것으로 간접적인 주주가 될 수 있다. 이는 단순히 비용 절감의 차원을 넘어, 투자의 본질적인 장벽을 허무는 혁명적인 변화라 할 수 있다. 이제 자본의 크기는 더 이상 투자를 시작하는 데 있어 결정적인 제약 조건이 되지 않는다. 중요한 것은 투자를 시작하려는 의지와 커피 한 잔 값을 아껴 미래를 위해 저축하는 작은 습관인 것이다.

아래의 표는 동일한 우량 기업에 투자할 때, 개별 주식 직접투자와 ETF를 통한 소액투자가 얼마나 큰 접근성의 차이를 보이는지를 명확히 보여준다.

3.2. 직접투자와 ETF 소액투자의 접근성 비교

구분	삼성전자 주식 직접투자	KODEX 200 ETF 간접투자
1주당 가격(예시)	약 80,000원	약 15,000원
필요 자본	최소 8만 원 이상의 목돈 필요	커피 2~3잔 값의 소액으로 가능
포함된 기업 수	1개(삼성전자)	200개(삼성전자 포함)

투자 효과	기업 1곳의 성과에 모든 것이 좌우됨	대한민국 대표 기업 200곳에 자동 분산투자됨
핵심 가치	집중 투자	소액으로 시작하는 분산투자

결론적으로 ETF는 투자의 문턱을 모든 사람이 넘을 수 있을 만큼 낮추어 주었다. 이는 부의 축적이 더 이상 소수의 전유물이 아니라, 꾸준함을 실천하는 모든 이에게 열려 있는 기회가 되었음을 의미하는 것이다.

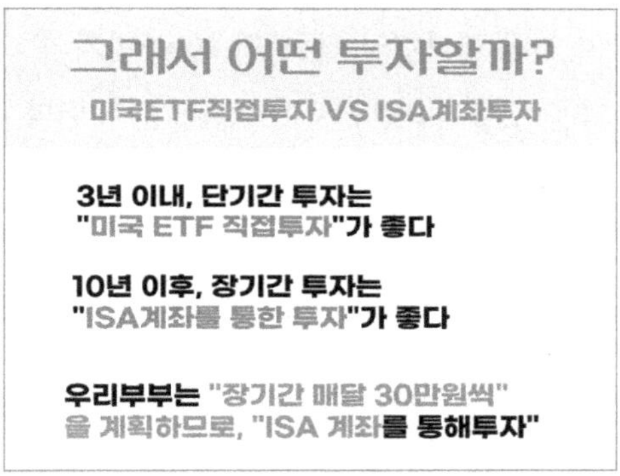

미국ETF 직접투자 vs ISA 국내상장 미국ETF 투자 [https://m.blog.naver.com]

3.3. 가상 사례: 대학생 '민준 군'의 통장 속 잠자는 돈 깨우기

1) 삼성전자 주식 한 주의 가격이 그의 일주일 생활비와 맞먹는 8만 원에 육박했기 때문이다: 용돈과 아르바이트로 생활하는 20대 대학생 민준 군은 평소 재테크에 관심이 많았다. 그는 대한민국 최고의 기업인 삼성전자의 주주가 되어 기업의 성장과 함께 자신의 자산도 키워 나가고 싶다는 막연한 꿈을 가지고 있었다. 그러나 그의 꿈은 증권사 앱을 켜자마자 현실의 벽에 부딪혔다. 삼성전자 주식 한 주의 가격이 그의 일주일 생활비와 맞먹는 8만 원에 육박했기 때문이다. 그에게 이는 결코 쉽게 투자할 수 있는 금액이 아니었다.

2) **'KODEX 200'이라는 ETF 한 주의 가격이 1만 5천 원에 불과하며, 그 안에는 그가 그토록 원하던 삼성전자가 가장 높은 비중으로 담겨 있다는 사실을 발견했다:** 좌절하던 민준 군은 우연히 경제 유튜브 채널을 통해 ETF라는 상품에 대해 알게 되었다. 그는 'KODEX 200'이라는 ETF 한 주의 가격이 1만 5천 원에 불과하며, 그 안에는 그가 그토록 원하던 삼성전자가 가장 높은 비중으로 담겨 있다는 사실을 발견하고는 충격에 빠졌다. 친구 들과의 술자리 한 번, 비싼 커피 서너 잔만 아끼면 대한민국 1등부터 200등까지의 기업을 통째로 소유하는 효과를 누릴 수 있다는 것을 깨달은 것이다.

3) **그리고 3거래일이 지나 1만 5천 원이 모일 때마다 KODEX 200 ETF를 한 주씩 꾸준히 사 모았다:** 그날 이후, 민준 군의 소비 습관에 작은 변화가 생겼다. 그는 하루 두 잔 마시던 커피를 한 잔으로 줄이고, 절약한 5천 원을 매일 별도의 계좌에 모으기 시작했다. 그리고 3거래일이 지나 1만 5천 원이 모일 때마다 KODEX 200 ETF를 한 주씩 꾸준히 사 모았다. 처음에는 미미해 보였던 그의 계좌는 1년, 2년이 지나자 복리 효과와 시장의 성장 속에서 눈덩이처럼 불어나기 시작했다.

4) **4년 뒤 대학을 졸업할 무렵, 그의 ETF 계좌는 수백만 원의 평가금액을 기록하며 든든한 사회생활의 종자돈이 되어주었다:** 4년 뒤 대학을 졸업할 무렵, 그의 ETF 계좌는 수백만 원의 평가금액을 기록하며 든든한 사회생활의 종자돈이 되어주었다. 그는 단지 커피 값을 아끼는 작은 실천을 통해 소비의 주체에서 자본의 주체로 거듭났으며, 누구보다 일찍 투자의 세계에 눈을 뜨고 복리의 마법을 경험하게 된 것이다.

5) 시사점: 민준 군의 사례는 거창한 목돈이 없어도, 일상의 작은 절약만으로도 투자의 세계에 입문하여 부의 씨앗을 심을 수 있음을 보여준다. ETF는 그렇게 우리 모두에게 '시작할 수 있는 용기'를 선물하는 가장 민주적인 투자 도구인 것이다.

4. "ETF: 사고 팔기 편하고, 수수료는 저렴하고!"와 가상사례

4.1. ETF는 주식과 같은 '거래 편의성'과 펀드를 뛰어넘는 혁신적인 '비용 효율성'을 동시에 갖추었다.

어떤 상품이 시장의 판도를 바꾸고 대중의 사랑을 받기 위해서는 그 본질적인 가치 뿐만 아니라, 사용하기에 편리하고 가격이 합리적이어야 한다는 두 가지 조건을 충족시켜야 한다. ETF가 지난 20년간 전 세계 금융 시장에서 가장 빠르게 성장한 금융상품이 될 수 있었던 이유도 바로 여기에 있다.

ETF는 "주식과 같은 압도적인 '거래 편의성'과 펀드를 뛰어넘는 혁신적인 '비용 효율성'을 동시에 갖춤으로써, 개인 투자자에게 가장 친화적인 투자 도구로 자리매김하게 된 것이다.

4.1.1. 주식처럼 실시간으로, 편리하게 사고 판다

과거 우리가 펀드에 가입하고 해지하던 과정을 떠올려보자. 은행이나 증권사 창구를 방문하거나 복잡한 온라인 절차를 거쳐야 했으며, 매수 혹은 환매를 신청해도 그날의 종가 기준으로 하루에 한 번 가격이 결정되었다. 특히 돈이 급하게 필요하여 펀드를 환매할 경우, 신청 후 실제 현금을 손에 쥐기까지 수일에서 길게는 일주일 이상이 소요되는 불편함이 존재했다.

그러나 ETF는 이러한 모든 불편함을 해결한다. ETF는 증권거래소에 상장되어 삼성전자 주식과 완전히 동일한 방식으로 거래된다. 즉, 주식 시장이 열려 있는 오전 9시부터 오후 3시 30분까지, 우리는 스마트폰의 주식 거래 앱을 통해 1초 단위로 변하는 가격을 보며 원할 때 언제든 ETF를 사고팔 수 있다.

갑작스러운 시장의 변동에 대응하여 비중을 조절하거나, 예상치 못한 목돈이 필요할 때 즉시 자산을 현금화할 수 있는 유동성(Liquidity)은 현대 투자에서 무엇보다 중요한 가치이다. ETF는 투자자에게 바로 이러한 '자산 통제권'을 완벽하게 보장해주는 것이다.

4.1.2. 장기 수익률을 갉아먹는 '수수료'로 부터의 해방

투자의 세계에서 수수료는 '복리'라는 마법의 효과를 갉아먹는 보이지 않는 적이다. 1%와 2%의 수수료 차이는 단기적으로는 미미해 보이지만, 20년, 30년의 장기 투자에서는 눈덩이처럼 불어나 최종 수익률에 막대한 격차를 만들어낸다.

일반적으로 펀드매니저가 적극적으로 종목을 교체하며 시장 수익률을 초과하고자 노력하는 '액티브 펀드'는 높은 운용보수(연 1~2% 이상)를 부과한다. 하지만 연구와 분석에 드는 비용이 적은 '패시브 ETF'는 단순히 시장 지수를 추종하므로 연 0.01% ~ 0.5% 수준의 매우 낮은 보수만을 받는다.

아래의 표는 동일한 시장 수익률을 가정했을 때, 보수 차이가 30년 뒤의 최종 자산에 얼마나 큰 차이를 만들어내는지를 시뮬레이션을 통해 보여준다.

4.2. 운용보수 차이가 장기 성과에 미치는 영향
(원금 1억 원, 연 7% 수익률 가정)

구분	A 액티브 펀드	B 인덱스 ETF	30년 후 자산 차이
연평균 시장 수익률	7.0%	7.0%	-
연간 총보수(수수료)	1.5%	0.1%	1.4%p 차이
투자자 실질 수익률	5.5%	6.9%	-
30년 후 최종 자산	약 4억 9,839만 원	약 7억 4,682만 원	약 2억 4,843만 원

종합하면 투자자는 단지 보수가 저렴한 ETF를 선택했다는 이유만으로, 30년 뒤 약 2억 5천만 원에 달하는 자산을 추가로 얻게 되는 것이다. 이는 저렴한 수수료가 장기 투자자에게 주는 가장 확실하고 강력한 선물이라 할 수 있다.

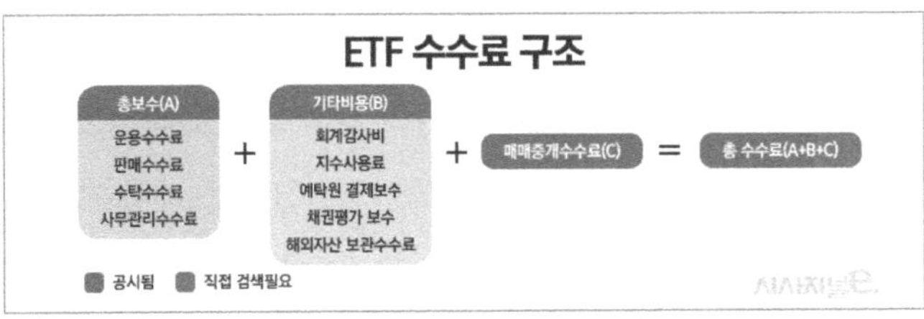

미국 ETF, 공시된 총보수와 실질비용 차이 커 '논란' [https://www.sisajournal-e.com]

4.3. 가상 사례: 프리랜서 '윤아 씨'의 스마트한 단기 자금 운용법

1) **3,000만 원의 목돈을6개월 안전하게 굴릴 방법을 모색했다:** 프로젝트 단위로 일하는 프리랜서 웹디자이너 윤아 씨는 최근 큰 프로젝트를 성공적으로 마치고 3,000만 원의 목돈을 받았다. 그녀는 6개월 뒤 예정된 해외 연수를 위해 이 돈을 사용해야 했지만, 그때까지 6개월간 돈을 그냥 예금 통장에 묶혀두는 것은 비효율적이라고 생

각했다. 그녀는 이 자금을 단기간이라도 안전하게 굴릴 방법을 모색했다.

처음에는 은행의 단기 예금을 고려했지만, 연 3% 수준의 금리는 만족스럽지 않았다. 주식형 펀드에 가입하는 것도 생각해 보았으나, 6개월 뒤 연수 자금이 필요할 때 즉시 현금화하지 못할 수 있다는 '환매 기간'의 제약과 높은 '선취수수료'가 부담으로 다가왔다.

2) **'KODEX 단기채권 ETF'에 투자하기로 결정했다. 이 ETF는 신용도가 높은 단기 채권들에 투자하여 예금 금리보다는 높은 수익을 추구하면서도, 주식처럼 변동성이 크지 않아 안정성이 높은 상품이었다:** 고민하던 윤아 씨는 전문가의 조언에 따라 'KODEX 단기채권 ETF'에 투자하기로 결정했다. 이 ETF는 신용도가 높은 단기 채권들에 투자하여 예금 금리보다는 높은 수익을 추구하면서도, 주식처럼 변동성이 크지 않아 안정성이 높은 상품이었다.

3) **6개월 동안의 이자로 약 50만 원의 수익을 얻었다:** 그녀는 스마트폰 앱을 통해 단 몇 분 만에 3,000만 원 전액을 해당 ETF로 매수했다. 5개월 후, 예상보다 연수 일정이 한 달 앞당겨졌다는 연락을 받았다. 윤아 씨는 당황하지 않고, 그날 오후 주식 시장에서 보유하고 있던 ETF 전량을 즉시 매도했다. 그녀는 그동안의 이자로 약 50만 원의 수익을 얻었으며, 이틀 뒤(T+2일) 계좌에 입금된 자금으로 연수 비용을 완벽하게 해결할 수 있었다.

4) **시사점:** 윤아 씨의 사례는 ETF의 '거래 편의성'과 '비용 효율성'이 어떻게 시너지를 내는지를 명확히 보여준다. 그녀는 펀드의 환매 제약과 높은 수수료 문제를 피하면서도, 예금보다 높은 수익률과 주

식과 같은 유동성을 동시에 확보하여 자신의 재무 목표를 스마트하게 달성할 수 있었던 것이다. 이처럼 ETF는 장기적인 자산 증식 뿐만 아니라, 단기적인 자금 운용에 있어서도 가장 효율적이고 합리적인 해결책을 제시한다

5. 주식 vs 펀드 vs ETF: 초보 투자자를 위한 최종 선택과 가상사례

5.1. 주식 vs 펀드 vs ETF: 초보 투자자를 위한 최종 선택

투자를 결심한 초보자가 마주하는 첫 번째 관문은 마치 처음 자동차를 구매하는 사람의 설렘과 고민과도 같다. 강력한 성능을 자랑하지만 운전이 까다로운 스포츠카(개별 주식), 전문 기사가 운전해주지만 유지비가 비싼 리무진(액티브 펀드), 그리고 합리적인 가격에 안정성과 편의성을 모두 갖춘 최신 SUV(ETF) 사이에서의 선택인 것이다.

ETF, 펀드, 주식 차이점 비교

구분	ETF	펀드	주식
투명성	높음(PDF공시)	낮음	높음
결제주기	T+ 2일	T+3~8일	T+2일
거래비용	위탁수수료 및 총보수 (0.15~0.93%)	총보수 (1~3%)	위탁수수료
매매시 세금	없음	소득세 (보유기간과세15.4%)	거래세 (매도시 0.3%)
위험	시장위험	시장위험	시장+개별위험
장중 거래	가능	불가	가능
거래처	증권사	판매사	증권사

(자료: 한국거래소(KRX))

ETF와 펀드의 차이, 그리고 장점 [https://www.econovill.com]

따라서 우리는 각 투자 수단의 본질적인 특성과 장단점을 명확히 이해하고, 자신의 투자 성향과 목적에 가장 부합하는 '최종 선택'을 내려야만 한다.

5.1.1. 개별 주식: 고위험 고수익의 승부사

개별 주식 투자는 특정 기업의 미래 성장 가능성에 모든 것을 거는 가장 직접적이고 공격적인 투자 방식이다. 내가 선택한 기업이 제2의 애플이나 테슬라가 된다면 엄청난 부를 거머쥘 수 있지만, 반대로 예기치 못한 위기로 기업 가치가 폭락한다면 투자금 전부를 잃을 수도 있다. 이는 높은 수준의 기업 분석 능력과 시장을 읽는 통찰력, 그리고 큰 변동성을 감내할 수 있는 강한 정신력을 요구하는, 초보 투자자에게는 매우 다루기 어려운 전문가의 영역이라 할 수 있다.

5.1.2. 펀드: 전문가에게 맡기는 안정성

펀드는 다수의 투자자로부터 모은 자금을 자산운용사의 전문 펀드매니저가 대신 운용해주는 간접 투자 상품이다. 투자자는 펀드 가입만으로 수십 개의 주식이나 채권에 자동 분산투자하는 효과를 누릴 수 있다. 이는 마치 전문 기사에게 운전을 맡기고 편안하게 목적지로 향하는 것과 같다. 하지만 이러한 편리함에는 비싼 '운전기사의 급여(높은 운용보수)'가 뒤따르며, 하루에 한 번만 거래가 가능하고 환매에 며칠씩 걸리는 등 유동성이 떨어진다는 명백한 단점이 존재한다.

5.1.3. ETF: 주식과 펀드의 장점을 결합한 현대적 대안

ETF는 이러한 주식과 펀드의 단점은 보완하고 장점만을 결합한, 현대 투자 환경에 가장 최적화된 상품이다. ETF는 펀드처럼 그 자체로 수십, 수백 개의 자산을 담고 있어 완벽한 분산투자가 가능하면서도, 주식처럼 거래소에서 실시간으로 자유롭게 사고팔 수 있다.

무엇보다 지수를 추종하는 패시브 전략을 통해 운용보수를 혁신적으로 낮춤으로써, 투자자가 장기적으로 더 많은 수익을 가져갈 수 있는 구조를 완성했다. 이는 합리적인 가격, 뛰어난 안정성, 그리고 사용자 편의성까지 갖춘 최신 SUV와 같은, 초보 투자자를 위한 가장 이상적인 '첫 차'인 것이다.

5.1.4. 주식, 펀드, ETF 핵심 특징 비교표

아래의 표는 세 가지 투자 수단의 핵심적인 특징을 한눈에 비교하여 독자들의 최종 선택을 돕는다.

구분	개별 주식(스포츠카)	액티브 펀드(리무진)	ETF(최신 SUV)
투자 대상	단일 기업	펀드매니저가 고른 자산 꾸러미	특정 지수/테마를 따르는 자산 꾸러미
분산투자	불가능	우수	매우 우수
거래 방식	실시간 매매	1일 1회 기준가 매매 (환매에 수일 소요)	실시간 매매
거래 비용	저렴	높음(판매/운용보수)	매우 저렴(운용보수)
투명성	높음	낮음	높음
핵심 추천 대상	기업 분석 전문가, 고위험 감수 투자자	투자에 전혀 신경 쓰고 싶지 않은 투자자	합리적이고 효율적인 투자를 원하는 모든 투자자

5.2. 가상 사례: 첫 보너스를 받은 '윤 대리'의 현명한 최종 선택

입사 3년 차인 윤 대리는 최근 성과를 인정받아 1,000만 원의 특별 보너스를 받았다. 그녀는 이 돈을 자신의 미래를 위한 첫 투자금으로 사용하기로 결심하고, 어떤 상품으로 시작해야 할지를 진지하게 고민하기 시작했다.

1) **첫 번째 고민, 주식:** 그녀의 동기는 최근 급등한 바이오 주식으로 큰 수익을 봤다며 특정 종목을 추천했다. '대박'의 유혹에 잠시 흔들렸지만, 윤 대리는 해당 기업의 기술이나 재무 상태에 대해 전혀 알지

못했고, 자신의 소중한 첫 종자돈을 불확실한 소문에만 의지해 투자하는 것은 너무나 큰 도박이라는 결론을 내렸다.

2) **두 번째 고민, 펀드:** 그녀는 주거래 은행에 방문하여 투자 상담을 받았다. 은행 직원은 '올해의 펀드상'을 받았다며 화려한 과거 수익률을 자랑하는 액티브 펀드를 추천했다. 전문가가 알아서 관리해준다는 점은 매력적이었지만, 연 2%에 달하는 높은 운용보수와 각종 수수료가 장기적으로는 자신의 수익을 크게 갉아먹을 것이라는 사실을 깨달았다.

3) **최종 선택, ETF:** 고민하던 윤 대리는 서점에서 재테크 책을 읽다가 ETF라는 상품을 처음 알게 되었다. 그녀는 미국 전체 시장의 성장에 투자하는 'S&P 500 ETF'가 연평균 10%의 꾸준한 성장을 보여왔으며, 운용보수는 연 0.1%에도 미치지 않는다는 사실에 놀라움을 금치 못했다. 펀드처럼 완벽하게 분산투자가 되면서도, 수수료는

미국 국채 ETF 종류 : SHY IEF TLT 투자 차이점 비교 : 네이버 블로그 [https://blog.naver.com]

비교할 수 없이 저렴하고, 주식처럼 원할 때 언제든 휴대폰으로 사고팔 수 있다는 점은 그녀가 찾던 바로 그 조건이었다.

4) **시사점:** 윤 대리는 1,000만 원 전액을 S&P 500 ETF에 투자했다. 그녀는 특정 종목의 등락에 가슴 졸일 필요 없이 미국 경제 전체의 성장에 편안하게 동참하며 자신의 자산을 불려나갔다. 그녀의 사례는 철저한 비교 분석을 통해 초보 투자자가 어떻게 가장 현명하고 합리적인 최종 선택에 이를 수 있는지를 명확히 보여준다. 결국 현대의 투자 환경에서 ETF는 단순히 여러 선택지 중 하나가 아닌, 가장 우선적으로 고려해야 할 '표준적인 정답(Standard Answer)'인 것이다.

제3장

내 돈이 일할 집, 증권사 계좌 만들기

1. 어떤 증권사를 골라야 할까? (수수료, 편의성 비교)과 가상사례

1.1. 증권사 선택의 핵심 기준은 크게 두 가지, 바로 '수수료'와 '편의성'이다.

ETF 투자를 시작하기로 결심했다면, 다음 단계는 내 소중한 자산이 머물고 성장해 나갈 '집'을 고르는 일이다. 이 집의 역할을 하는 것이 바로 '증권사(Brokerage Firm)'이다. 증권사는 투자자가 주식 시장에 참여하여 ETF를 사고팔 수 있도록 다리를 놓아주는 금융 기관이다. 수많은 증권사가 저마다의 혜택을 내세우며 투자자를 유혹하는 오늘날, 어떤 기준으로 나에게 꼭 맞는 평생의 투자 파트너를 선택해야 하는 것인가?

증권사 선택의 핵심 기준은 크게 두 가지, 바로 '수수료'와 '편의성'이다. 이는 각각 투자의 '비용 효율성'과 '지속 가능성'에 직결되는 문제이므로, 단지 광고나 단기적인 이벤트에 현혹되어 성급히 결정해서는 안 될 것이다.

1.1.1. 수수료: 보이지 않는 비용을 최소화하라

ETF를 매매할 때마다 투자자는 증권사에 소정의 거래 수수료를 지불해야 한다. 최근 증권사들은 신규 고객 유치를 위해 '평생 수수료 무료'와 같은 파격적인 이벤트를 내세우고 있으나, 여기에는 몇 가지 함정이 존재한다. '무료' 혜택은 국내 주식 및 ETF에만 한정되는 경우가 대부분이며, 해외 ETF 투자 시에는 별도의 수수료가 부과된다. 또한 이벤트 기간이 종료된 후의 표준 수수료율이 얼마인지 반드시 확인해야 한다. 0.01%의 수수료 차이라도 장기 복리 투자의 세계에서는 최종 수익률에 상당한 영향을 미치기 때문이다.

따라서 증권사 선택 시에는 단기적인 이벤트 뿐만 아니라, 나의 주력 투자 시장(국내/해외)에 맞는 장기적인 수수료 정책과 환전 수수료 우대 혜택 등을 종합적으로 비교 분석하는 지혜가 필요하다.

1.1.2. 편의성: 나의 손에 가장 잘 맞는 도구를 선택하라

수수료가 투자의 물리적 비용이라면, 편의성은 투자를 지속하는 데 드는 심리적 비용과 직결된다. 여기서의 편의성이란 증권사의 모바일 트레이딩 시스템(MTS: Mobile trading System)이나 홈 트레이딩 시스템(HTS: Home Trading System)의 '사용자 경험(UX/UI)'을 의미한다. 아무리 수수료가 저렴하더라도 앱이 복잡하고 느리며 불안정하다면, 투자자는 점차 거래를 멀리하게 될 것이다.

좋은 MTS는 다음과 같은 특징을 가진다.

- **직관적인 인터페이스:** 초보자도 쉽게 원하는 메뉴를 찾고 주문을 실행할 수 있어야 한다.
- **빠르고 안정적인 속도:** 중요한 매매 순간에 지연이나 오류가 발생해서는 안 된다.
- **유용한 정보 제공:** ETF 검색이 편리하고, 총보수, 괴리율, 구성 종목 등 핵심 정보를 명확하게 제공해야 한다.

가장 좋은 방법은 관심 있는 증권사 2~3곳의 계좌를 모두 개설하고, 소액으로 직접 거래를 해보거나 모의투자 기능을 활용하여 나에게 가장 잘 맞는 '투자 도구'를 직접 찾아내는 것이다.

1.1.3. 증권사 선택을 위한 핵심 체크리스트

아래의 표는 증권사 선택 시 반드시 고려해야 할 핵심 요소들을 정리한 것이다.

평가 기준	주요 확인 사항	초보 투자자 중요도
수수료	① 국내/해외 ETF 표준 거래 수수료율 ② 수수료 우대 이벤트 조건 및 기간 ③ 환전 수수료율	★★★★★ (장기 수익률에 직접적 영향)
편의성 (MTS/HTS)	① 앱 디자인의 직관성 및 속도 ② ETF 정보 검색 및 조회 기능의 편리함 ③ 주문 프로세스의 간결성	★★★★★ (투자의 지속 가능성을 결정)
제공 서비스	① 투자 가능한 해외 ETF 상품의 다양성 ② 투자 리포트 및 교육 콘텐츠의 품질 ③ 고객센터의 신속하고 전문적인 응대	★★★★☆ (투자 경험의 질을 향상)
안정성	① 회사의 재무 건전성 및 시장 점유율 ② 전산 시스템의 안정성 이력	★★★★☆ (자산 보호의 기본 전제)

1.2. 가상 사례: 디자인 전문가 '서현 씨'의 완벽한 MTS 찾기

시각 디자인 에이전시를 운영하는 30대 서현 씨는 미적 감각과 사용자 경험에 매우 민감한 전문가이다. 그녀는 ETF 투자를 시작하기 위해 여러 증권사의 광고를 접했지만, 모두가 내세우는 '최저 수수료'라는 문구만으로는 어떤 곳을 선택해야 할지 판단하기 어려웠다. 그녀는 자동차를 구매하기 전 반드시 시승을 해보듯, 증권사 MTS도 직접 '시용'해보기로 결정했다.

1) **A증권사**: 시장 점유율 1위라는 명성에 걸맞게 수많은 기능을 제공했지만, 앱의 첫인상은 마치 오래된 백과사전처럼 복잡하고 답답

했다. 그녀는 원하는 ETF를 검색하는 데만 5분 이상을 헤맸고, 수많은 숫자와 차트의 홍수 속에서 길을 잃은 기분을 느꼈다.

2) **B증권사:** 신생 핀테크 증권사로, 앱 디자인은 매우 세련되고 미니멀했다. 하지만 너무 많은 것을 생략한 나머지 ETF의 총보수나 자산 구성 내역 같은 핵심 정보를 찾기가 어려웠다. 디자인은 훌륭했지만, 정작 투자를 위한 '정보'가 부족한 셈이었다.

3) **C증권사:** 서현 씨는 마지막으로 C증권사 앱을 실행했다. 이 앱은 마치 잘 디자인된 포트폴리오 사이트처럼, 복잡한 금융 정보를 시각적인 그래프와 아이콘으로 명쾌하게 정리하여 보여주었다. 특히 'AI', '친환경'과 같은 테마 키워드로 ETF를 검색하는 기능과, 선택한 ETF의 특징을 한 페이지 요약으로 보여주는 기능은 그녀에게 깊은 인상을 남겼다. 주문 과정 또한 단 3번의 터치로 완료될 만큼 간결하고 직관적이었다.

4) **결국 서현 씨는 C증권사를 자신의 투자 파트너로 최종 선택했다:** 이벤트 수수료는 세 곳 모두 비슷했지만, C증권사의 MTS가 제공하는 압도적인 편의성과 정보의 시각화는 그녀에게 '투자는 어려운 것이 아니라, 스마트하게 관리할 수 있는 영역'이라는 자신감을 심어주었기 때문이다.

5) **시사점:** 서현 씨의 사례는 증권사 선택이 단순히 비용을 비교하는 것을 넘어, 자신의 투자 여정을 함께할 가장 신뢰할 수 있고 편안한 '도구'를 찾는 과정임을 명확히 보여준다. 좋은 도구는 사용자를 유능하게 하며, 결국 더 나은 투자 결과로 이어지게 되는 것이다.

2. 스마트폰으로 10분 만에 비대면 계좌 개설하기와 가상사례

2.1. 스마트폰으로 10분 만에 비대면 계좌 개설하기

투자를 향한 위대한 여정의 첫걸음은 의외로 간단하고 신속하게 시작된다. 과거에는 증권사 지점을 직접 방문하여 수많은 서류를 작성하고 며칠을 기다려야 했던 계좌 개설 과정이, 이제는 기술의 발전 덕분에 내 손안의 스마트폰으로 단 10분이면 충분한 시대가 되었다. 이는 마치 은행에 가지 않고도 모바일 뱅킹을 신청하는 것처럼, 투자의 시작을 가로막던 물리적, 시간적 장벽이 완벽하게 허물어졌음을 의미하는 것이다.

스마트폰으로 10분만에 증권계좌 개설…"인증서도 필요없네"
[https://www.edaily.co.kr]

2.1.1. 비대면 계좌 개설 시 세 가지 준비물

비대면 계좌 개설은 복잡한 금융 지식이 아닌, 단 몇 번의 터치와 인증만으로 투자의 세계로 들어가는 문을 활짝 열어주는 가장 빠르고 효율적인 방법이다. 이 과정을 시작하기 전에, 우리는 단 세 가지 준비물만 갖추면 된다.

(1) **신분증:** 주민등록증 또는 운전면허증

(2) **본인 명의 스마트폰:** 통신사를 통한 본인 인증에 사용된다.

(3) **본인 명의 타 금융기관 계좌:** 소액 이체(1원) 인증을 위해 필요하다.

이 세 가지만 준비되었다면, 당신은 이미 투자를 시작할 모든 준비를 마친 것이다. 이제 아래의 5단계 로드맵을 따라 차근차근 진행하면, 어느새 당신의 이름으로 된 증권 계좌가 눈앞에 펼쳐지게 될 것이다.

2.1.2. 스마트폰 비대면 계좌 개설 5단계 핵심 가이드

단계	핵심 절차	상세 설명 및 팁
1단계	증권사 앱 설치 및 메뉴 선택	구글 플레이스토어나 애플 앱스토어에서 이용하고자 하는 증권사의 공식 MTS(모바일 트레이딩 시스템) 앱을 다운로드한다. 앱 실행 후 첫 화면에서 '비대면 계좌 개설' 또는 '계좌 만들기' 메뉴를 선택한다.
2단계	휴대폰 본인 인증	이름, 주민등록번호, 통신사 정보를 입력하고 휴대폰으로 전송된 인증번호를 입력하여 본인임을 확인한다. 이는 가장 기본적인 본인 확인 절차이다.
3단계	신분증 촬영 및 정보 확인	앱 내 카메라 가이드라인에 맞춰 신분증을 촬영한다. OCR(광학 문자 판독) 기술이 자동으로 신분증의 정보를 인식하여 입력해준다. 인식된 정보가 정확한지 꼼꼼히 확인한다.
4단계	타 금융기관 계좌를 통한 1원 인증	기존에 사용하던 본인 명의 은행 또는 증권 계좌번호를 입력한다. 해당 증권사에서 그 계좌로 1원과 함께 인증번호 3~4자리(예: OOO증권 123) 를 보내준다. 입금 내역을 확인하고 인증번호를 앱에 정확히 입력한다.
5단계	계좌 정보 설정 및 완료	계좌의 종류(일반적으로 '종합매매계좌')를 선택하고, 향후 거래 시 사용할 계좌 비밀번호 4자리를 설정한다. 모든 절차가 끝나면 계좌 개설이 완료되었다는 메시지와 함께 계좌번호가 발급된다.

이 모든 과정은 숙달될 경우 5분 안에도 가능할 만큼 지극히 단순하고 직관적으로 설계되어 있다. 이제 더 이상 '복잡하고 어려울 것'이라는 막연한 두려움 때문에 투자를 미룰 이유가 없는 것이다.

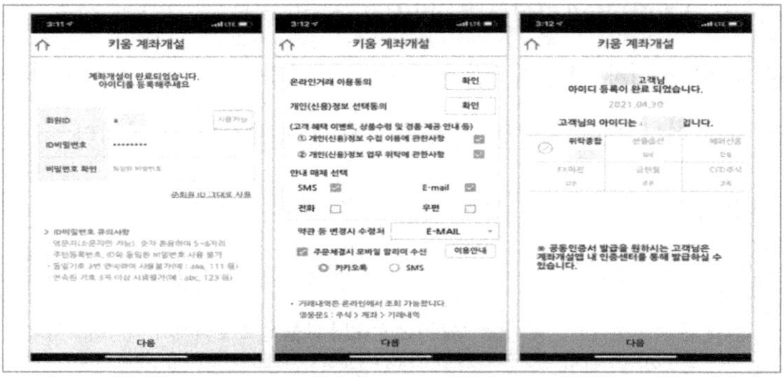

온라인 비대면으로 키움증권 주식계좌 만드는 방법: 네이버 블로그

2.2. 가상 사례: 40대 주부 '지현 씨'의 10년간의 망설임을 끝낸 10분

1) **"어제 알바비 들어온 걸로 OOO증권 계좌 만들어서 바로 미국 ETF 샀어. 요즘은 5분이면 되더라.":** 40대 전업주부인 지현 씨는 지난 10년간 재테크 관련 서적을 100권 넘게 읽은 숨은 고수였다. 그녀는 S&P 500 ETF에 장기 적립식으로 투자하는 것이 자녀의 학자금과 자신의 노후를 위한 가장 현명한 길임을 이론적으로는 완벽하게 이해하고 있었다. 하지만 그녀는 단 한 번도 실제 투자를 실행에 옮기지 못했다. 증권사 객장에 방문하여 번호표를 뽑고, 젊은 직원 앞에서 '초보자'임을 드러내며 계좌를 만드는 과정 자체가 그녀에게는 넘기 힘든 거대한 심리적 장벽으로 느껴졌기 때문이다.

   그러던 어느 날, 그녀는 카페에서 옆자리에 앉은 대학생들이 나누는 대화를 우연히 엿듣게 되었다. "어제 알바비 들어온 걸로 OOO증권 계좌 만들어서 바로 미국 ETF 샀어. 요즘은 5분이면 되더라." 지현 씨는 그 말을 듣고 큰 충격을 받았다. 자신이 10년간 망설여온 그 일이, 누군가에게는 점심시간에 햄버거를 주문하는 것만큼이나 간단한 일상이었던 것이다.

그날 밤, 아이들을 모두 재운 뒤 지현 씨는 용기를 내어 침대에 누워 스마트폰을 들었다. 그녀는 대학생이 언급했던 증권사 앱을 다운로드하고 '계좌 개설' 버튼을 눌렀다. 앱이 안내하는 대로 휴대폰 인증을 하고, 화장대 위에 있던 운전면허증을 촬영하고, 인터넷 뱅킹으로 1원 입금 내역을 확인하여 인증번호를 입력했다. 모든 과정이 마치 잘 짜인 각본처럼 매끄럽게 흘러갔다.

나스닥 지수, 다우 존스, S&P 500 차이는?(미국 증시 3대 지수 비교
[https://blog.koreainvestment.com]

2) **[고객님의 계좌 개설이 성공적으로 완료되었습니다] 라는 문구가 나타났다:** 그리고 정확히 9분 30초 뒤, 그녀의 스마트폰 화면에 [고객님의 계좌 개설이 성공적으로 완료되었습니다] 라는 문구가 나타났다. 지현 씨는 잠시 동안 화면을 멍하니 바라보았다. 지난 10년간 그녀를 짓눌러왔던 거대한 장벽이, 너무나도 허무하게 단 10분 만에 사라져버린 순간이었다. 그녀는 안도감과 함께 스스로에 대한 자신감을 느꼈다. 다음 날, 그녀는 자신의 새 증권 계좌에 첫 자금을 이체하고, 10년간 마음속으로만 그려왔던 S&P 500 ETF를 매수했다.

3) **시사점:** 지현 씨의 사례는 투자를 가로막는 가장 큰 장벽이 종종 외부의 물리적 조건이 아닌, 내면의 심리적 저항임을 보여준다. 기술

의 발전은 이제 그 마지막 저항마저 무력하게 했다. 투자의 문은 당신의 손안에서, 지금 바로 열릴 준비가 되어 있는 것이다.

3. 주식 거래 앱(MTS: Mobile Trading System) 설치와 기본 화면 익히기와 가상사례

3.1. MTS 설치는 각 증권사의 안내에 따라 앱스토어(iOS)나 플레이스토어(Android)에서 공식 앱을 다운로드하는 것으로 시작된다.

주린이가 증권사 MTS앱 강자 3개 써봤더니 | 주간동아 [https://weekly.donga.com]

비대면 계좌 개설을 성공적으로 마쳤다면, 당신은 이제 투자의 세계로 들어갈 수 있는 열쇠를 손에 쥔 것이다. 그리고 MTS(Mobile Trading System), 즉 주식 거래 앱은 그 열쇠로 문을 열고 들어갈 당신의 투자 여정을 지휘할 비행기의 '조종석(Cockpit)'이라 할 수 있다. 처음 마주하는 조종석은 수많은 계기판과 버튼으로 가득 차 보일 수 있으나, 핵심적인 몇 가지 기능만 익히고 나면 누구나 능숙하게 자신의 자산 포트폴리오를 관리하는 파일럿이 될 수 있다.

MTS 설치는 각 증권사의 안내에 따라 앱스토어(iOS)나 플레이스토어(Android)에서 공식 앱을 다운로드하는 것으로 시작된다. 설치 후에는 공동인증서, 간편비밀번호, 또는 지문이나 안면인식과 같은 생체 인증을 통해 안전하게 로그인 절차를 마쳐야 한다.

로그인 후 마주하게 될 기본 화면은 증권사마다 디자인은 조금씩 다르지만, 그 핵심 기능은 대동소이하다. 이 화면을 정복하는 것은 투자의 성공과 직결되므로, 각 구성 요소의 역할을 명확히 이해하는 것이 무엇보다 중요하다.

3.2. MTS 핵심 화면 구성 요소 가이드

구성 요소	일반적 위치	역할 및 기능	비유
종합/계좌 정보	화면 상단 또는 하단 메뉴	총자산, 예수금(매매 가능한 현금), 평가손익 등 나의 자산 현황을 한눈에 보여주는 종합 계기판이다.	자동차의 대시보드
관심종목	메인 화면 중앙 또는 별도 메뉴	내가 눈여겨보는 ETF나 주식들을 등록하여 실시간 시세를 모니터링하는 개인화된 공간이다.	나만의 투자 쇼핑 목록
현재가 및 호가창	종목 선택 시 표시	선택한 종목의 실시간 가격과 매수/매도 잔량을 보여주는 창이다. 시장의 생생한 힘겨루기를 볼 수 있다.	시장의 살아있는 심장 박동
차트	종목 선택 시 표시	과거부터 현재까지의 가격 움직임을 그래프로 시각 화하여 보여준다. 추세와 패턴을 파악하는 데 활용된다.	자산 가격의 역사 지도
주문 실행	하단 메뉴 또는 현재가 창 내부	실제로 ETF를 사거나(매수) 파는(매도) 주문을 넣는, 가장 중요한 실행 버튼이다.	비행기의 이륙/착륙 레버
전체 메뉴/검색	좌측 상단 또는 우측 상단	이체, 공모주 청약, 투자 정보 조회 등 앱의 모든 기능에 접근할 수 있는 관문이자 검색 엔진이다.	공항의 종합 안내소

처음에는 이 모든 것이 낯설고 복잡하게 느껴질 수 있다. 하지만 실제 주문을 넣기 전에, 마치 새로운 게임의 튜토리얼을 진행하듯 각 메뉴를 차분히 눌러보고 탐색하는 시간을 갖는다면 금세 MTS와 친숙해질 수 있을 것이다.

3.3. 가상 사례: 완벽주의자 '최 과장'의 MTS 정복기

1) **'매수'와 '매도' 버튼은 자칫 잘못 누르면 모든 것을 잃게 될지도 모른다는 공포심마저 불러일으켰다:** 대기업 전략기획팀에 근무하는 최 과장은 매사에 철저한 계획과 분석을 중시하는 완벽주의자이다. 그는 ETF 투자를 위해 3개월간 20권이 넘는 책을 읽었고, 자신만의 투자 원칙까지 수립했다. 계좌 개설까지는 일사천리로 마쳤지만, 정작 첫 투자를 위한 마지막 단계인 MTS 앱 앞에서 그는 일주일째 망설이고 있었다.

   그의 눈에 비친 MTS 화면은 마치 초보자가 절대 만져서는 안 될 전문가의 장비처럼 보였다. 실시간으로 붉고 푸르게 점멸하는 숫자들은 그의 불안감을 증폭시켰고, 특히 '매수'와 '매도' 버튼은 자칫 잘못 누르면 모든 것을 잃게 될지도 모른다는 공포심마저 불러일으켰다.

2) **먼저 10만 원의 소액만을 계좌에 이체하여, 실패의 부담을 최소화한 '안전지대'를 만들다:** 고민 끝에 최 과장은 이 미지의 도구를 '정복'하기 위한 자신만의 프로젝트를 시작했다. 그는 먼저 10만 원의 소액만을 계좌에 이체하여, 실패의 부담을 최소화한 '안전지대'를 만들었다.

   - **1단계: 관찰과 탐색:** 그는 실제 주문을 넣는 대신, 자신이 분석해 둔 ETF들을 '관심종목'에 모두 등록하고 며칠간 그 움직임을 관찰했다. 마치 동물 다큐멘터리 감독처럼, 그는 호가창에서 매수 세

력과 매도 세력이 치열하게 싸우는 모습을 지켜보며 시장의 생리를 눈에 익혔다.

- 2단계: 가상 훈련: 다음으로 그는 '주문' 메뉴에 들어가, 실제로는 체결하지 않은 채로 주문을 넣어보는 연습을 반복했다. '시장가 주문'과 '지정가 주문'의 차이를 직접 체험하고, 수량을 입력했을 때 예상 체결 금액이 어떻게 변하는지를 수십 번 시뮬레이션했다.
- 3단계: 첫 실전: 일주일간의 탐색과 훈련 끝에, MTS는 더 이상 공포의 대상이 아닌, 그의 손에 익은 편리한 도구가 되어 있었다. 그는 계획했던 대로 S&P 500 ETF의 가격을 확인하고, 연습했던 그대로 침착하게 '지정가 매수' 주문을 넣었다. '매수 주문이 체결되었습니다'라는 알림이 떴을 때, 그는 짜릿한 성취감을 느꼈다.

3) 시사점: 최 과장의 사례는 MTS라는 도구에 대한 두려움이 그것의 복잡성이 아닌, 낯섦에서 비롯된다는 사실을 보여준다. 그는 성급한 실행 대신 차분한 탐색과 훈련을 통해 낯섦을 익숙함으로 바꾸었고, 이를 통해 비로소 확신을 갖고 투자의 첫걸음을 내디딜 수 있었던 것이다. 이처럼 MTS는 정복의 대상이 아니라, 충분히 시간을 갖고 익숙해져야 할 우리의 가장 든든한 투자 파트너이다.

4. 예수금 입금부터 ETF 첫 주문까지(매수/매도 실전)와 가상 사례

4.1. 예수금 입금부터 ETF 첫 주문까지(매수/매도 실전)

지금까지의 과정이 비행 시뮬레이터로 조종술을 익히는 훈련이었다면, 이제는 실제 비행기의 조종간을 잡고 활주로를 박차 올라 창공으로 날아오를 시간이다. 투자의 세계에서 첫 주문을 실행하는 것은 단순한 거래 행위를 넘어, 나의 지식과 확신을 행동으로 옮겨 자본 소득을 향한 실질적인 첫걸음을 내딛는 기념비적인 순간이다. 이 과정은 결코 복잡하거나 두렵지 않으며, 명확한 몇 가지 단계만 이해한다면 누구나 성공적으로 완수할 수 있다.

4.1.1. 단계 별 작업과정

1단계: 실탄 장전, 예수금 입금하기

투자를 위해서는 먼저 총알, 즉 투자 자금을 증권 계좌에 채워 넣어야 한다. 이를 예수금(Deposit)이라 부른다. 예수금 입금은 우리가 평소 사용하는 인터넷 뱅킹 앱을 통해 증권 계좌로 자금을 이체하는 것과 완전히 동일한 과정이다.

- **방법**: 은행 앱을 실행하여 '이체' 메뉴를 선택하고, 받는 사람의 은행을 '증권사'로 선택한 뒤, 비대면으로 개설한 나의 증권 계좌번호를 입력하여 원하는 금액을 송금한다.
- **확인**: 이체가 완료된 후, 증권사 MTS 앱에 접속하여 '계좌 정보' 또는 '잔고' 메뉴에서 이체한 금액이 '예수금' 항목에 정확히 반영되었는지 확인한다.

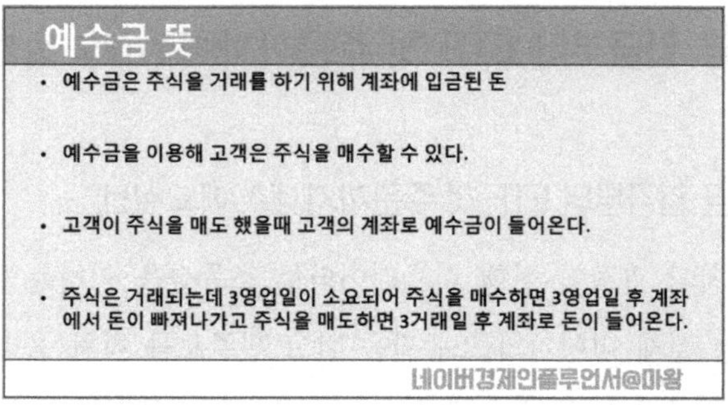

주식 예수금 뜻 출금 방법 이체 방법 D+1, D+2 총정리: 네이버 블로그

2단계: 목표물 조준, ETF 주문창 진입하기

실탄이 장전되었다면, 이제 매수할 목표 ETF를 선택하고 주문을 준비해야 한다.

- **검색:** MTS 상단의 검색창(돋보기 모양)에 투자하고자 하는 ETF의 이름(예: TIGER 미국S&P500) 또는 종목코드를 입력하여 해당 종목의 상세 정보창으로 이동한다.
- **주문창 진입:** 상세 정보창 하단에 위치한 '매수' 또는 '주문' 버튼을 누르면, 실제 거래를 실행할 수 있는 주문 화면으로 진입하게 된다.

3단계: 격발, 매수 주문 실행하기

주문창은 ETF를 구매하기 위한 최종적인 의사결정을 내리는 곳이다. 여기서 투자자는 '가격'과 '수량'이라는 두 가지 핵심 요소를 결정해야 한다.

4.2. ETF 매수 주문 유형 및 핵심 요소

주문 요소	선택 옵션	설명 및 초보자 팁
1. 주문 가격	① 지정가	내가 매수하고자 하는 특정 가격을 직접 지정하여 주문을 넣는 방식이다. 현재가보다 낮은 가격을 지정하면, 주가가 그 가격까지 내려왔을 때 거래가 체결된다.(팁: 초보자에게 가장 권장되는 안정적인 방식이다.)
	② 시장가	가격을 지정하지 않고, 지금 당장 거래할 수 있는 가장 유리한 가격으로 즉시 매수하는 방식이다. 빠른 체결이 장점이지만, 의도치 않게 비싼 가격에 살 위험이 있다.
2. 주문 수량	수량 직접 입력	구매하고자 하는 ETF의 개수(주)를 직접 입력한다.
	주문 가능 금액	예수금 범위 내에서 구매 가능한 최대 수량을 자동으로 계산하여 주문한다.(팁: 소액 적립식 투자 시, '1주' 또는 '2주'처럼 수량을 직접 지정하는 것이 명확하다.)

3. 최종 확인	현금 매수 버튼	위에서 설정한 가격과 수량이 맞는지 최종적으로 확인한 후, '매수' 또는 '현금 매수' 버튼을 누르고 거래 비밀번호를 입력하면 주문이 완료된다.

매도 주문은 '매수' 버튼 대신 '매도' 버튼을 누르는 것을 제외하면, 가격과 수량을 정하는 모든 과정이 매수와 동일하다.

4.3. 가상 사례: 은퇴를 앞둔 '박 부장'의 인생 첫 주식 주문

1) **장기 투자하는 ETF라면 자신도 충분히 도전해볼 만하다는 확신을 얻게 되었다:** 정년퇴직을 1년 앞둔 50대 박 부장은 평생을 성실한 직장인으로 살아왔다. 주식 투자는 변동성이 크고 위험하다는 생각에 평생 은행 예금만을 고집해왔다. 그러나 은퇴 후의 삶을 고민하며 이 책을 읽게 된 그는, 시장 전체에 장기 투자하는 ETF라면 자신도 충분히 도전해볼 만하다는 확신을 얻게 되었다.

2) **그동안 공부해온 'TIGER 미국나스닥100' ETF의 주문창을 열었다:** 그는 떨리는 마음으로 MTS에 100만 원을 입금하고, 지난 한 달간

미래에셋, TIGER 미국 대표지수 TR형 ETF 3종 명칭 변경 2025.04.25 [https://www.fnnews.com]

공부해온 'TIGER 미국나스닥100' ETF의 주문창을 열었다. 그러나 막상 실전 주문창 앞에 서자, 붉고 푸른 숫자들과 '지정가', '시장가' 같은 낯선 용어들 앞에서 손가락이 쉽게 움직이지 않았다. '혹시 버튼 하나 잘못 누르면 100만 원이 사라지는 건 아닐까?' 하는 두려움이 엄습했다.

3) **초보자에게 가장 안전한 주문은 '지정가' 주문이다. 현재가보다 약간 낮은 가격에 주문을 걸어두고, 체결되지 않아도 좋다는 여유로운 마음으로 기다려라:** 그때, 그는 책에서 읽었던 한 구절을 떠올렸다. "초보자에게 가장 안전한 주문은 '지정가' 주문이다. 현재가보다 약간 낮은 가격에 주문을 걸어두고, 체결되지 않아도 좋다는 여유로운 마음으로 기다려라."

박 부장은 심호흡을 한 번 하고, 책의 가이드라인을 그대로 따라 해보기로 했다.

- 가격 선택: 그는 현재가가 17,500원인 것을 확인하고, '지정가'를 선택한 뒤 17,450원이라는 약간 낮은 가격을 입력했다.
- 수량 선택: 100만 원의 예산 안에서 약 57주를 살 수 있었지만, 그는 첫 주문의 부담을 줄이기 위해 '10주'만 입력했다.
- 최종 실행: '예상금액: 174,500원'이라는 문구를 확인한 그는, 마침내 '현금 매수' 버튼을 눌렀다.

4) **주가가 잠시 하락하며 그가 주문을 낸 17,450원에 도달했고, '매수 주문이 체결되었습니다:** '매수 주문이 접수되었습니다.' 라는 알림이 떴다. 10분 뒤, 주가가 잠시 하락하며 그가 주문을 낸 17,450원에 도달했고, '매수 주문이 체결되었습니다.' 라는 최종 알림이 그의 스마트폰에 도착했다.

5) **시사점:** 박 부장은 자신의 MTS 계좌 '잔고' 메뉴에서 'TIGER 미국나스닥100, 보유수량 10'이라고 찍힌 것을 확인하는 순간, 자신도 모르게 작은 탄성을 내뱉았다. 55년 인생 처음으로, 그가 노동자가 아닌 자본가의 영역에 첫발을 내디딘 역사적인 순간이었다. 그는 단 17만 원어치의 작은 주문을 통해, 투자가 막연한 두려움의 대상이 아닌, 명확한 원칙과 단계를 따르면 누구나 할 수 있는 합리적인 행위임을 온몸으로 체감하게 된 것이다.

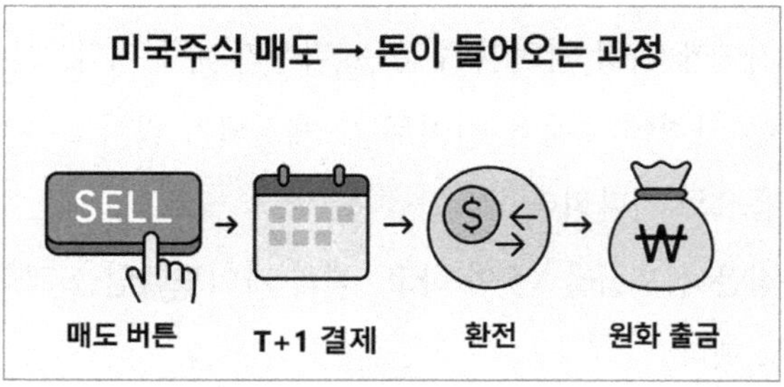

미국주식 매도했는데 돈은 언제 들어오나요? [https://www.ebc.com]

5. 연금저축펀드, IRP 계좌: 세금 혜택까지 챙기는 법과 가상사례

5.1. 연금저축펀드, IRP 계좌: 세금 혜택까지 챙기는 법

투자의 세계에서 연금저축펀드와 IRP(개인형 퇴직연금) 계좌는 바로 국가가 우리에게 제공하는 가장 비옥한 '절세'의 토양이라 할 수 있다. 동일한 ETF에 투자하더라도, 이 특별한 계좌를 활용하는 투자자와 그렇지 않은 투자자의 최종 자산은 수십 년 뒤 상상 이상의 격차로 벌어지게 된다. 따라서 현명한 투자자에게 있어 연금 계좌의 활용은 선택이 아닌 필수이며, 이는 정부가 법으로 보장하는 부의 축적 '치트키(Cheat Key)'를 사용하는 것과 같다.

연금저축- IRP 상품 내용 비교

구분	연금저축	IRP
가입자격	누구나	근로자,자영업자,퇴직근로자
납입한도	연간 1800만원	
세액공제한도	400만원	700만원(50세이상은 900만원)
세액공제율	연간 납입액의 13.2% 또는 16.5%	
연금수령조건	만55세이상, 가입5년이상, 10년이상 수령	
연금수령시 세율	연금소득세 3.3~5.5%	
연금외수령시 세율	기타소득세 16.5%	
상품 운용	해당 금융사의 상품	여러 금융사 상품 교차투자
상품 제한	없음	주식형자산 투자비율 70%이하
담보대출	가능	불가능

(자료: 금융감독원)

절세와 투자를 동시에…슬기로운 IRP 활용법 [https://www.econovill.com]

5.1.1. 절세 계좌가 제공하는 두 가지의 강력한 세금 혜택

이 절세 계좌는 크게 두 가지의 강력한 세금 혜택을 투자자에게 제공한다.

첫째, '세액공제'라는 즉각적인 보상이다. 이는 연말정산 시, 연금 계좌에 납입한 금액의 일부(13.2% 또는 16.5%)를 내가 이미 낸 세금에서 직접 돌려주는 '현금 환급' 혜택이다. 예를 들어 연간 900만 원을 납입했다면 최대 148만 5천 원을 돌려받게 된다. 이는 투자를 시작하기도 전에, 국가로부터 연 13.2% 이상의 확정 수익을 얻고 시작하는 것과 같은 엄청난 효과이다.

둘째, '과세이연'이라는 성장 가속기이다. 일반 계좌에서는 ETF의 분배금이나 매매차익에 대해 즉시 15.4%의 세금이 부과되지만, 연금 계좌 내에서는 이 모든 세금이 먼 미래에 연금을 수령하는 시점까지 유예(이연)된다. 이는 세금으로 나갔 어야 할 돈까지 원금에 더해져 수십 년간 재투자됨으로써, 복리의 마법을 극대화하는 강력한 성장 엔진 역할을 하는 것이다.

연금저축펀드와 IRP는 이러한 공통점을 가지지만, 세부적인 특징에서 차이를 보이므로 자신의 상황에 맞는 계좌를 선택하는 것이 중요하다.

5.2. 연금저축펀드와 IRP 핵심 비교

구분	연금저축펀드	IRP(개인형 퇴직연금)
가입 자격	대한민국 국민 누구나	소득이 있는 근로자, 자영업자 등
연간 납입 한도	연 1,800만 원	연 1,800만 원(연금저축펀드 포함)
세액공제 한도	연 600만 원	연 900만 원(연금저축펀드 포함)
투자 자산 규제	없음 (주식형 ETF 등 위험자산 100% 투자 가능)	있음 (위험자산 투자 한도 70%로 제한)
중도 인출	비교적 자유로우나, 세제 혜택 반납 등 불이익 발생	법에서 정한 사유(무주택자 주택 구입 등) 외에는 불가
핵심 추천 대상	투자 자율성을 중시하는 모든 투자자, 사회초년생	세액공제 혜택을 최대로 받고 싶은 직장인

	연금저축	IRP
공제 한도	연 600만 원	연 900만 원 (연금저축 포함
중도인출	가능 (원금 제외 세액공제 받은 적립금이나 수익에는 기타소득세 부과)	예외 조건 충족 시에만 가능
투자 가능 상품	연금펀드·ETF	예금·펀드·ETF·리츠·채권 등
투자 한도	제한 없음	위험자산 70%, 고위험자산 금지

연금저축과 IRP의 결정적 차이, 노후 준비의 정답은? [https://newneek.co]

5.3. 가상 사례: 30년 후, 두 동갑내기 친구의 완전히 다른 노후

1) **민준 씨는 매년 600만 원을 '연금저축펀드' 계좌에 석우 씨는 매년 600만 원을 '일반 증권 계좌'를 통해 투자:** 2026년, 서른 살 동갑내기 입사 동기인 '절세 투자자 민준 씨'와 '일반 투자자 석우 씨'는 똑같이 매년 600만 원씩, 30년간 꾸준히 S&P 500 ETF에 투자하기로 약속했다. 연평균 수익률은 8%로 가정한다. 단, 두 사람의 투자 방식에는 결정적인 차이가 단 하나 있었다.

   민준 씨: 매년 600만 원을 '연금저축펀드' 계좌를 통해 투자했다.

   석우 씨:' 매년 600만 원을 '일반 증권 계좌'를 통해 투자했다.

2) **30년이라는 시간이 흐른 뒤, 두 사람의 자산에는 믿기 힘든 격차 발생:** 30년이라는 시간이 흐른 뒤, 두 사람의 자산에는 믿기 힘든 격차가 발생했다.

   - 석우 씨(일반 투자자)의 결과: 그는 30년간 꾸준히 투자하여 약 6억 7,900만 원의 자산을 형성했다. 훌륭한 성과였지만, 그는 투자 과정에서 발생한 분배금에 대해 매년 15.4%의 세금을 납부해야만 했다.
   - 민준 씨(절세 투자자)의 결과: 그의 최종 자산은 석우 씨의 상상을 초월했다.

     ① 세액공제 효과: 그는 매년 600만 원의 13.2%인 79만 2천 원을 연말정산으로 환급받았고, 이 돈을 그냥 쓰지 않고 ETF에 재투자했다. 이 재투자 원금만 30년간 약 2,376만 원에 달했다.

     ② 과세이연 효과: 그는 투자 기간 동안 단 한 푼의 세금도 내지 않았다. 수익금 전체가 온전히 재투자되며 복리 효과를 극대화했다.

3) **이는 동일한 금액을 동일한 상품에 투자한 석우 씨보다 무려 1억 3,600만 원이나 더 많은 금액이었다:** 그 결과, 30년 후 민준 씨의 연금 계좌 평가액은 약 8억 1,500만 원에 달하게 되었다. 이는 동일한 금액을 동일한 상품에 투자한 석우 씨보다 무려 1억 3,600만 원이나 더 많은 금액이었다.

4) **이 엄청난 차이는 민준 씨는 단지 국가가 제공하는 '연금저축펀드'라는 가장 비옥한 토양에 투자의 씨앗을 심었을 뿐이다:** 이 엄청난 차이는 민준 씨가 더 뛰어난 투자자였기 때문이 아니다. 그는 단지 국가가 제공하는 '연금저축펀드'라는 가장 비옥한 토양에 투자의 씨앗을 심었을 뿐이다.

5) **시사점:** 그의 사례는 투자의 성패가 단순히 '무엇을' 사는 가에만 달린 것이 아니라, '어디에 담아' 운용하는가에 따라 얼마나 극적으로 달라질 수 있는지를 명확히 보여주는 것이다. 따라서 ETF 투자를 결심한 현명한 투자자라면, 가장 먼저 연금 계좌를 개설하는 일부터 시작해야만 한다.

6. ETF 이름 속에 숨겨진 비밀 코드 읽는 법(TIGER, KODEX...)과 가상사례

6.1. ETF 이름은 [자산운용사 브랜드] + [추종 지수 또는 자산] + [(전략/특성)]에 따라 만들어진다.

우리가 마주하는 수백 개의 ETF 이름들은 언뜻 보면 복잡한 외계어의 나열처럼 보일 수 있다. 하지만 이 이름 속에는 해당 ETF의 정체성, 투자 전략, 그리고 특징까지 모든 것을 알려주는 일종의 '비밀 코드(Secret Code)'가 숨겨져 있다. 이 코드를 해독하는 방법을 익히는 것은, 마치 와

ETF 종류, 명칭에 따른 의미 총정리: 네이버 블로그

인 전문가가 라벨만 보고도 포도의 품종과 생산지를 알아맞히듯, 투자자가 상품의 본질을 꿰뚫어 보고 현명한 투자를 할 수 있게 만드는 가장 기본적인 기술인 것이다.

ETF의 이름은 일반적으로 [자산운용사 브랜드] + [추종 지수 또는 자산] + [(전략/특성)] 이라는 정해진 공식에 따라 만들어진다. 이 공식의 각 요소를 분해하고 이해한다면, 우리는 어떤 ETF라도 그 속성을 5초 안에 파악할 수 있게 된다.

6.1.1. [자산운용사 브랜드]: ETF를 만든 제조사

이름 가장 앞에 위치하는 'TIGER', 'KODEX', 'ARIRANG', 'KBSTAR' 등은 해당 ETF를 만들고 운용하는 자산운용사의 고유 브랜드이다. 이는 마치 자동차의 현대, 기아, 벤츠와 같이 제조사를 나타내는 것과 같다. 동일한 'KOSPI 200' 지수를 추종하더라도, 운용사마다 미세한 운용 방식이나 보수에서 차이를 보일 수 있다.

자산운용사별 주요 ETF

구분	브랜드	출시 연도
삼성자산운용	KODEX	2002년
미래에셋자산운용	TIGER	2006년
한국투자신탁운용	KINDEX	2008년
한화자산운용	ARIRANG	2010년
NH아문디자산운용	HANARO	2018년

※ 자료=각 사

'평범한건 싫어' ETF 브랜드 고심하는 운용사 - 매일경제 [https://www.mk.co.kr]

6.1.2. [추종 지수 또는 자산]: ETF의 심장, 투자 대상

브랜드명 바로 뒤에 나오는 부분이 이름의 핵심으로, 이 ETF가 무엇에 투자하는지를 직접적으로 알려준다. '200'은 KOSPI 200 지수, '미국 S&P500'은 미국을 대표하는 500개 기업, '2차전지'는 2차전지 산업, '단기채권'은 만기가 짧은 채권에 투자함을 의미한다. 투자자는 이 부분을 통해 자신의 투자 철학에 맞는 시장이나 산업을 선택할 수 있다.

6.1.3. [(전략/특성)]: 투자의 색깔을 더하는 옵션

이름 끝에 괄호나 약어 형태로 붙는 이 부분은 해당 ETF가 가진 특별한 전략이나 추가적인 특징을 나타낸다. 이는 같은 요리라도 매운맛, 순한 맛을 선택하는 것과 같은 옵션이다.

■ **ETF 이름의 추가 전략/특성 코드 해독표**

코드	전체 명칭	핵심 의미 및 기능
(H)	환헷지 (Hedge)	해외 자산에 투자 시, 환율 변동의 위험을 최소화하는 전략을 사용한다. 원/달러 환율이 하락해도 ETF 수익률에 영향이 거의 없다.
TR	토탈리턴 (Total Return)	ETF에서 발생하는 분배금(배당)을 투자자에게 지급하지 않고, 자동으로 해당 ETF에 재투자하여 복리 효과를 극대화하는 상품이다.

레버리지	Leverage	기초지수가 하루 1% 오르면, 2%의 수익을 추구하는 등 지수의 일일 수익률을 2배, 3배로 추종한다. 매우 높은 위험도를 가진다.
인버스	Inverse	기초지수가 하락해야 수익이 나는 상품이다. '곱버스'(인버스 2X)는 지수가 1% 하락 시 2%의 수익을 추구한다.
합성	Synthetic	실제 주식을 편입하지 않고, 증권사와의 스왑(Swap) 계약 등 파생 상품을 통해 지수 수익률을 복제하는 방식으로 운용된다.

6.1.4. 'TIGER 미국나스닥100TR(H)'라는 ETF는 '미래에셋자산운용(TIGER)이 만든, 미국 나스닥100 지수를 추종하며, 분배금은 자동 재투자(TR)되고, 환율 변동 위험은 제거(H)한 상품'

이 공식을 이해한다면, 예를 들어 'TIGER 미국나스닥100TR(H)'라는 ETF는 '미래에셋자산운용(TIGER)이 만든, 미국 나스닥100 지수를 추종하며, 분배금은 자동 재투자(TR)되고, 환율 변동 위험은 제거(H)한 상품'이라고 완벽하게 해석할 수 있는 것이다.

ETF 보수 인하 나서는 자산운용사들

나스닥100 추종 ETF			
운용사명	상품명	변경 전	변경 후
미래에셋자산운용	TIGER미국나스닥100	0.49%	0.07%
한국투자신탁운용	KINDEX미국나스닥100	0.09%	0.07%
KB자산운용	KBSTAR 미국나스닥100	-	0.07%

S&P500 추종 ETF			
운용사명	상품명	변경 전	변경 후
미래에셋자산운용	TIGER미국S&P500	0.30%	0.07%
한국투자신탁운용	KINDEX 미국S&P500	0.09%	0.07%

투자자 빼앗길라'···불붙은 ETF 보수 인하 경쟁 [https://www.sisajournal-e.com]

6.2. 가상 사례: 개발자 '민준 씨'의 논리적인 ETF 선택 과정

1) **자신의 MTS에서 '나스닥100'을 검색했으나 혼란스러운 목록이 펼쳐졌다:** 소프트웨어 개발자인 30대 민준 씨는 논리적이고 체계적인 사고방식의 소유자이다. 그는 미국 기술주에 장기 투자하기로 마음먹고, 자신의 MTS에서 '나스닥100'을 검색했다. 그러나 그의 눈앞에는 다음과 같은 혼란스러운 목록이 펼쳐졌다.

- TIGER 미국나스닥100
- KODEX 미국나스닥100TR
- ACE 미국나스닥100(H)
- KBSTAR 미국나스닥100인버스(H)

2) **ETF 이름의 비밀 코드 해독법을 적용하여 각 상품의 본질을 분석하기 시작:** 초보자였다면 이름이 가장 익숙하거나 거래량이 많은 상품을 무작정 선택했겠 지만, 민준 씨는 ETF 이름의 비밀 코드 해독법을 적용하여 각 상품의 본질을 논리적으로 분석하기 시작했다.

- 1번 분석: 'TIGER 미국나스닥100'은 가장 기본형 상품이다. 분배금을 지급하고, 환율 변동에 그대로 노출된다.
- 2번 분석: 'KODEX 미국나스닥100TR'은 분배금을 자동으로 재투자(TR)해주는 상품이다. 그는 장기투자를 통해 복리 효과를 극대화하고 싶었기에, 이 'TR'이라는 코드에 별표를 쳤다.
- 3번 분석: 'ACE 미국나스닥100(H)'는 환헷지(H) 상품이다. 그는 향후 달러 강세 또한 투자 수익의 일부가 될 수 있다고 생각했기에, 굳이 환헷지를 할 필요는 없다고 판단했다.

- 4번 분석: 'KBSTAR 미국나스닥100인버스(H)'는 나스닥 지수가 '하락'해야 수익이 나는 '인버스' 상품이었다. 그의 투자 목적은 시장의 성장에 투자하는 것이었으므로, 이 상품은 그의 투자 철학과 정반대였다. 그는 이 상품을 즉시 선택지에서 제외했다.

3) **'자동 재투자(TR)' 전략을 가진 'KODEX 미국나스닥100TR'을 최종 선택:** 분석을 마친 민준 씨의 선택은 명확해졌다. 그는 자신의 장기 성장 투자 목표에 가장 완벽하게 부합하는 '자동 재투자(TR)' 전략을 가진 'KODEX 미국나스닥100TR'을 최종 선택했다.

4) **시사점:** 민준 씨의 사례는 ETF 이름이 단순한 상표가 아니라, 투자자의 목표와 철학에 맞는 상품을 찾아낼 수 있도록 돕는 정교한 '설계도'임을 보여준다. 이 비밀 코드를 읽는 능력을 갖춘 투자자는 더 이상 시장의 혼란 속에서 방황하지 않고, 자신만의 명확한 기준으로 투자의 길을 항해할 수 있게 되는 것이다.

제4장

세상의 모든 것에 투자한다, ETF의 종류

1. 시장의 흐름에 올라타는 '시장 대표' ETF(KOSPI 200, S&P 500)와 가상사례

1.1. 시장 대표 ETF란, KOSPI 200이나 S&P 500처럼 특정 국가의 주식 시장을 대표하는 핵심 기업들을 모아놓은 '시장 지수'를 추종하는 상품이다

투자의 세계를 거대한 강에 비유한다면, 개별 주식에 투자하는 것은 강물의 수많은 물줄기 중 하나를 선택하여 작은 카누를 띄우는 것과 같다. 운이 좋으면 급류를 타고 빠르게 나아갈 수 있지만, 자칫 잘못된 물줄기를 선택하면 암초에 부딪히거나 맴돌다 길을 잃을 수도 있다. 그러나 여기, 가장 넓고 거센 강의 본류를 따라 안전하고 꾸준하게 항해하는 방법이 있다. 바로 시장 전체의 흐름에 몸을 싣는 '시장 대표 ETF'에 투자하는 것이다.

시장 대표 ETF란, KOSPI 200이나 S&P 500처럼 특정 국가의 주식 시장을 대표하는 핵심 기업들을 모아놓은 '시장 지수(Market Index)'를 그대로 추종하는 상품이다. 이 ETF 한 주를 사는 것은, 곧 그 나라 경제의 성장 자체에 투자하는 것과 같은 의미를 가진다. 투자자는 더 이상 어떤 기업이 유망할지, 어떤 산업이 떠오를지 머리 아프게 분석하고 예측할 필요가 없다. 그저 시장 전체, 즉 국가 경제라는 거대한 배에 올라타기만 하면 되는 것이다.

처음 살 주식, 어떻게 고를까?(ETF vs 개별주) [https://cndckd326.tistory.com]

이러한 시장 대표 지수들은 대부분 '시가총액 가중 방식'이라는 매우 지능적인 방식으로 구성된다. 시가총액(주가 × 발행주식 수)이 큰, 즉 덩치가 큰 우량 기업일수록 지수 내에서 더 높은 비중을 차지하게 된다. 이는 ETF가 자연스럽게 시장의 승자(Winner)들을 더 많이 담게 되는 결과로 이어진다.

더욱 환상적인 것은 이 지수가 가진 '자동 리밸런싱(Self-Balancing)' 기능이다. 시대의 흐름에 맞춰 더 크게 성장하는 기업은 시가총액이 커지며 자연스럽게 ETF 내 비중이 늘어난다. 반대로 경쟁에서 뒤처지는 기업은 시가총액이 줄어들며 비중이 감소하고, 결국에는 새로운 성장 기업으로 교체된다. 즉, 투자자가 가만히 있어도 ETF는 스스로 포트폴리오를 최상의 상태로 유지하며 알아서 '잘나가는 기업은 더 사고, 부진한 기업은 덜어내는' 현명한 투자를 실행하는 것이다.

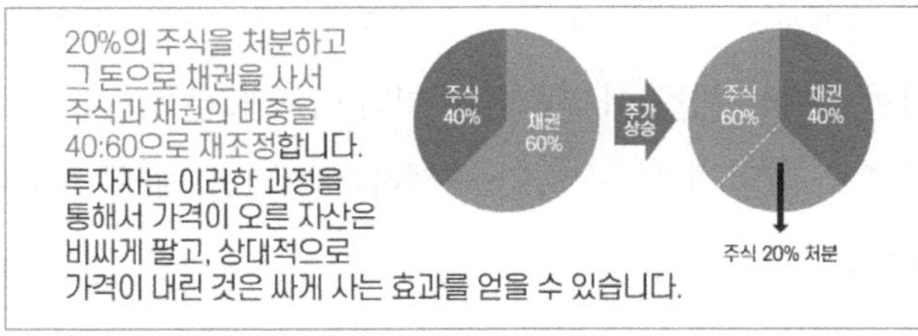

https://www.kcie.or.kr

1.2. 한국과 미국의 대표 선수: KOSPI 200 vs. S&P 500

구분	KOSPI 200	S&P 500
국가	대한민국	미국
포함 기업 수	약 200개	약 500개
주요 구성 섹터	반도체, IT 등 기술주 중심	기술, 헬스케어, 금융, 소비재 등 고르게 분산
대표 기업	삼성전자, SK하이닉스, 현대자동차 등	애플, 마이크로소프트, 엔비디아, 아마존 등
투자 의미	한국 경제의 미래 성장에 동행하는 투자	미국을 중심으로 한 글로벌 경제의 성장에 동행하는 투자

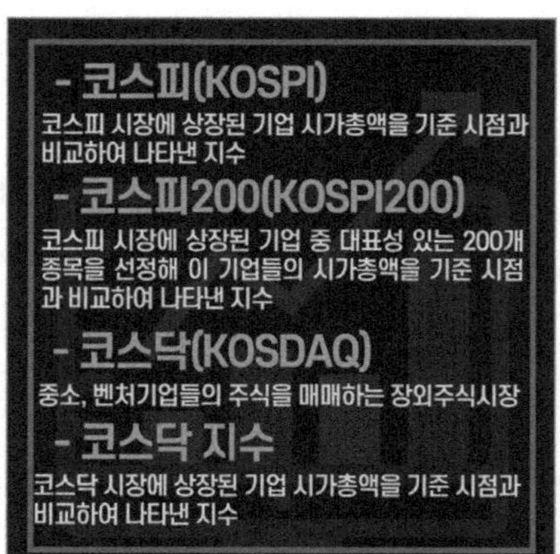

코스피와 코스피200 그리고 코스닥: 뜻과 차이점 알아보기
[https://m.blog.naver.com]

1.3. 가상 사례: 10년 후, '천재 발굴가'와 '평범한 동행자'의 엇갈린 운명

2015년, 입사 동기인 '민호 씨'와 '지혜 씨'는 각각 1억 원의 종자돈으로 투자를 시작했다.

1) **'천재 발굴가' 민호 씨 신재생에너지 분야의 한 유망 중소기업(A기업)에 자신의 전 재산을 투자했다:** 그는 남들이 모르는 '제2의 삼성전자'를 발굴하겠다는 야심에 가득 차 있었다. 그는 밤을 새워 기업 보고서를 분석했고, 당시 떠오르던 신재생에너지 분야의 한 유망 중소기업(A기업)에 자신의 전 재산을 투자했다. 그의 주변 사람들은 그의 분석력과 과감함에 혀를 내둘렀다.

2) **'평범한 동행자' 지혜 씨1억 원 전액을 'S&P 500 지수 추종 ETF'에 투자했다:** 그녀는 자신이 민호 씨처럼 특정 기업의 미래를 예측할 능력이 없음을 인정했다. 대신 그녀는 "나는 개별 기업은 몰라도, 미국 경제 전체의 우상향은 믿는다"는 단순한 철학을 세웠다. 그녀는 1억 원 전액을 'S&P 500 지수 추종 ETF'에 투자하고는, 그 사실을 잊은 채 자신의 본업에만 충실했다.

3) **10년 후인 2025년, 두 사람의 자산은 극명하게 엇갈렸다:** 민호씨는 1억 원은 1천만 원도 채 남지 않게 되었다: 민호 씨가 '올인'했던 A기업은 몇 년간 반짝 성장하는 듯했으나, 기술 변화에 적응하지 못하고 대기업과의 경쟁에서 밀려나 결국 주가가 90% 이상 폭락했다. 그의 야심 찼던 1억 원은 1천만 원도 채 남지 않게 되었다.

4) **지혜 씨의 1억 원은 별다른 노력 없이 약 3억 5천만 원으로 불어나 있었다:** 반면, 지혜 씨의 계좌는 놀라운 결과를 보여주었다. 지난 10년간 S&P 500 지수 안에서도 수많은 기업이 사라지고 나타났지만,

애플, 마이크로소프트, 엔비디아와 같은 혁신 기업들이 시장 전체를 이끌며 지수는 꾸준히 상승했다. 지혜 씨가 투자한 S&P 500 ETF는 이 모든 성장의 과실을 그대로 흡수했고, 그녀의 1억 원은 별다른 노력 없이 약 3억 5천만 원으로 불어나 있었다.

5) 시사점: 이 사례는 투자의 대가 존 보글이 남긴 "건초더미에서 바늘을 찾으려 하지 말고, 건초더미 전체를 사라"는 격언이 왜 진리인지를 증명한다. 시장 대표 ETF에 투자하는 것은, 불확실한 미래를 예측하려는 오만한 시도를 버리고, 위대한 시장의 흐름에 겸손하게 동행하는 가장 현명한 지혜인 것이다.

2. 4차 산업혁명 시대의 주인공 '섹터' ETF(반도체, 2차전지)와 가상사례

2.1. 섹터(Sector) ETF는 특정 산업(Sector)이나 테마(Theme)에 집중적으로 투자하여 시장을 초과하는 수익을 추구하는 보다 공격적이고 정교한 투자 전략이다

시장 대표 ETF가 국가 경제라는 거대한 함대에 올라타 안정적인 항해를 하는 것이라면, 섹터(Sector) ETF는 그 함대 중에서도 가장 빠르고 강력한 추진력을 지닌 최첨단 구축함에 선별적으로 탑승하는 것과 같다. 즉, 시장 전체의 평균적인 성장을 넘어, 4차 산업혁명과 같은 거대한 시대적 변화의 흐름을 주도하는 특정 산업(Sector)이나 테마(Theme)에 집중적으로 투자하여 시장을 초과하는 수익을 추구하는 보다 공격적이고 정교한 투자 전략인 것이다.

모든 산업이 동일한 속도로 성장하지는 않는다. 어떤 산업은 성숙기에 접어들어 완만하게 움직이는 반면, 어떤 산업은 기술 혁신을 만나 폭발적인 성장의 서막을 열기도 한다. 섹터 ETF는 바로 이처럼 미래의 성장성이 시장 전체의 평균을 압도할 것이라 예상되는 '주인공' 산업에 투자자들이 손쉽게 투자할 수 있도록 만들어진 금융 도구이다.

예를 들어, 반도체는 인공지능(AI), 자율주행, 클라우드 컴퓨팅 등 4차 산업혁명의 모든 기술을 구현하는 '두뇌'이자 '디지털 시대의 쌀'과 같다. 따라서 '반도체 섹터 ETF'에 투자하는 것은, 이 모든 미래 기술의 성장에 필요한 가장 근원적인 인프라에 투자하는 것과 같은 의미를 가진다.

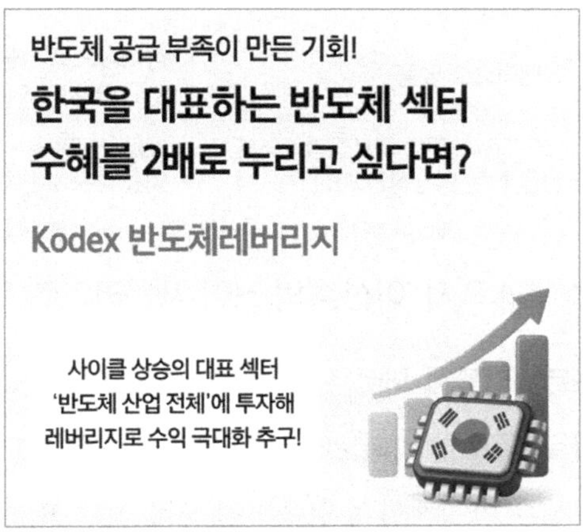

상승장에서 수익을 극대화하는 방법! 반도체·2차전지·방산 레버리지 ETF
[https://samsungfundblog.com]

마찬가지로 전기차와 에너지 저장 시스템(ESS)의 핵심인 2차전지는 내연기관 시대를 끝내고 지속 가능한 에너지 시대를 여는 '심장'이자 '디지털 시대의 석유'이다. '2차전지 섹터 ETF'는 바로 이 거대한 에너지 전환의 흐름에 투자하는 가장 직접적인 방법이 되는 것이다.

하지만 이러한 집중적인 투자는 높은 잠재수익만큼이나 높은 변동성이라는 양날의 검을 가지고 있다. 특정 산업의 업황이 둔화될 경우 시장 전체보다 더 큰 폭의 하락을 경험할 수도 있다. 따라서 섹터 ETF 투자는 시장 대표 ETF보다 한 단계 높은 수준의 이해와 전략을 요구한다.

2.2. 시장 대표 ETF vs. 섹터 ETF 투자 전략 비교

구분	시장 대표 ETF(예: S&P 500)	섹터 ETF(예: 반도체, 2차전지)
투자 대상	국가 경제를 구성하는 다양한 산업 전체	특정 산업 또는 테마에 속한 기업 집단
분산투자 수준	매우 높음(산업 간 분산)	상대적으로 낮음(특정 산업 내 분산)
수익 잠재력	시장 평균 수준의 안정적인 수익	시장을 초과하는 높은 수익 가능
위험 수준	상대적으로 낮음	상대적으로 높음 (산업 경기 변동에 민감)
핵심 투자 전략	코어(Core) 전략: 포트폴리오의 중심을 잡는 안정적인 자산	새틀라이트(Satellite) 전략: 초과 수익을 추구하는 위성 자산

2.3. 가상 사례: 내과 의사 '이선생'의 코어-새틀라이트 포트폴리오

1) **자신의 포트폴리오에 새로운 '위성(Satellite)'을 추가하기로 결정했다. 그것은 바로 '글로벌 바이오테크 혁신 기업 ETF'였다:** 40대 내과 의사인 이선생은 안정적인 수입을 바탕으로 지난 10년간 꾸준히 'S&P 500 ETF'에 투자하여 자산의 든든한 '코어(Core)'를 만들어왔다. 그녀는 시장의 평균적인 성장에 만족했지만, 동시에 의학 기술의 발전을 현장에서 직접 목격하면서 바이오테크놀로지 산업의 폭발적인 잠재력에 대한 강한 확신을 가지게 되었다.

   그녀는 인구 고령화와 유전자 편집, 인공지능 신약 개발과 같은 기술 혁신이 미래 헬스케어 시장을 완전히 바꿀 것이라 예측했다. 그러나 수백 개에 달하는 바이오 기업 중 어떤 곳이 미래의 승자가 될지 선별하는 것은 의사인 그녀에게도 불가능한 영역이었다. 신약 개발 실패로 하루아침에 주가가 폭락하는 개별 바이오 기업의 위험성을 잘 알고 있었기 때문이다.

고민 끝에 그녀는 자신의 포트폴리오에 새로운 '위성(Satellite)'을 추가하기로 결정했다. 그것은 바로 '글로벌 바이오테크 혁신 기업 ETF'였다. 이 ETF는 전 세계의 혁신적인 신약 개발 기업, 유전자 분석 기업, 디지털 헬스케어 기업 등을 50개 이상 담고 있는 상품이었다.

2) **그녀는 전체 자산의 80%는 기존의 S&P 500 ETF(코어)에 그대로 두고, 새로운 20%를 바이오테크 ETF(새틀라이트)에 투자했다. 이 '코어-새틀라이트 전략'은 그녀의 포트폴리오에 놀라운 변화를 가져왔다:** 그녀는 전체 자산의 80%는 기존의 S&P 500 ETF(코어)에 그대로 두고, 새로운 20%를 바이오테크 ETF(새틀라이트)에 투자했다. 이 '코어-새틀라이트 전략'은 그녀의 포트폴리오에 놀라운 변화를 가져왔다.

- 안정성 확보: 자산의 대부분을 차지하는 코어(S&P 500 ETF)가 시장의 등락 속에서 포트폴리오 전체의 안정성을 굳건히 지켜주었다.
- 초과수익 추구: 몇 년 뒤, 획기적인 알츠하이머 치료제가 개발되면서 바이오테크 산업 전체가 큰 주목을 받기 시작했다. 그녀가 투자한 바이오테크 ETF는 S&P 500 지수의 상승률을 2~3배 뛰어넘는 폭발적인 수익률을 기록하며 그녀의 전체 자산 성장 속도를 극적으로 가속시켰다.

3) **시사점:** 이선생의 사례는 섹터 ETF가 어떻게 개인의 전문적인 통찰력과 확신을 투자 수익으로 연결시키는 강력한 도구가 될 수 있는지를 보여준다. 그녀는 위험한 개별 종목 '점'에 투자하는 대신, 미래가 유망한 산업 '면'에 투자함으로써 안정성과 성장성이라는 두

마리 토끼를 모두 잡는 데 성공한 것이다. 이처럼 섹터 ETF는 이미 튼튼한 코어를 갖춘 투자자가 자신의 포트폴리오에 강력한 성장 엔진을 추가하는 최적의 전략적 선택이다.

3. 월세처럼 따박따박 '배당' ETF와 가상사례

3.1. 배당 ETF란 이익을 내어 그 일부를 주주들에게 현금으로 나누어 주는 '배당주'들을 한데 모아놓은 금융상품이다.

실제 건물과 같은 부동산이 없이도 매달 월세처럼 따박따박 현금 흐름을 창출할 수 있는, 지극히 현실적이고 스마트한 방법이 있다. 바로 '배당(Dividend) ETF'에 투자하는 것이다. 이는 마치 내 돈으로 수십 채의 우량 부동산을 공동 소유하여, 그곳에서 나오는 월세를 매달 배분받는 '금융 건물주'가 되는 것과 같다.

배당 ETF란, 꾸준히 이익을 내어 그 일부를 주주들에게 현금으로 나누어 주는 '배당주'들을 한데 모아놓은 금융상품이다. 이 ETF에 투자하는

주요 고배당 ETF 분배금 현황

종목	10월17일 주가	주당 분배금*	분배율**
KODEX 증권	5205원	445원	8.55%
TIGER 증권	3105원	250원	8.05%
KOSEF 고배당	7835원	570원	7.28%
KODEX 미국S&P500배당귀족커버드콜(합성 H)	8320원	577원	6.94%
TIGER 200커버드콜ATM	8290원	565원	6.82%
KODEX 은행	5605원	370원	6.60%
TIGER 200 금융	5485원	355원	6.47%
ARIRANG 고배당주	1만885원	680원	6.25%
TIGER 은행	5855원	365원	6.23%
TIGER 코스피고배당	1만2540원	705원	5.62%
TIGER 유로스탁스배당30	1만420원	570원	5.47%
KODEX 고배당	8970원	490원	5.46%
HANARO 고배당	9995원	495원	4.95%

*주당 분배금: 최근 1년(2021년10월~2022년9월) 간 지급된 분배금 총합
**분배율: 10월17일 주가 대비 총 분배금 비율
그래픽: 김지영 디자인기자
MT 머니투데이

예적금만 넣어도 5%인데…연 7~8% 배당 쏠쏠한 ETF는? [https://www.mt.co.kr]

것은 단순히 주가 상승에 따른 시세차익만을 노리는 것을 넘어, 기업이 벌어들인 이익의 일부를 안정적으로 공유받는 '주주 자본주의'의 핵심적인 혜택을 누리는 행위이다.

3.1.1. 배당 ETF의 투자 전략에 따른 두 가지 유형

배당 ETF는 투자 전략에 따라 크게 두 가지 유형으로 나눌 수 있다.

(1) **고배당 ETF:** 현재 기준으로 배당수익률이 높은 기업들에 집중적으로 투자하여, 당장의 현금 흐름을 극대화하는 전략을 사용한다.

(2) **배당성장 ETF:** 지금 당장의 배당률은 조금 낮더라도, 지난 수십 년간 한 번도 거르지 않고 매년 배당금을 '성장'시켜온 재무적으로 탄탄한 기업들에 투자한다. 이는 장기적으로 주가 성장과 배당금 증가를 함께 추구하는 전략이다.

최근에는 투자자들의 현금 흐름 수요에 발맞춰, 과거의 분기/연간 배당 방식에서 벗어나 "매월 분배금을 지급하는 '월배당 ETF'"가 시장의 새로운 주류로 떠오르고 있다. 이는 은퇴 생활자나 프리랜서처럼 매달 고정적인 수입이 필요한 투자자들에게 예측 가능한 현금 파이프라인을 제공하는 혁신적인 솔루션이 되고 있다.

3.1.2. 배당 ETF 투자 전략 유형별 특징 비교

구분	고배당 ETF	배당성장 ETF	월배당 ETF
핵심 투자 전략	현재의 높은 배당수익률 추구	꾸준히 배당을 늘려온 우량 기업에 투자	매월 안정적인 현금흐름 창출
기대수익 형태	높은 현금흐름 + α	안정적 현금흐름 + 꾸준한 주가 성장	예측 가능한 월 단위 현금흐름
장점	즉각적인 높은 인컴 수익 창출	기업의 재무 건전성이 높고 주가 방어력이 우수함	생활비 설계 등 현금 계획 수립에 용이함

주요 투자 대상	은퇴를 앞둔 투자자, 높은 현금흐름 선호자	장기적인 자산 성장과 현금흐름을 동시에 추구하는 투자자	매달 고정 수입이 필요한 은퇴 생활자, 프리랜서

월배당 ETF 9월 주당 분배금 (단위:원, %)

종목명	9월 분배금	연환산 시가배당률
TIGER 미국다우존스30	40	2.32
TIGER 200커버드콜ATM	60	8.80
TIGER 200커버드콜5%OTM	25	2.82
TIGER 미국MSCI리츠(합성H)	40	4.31
TIGER글로벌멀티에셋TIF액티브	25	3.01
KODEX 다우존스미국리츠(H)	42	4.67
KODEX TSE일본리츠(H)	67	6.53
KBSTAR 200고배당커버드콜 ATM	60	9.74
SOL 미국S&P500	13	1.46

※연환산 시가배당률=월분배금X12/13일 종가 자료: 한국거래소

쏟아지는 월배당 ETF…시가배당률 1.5~9.7% 천차만별 [https://www.sedaily.com]

3.2. 가상 사례: 파이어족을 꿈꾸는 '김 차장'의 현금흐름 파이프라인 구축기

1) **그는 자신의 은퇴 자금 10억 원으로 다음과 같은 '월배당 포트폴리오'를 구축했다:** 40대 후반의 대기업 김 차장은 55세에 조기 은퇴하여 세계 여행을 떠나는 '파이어(FIRE)족'의 삶을 꿈꾸고 있다. 그는 은퇴 자금으로 10억 원을 모았지만, 한 가지 깊은 고민에 빠졌다. 물가 상승을 고려할 때, 모아놓은 원금을 계속 인출해서 생활비로 쓰다 보면 언젠가 자금이 바닥날 수 있다는 공포, 즉 '장수 리스크' 때문이었다. 그는 원금이라는 '황금알을 낳는 거위'의 배를 가르지 않고, 거위가 낳는 '황금알'만으로 생활하는 방법을 찾고 싶었다.

2) **그 해답을 '월배당 ETF'에서 찾은 그는, 자신의 은퇴 자금 10억 원으로 다음과 같은 '월배당 포트폴리오'를 구축했다.**

- 국내 고배당주 월배당 ETF(4억 원): 한국의 안정적인 고배당 기업

들로 구성되어, 연 5% 수준의 배당을 매월 지급한다.

- 미국 배당성장주 월배당 ETF(4억 원): S&P 500 기업 중에서도 수십 년간 배당을 성장시켜온 기업들(Dividend Aristocrats)로 구성되어, 연 3% 수준의 배당과 주가 성장을 동시에 추구한다.
- 글로벌 커버드콜 월배당 ETF(2억 원): 옵션 프리미엄을 활용하여 연 10% 이상의 매우 높은 배당을 지급하는 전략을 사용한다.

2) **세 개의 ETF에서 각각 다른 날짜에 분배금이 입금되기 시작:** 포트폴리오 구축 다음 달, 김 차장의 계좌에는 기적 같은 일이 일어났다. 세 개의 ETF에서 각각 다른 날짜에 분배금이 입금되기 시작한 것이다.

- A ETF에서 약 160만 원
- B ETF에서 약 100만 원
- C ETF에서 약 160만 원

3) **매달 합계 약 420만 원의 현금이, 마치 월급처럼 꼬박꼬박 입금되었다:** 그의 계좌에는 매달 합계 약 420만 원의 현금이, 마치 월급처럼 꼬박꼬박 입금되었다. 그는 더 이상 회사의 급여에 의존할 필요가 없게 된 것이다. 그는 10억 원이라는 원금(황금알을 낳는 거위)은 그대로 둔 채, 거기서 나오는 배당금(황금알)만으로 부부의 생활비와 여행 경비를 충분히 감당할 수 있게 되었다.

4) **시사점:** 김 차장의 사례는 배당 ETF가 어떻게 모아놓은 자산을 '살아있는 현금흐름 시스템'으로 전환시킬 수 있는지를 명확히 보여준다. 이는 단순히 돈을 불리는 것을 넘어, 돈으로부터의 진정한 자유를 얻는 가장 현실적이고 강력한 전략인 것이다.

4. 안전하게 돈을 지키는 '채권' ETF와 가상사례

4.1. 채권의 본질은 '차용증서(I.O.U)'이다. 채권에 투자하는 것은 국가(국채)나 기업(회사채)에 돈을 빌려주고, 그 대가로 이자를 받다가, 만기가 되면 원금을 안전하게 돌려받는다.

만약 당신의 투자 포트폴리오가 하나의 축구팀이라면, 주식형 ETF는 화려한 공격수와 같다. 높은 수익률이라는 골을 넣기 위해 끊임없이 전진한다. 하지만 훌륭한 팀은 강력한 공격수만으로 완성되지 않는다.

상대의 역습(시장 위기)으로부터 우리 팀의 자산(원금)을 굳건히 지켜낼 든든한 수비수가 반드시 필요하다. 투자의 세계에서 이 수비수의 역할을 하는 것이 바로 '채권(Bond)'이며, '채권 ETF'는 평범한 투자자도 손쉽게 세계 최고 수준의 수비수를 영입할 수 있게 만드는 가장 효과적인 도구이다.

채권의 본질은 '차용증서(I.O.U)'이다. 우리가 채권에 투자하는 것은 국가(국채)나 기업(회사채)에 돈을 빌려주고, 그 대가로 정해진 기간 동안 꾸준히 이자를 받다가, 만기가 되면 원금을 안전하게 돌려받는 계약을 맺는 것이다. 이러한 구조 덕분에 채권은 본질적으로 주식에 비해 안정성이 매우 높다.

채권 투자 방식 별 장·단점 비교

	직접투자	채권 ETF	만기매칭형 ETF
장점	·채권 만기 시 약정한 원금 및 이자 회수 ·세제유리 (채권의 이자소득만 과세)	·채권 분산투자 효과 ·개별채권에 비해 상대적 거래용이 ·지속적인 채권 교체를 통해 일정한 만기를 유지함으로서 금리 하락기 가격 상승 효과	·정해진 ETF 만기 시 약정한 원금 및 이자 회수 ·채권분산투자 효과 ·개별채권에 비해 거래 용이
단점	·거래의 비용이성 ·금리 하락기 잔여 만기가 짧다면 가격 상승 제한	·금리 변동에 따른 가격 변동 지속 노출 ·세제불리 (채권 이자소득 및 자본차익 모두 과세)	·금리 하락기 해당 ETF 짧다면 가격 상승 제한 ·세제불리 (채권 이자소득 및 자본차익 모두 과세)

자료=한국투자증권

미국 채권 ETF와 미국 채권을 투자하고 싶다면? 투자 방법 3가지 비교
[https://blog.koreainvestment.com]

4.1.1. 채권의 가격은 시중 금리와 시소처럼 반대로 움직이는 역의 관계를 가진다.

채권 투자의 핵심은 '금리'와의 관계를 이해하는 것이다. 채권의 가격은 시중 금리와 시소처럼 반대로 움직이는 역의 관계를 가진다.

(1) **금리 상승기**: 시중 금리가 오르면, 과거에 발행된 낮은 금리의 채권은 매력이 떨어져 가격이 하락한다.

(2) **금리 하락기**: 반대로 시중 금리가 내리면, 기존의 높은 금리를 지급하는 채권의 가치가 부각되어 가격이 상승한다.

이러한 특성 때문에 채권은 주식 시장이 위기에 처했을 때 강력한 방어력을 발휘한다. 경제 위기가 닥치면 중앙은행은 경기를 부양하기 위해

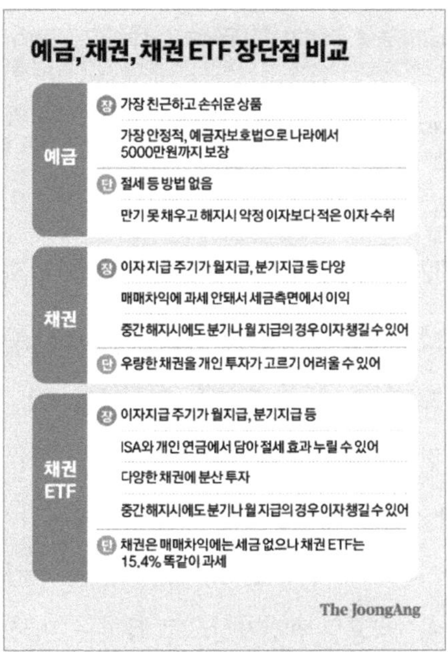

1억 있다면 가장 유리한 건…예금·알채권·채권ETF 총정리 | 중앙일보
[https://www.joongang.co.kr]

금리를 인하하는 경향이 있고, 투자자들은 위험한 주식을 팔고 안전한 채권으로 몰려든다. 이 두 가지 요인이 채권 가격의 상승을 이끌어, 주식에서 발생한 손실을 채권의 수익으로 방어하고 상쇄하는 '포트폴리오의 방패' 역할을 수행하는 것이다.

과거에는 개인이 채권에 직접 투자하기가 매우 까다로웠지만, 이제는 채권 ETF를 통해 단 몇천 원만으로도 수십, 수백 개의 채권에 손쉽게 분산투자할 수 있게 되었다.

4.1.2. 주요 채권 ETF 종류 및 특징

종류	주요 투자 대상	핵심 특징 및 투자 전략
국고채 ETF	대한민국 정부가 발행하는 국채	대한민국이 보증하는 최고 수준의 안정성을 가진다. 금리 변동에 따른 자산배분 전략의 핵심으로 사용된다.
회사채 ETF	신용등급이 높은 우량 기업들이 발행하는 회사채	국채보다 높은 이자(쿠폰) 수익을 제공한다. 안정적인 현금흐름(인컴)을 창출하는 데 유리하다.
미국 장기채 ETF	미국 재무부(U.S. Treasury)가 발행하는 장기 국채	전 세계가 인정하는 최고의 안전자산이다. 주식시장 위기 시 가장 강력한 위험 회피(Hedge) 수단으로 기능한다.

4.2. 가상 사례: 2020년 팬데믹 위기 속, '준비된 투자자'의 미소

1) **지현 씨는 '주식 60%, 채권 40%'라는 고전적인 자산배분 원칙을 지키는 신중한 투자자이다:** 40대 건축가인 지현 씨는 '주식 60%, 채권 40%'라는 고전적인 자산배분 원칙을 철저히 지키는 신중한 투자자이다. 그녀의 포트폴리오는 다음과 같이 구성되어 있었다.
   - 공격수(60%): 전 세계 주식 시장에 투자하는 '글로벌 주식 ETF'
   - 수비수(40%): 최고의 안전자산으로 꼽히는 '미국 장기 국채 ETF'

   2020년 초, 전 세계를 덮친 코로나19 팬데믹으로 인해 주식 시장은 유례없는 폭락을 경험했다. 지현 씨의 '글로벌 주식 ETF' 역시 한 달 만에 -30%라는 뼈아픈 손실을 기록했다. 공포가 시장을 지배했고, 주식에만 100% 투자했던 그녀의 친구들은 패닉에 빠져 투매를 하기에 이르렀다.

2) **그녀가 보유한 '미국 장기 국채 ETF'의 가격은 오히려 +20% 급등하는 기현상이 발생했다:** 그러나 지현 씨는 침착하게 자신의 포트폴리오 전체를 확인하고는, 오히려 희미한 미소를 지었다. 그녀의 '수비수'가 놀라운 활약을 펼치고 있었기 때문이다. 극심한 위기 상황 속에서 전 세계 투자 자금이 가장 안전한 피난처인 미국 국채로 몰려들었고, 미국 중앙은행은 제로금리를 선언했다. 이로 인해 그녀가 보유한 '미국 장기 국채 ETF'의 가격은 오히려 +20% 급등하는 기현상이 발생했다.

3) **그녀의 전체 자산 손실률은 약 -10% 수준으로 제한되었다:** 결과적으로 그녀의 전체 자산 손실률은 주식의 하락분(-30% × 0.6 = -18%)을 채권의 상승분(+20% × 0.4 = +8%)이 상당 부분 방어해주면서, 약 -10% 수준으로 제한되었다.

4) **가격이 급등한 '미국 장기 국채 ETF'의 일부를 매도하고, 그 돈으로 반값 세일 상태가 된 '글로벌 주식 ETF'를 추가로 매수했다. 이는 비싼 자산을 팔아 싼 자산을 사는, 가장 이상적인 '리밸런싱(Rebalancing)'이었다:** 하지만 진짜 마법은 그 다음이었다. 지현 씨는 이 기회를 활용하여 가격이 급등한 '미국 장기 국채 ETF'의 일부를 매도했다. 그리고 그 돈으로 반값 세일 상태가 된 '글로벌 주식 ETF'를 추가로 매수했다. 이는 비싼 자산을 팔아 싼 자산을 사는, 가장 이상

적인 '리밸런싱(Rebalancing)'이었다. 이후 주식 시장이 V자 반등을 시작했을 때, 그녀의 포트폴리오는 그 누구보다 빠르고 강력하게 회복하며 역사적인 고점을 향해 나아갔다.

5) **채권 ETF가 단순히 이자를 받는 안정적인 상품을 넘어, 포트폴리오 전체를 지키는 '수비수'이자, 위기의 순간에 값싼 공격수(주식)를 영입할 실탄 역할을 해준다:** '구단주'의 지현 씨의 사례는 채권 ETF가 단순히 이자를 받는 안정적인 상품을 넘어, 포트폴리오 전체를 지키는 '수비수'이자, 위기의 순간에 값싼 공격수(주식)를 영입할 실탄을 마련해주는 '구단주'의 역할까지 수행함을 보여준다. 이처럼 주식과 채권을 균형 있게 갖춘 포트폴리오는 어떤 시장의 위기 속에서도 살아남아 결국 승리하게 되는 것이다.

5. 금, 원유, 옥수수에도 투자하는 '원자재' ETF와 가상사례

5.1. 원자재 ETF는 대부분 실물 자산을 직접 보관하는 대신, '선물 계약(Futures Contract)'을 사고파는 방식으로 운용된다.

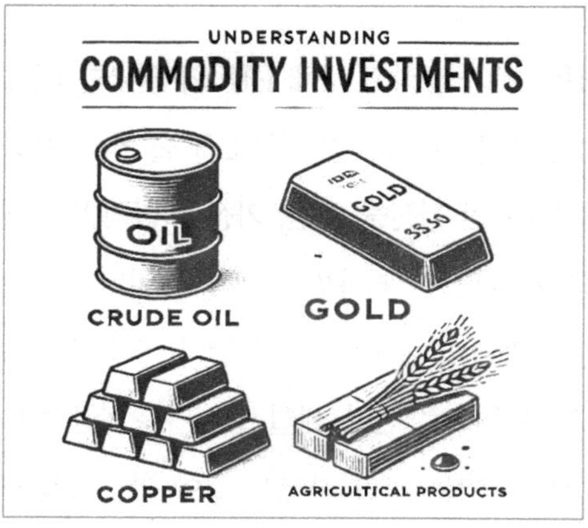

원자재 투자에 대해서도 기본은 알고가자! [https://brunch.co.kr]

우리가 지금까지 다루어 온 주식과 채권이 각각 기업의 소유권과 대여금 증서라는 '금융적 약속(Financial Promise)'에 투자하는 것이었다면, 원자재(Commodity) 투자는 인류 문명의 근간을 이루는 '실물 자산(Real Asset)' 그 자체에 투자하는 것이다. 금, 은과 같은 귀금속부터 원유, 천연가스와 같은 에너지, 그리고 옥수수, 밀, 커피와 같은 농산물에 이르기까지, 원자재는 모든 산업 생산과 인간 생활의 가장 기본적인 원료가 된다.

과거에 개인이 원유 드럼통이나 옥수수 창고를 직접 소유하며 원자재에 투자하는 것은 불가능에 가까웠다. 그러나 이제 우리는 '원자재 ETF'를 통해, 단 한 번의 클릭만으로 국제 금 시세의 등락에, 사우디아라비아의 유가 결정에, 그리고 시카고 상품거래소의 옥수수 가격 변동에 직접 참여할 수 있게 되었다.

원자재 ETF는 대부분 실물 자산을 직접 보관하는 대신, '선물 계약(Futures Contract)'을 사고파는 방식으로 운용된다. 선물 계약이란, 미래의 특정 시점에 특정 가격으로 해당 원자재를 인수하겠다는 약속이다. ETF는 이 선물 계약을 만기가 되기 전에 계속해서 다음 달의 계약으로 교체(롤오버, Roll-over)하는 방식으로, 해당 원자재의 가격 흐름을 추종하게 되는 것이다.

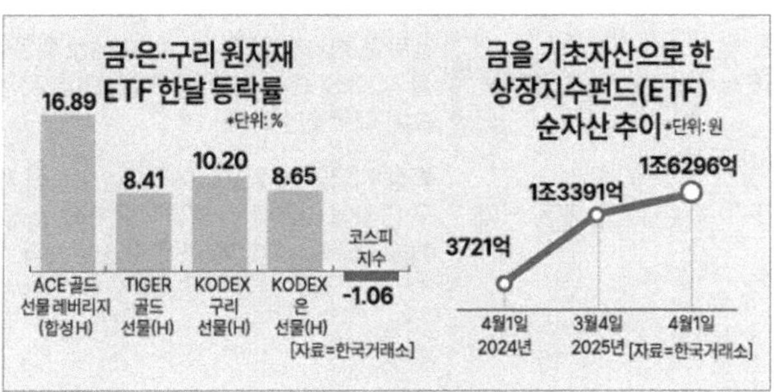

원자재 ETF '전성시대'…투자금 3.4배 급증 | 아주경제 [https://www.ajunews.com]

5.1.1. 포트폴리오에 이 낯선 원자재를 편입해야 하는 이유 두 가지

그렇다면 우리는 왜 포트폴리오에 이 낯선 원자재를 편입해야 하는가? 그 이유는 크게 두 가지이다.

(1) **강력한 인플레이션 헤지(Hedge)**: 인플레이션은 곧 화폐 가치의 하락을 의미한다. 시중에 돈이 너무 많이 풀리면 종이돈의 가치는 떨어지지만, 금이나 원유와 같은 실물 자산의 가격은 오히려 상승하는 경향을 보인다. 따라서 원자재는 인플레이션 시기에 내 자산의 구매력을 지켜주는 가장 효과적인 '방어 수단'이 된다.

(2) **뛰어난 분산투자 효과**: 원자재 가격은 주식이나 채권과는 전혀 다른 요인(예: 지정학적 리스크, 기후 변화, 수급 불균형)에 의해 움직인다. 이처럼 다른 자산과의 가격 연동성(상관관계)이 낮기 때문에, 포트폴리오에 원자재를 일부 편입하면 전체 자산의 변동성을 낮추는 효과를 기대할 수 있다.

5.2. 주요 원자재 ETF 종류 및 투자 포인트

종류	대표 원자재	핵심 투자 포인트 및 전략
귀금속 ETF	금(Gold), 은(Silver)	수천 년간 가치를 인정받아 온 대표적인 안전자산이다. 인플레이션 우려가 커지거나 경제 위기가 발생할 때 가치가 상승하는 경향이 있다.
에너지 ETF	WTI 원유, 천연가스	글로벌 경기가 회복되고 산업 생산 활동이 활발해질 때 수요 증가로 가격이 상승한다. 지정학적 리스크에 매우 민감하다.
농산물 ETF	옥수수, 밀, 대두, 커피	특정 지역의 기후 변화(가뭄, 홍수 등), 전 세계 인구 증가에 따른 장기적인 식량 수요 등 근본적인(Fundamental) 요인에 큰 영향을 받는다.

5.3. 가상 사례: 역사학자의 통찰, '금 ETF'로 인플레이션을 이겨내다

1) **지금과 같이 명목 화폐의 가치가 의심받는 시기야 말로 포트폴리오에 '금'이라는 보험을 들어야 할 때라고 판단했다 물가가 무섭게 치솟는 모습이 마치 그가 책에서만 보았던 1970년대의 '스태그플레이션(Stagflation)'과 너무나도 흡사했기 때문이다:** 평생을 대학에서 역사를 가르치다 은퇴한 60대 최 교수는 최근의 경제 상황을 보며 깊은 우려에 빠졌다. 전 세계 정부가 경쟁적으로 화폐를 발행하고, 물가가 무섭게 치솟는 모습이 마치 그가 책에서만 보았던 1970년대의 '스태그플레이션(Stagflation)'과 너무나도 흡사했기 때문이다. 그는 자신의 은퇴 자산 대부분을 차지하는 주식과 채권이 동반 하락하며 힘을 쓰지 못하는 것을 보며, 역사 속에서 위기 때마다 빛을 발했던 자산이 무엇이었는지를 떠올렸다. 그것은 바로 '금(Gold)'이었다.
역사적으로 금은 특정 국가나 정부가 그 가치를 보증하는 화폐와 달리, 그 자체로 희소성을 가지며 수천 년간 인류의 신뢰를 받아온 궁극의 가치 저장 수단이었다. 최 교수는 지금과 같이 명목 화폐의 가치가 의심받는 시기야 말로 포트폴리오에 '금'이라는 보험을 들어야 할 때라고 판단했다.

2) **자신의 전체 포트폴리오 중 10%를 과감하게 주식과 채권에서 빼내어 이 금 ETF에 투자했다:** 물론 그가 실물 금괴를 사서 집에 보관하는 것은 비현실적인 일이었다. 대신 그는 국제 금 시세를 100% 추종하도록 설계된 '금 현물 ETF'를 발견했다. 그는 자신의 전체 포트폴리오 중 10%를 과감하게 주식과 채권에서 빼내어 이 금 ETF에 투자했다.

3) **그가 투자한 금 ETF의 가격은 인플레이션 헤지 수요와 안전자산 선호 심리가 몰리며 20% 이상 꾸준히 상승했다:** 1년 뒤, 최 교수의 통찰은 정확했음이 증명되었다. 인플레이션은 꺾이지 않았고, 주식과 채권 시장은 지지부진한 흐름을 이어갔다. 그러나 그가 투자한 금 ETF의 가격은 인플레이션 헤지 수요와 안전자산 선호 심리가 몰리며 20% 이상 꾸준히 상승했다.

4) **금 ETF의 수익은 그의 전체 포트폴리오의 손실을 상당 부분 만회해 주었고, 그의 총자산 가치는 성공적으로 보존될 수 있었다:** 결과적으로 금 ETF의 수익은 그의 전체 포트폴리오의 손실을 상당 부분 만회해주었고, 그의 총자산 가치는 성공적으로 보존될 수 있었다. 그의 친구들이 인플레이션으로 인해 자산 가치가 녹아내리는 것을 속수무책으로 지켜볼 때, 그는 역사적 통찰력을 현대적 투자 도구(ETF)와 결합하여 자신의 부를 현명하게 지켜낸 것이다.

5) **시사점:** 최 교수의 사례는 원자재 ETF가 단순히 수익을 추구하는 공격적인 수단이 아니라, 인플레이션과 같은 특수한 경제 환경 속에서 기존 자산을 보호하고 포트폴리오의 안정성을 더하는 전략적 '보험'으로서 얼마나 중요한 역할을 하는지를 명확히 보여준다.

6. 분배금: ETF가 주는 반가운 용돈과 가상사례

6.1. 투자한 ETF가 보유한 주식이나 채권에서 발생한 이익을 현금으로 나누어 받는 '분배금(Distribution)'이다

ETF 분배금 레슨 | **1. 분배금의 이해** TIGER **ETF**

ETF 분배금 vs. 주식 배당금

항목	ETF 분배금	주식 배당금
정의	ETF 내 발생한 이익을 투자자에게 지급하는 금액	기업이 영업이익을 주주에게 환원
특징	ETF 내 현금인출 (세금 원천징수 대상)	주주환원, 주주가치 제고
의무성	O (연 1회 이상)	X
세율	15.4%	15.4%

*세법 개정에 따라 변경될 수 있습니다.

월분배 투자의 정석 제1탄: ETF 분배금의 이해: 네이버 블로그

우리가 ETF에 투자하여 얻을 수 있는 수익은 크게 두 가지로 나뉜다. 첫째는 ETF의 가격 자체가 상승하여 얻는 '시세차익(Capital Gain)'이고, 둘째는 우리가 투자한 ETF가 보유한 주식이나 채권에서 발생한 이익을 현금으로 나누어 받는 '분배금(Distribution)'이다. 시세차익이 투자 자산의 '몸값' 상승에 따른 결과라면, 분배금은 그 자산이 일을 해서 벌어들인 '월급'을 함께 나누는 것과 같다.

이 분배금은 마치 예상치 못한 때에 들어오는 '반가운 용돈'처럼, 투자자에게 꾸준한 현금 흐름을 제공하고 장기 투자의 고단함을 잊게 해주는 달콤한 과실과도 같다. 특히 주식 시장이 횡보하거나 하락하는 시기에도, 분배금은 꼬박꼬박 지급되며 투자자가 심리적 안정감을 갖고 시장을 떠나지 않도록 돕는 든든한 버팀목 역할을 하는 것이다.

월 배당 ETF의 분배금에 대한 과세와 건강보험료 부과

일반 계좌		연금계좌
배당소득	소득 구분	연금소득
15.4%	원천징수 세율	3.3~5.5%
이자·배당소득이 연간 2000만 원을 초과하는 경우 초과 금액을 다른 소득과 합산해 종합과세	종합과세	연금소득이 연간 1500만 원을 초과하면 해당 연금소득을 전부 다른 소득과 합산해 종합과세 납세자가 희망하면 16.5%의 단일 세율 적용 가능
부과	지역건강보험료	미부과

은퇴 후 절세 전략, 연금계좌 통해 월 배당 ETF 투자를 [https://www.donga.com]

6.1.1. ETF의 분배금의 2가지 유형

ETF의 분배금은 그 원천에 따라 크게 두 가지로 나뉜다.

- **배당소득:** ETF가 보유한 주식들 로부터 받은 배당금이 주된 재원이다.
- **이자소득:** ETF가 보유한 채권들 로부터 받은 이자가 재원이 된다.

자산운용사는 이렇게 쌓인 현금을 일정 기간(월, 분기, 반기, 연)마다 투자자들이 보유한 ETF 수량에 비례하여 공평하게 나누어 지급한다.

그렇다면 이 반가운 용돈, 분배금을 어떻게 활용하는 것이 가장 현명한 방법일까? 여기에는 투자자의 생애 주기와 투자 목표에 따라 두 가지 전략이 존재한다.

6.1.2. ETF 분배금 활용 전략 비교

전략	핵심 방법	장점 및 기대효과	추천 대상
1. 자동 재투자 전략 (복리 효과 극대화)	분배금을 인출하여 사용하지 않고, 그 돈으로 즉시 해당 ETF를 추가로 매수한다. TR(Total Return) ETF를 활용하면 이 과정이 자동으로 이루어진다.	세후 분배금까지 재투자되어 눈덩이 효과(Snowball Effect)를 극대화한다. 장기적으로 자산 증식 속도를 가속하는 가장 강력한 방법이다.	자산 형성기의 젊은 투자자, 장기적인 자산 증식을 최우선 목표로 하는 투자자
2. 현금흐름 활용 전략 (인컴 창출)	지급된 분배금을 인출하여 생활비나 여행 경비 등 필요한 곳에 사용한다. 월배당 ETF는 이 전략에 가장 최적화된 상품이다.	노동 소득 외에 추가적인 현금 파이프라인을 구축할 수 있다. 은퇴 후 안정적인 생활을 위한 핵심적인 소득원이 된다.	은퇴 생활자, 프리랜서 등 매달 고정적인 현금흐름이 필요한 투자자

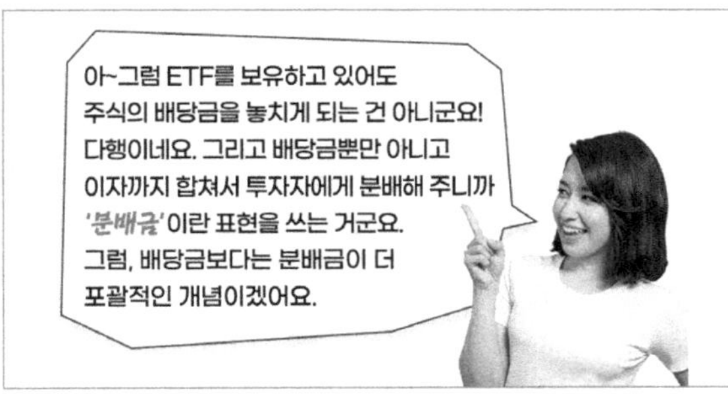

https://www.kcie.or.kr

6.2. 가상 사례: 20대 사회초년생 '유진 씨'의 스노우볼 프로젝트

1) 유진 씨는 매달 50만 원씩 미국 S&P 500 ETF에 투자하는 '스노우볼 프로젝트'를 시작 그녀의 목표는 30년 뒤 은퇴할 때, 최대한 큰 눈덩이(자산)를 만드는 것이었다: 갓 대학을 졸업하고 IT 회사에 입사한 25세 유진 씨는 매달 50만 원씩 미국 S&P 500 ETF에 투자하는 '스노우볼 프로젝트'를 시작했다. 그녀의 목표는 30년 뒤 은퇴할 때,

최대한 큰 눈덩이(자산)를 만드는 것이었다. 그녀는 투자를 공부하며, 작지만 꾸준한 분배금 재투자가 장기적으로 얼마나 엄청난 차이를 만드는지를 깨닫게 되었다.

2) **분배금을 자동으로 재투자해주는 'S&P 500 TR(Total Return) ETF'를 자신의 투자 대상으로 선택:** 그녀는 분배금을 자동으로 재투자해주는 'S&P 500 TR(Total Return) ETF'를 자신의 투자 대상으로 선택했다. 그녀의 친구들은 분배금이 나올 때마다 그 돈으로 커피를 사 마시거나 쇼핑을 했지만, 유진 씨의 계좌에서는 분배금이 지급되는 즉시 자동으로 ETF 수량을 늘리는 데 사용되었다.

   처음 몇 년간 그 차이는 미미했다. 분배금으로 재투자되는 금액은 몇천 원에 불과했고, 친구들은 그녀의 답답한 투자 방식을 이해하지 못했다.

3) **10년, 20년의 시간이 흐르자 복리의 마법이 나타나기 시작했다:** 하지만 10년, 20년의 시간이 흐르자 복리의 마법이 나타나기 시작했다. 유진 씨의 계좌에서는 원금뿐만 아니라, 그동안 재투자된 분배금들이 또다시 새로운 분배금을 낳는 '선순환 구조'가 만들어졌다. 그녀의 ETF 보유 수량은 다른 친구들보다 훨씬 빠르게 늘어났고, 주식 시장이 상승할 때 자산이 불어나는 속도는 기하급수적으로 빨라졌다.

   30년 후, 그녀가 55세가 되었을 때의 결과는 놀라웠다.

   • 분배금을 인출하여 사용한 친구: 최종 자산 약 6억 8천만 원
   • 분배금을 자동으로 재투자한 유진 씨: 최종 자산 약 8억 1천만 원

4) **분배금을 인출하지 않고 재투자했다는 차이만으로, 친구보다 무려 1억 3천만 원이라는 거대한 부를 추가로 얻게 된 것이다:** 유진 씨는

단지 분배금을 인출하지 않고 재투자했다는 작은 습관의 차이만으로, 친구보다 무려 1억 3천만 원이라는 거대한 부를 추가로 얻게 된 것이다.

5) **시사점:** 그녀의 사례는 젊은 투자자에게 있어 분배금이 당장의 작은 용돈이 아니라, 미래의 거대한 자산을 만드는 가장 강력한 '복리의 씨앗'임을 명확히 보여준다. 이 씨앗을 어떻게 활용하는가에 따라 30년 뒤의 풍경은 완전히 달라지는 것이다.

주제

2

AI와 함께 ETF 투자하기: 나만의 포트폴리오 만들기

제5장

AI 시대의 투자 혁명 - 기계가 사람을 이기는 시대

1. AI가 주식과 ETF시장을 바꾸고 있는 현실과 가상사례

1.1. 'AI 액티브 ETF'가 속속 등장하고, 개인의 투자 성향을 분석하여 포트폴리오를 추천하고 운용해주는 '로보어드바이저' 서비스가 대중화되면서, AI는 우리의 투자 방식 자체를 바꾸고 있다

2016년, 인공지능 알파고(AlphaGo)가 인간 최강의 바둑기사 이세돌 9단을 꺾은 사건은 인류에게 거대한 충격과 함께 새로운 시대의 서막을 알렸다. 그리고 지금, 그와 똑같은 '조용한 혁명'이 자본주의의 심장부라 할 수 있는 주식과 ETF 시장에서 벌어지고 있다. 과거 인간의 직관과 경험, 감정이 지배하던 투자의 영역은 이제 데이터를 먹고 논리로 판단하며 빛의 속도로 움직이는 '인공지능(AI)'에 의해 그 근본적인 규칙이 재정의되고 있는 것이다.

1.1.1. AI가 금융 시장을 바꾸는 세 가지 방식

AI가 금융 시장을 바꾸는 방식은 크게 세 가지의 초인적인 능력에 기반한다.

■ 대표적인 AI 운용 ETF 상품

펀드명	특징
VanEck Social Sentiment ETF(BUZZ)	'21년 3월 상장 이후 한 달 만에 3억5,610만 달러의 자금 유입
WisdomTree U.S. AI Enhanced Value Fund(AIVL)	미국의 저평가된 가치주를 중점적으로 선별해 투자하는 알고리즘 기반의 상품
Qraft AI-Enhanced U.S. Large Cap Momentum ETF(AMOM)	국내 스타트업 크래프트의 상품으로 '21년 테슬라의 주가변동에 대한 정확한 예측과 대응으로 월가의 주목을 받음

버핏 투자철학 학습한 AI가 ETF 운용 대박낼까? [https://www.wealthm.co.kr]

첫째, '무한에 가까운 정보 처리 능력'이다. 한 명의 인간 펀드매니저가 하루에 읽을 수 있는 뉴스와 보고서의 양은 물리적으로 한계가 있다. 그러나 AI는 전 세계에서 쏟아지는 수십만 건의 뉴스 기사, 기업 공시, 경제 보고서는 물론, 공장의 주차장을 촬영한 위성사진, 소셜미디어의 감성 데이터, 신용카드 결제 데이터와 같은 비정형 데이터까지 실시간으로 흡수하고 분석한다. 이는 인간이 볼 수 없었던 시장의 미세한 패턴과 상관관계를 발견하여 투자 결정의 정확도를 비약적으로 향상시킨다.

둘째, '감정 없는 기계적 판단력'이다. 인간 투자자의 가장 큰 적은 바로 '공포'와 '탐욕'이라는 감정이다. 시장이 폭락하면 공포에 질려 투매하고, 급등하면 탐욕에 휩싸여 추격 매수하는 비이성적인 판단을 반복한다. 하지만 AI는 오직 데이터와 알고리즘에 기반하여 사전에 설정된 원칙대로 냉철하게 움직인다. 이러한 기계적 판단은 인간의 심리적 편향을 완벽하게 제거하여, 장기적으로 꾸준하고 안정적인 성과를 내는 결정적인 요인이 된다.

셋째, '인간을 초월하는 거래 속도'이다. AI를 활용한 퀀트 펀드들은 마이크로초(100만 분의 1초) 단위로 거래를 실행하는 초단타매매(HFT, High-Frequency Trading)를 통해 인간이 인지조차 할 수 없는 찰나의 순간에 발생하는 미세한 가격 차이에서 수익을 창출한다. ETF 시장에서도 AI는 시장의 비효율성을 즉각적으로 포착하여 차익거래를 실행함으로써, 시장의 안정성과 효율성을 높이는 데 기여하고 있다.

이러한 변화는 더 이상 월스트리트의 전유물이 아니다. AI가 직접 운용하는 'AI 액티브 ETF'가 속속 등장하고, 개인의 투자 성향을 분석하여 포트폴리오를 추천하고 운용해주는 '로보어드바이저(Robo-advisor)' 서비스가 대중화되면서, 이제 AI는 우리 모두의 투자 방식 자체를 바꾸고 있는 것이다.

미국 인공지능 ETF 추천 2025: 지금 주목해야 할 상위 ETF 5종 [https://www.ebc.com]

1.2. 전통적 투자와 AI 기반 투자의 패러다임 비교

구분	전통적 투자(인간 펀드매니저)	AI 기반 투자(알고리즘)
분석 기반	직관, 경험, 소수의 정형 데이터	빅데이터, 비정형 데이터, 통계적 모델
의사결정	주관적, 감정적 편향에 노출됨	객관적, 데이터 기반의 논리적 판단

정보처리 한계	명확한 물리적 한계 존재	사실상 무한에 가까운 정보 처리
거래 속도	느림(분, 시간 단위)	극도로 빠름(마이크로초 단위)
핵심 역량	통찰력(Insight)	데이터 처리 및 패턴 인식(Data Processing & Pattern Recognition)

1.3. 가상 사례: 2025년 어느 금요일, 두 펀드매니저의 운명을 가른 10분

1) 한 자산운용사, 같은 팀에 근무하는 두 명의 펀드매니저가 있다: 여의도의 한 자산운용사, 같은 팀에 근무하는 두 명의 펀드매니저가 있었다. 한 명은 20년 경력의 베테랑 '박 이사', 다른 한 명은 데이터 과학자 출신의 젊은 '김 팀장'이었다.

- 박 이사: 그의 무기는 수십 년간 쌓아온 경험과 넓은 인적 네트워크였다. 그는 매일 주요 기업의 애널리스트들과 통화하고, 업계의 미묘한 분위기를 감지하여 투자 포트폴리오를 조정했다.
- 김 팀장: 그의 무기는 그가 직접 설계한 AI 트레이딩 시스템 '아테나(ATHENA)'였다. 아테나는 24시간 내내 전 세계의 금융 뉴스, 원자재 가격, 지정학적 리스크 데이터를 분석하며 시장의 이상 징후를 감시했다.

그날 오후 2시 50분, 평화롭던 시장에 아무도 예상치 못한 뉴스가 터져 나왔다. 남미의 한 소국이 자국 내 리튬 광산의 국유화를 전격 선언한 것이다.

- 박 이사의 10분: 그는 뉴스를 보고 당황했다. 그의 포트폴리오에는 2차전지 관련주가 높은 비중을 차지하고 있었기 때문이다. 그는 리튬 공급망에 미칠 영향을 파악하기 위해 급히 배터리 산업 애널리스트에게 전화를 걸었지만, 통화 중이었다. 다른 전문가들

에게 문자를 보냈지만 즉각적인 답은 오지 않았다. 우왕좌왕하는 사이 시간은 흘러갔고, 관련 종목들은 순식간에 하한가로 추락했다. 그는 속수무책으로 장 마감을 맞이해야만 했다.

- 김 팀장의 10분: 아테나는 뉴스가 나온 지 0.01초 만에 '리튬', '국유화'라는 키워드를 포착했다. 즉시 알고리즘은 해당 국가의 리튬 생산량이 전 세계 공급망에서 차지하는 비중과, 김 팀장 포트폴리오 내 2차전지 기업들이 해당 지역에 얼마나 의존하고 있는지를 1초 만에 계산해냈다. 리스크 허용 범위를 초과했다고 판단한 아테나는, 김 팀장의 개입 없이 자동으로 관련 ETF와 주식의 비중을 축소하는 매도 주문을 0.5초 만에 실행했다. 동시에, 반사이익이 예상되는 호주의 리튬 관련 기업 ETF를 매수하는 주문까지 완료했다.

2) **박 이사의 펀드는 하루 만에 -8%라는 최악의 손실을 기록했다. 반면, 김 팀장의 펀드는 아테나의 신속한 대응 덕분에 손실을 -0.5% 수준에서 방어하는 데 성공했다:** 그날 오후 3시, 박 이사의 펀드는 하루 만에 -8%라는 최악의 손실을 기록했다. 반면, 김 팀장의 펀드는 아테나의 신속한 대응 덕분에 손실을 -0.5% 수준에서 방어하는 데 성공했다.

3) **투자 시장에서 승패를 가르는 것이 더 이상 인간의 경험이나 직관이 아닌, 데이터에 대한 '접근 속도'와 '해석 능력'임을 극적으로 보여준다:** 이 사례는 현대 투자 시장에서 승패를 가르는 것이 더 이상 인간의 경험이나 직관이 아닌, 데이터에 대한 '접근 속도'와 '해석 능력'임을 극적으로 보여준다. AI는 이제 선택적 도구가 아닌, 시장의 불확실성 속에서 생존하기 위한 필수적인 무기가 된 것이다.

디셈버앤컴퍼니 핀트, KB증권 마블 앱에 'AI가 골라주는 투자' 자문서비스 출시 [https://platum.kr]

2. AI 투자의 장점과 한계 파악하기와 가상사례

2.1. AI 투자의 장점과 한계 파악하기

인공지능(AI)은 의심할 여지없이 투자의 패러다임을 바꾸는 가장 강력한 도구이다. 하지만 우리는 AI를 '모든 것을 해결해주는 마법 지팡이'로 착각하는 순진한 믿음과, '인간을 지배할 미지의 존재'라는 막연한 공포심 모두를 경계해야 한다. 현명한 투자자는 AI를 신이 아닌, 명확한 장점과 명백한 한계를 지닌 고도로 발달한 '도구'로 인식하고, 그 특성을 정확히 이해하여 활용할 줄 아는 사람인 것이다.

AI 투자는 마치 최첨단 자율주행 자동차와 같다. 인간 운전자보다 훨씬 정밀하게 주변 환경을 인식하고, 최적의 경로를 계산하며, 지치지 않고 운전할 수 있다는 압도적인 장점을 가진다. 하지만 이 자동차 역시 사전에 학습된 데이터와 지도에 없는 갑작스러운 도로 유실이나 천재지변과 같은 돌발 상황 앞에서는 완벽하게 기능한다고 보장할 수 없는 한계를 동시에 지니고 있다.

2.1.1. AI 투자의 명확한 장점(The Bright Side)

우리가 앞서 살펴보았듯, AI 투자의 장점은 명확하고 강력하다.

(1) **데이터 기반의 완전한 객관성:** AI는 인간의 감정, 즉 공포와 탐욕이라는 가장 큰 투자 실패 요인을 원천적으로 배제한다. 오직 데이터와 확률에 기반하여 의사결정을 내린다.

(2) **인간을 초월하는 분석의 깊이와 속도:** 24시간 잠들지 않고 전 세계의 데이터를 분석하여 인간이 발견할 수 없는 미세한 패턴과 기회를 포착한다.

(3) **원칙에 기반한 기계적 실행력:** 한번 설정된 투자 전략과 원칙을 감정의 흔들림 없이 기계적으로 실행하여, 투자자가 세운 계획을 꾸준히 지켜나가도록 돕는다.

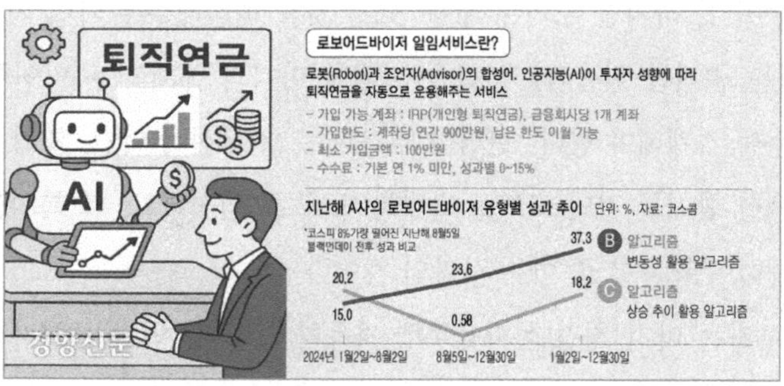

AI가 굴리니 수익률 30%는 거뜬? · · · 로보어드바이저 수익률 함정
[https://www.khan.co.kr]

2.1.2. AI 투자의 명백한 한계(The Blind Spot)

그러나 이 강력한 도구의 이면에는 반드시 알아야 할 치명적인 한계점들이 존재한다.

(1) **과거 데이터에 대한 의존성:** AI의 모든 판단은 과거의 데이터로부터 학습한 패턴에 기반한다. 이는 곧, 역사상 한 번도 없었던 새로운 유형의 위기, 즉 '블랙 스완(Black Swan)' 앞에서는 AI가 제대로 기능하지 못할 수 있음을 의미한다. 2008년 금융위기나 2020년 팬데믹과 같은 미증유의 사태는 과거 데이터로는 예측하거나 대응할 수 없는 영역이다.

(2) **'쓰레기를 넣으면 쓰레기가 나온다(GIGO)':** AI 모델의 성과는 학습 데이터의 품질에 절대적으로 의존한다. 만약 편향되거나 질이 낮은 데이터를 학습한다면, AI는 그럴듯해 보이지만 실제로는 잘못된 투자 결정을 내리게 된다.

(3) **과적합(Overfitting)의 함정:** AI가 과거 데이터에 너무 과도하게 최적화될 경우, 실제 패턴이 아닌 우연한 잡음(noise)까지 의미 있는 신호로 착각하여 학습할 수 있다. 이는 마치 특정 시험의 족집게 기출문제만 외운 학생이, 새로운 유형의 문제가 출제되었을 때 형편없는 점수를 받는 것과 같은 결과를 초래한다.

(4) **설명 불가능성(블랙박스 문제):** 복잡한 딥러닝 AI의 경우, 왜 그러한 투자 결정을 내렸는지 그 과정을 인간이 완벽하게 이해하거나 설명하기 어려운 경우가 많다. 이는 투자자에게 상당한 심리적 불안감을 줄 수 있다.

2.2. AI 투자의 명과 암: 장점과 한계 요약

구분	장점(Advantages)	한계(Limitations)
판단 기반	빅데이터, 통계, 확률	과거 데이터, 학습된 패턴
핵심 역량	객관성, 속도, 분석의 깊이	예측 불가능한 '블랙 스완'에 취약
의사결정	비감정적, 논리적, 원칙 준수	데이터 품질 및 알고리즘 설계에 절대적으로 의존
신뢰성	일관성, 꾸준함	과적합(Overfitting) 및 블랙박스(설명 불가능성) 문제
비유	유능하고 지치지 않는 데이터 분석가	과거의 지도만 가진 유능한 항해사

2.3. 가상 사례: 2028년, 'AI 알파 펀드'의 붕괴

1) **'AI 알파 펀드'에 자신의 자산 대부분을 투자했다. 지난 2년간 이 펀드는 시장이 안정적일 때 놀라운 성과를 보여주며, 이선호 씨에게 큰 수익을 안겨주었다:** 기술의 맹신자였던 30대 투자자 이선호 씨는 최근 시장에서 가장 주목받는 'AI 알파 펀드'에 자신의 자산 대부분을 투자했다. 이 펀드는 최신 딥러닝 기술을 활용하여 시장의 단기적인 움직임을 예측하고, 이를 통해 시장 평균을 초과하는 '알파 수익'을 추구한다고 광고했다. 실제로 지난 2년간 이 펀드는 시장이 안정적일 때 놀라운 성과를 보여주며, 이선호 씨에게 큰 수익을 안겨주었다.

2) **그 전 세계의 위성 통신망과 전력망 일부가 수일간 마비되는 사태가 벌어진 것이다:** 그러던 어느 날, 인류 역사상 한 번도 경험하지 못했던 재앙이 발생했다. 강력한 태양 흑점 폭발로 인해 발생한 지자기 폭풍이 지구를 덮쳐, 전 세계의 위성 통신망과 전력망 일부가 수일간 마비되는 사태가 벌어진 것이다.

3) **AI는 이 사태를 이해할 수 없었다:** AI의 학습 데이터에는 '전쟁', '금융위기', '전염병'에 대한 기록은 있었지만, '글로벌 위성망 마비'라는 데이터는 단 한 줄도 없었다. 물류, 금융, 통신 데이터가 일시에 왜곡되고 비정상적인 신호를 보내자, AI는 극심한 혼란에 빠졌다. 과거의 패턴에 기반하여 현재 상황을 해석하려던 AI는, 이 전례 없는 위기를 '일시적인 노이즈' 혹은 '거대한 매수 기회'와 같은 엉뚱한 신호로 오인하기 시작했다.

4) **'AI 알파 펀드'는 시장의 붕괴 속에서 오히려 위험 자산의 비중을 늘리는 등 치명적인 오판을 연달아 내렸고, 결국 다른 시장 대표 ETF보다 훨씬 더 큰 폭으로 폭락하고 말았다:** 결과적으로 'AI 알파 펀드'는 시장의 붕괴 속에서 오히려 위험 자산의 비중을 늘리는 등 치명적인 오판을 연달아 내렸고, 결국 다른 시장 대표 ETF보다 훨씬 더 큰 폭으로 폭락하고 말았다.

5) **시사점:** 이선호 씨는 이 뼈아픈 경험을 통해 중요한 교훈을 얻었다. AI는 미래를 예측하는 예언가가 아니라, 과거를 학습하여 현재를 해석하는 고도로 발달한 '패턴 인식 기계'라는 사실이다. 그는 진정으로 안정적인 포트폴리오는 예측 불가능한 '블랙 스완'에 대비하여 시장 전체에 분산 투자하는 단순한 인덱스 ETF를 중심으로 구축해야 하며, AI 펀드는 그 한계를 명확히 인지한 상태에서 일부만을 활용해야 한다는 것을 깨 달았다. 결국 최고의 투자는 인간의 전략적 통찰력과 AI의 분석력을 결합하여, 서로의 장점은 취하고 단점은 보완하는 '하이브리드' 방식인 것이다.

3. 감정을 배제한 AI의 차가운 투자 판단과 가상사례

3.1. 감정을 배제한 AI의 차가운 투자 판단: AI(인공지능)가 인간 투자자를 압도하는 가장 근본적인 이유이다

"다 같은 AI 투자가 아니다"…AI 투자 전략 ETF '각양각색' [https://news.nate.com]

투자의 대가 워런 버핏은 "성공적인 투자의 비결은 다른 사람들이 탐욕을 부릴 때 두려워하고, 다른 사람들이 두려워할 때 탐욕을 부리는 것"이라고 말했다. 이 격언은 투자의 성패가 지식이나 정보의 양이 아닌, '감정 통제'라는 심리적 요인에 의해 결정된다는 사실을 꿰뚫고 있다. 그러나 인간은 본질적으로 감정의 동물이다. 시장의 붉은 하락 신호 앞에서 공포를 느끼지 않고, 모두가 환호하는 급등주 앞에서 탐욕을 느끼지 않기란 성인군자에게도 어려운 일인 것이다.

이것이 바로 AI(인공지능)가 인간 투자자를 압도하는 가장 근본적인 이유이다. AI에게는 인간의 DNA에 각인된 공포와 탐욕이라는 감정이 존재하지 않는다. AI는 시장의 광기 어린 환호나 절망적인 비명에 전혀 흔들리지 않고, 오직 사전에 입력된 알고리즘과 데이터에 기반하여 얼음처럼 차가운 이성으로 상황을 판단하고 기계처럼 원칙을 실행할 뿐이다.

3.1.1. 인간의 투자 실패를 불러오는 두 가지 감정

인간의 투자 실패는 대부분 두 가지 감정에서 비롯된다.

(1) **공포(Fear)**: 주가가 폭락하면 자산을 모두 잃을 것 같은 극심한 공포에 휩싸여, 이성적인 판단 없이 자산을 헐값에 내던지는 '패닉 셀링(Panic Selling)'을 감행한다. 이는 손실을 스스로 확정 짓는 최악의 결정이다.

(2) **탐욕(Greed)**: 특정 종목이 급등하면 더 큰 수익을 놓칠 것 같은 조바심, 즉 '포모(FOMO, Fear of Missing Out)'에 사로잡혀, 충분한 분석 없이 무작정 추격 매수한다. 이는 '상투'를 잡고 거품 붕괴의 희생양이 되는 전형적인 경로이다.

AI는 이러한 인간의 심리적 약점을 완벽하게 보완한다. AI에게 시장의 폭락은 공포의 대상이 아니라, '과매도 구간 진입'이라는 데이터 신호일 뿐이다.

시장의 급등 또한 탐욕의 대상이 아니라, '과열 지표 상승'이라는 또 다른 데이터 신호에 불과하다. 이처럼 감정을 완전히 배제한 AI의 차가운 투자 판단은, 장기적으로 인간의 감성적인 투자가 결코 따라올 수 없는 꾸준하고 안정적인 복리 수익을 쌓아가는 가장 강력한 무기가 되는 것이다.

3.2. 시장 급락 시 인간과 AI의 의사결정 비교

구분	인간 투자자 (Human Investor)	AI 투자 시스템 (AI Investment System)
감정적 반응	공포, 불안, 패닉, 절망	없음(데이터 값의 변화로만 인식)
정보 처리	부정적인 뉴스 헤드라인, 온라인 커뮤니티의 공포 심리에 압도됨	변동성, 거래량, 이격도 등 사전 정의된 계량적 데이터에만 집중

판단 기준	주관적 감정, 군중심리, '더 떨어질 것 같다'는 막연한 예측	객관적 알고리즘, 과거 데이터 기반의 확률적 백테스팅 결과
실행 (Execution)	비이성적 투매(Panic selling) 또는 판단 마비(Paralysis)	사전 설정된 원칙에 따른 기계적 리밸런싱 또는 손절매

3.3. 가상 사례: 쌍둥이 의사 형제의 엇갈린 투자 운명

1) **쌍둥이 형제가 부모님으로부터 똑같이 3억 원의 자금을 증여 받아 투자를 시작:** 같은 날 태어나 같은 의과대학을 졸업한 쌍둥이 형제 '기준'과 '지후'는 5년 전, 부모님으로부터 똑같이 3억 원의 자금을 증여 받아 투자를 시작했다.

2) **형 '기준':** 그는 시장의 흐름을 직접 느끼는 것을 즐기는 '감성 투자자'였다. 매일 아침 경제 뉴스를 정독하고, 주식 전문 유튜브를 시청하며, 투자 동호회에서 정보를 얻어 직접 유망하다 생각되는 ETF와 주식을 골라 담았다.

3) **동생 '지후':** 그는 바쁜 의사 생활로 시장에 일일이 대응할 시간이 없었고, 무엇보다 스스로가 감정적이라는 사실을 잘 알고 있었다. 그는 자신의 감정적 약점을 보완하기 위해, 증여받은 3억 원 전액을 'AI 기반 자산배분 로보어드바이저' 서비스에 맡겼다. 이 AI는 시장 상황 데이터를 분석하여 사전에 설정된 위험 등급에 맞춰 글로벌 ETF 포트폴리오를 자동으로 운용하고 리밸런싱하는 시스템이었다. 몇 년간 시장이 순조롭게 상승할 때, 두 사람의 수익률은 비슷했다. 오히려 기준이 공격적인 투자로 더 높은 수익을 내기도 했다.
그러나 어느 날, 누구도 예상치 못한 지정학적 리스크로 글로벌 증시가 일주일 만에 -20% 폭락하는 '블랙 프라이데이'가 찾아왔다.

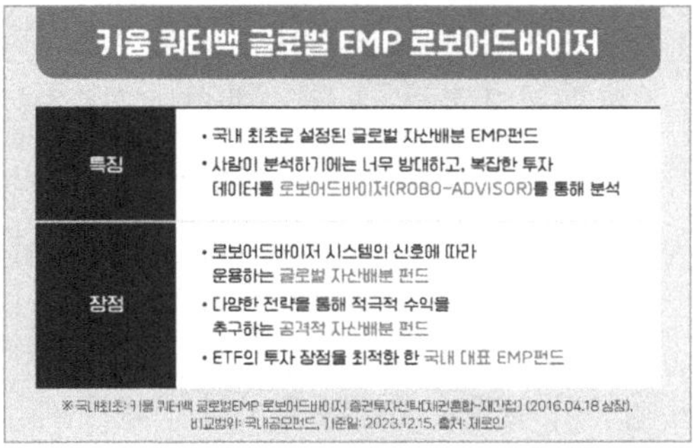

https://www.kiwoomam.com

4) 기준의 일주일: 그는 MTS(모바일 트레이딩 시스템)의 파란색 손실 숫자를 보며 밤잠을 설쳤다. 그가 가입한 투자 동호회는 절망적인 비명으로 가득 찼다. '지하실 아래 지하가 있다'는 공포스러운 글들을 보며, 그는 결국 패닉에 빠져 자신의 포트폴리오 대부분을 매도해 버렸다. 그는 -20%의 손실을 스스로 확정지었다.

5) 지후의 일주일: 그는 평소처럼 병원에서 환자를 돌보고 있었다. 그의 스마트폰에는 AI 로보어드바이저로부터 단 한 통의 알림이 도착했을 뿐이었다. "[알림] 포트폴리오 정기 리밸런싱이 실행되었습니다." 지후의 AI는 시장의 공포와 무관하게, 자신의 알고리즘에 따라 행동했다. 즉, 폭락한 주식형 ETF의 비중이 목표치를 하회하자, 상대적으로 가격 방어가 된 채권형 ETF를 일부 '기계적으로' 매도하여, 그 돈으로 싸게 살 수 있게 된 주식형 ETF를 추가로 매수한 것이었다.

6) AI가 공포 속에서 묵묵히 '싸게 더 사들인' 지후의 포트폴리오는 그 누구보다 빠르고 강력하게 회복하여, 이전보다 훨씬 더 큰 자산을 형성: 그로부터 6개월 뒤, 시장은 언제 그랬냐는 듯 V자 반등에 성공하여

전 고점을 회복했다. 폭락기에 자산을 모두 팔아버린 기준은 반등의 과실을 전혀 누리지 못한 채, 뒤늦게 다시 상승하는 시장에 올라타야 했다. 반면, AI가 공포 속에서 묵묵히 '싸게 더 사들인' 지후의 포트폴리오는 그 누구보다 빠르고 강력하게 회복하여, 이전보다 훨씬 더 큰 자산을 형성하게 되었다.

7) **시사점:** 이 쌍둥이 형제의 사례는 투자의 성패가 시장 예측 능력이 아닌, 위기 속에서 어떻게 행동하는지에 달려있음을 명확히 보여준다. AI의 차가운 이성은 바로 이 결정적인 순간에, 인간의 감정이 저지를 수 있는 최악의 실수를 막아주는 가장 강력하고 신뢰할 수 있는 안전장치인 것이다.

4. AI가 분석하는 빅데이터의 위력과 가상사례

4.1. AI가 분석하는 빅데이터는 단순히 양(Volume)만 많은 것이 아니라, 생성 속도(Velocity)가 지극히 빠르고, 형태(Variety)가 매우 다양하다는 특징을 가진다.

인간 체스 챔피언을 꺾은 컴퓨터 '딥블루'의 지능이 수많은 기보 데이터 학습에서 비롯되었듯, 투자 AI의 초인적인 판단력 또한 '빅데이터(Big Data)'라는 무한한 양식을 섭취하고 소화하는 능력에서 나온다. 과거의 투자 분석이 재무제표나 경제지표와 같이 잘 정돈된 '정형 데이터'라는 밥상 위에서 이루어졌다면, AI 시대의 투자 분석은 이 세상에 존재하는 모든 흔적, 즉 '비정형 데이터'까지 남김없이 빨아들여 그 안에서 의미 있는 '시그널(Signal)'을 찾아내는 거대한 정보의 향연이라 할 수 있다.

AI가 분석하는 빅데이터는 단순히 양(Volume)만 많은 것이 아니라, 생성 속도(Velocity)가 지극히 빠르고, 형태(Variety)가 매우 다양하다는 특징을 가진다. AI는 인간의 뇌가 결코 따라갈 수 없는 속도로 이 모든 데이터를 실시간으로 처리하여, 시장의 미래를 예측하는 강력한 단서를 발굴해내는 것이다.

4.1.1. AI가 활용하는 비정형 데이터의 유형과 특징

AI가 활용하는 비정형 데이터의 세계는 다음과 같이 무한한 상상력을 자극한다.

(1) **텍스트 데이터**(Text Data): AI는 자연어 처리(NLP) 기술을 통해 전 세계의 뉴스 기사, 기업 공시, 애널리스트 리포트는 물론, 특정 상품에 대한 소셜미디어의 긍정/부정 여론, CEO의 인터뷰에서 사용된 단어의 뉘앙스까지 분석하여 투자 심리와 기업의 숨겨진 리스크를 측정한다.

(2) **이미지 데이터**(Image Data): 컴퓨터 비전 기술을 활용하여, AI는 매일 밤 전 세계 공장 지대의 위성사진을 분석해 주차된 자동차의 수로 공장 가동률을 추정하고, 유조선의 그림자 길이로 원유 재고량을 계산하며, 대형마트 주차장의 차량 밀집도로 소매 경기를 예측한다.

(3) **소비 데이터**(Transaction Data): 익명화된 신용카드 결제 데이터를 분석하여, 특정 기업의 신제품이 얼마나 팔리고 있는지, 특정 지역의 소비가 살아나고 있는지를 기업의 공식 실적 발표보다 한발 앞서 파악한다.

이처럼 AI는 과거의 '결과'를 담고 있는 재무제표를 넘어, 미래의 결과를 만들어내는 현재의 '과정'을 데이터로 포착한다. 이는 마치 의사가 청진기(전통적 분석)만으로 진단하는 것을 넘어, MRI와 CT, 유전자 정보(빅데이터 분석)까지 총동원하여 질병을 예측하고 진단하는 것과 같은 차원의 변화인 것이다.

AI 빅데이터 플랫폼 현황

구분	서비스명	특징
LG CNS	DAP	글로벌 클라우드 시스템인 아마존웹서비스(AWS)와 연계
삼성 SDS	브라이틱스	글로벌 빅데이터 분석 기업 SAS 협업
SK C&C	스키테일	AI 솔루션 개발사 베가스 협업

'AI 빅데이터 플랫폼 선점'…막 오른 SI기업 '삼각 경쟁' [https://www.sedaily.com]

4.2. 전통적 투자 분석과 AI 빅데이터 분석의 비교

구분	전통적 분석(인간 분석가)	AI 빅데이터 분석(알고리즘)
주요 분석 대상	재무제표, 경제지표 등 정형 데이터	정형 데이터 + 뉴스, 위성사진 등 모든 종류의 비정형 데이터
정보의 종류	과거의 결과값(분기/연간 실적 등)	현재의 과정과 미래 예측 신호 (실시간 소비 동향 등)
분석의 관점	기업의 재무적 건전성 등 제한된 관점	경제, 사회, 심리 등 다차원적 복합 분석
분석의 속도	느림(보고서 작성에 수일 소요)	실시간(데이터 발생과 동시에 분석)
핵심 역량	분석가의 경험과 통찰력	AI의 패턴 인식 및 연관관계 분석 능력

4.3. 가상 사례: 2026년 2분기, '로열 백화점'의 실적을 둘러싼 세기의 대결

1) '로열 백화점'의 2분기 실적에 쏠려 있었다. 시장의 컨센서스는 전년 동기 대비 소폭의 매출 성장을 예상하고 있었다: 2026년 7월, 월스트리트의 모든 관심은 곧 발표될 '로열 백화점'의 2분기 실적에 쏠려

있었다. 시장의 컨센서스는 전년 동기 대비 소폭의 매출 성장을 예상하고 있었다.

2) **전통의 가치투자 펀드 '프린시플 캐피탈'**: 이 펀드의 매니저들은 지난 수십 년간 해왔던 방식 그대로 로열 백화점을 분석했다. 과거 재무 데이터의 추세를 분석하고, 회사가 발표한 공식 보도자료를 검토했으며, 애널리스트들의 리포트를 종합했다. 그들의 결론은 시장 컨센서스와 동일한 '소폭 성장'이었다. 따라서 그들은 기존의 보유 비중을 그대로 유지했다.

3) **신생 퀀트 펀드 '프로메테우스 AI'**: 이 펀드의 심장은 '아르고스(ARGUS)'라는 이름의 AI 시스템이었다. 아르고스는 실적 발표를 앞두고 다음과 같은 비정형 데이터를 24시간 내내 분석했다.

- 위성 이미지 분석: 아르고스는 지난 3개월간 미국 전역에 있는 로열 백화점 120개 지점의 주차장 위성사진 데이터를 매일 분석하여, 고객 방문 차량 수를 전년 동기 및 전 분기와 비교했다.
- 소비 데이터 분석: 제휴 데이터 회사로부터 받은 익명화된 신용카드 결제 정보를 통해, 로열 백화점의 실시간 매출액, 고객 1인당 평균 구매 단가, 온라인 매출 비중의 변화를 추적했다.
- 텍스트 감성 분석: 트위터, 인스타그램, 온라인 커뮤니티에서 '로열 백화점'과 관련된 수백만 건의 게시물을 분석하여, 새롭게 출시한 명품 라인에 대한 고객들의 반응과 만족도를 수치 화했다.

4) **아르고스의 신용카드 평균 구매 단가가 25% 급증했으며, 신규 명품 라인에 대한 온라인상의 긍정 감성 지수가 85점을 돌파했다**: 분석 결과, 아르고스는 놀라운 결론을 도출했다. "주차장 방문 차량 수는

소폭 감소했으나, 신용카드 평균 구매 단가가 25% 급증했으며, 신규 명품 라인에 대한 온라인상의 긍정 감성 지수가 85점을 돌파했다. 이는 시장 예상을 30% 이상 상회하는 '어닝 서프라이즈(Earning Surprise)'가 확실시된다."

프로메테우스 AI 펀드는 이 분석을 바탕으로 실적 발표 3일 전부터 로열 백화점 주식과 관련 소비재 ETF를 대량으로 매수했다.

5) **시사점:** 결과는 아르고스의 예측 그대로였다. 로열 백화점은 시장의 예상을 훨씬 뛰어넘는 역대급 실적을 발표했고, 다음 날 주가는 25% 폭등했다. 프린시플 캐피탈이 시장의 평균적인 성과에 머무를 때, 프로메테우스 AI 펀드는 빅데이터 분석을 통해 미래를 먼저 읽어내고 엄청난 초과 수익을 거두었다.

이 사례는 현대 투자 전쟁의 승패가 더 이상 인간의 경험이나 직관이 아닌, 누가 더 많은 데이터를, 더 깊이, 그리고 더 빠르게 해석하는가에 달려있음을 명확히 보여준다. AI에게 빅데이터는 바로 미래를 내다보는 수정 구슬인 것이다.

5. 전문가도 놀란 AI의 투자 성과 사례들과 가상사례

5.1. AI가 직접 포트폴리오를 운용하는 다양한 'AI 기반 액티브 ETF'들이 이미 다수 상장되어 운용되고 있다

실제로 글로벌 금융 시장에는 AI가 직접 포트폴리오를 운용하는 다양한 'AI 기반 액티브 ETF'들이 이미 다수 상장되어 운용되고 있다. 이들 중 일부는 2020년 코로나19 팬데믹과 같은 급격한 시장 붕괴 상황에서, 인간 펀드매니저들이 공포에 휩싸여 있을 때 오히려 빅데이터 분석을 통해 '언택트(Untact)'라는 새로운 사회적 변화를 가장 먼저 포착했다. 그 결과,

여행 및 오프라인 소비 관련주를 빠르게 매도하고 온라인 쇼핑, 클라우드 컴퓨팅, 홈엔터테인먼트 관련 ETF의 비중을 신속하게 늘림으로써, 시장 하락을 성공적으로 방어하고 이어진 반등장에서 경이적인 초과 수익을 기록하기도 했다.

이는 AI가 마법을 부린 것이 아니다. AI는 인간 전문가들이 기존의 분석 틀에 갇혀 혼란을 겪는 동안, 변화하는 신용카드 사용처 데이터, 모바일 앱 사용량 데이터, 소셜미디어 키워드 데이터 등 살아있는 정보를 통해 시장의 패러다임 변화를 가장 먼저 감지하고, 그에 따라 가장 확률 높은 포트폴리오를 냉철하게 재구성했을 뿐이다.

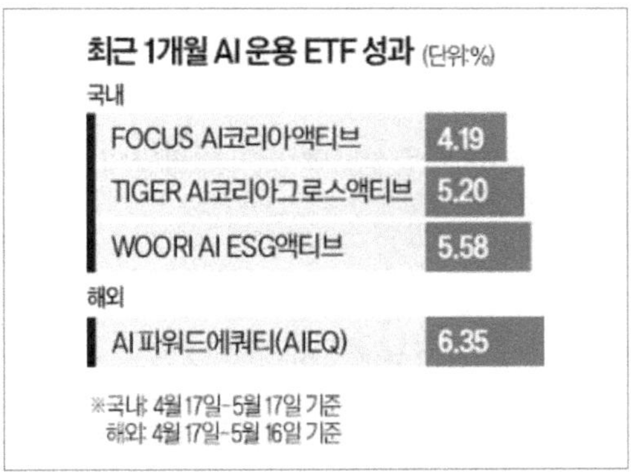

AI가 골라 담은 ETF…사람보다 수익률 높네 [https://www.hankyung.com]

5.2. 시장 변동기, 인간 펀드와 AI ETF의 성과 비교(가상 시뮬레이션)

구분	인간 중심 액티브 펀드	AI 기반 액티브 ETF
투자 철학	전문가의 직관과 경험, 기업 탐방	빅데이터 기반의 계량적 분석과 패턴 인식
의사결정 속도	느림(분석 및 토론에 시간 소요)	실시간(데이터 변화에 즉각 반응)

시장 급락 시 (-20%)	-25%(감정적 투매, 대응 지연으로 시장보다 더 큰 손실)	-15%(위험 관리 알고리즘에 따른 신속한 자산 재배분으로 손실 방어)
시장 회복 시 (+20%)	+18%(과도한 보수주의로 인해 반등 기회를 완전히 활용하지 못함)	+22%(데이터 기반의 긍정적 신호 포착 후 과감한 비중 확대로 초과 수익 달성)
핵심 차이	인간의 심리적 편향에 취약함	데이터 기반의 객관성과 기계적 실행력

5.3. 가상 사례: 2027년, 전설적 투자자를 침묵시킨 AI '오라클'

1) **AI 기반 오라클은 재무제표와 같은 정형 데이터는 물론, 세상의 모든 비정형 데이터를 분석하여 숨겨진 기업 가치를 찾아내도록 설계되었다:** 매년 월스트리트에서는 전 세계 최고의 펀드들이 모여 수익률을 겨루는 '알파 제너레이션 챌린지'가 열린다. 2027년 대회의 가장 유력한 우승 후보는 지난 30년간 연평균 20%라는 경이로운 수익률을 기록해온 '가치투자의 전설', 앤더슨 캐피탈의 회장 '데이비드 앤더슨'이었다. 그의 투자 방식은 워런 버핏처럼, 저평가된 기업의 재무제표를 샅샅이 분석하여 진주를 발굴하는 전통적인 방식이었다.
그리고 그 대회에, 실리콘밸리의 작은 스타트업 '시냅틱 인베스트먼트'가 '오라클(ORACLE)'이라는 이름의 AI를 출전시켰다. AI 기반 오라클은 재무제표와 같은 정형 데이터는 물론, 세상의 모든 비정형 데이터를 분석하여 숨겨진 기업 가치를 찾아내도록 설계되었다.

2) **오라클은 아무도 주목하지 않는, 독일의 한 작은 화학 기업 '노바켐(NovaChem)'의 주식을 포트폴리오의 20%까지 편입하기 시작했다:** 대회 중반, 시장의 관심은 온통 화려한 우주항공 및 메타버스 관련주에 쏠려 있었다. 하지만 오라클은 아무도 주목하지 않는, 독일의 한 작은 화학 기업 '노바켐(NovaChem)'의 주식을 포트폴리오의

20%까지 편입하기 시작했다. 노바켐은 수십 년간 산업용 특수 접착제만을 만들어 온, 재무제표상으로는 전혀 성장이 없는 지루한 기업이었다. 앤더슨을 포함한 모든 인간 전문가들은 AI의 이런 비상식적인 선택을 비웃었다.

3) **오라클이 활용한 데이터 분석 전략**: 하지만 오라클이 본 것은 달랐다.

- 특허 데이터 분석: 오라클은 전 세계 특허 데이터베이스를 분석하여, 노바켐이 최근 차세대 폴더블 디스플레이의 내구성을 획기적으로 개선할 수 있는 '유기 실리콘 점착 기술' 특허를 출원했음을 발견했다.
- 논문 데이터 분석: 이어서 오라클은 수백만 건의 과학기술 논문을 스캔하여, 해당 특허 기술이 MIT와 스탠퍼드 대학의 최신 연구 논문에서 '미래 디스플레이의 게임 체인저'로 수차례 인용되었음을 확인했다.
- 공급망 데이터 분석: 마지막으로 오라클은 위성 이미지와 항만 물류 데이터를 통해, 수개월 전부터 노바켐의 독일 공장에서 아시아의 주요 디스플레이 패널 제조사로 향하는 화물량이 이례적으로 급증하고 있음을 포착했다.

4) **"노바켐이 곧 발표될 글로벌 IT 기업의 차세대 폴더블폰에 핵심 소재를 독점 공급할 것이며, 이는 아직 시장에 전혀 알려지지 않은 엄청난 호재이다"라는 결론 도출**: 오라클은 이 세 가지 서로 다른 차원의 데이터를 조합하여, "노바켐이 곧 발표될 글로벌 IT 기업의 차세대 폴더블폰에 핵심 소재를 독점 공급할 것이며, 이는 아직 시장에 전혀 알려지지 않은 엄청난 호재이다"라는 결론을 도출한 것이다.

안녕하세요. 직장인 김성규(32)입니다.

이제 ETF가 무엇인지 감이 잡혀서 본격적으로 투자를 해보려고 합니다. 마침 회사 부장님이 투자 고수라는 소문을 듣고, 주로 투자하는 ETF는 무엇인지 여쭤봤더니 '아묻따' 고배당 ETF라고 하십니다.

https://www.kcie.or.kr

5) **'기술 파트너로 노바켐'을 공식적으로 지목했다. 다음 날 노바켐의 주가는 하루 만에 700% 폭등했다:** 한 달 뒤, 앤더슨을 비롯한 모든 전문가들의 예상을 깨고, 글로벌 IT 기업 '아폴로'는 자사의 신제품 발표회에서 바로 그 폴더블폰을 공개하며, 핵심 기술 파트너로 '노바켐'을 공식적으로 지목했다. 다음 날 노바켐의 주가는 하루 만에 700% 폭등했다.

6) **시사점:** 이 단 한 번의 투자로, AI 오라클은 전설적인 투자자 앤더슨을 압도적인 차이로 누르고 대회에서 우승했다. 이 사건은 AI가 단순히 인간의 일을 돕는 것을 넘어, 인간 전문가가 가진 지식의 '영역'과 '차원'을 뛰어넘어, 서로 다른 분야의 데이터를 연결하여 완전히 새로운 통찰력을 창조할 수 있음을 증명한 상징적인 사례가 되었다.

제6장

ETF의 종류별 완전정복 - 내게 맞는 ETF 찾기

1. 국내 주식형 ETF의 특징과 대표 상품들과 가상사례

1.1. 국내 주식형 ETF의 특징과 대표 상품들

글로벌 자산배분도 중요하지만, 모든 투자의 시작은 내가 가장 잘 알고 이해하는 '홈그라운드(Home Ground)', 즉 국내 주식 시장에서 시작하는 것이 현명한 첫걸음이 될 수 있다. 국내 주식형 ETF는 우리가 매일 뉴스에서 접하고, 일상에서 소비하는 친숙한 대한민국 대표 기업들의 주주가 될 수 있는 가장 쉽고 효율적인 방법이다.

국내 주식형 ETF 투자는 두 가지 명확한 장점을 가진다. 첫째, 환전 과정이 필요 없어 거래가 간편하고, 둘째, 우리가 활동하는 시간대에 시장이 열리므로 시장 변화에 직관적으로 대응하기에 용이하다. 이는 초보 투자자가 투자에 대한 감각을 익히고 자신감을 얻기에 최적의 환경을 제공하는 것이다.

1.1.1. 국내 주식 시장의 대표적인 2가지 유형

[이제 5천이다] 코스피, 꿈의 '3000 고지' 밟았다 [https://www.metroseoul.co.kr]

국내 주식 시장은 크게 두 개의 리그로 나뉜다. 대한민국을 대표하는 대형 우량 기업들이 모여 있는 코스피(KOSPI) 시장과 혁신적인 기술력을 가진 중소·벤처기업들이 중심이 된 코스닥(KOSDAQ) 시장이다. 국내 주식형 ETF는 바로 이 두 시장의 다양한 색깔을 담아내는 그릇이라 할 수 있다.

덩치 불리는 코스닥 매력도 커진다 [https://news.bizwatch.co.kr]

1.1.2. 국내 주식형 ETF의 세 가지 유형

국내 주식형 ETF는 크게 세 가지 유형으로 분류할 수 있다.

(1) **시장 대표 ETF**: 특정 시장 전체를 아우르는 가장 기본적인 상품이다. 포트폴리오의 중심을 잡아주는 '코어(Core)' 자산으로 활용된다.

- KOSPI 200 ETF: 코스피 시장의 시가총액 상위 200개 기업에 투자한다. 대한민국 경제의 성장과 그 운명을 함께하는 가장 대표적인 투자 수단이다.(예: KODEX 200, TIGER 200)
- KOSDAQ 150 ETF: 코스닥 시장의 대표 기업 150개에 투자한다. 한국의 미래 성장동력과 혁신에 투자하는 방법이다.(예: KODEX 코스닥150, TIGER 코스닥150)

(2) **섹터/테마 ETF**: 반도체, 2차전지, 자동차, 바이오 등 특정 산업(Sector)이나 테마(Theme)에 집중적으로 투자하는 상품이다. 시장 평균 이상의 고수익을 추구하는 '위성(Satellite)' 자산으로 활용된다.

(3) **전략형 ETF**: '고배당주', '가치주', '저변동성주' 등 특정 재무적 요인(Factor)에 따라 종목을 선별하여 투자하는 스마트 베타(Smart Beta) 상품이다. 보다 정교한 투자 전략을 구사하고자 할 때 사용된다.

1.1.3. 국내 주식형 ETF 대표 상품 지도

유형	대표 ETF 상품(예시)	핵심 투자 아이디어 및 전략
시장 대표	KODEX 200 TR	대한민국 경제 전체의 장기적 성장에 투자하며, 분배금은 자동 재투자하여 복리 효과를 극대화한다.
시장 대표	TIGER 코스닥150	IT, 바이오 등 한국의 혁신 성장 기업들의 높은 성장 잠재력에 투자한다.
섹터	TIGER Fn반도체TOP10	대한민국 수출의 심장이자 AI 시대의 핵심인 반도체 대표 기업 10곳에 집중 투자한다.
테마	KODEX 2차전지산업	전기차 시대를 이끌어가는 대한민국 대표 2차전지 소재, 부품, 장비 기업 전반에 투자한다.
전략	ARIRANG 고배당주	꾸준히 높은 배당을 지급하는 우량 기업들에 투자하여, 안정적인 현금흐름(인컴)을 창출한다.

1.2. 가상 사례: 30대 공무원 '현수 씨'의 생활 속 인사이트 투자법

1) **그는 매달 적립하는 투자금 100만 원을 다음과 같은 '코어-새틀라이트' 전략에 따라 배분했다:** 세종시에서 근무하는 30대 주무관 현수 씨는 안정적인 투자를 선호하지만, 동시에 시대의 흐름을 놓치고 싶지 않은 스마트한 투자자이다. 그는 금융 전문가는 아니었지만, 대한민국 국민으로서 자신의 일상 속에서 두 가지 거대한 흐름을 발견했다.

   첫째, 대한민국 경제는 결국 삼성전자와 같은 소수의 거대 IT 기업이 이끌어간다는 명백한 현실이었다. 둘째, 주변의 동료들이 너도나도 전기차로 차를 바꾸고 있으며, 관련 뉴스가 매일같이 쏟아져 나온다는 사실이었다.

2) **그는 이 두 가지 '생활 속 인사이트'를 자신만의 투자 전략으로 만들기로 결심했다. 그는 매달 적립하는 투자금 100만 원을 다음과 같은 '코어-새틀라이트' 전략에 따라 배분했다.**

   - 코어(Core) 자산(70만 원): 그는 대한민국 경제의 튼튼한 허리를 믿었다. 따라서 자산의 70%는 가장 대표적인 시장 지수인 'KODEX 200 TR ETF'를 꾸준히 매수하여 포트폴리오의 안정적인 중심을 잡았다.
   - 새틀라이트(Satellite) 자산(30만 원): 그는 전기차 시대의 폭발적인 성장에 대한 자신의 확신을 투자로 옮기고 싶었다. 하지만 어떤 기업이 최종 승자가 될지 고르는 것은 어려웠다. 그래서 그는 한국의 2차전지 산업 생태계 전체에 투자하는 'TIGER 2차전지테마 ETF'를 위성 자산으로 선택했다.

3) 몇 년 후, 그가 예측했던 대로 전기차 시장이 폭발적으로 성장하면서, 그의 새틀라이트 2차전지 ETF는 코스피 상승률을 수 배 뛰어넘는 수익률을 기록하며 전체 자산의 성장을 강력하게 견인했다: 몇 년 후, 현수 씨의 전략은 훌륭한 성과를 거두었다. 코스피 시장이 완만하게 성장하는 동안 그의 코어 자산은 꾸준히 우 상향하며 안정감을 더해주었다. 그리고 그가 예측했던 대로 전기차 시장이 폭발적으로 성장하면서, 그의 새틀라이트 자산이었던 2차전지 ETF는 코스피 상승률을 수 배 뛰어넘는 수익률을 기록하며 전체 자산의 성장을 강력하게 견인했다.

4) 시사점: 현수 씨의 사례는 반드시 금융 전문가가 아니더라도, 자신이 가장 잘 아는 국내 시장과 산업에 대한 깊이 있는 관찰을 통해 시장을 이기는 포트폴리오를 구축할 수 있음을 보여준다. 시장 대표 ETF로 안정적인 '기본'을 다지고, 자신이 확신하는 성장 테마 ETF로 '집중'을 더하는 것은 초보 투자자가 선택할 수 있는 가장 현명하고 강력한 국내 주식 투자 전략인 것이다.

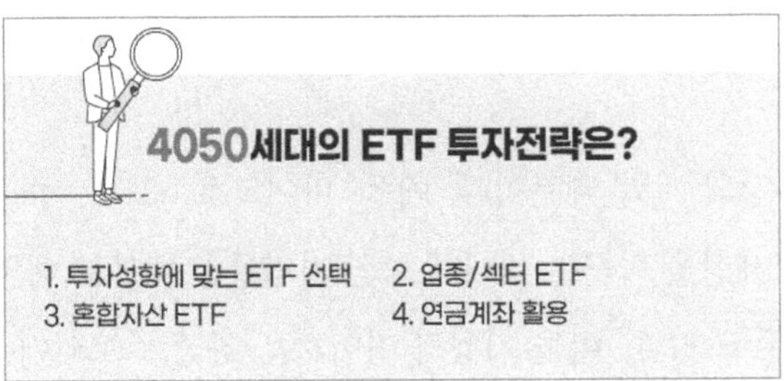

https://www.kcie.or.kr

2. 해외 주식형 ETF로 글로벌 투자하기와 가상사례

2.1. 해외 주식형 ETF로 글로벌 투자하기

만약 당신이 유능한 어부인데, 평생을 우리 동네의 작은 연못에서만 낚시를 한다면 어떻게 될 것인가? 아무리 실력이 뛰어나더라도, 그 연못의 크기와 어종의 한계를 결코 벗어날 수 없을 것이다. 국내 시장에만 투자하는 것은 바로 이와 같다. 진정한 부의 기회는 우리를 둘러싼 거대하고 풍요로운 '글로벌 경제'라는 바다에 있으며, 해외 주식형 ETF는 평범한 투자자도 이 망망대해로 나아갈 수 있게 만드는 가장 안전하고 강력한 현대식 선박인 것이다.

2.1.1. 글로벌 투자가 더 이상 선택이 아닌 필수가 된 이유

첫째, '위험 분산' 때문이다. 한국의 주식 시장은 전 세계 시가총액의 2% 미만을 차지하는 작은 시장이며, 반도체 등 특정 산업에 대한 의존도가 매우 높다는 구조적 한계를 가진다. 만약 한국 경제에만 국한된 악재가 발생할 경우, '몰빵' 투자자는 그 위험을 온전히 감수해야만 한다. 자산을 미국, 유럽, 신흥국 등 다양한 국가로 분산하는 것은, 특정 지역의 가뭄(경기 침체)으로부터 나의 전체 자산을 지켜내는 가장 현명한 보험 전략이다.

둘째, '성장의 기회' 때문이다. 애플, 마이크로소프트, 구글, 엔비디아, 테슬라처럼 세상을 바꾸는 위대한 혁신 기업들은 대부분 해외, 특히 미국에 본사를 두고 있다. 이들 기업의 경이로운 성장 스토리에 동참하기 위해서는 반드시 우리의 투자 지평을 전 세계로 넓혀야만 한다. 해외 주식형 ETF는 바로 이 글로벌 챔피언 기업들의 주주가 될 수 있는 가장 쉽고 현실적인 방법이다.

과거에는 개인이 해외 주식에 투자하는 것이 매우 복잡하고 비용이 많이 드는 일이었지만, 이제는 국내 증권사 MTS를 통해 원화로 간편하게 해외 ETF를 매매할 수 있는 시대가 되었다. 우리는 안방에 앉아서 뉴욕 증권거래소의 심장부와, 중국의 거대한 전기차 시장, 그리고 인도의 무한한 성장 잠재력에 투자할 수 있는 것이다.

2.1.2. 글로벌 투자를 위한 해외 주식형 ETF 지도

투자 지역	대표 ETF 상품(예시)	핵심 투자 아이디어 및 전략
미국 (시장 대표)	TIGER 미국S&P500	세계 1등 경제 대국인 미국 전체의 성장에 가장 표준적으로 투자하는 방법이다. 모든 포트폴리오의 핵심 기반이 된다.
미국 (기술주 중심)	TIGER 미국나스닥100	애플, 마이크로소프트 등 세계를 선도하는 혁신 기술 기업들에 집중적으로 투자하여 시장 초과 수익을 추구한다.
중국 (전기차)	TIGER 차이나전기차 SOLACTIVE	세계 최대의 전기차 시장으로 성장한 중국의 전기차 및 2차전지 산업 생태계 전반에 투자한다.
선진국 전체	KODEX 선진국 MSCI World	미국, 유럽, 일본 등 전 세계 선진국 시장 전체에 단 하나의 상품으로 완벽하게 분산투자하는 가장 손쉬운 방법이다.
신흥국 전체	TIGER 신흥국MSCI(H)	중국, 인도, 대만, 브라질 등 미래의 높은 성장 잠재력을 가진 신흥국 시장에 종합적으로 투자한다.

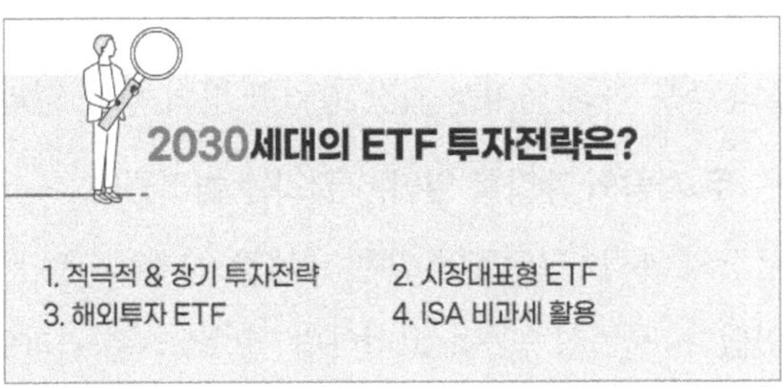

https://www.kcie.or.kr

2.2. 가상 사례: 2010년대, '우물 안 개구리'와 '바다의 항해사'의 엇갈린 10년

1) **입사 동기인 '박 부장'과 '최 차장'이 똑같이 1억 원의 자금으로 장기 투자를 시작:** 2010년, 대기업 입사 동기인 '박 부장'과 '최 차장'은 똑같이 1억 원의 자금으로 장기 투자를 시작했다.

2) **'우물 안 개구리' 박 부장:** 그는 "투자는 내가 잘 아는 국내 기업에 해야 한다"는 '신토불이' 투자 철학을 가지고 있었다. 그는 1억 원 전액을 'KODEX 200 ETF'에 투자하고, 대한민국 경제의 성장을 굳게 믿었다.

3) **'바다의 항해사' 최 차장:** 그녀는 한국 경제의 잠재력을 믿었지만, 동시에 전 세계의 성장 기회를 놓치고 싶지 않았다. 그녀는 자산의 절반인 5000만 원은 'KODEX 200 ETF'에 투자하고, 나머지 절반인 5000만 원은 'TIGER 미국S&P500 ETF'에 투자하여 자산을 한국과 미국에 절반씩 나누는 글로벌 분산투자를 실행했다.

   그리고 10년의 세월이 흘렀다. 2010년대는 한국 코스피 지수가 장기간 박스권에 갇혀 지지부진한 흐름을 보인, 이른바 '잃어버린 10년'으로 기록되었다. 반면, 같은 기간 미국 S&P 500 지수는 IT 혁신 기업들의 주도 아래 역사상 가장 강력한 장기 상승 랠리를 펼쳤다.

4) **2020년, 두 사람의 계좌를 열어본 결과는 놀라웠다:**
   - 박 부장의 계좌: 그의 1억 원은 10년간 약 1억 5천만 원으로 불어나 있었다. 물가상승률을 고려하면 실망스러운 결과였다.
   - 최 차장의 계좌: 그녀의 국내 투자 자산 5000만 원은 박 부장과 마찬가지로 약 7500만 원이 되어 있었다. 하지만, 미국에 투자한

나머지 5000만 원은 10년간 무려 3억 원으로 불어나 있었다. 그녀의 총자산은 3억 7500만 원으로, 박 부장의 자산을 두 배 이상 뛰어넘었다.

5) **시사점:** 최 차장이 박 부장보다 더 뛰어난 투자 전문 지식을 가졌던 것이 아니다. 그녀는 단지 자신의 투자 무대를 대한민국이라는 '연못'에 한정하지 않고, 미국이라는 더 크고 역동적인 '바다'로 넓혔을 뿐이다. 그녀의 사례는 글로벌 분산투자가 단순히 위험을 줄이는 수비적인 전략을 넘어, 성장의 기회를 적극적으로 포착하는 가장 강력한 공격 전략임을 명확히 보여주는 것이다.

3. 채권형 ETF로 안정성 확보하기와 가상사례

3.1. 주식과 채권은 서로 반대로 움직이는 경향이 있어, 두 자산을 함께 보유할 경우 포트폴리오의 전체 변동성은 마법처럼 줄어들게 된다

성공적인 투자는 화려한 공격(수익 추구)만으로 완성되지 않는다. 때로는 거센 파도(시장 변동성)를 견뎌내고 배의 균형을 잡아줄 묵직한 '닻(Anchor)'이 반드시 필요하다. 투자 포트폴리오에서 이 닻의 역할을 하는 것이 바로 '채권형 ETF'이다. 채권형 ETF는 공격적인 주식형 ETF가 만들어낸 수익을 지켜주고, 시장의 위기 속에서 포트폴리오 전체가 침몰하지 않도록 지켜주는 가장 신뢰할 수 있는 안정성의 보루인 것이다.

채권형 ETF는 국가(국채)나 우량 기업(회사채)이 발행한 채권들에 분산투자하는 상품이다. 채권은 본질적으로 '돈을 빌려주고 이자를 받는' 구조이므로, 기업의 성장성에 투자하는 주식보다 훨씬 안정적이며 예측 가능한 수익을 제공한다.

채권형 ETF를 포트폴리오에 반드시 편입해야 하는 이유는 그 '음(-)의 상관관계' 때문이다. 일반적으로 주식 시장이 호황일 때는 채권의 매력이 떨어지고, 반대로 주식 시장이 위기를 맞아 폭락할 때는 안전자산인 채권으로 돈이 몰리며 가격이 상승하는 경향을 보인다. 이처럼 주식과 채권은 서로 반대로 움직이는 경향이 있어, 두 자산을 함께 보유할 경우 포트폴리오의 전체 변동성은 마법처럼 줄어들게 된다. 이는 마치 뜨거운 물과 차가운 물을 섞어 적당한 온도의 미지근한 물을 만드는 것과 같은 '자산 배분의 효과'이다.

금리 채권형 ETF : 금융 위기급 코스피 하락 안전자산으로 머니 무브: 네이버 블로그

3.1.1. 채권 ETF는 만기가 길어질수록 금리 변화에 민감한 특성

특히, 채권 ETF는 만기가 길어질수록 금리 변화에 민감해지는 특성을 가진다.

(1) **단기채 ETF**: 금리 변화에 둔감하여 안정성이 매우 높다. 은행 예금의 대체재로서, 단기 자금을 파킹해두는 용도로 활용된다.

(2) **장기채 ETF**: 금리 변화에 민감하여 변동성이 크지만, 주식 시장 위기 시 금리 인하와 맞물려 가장 강력한 가격 상승을 보여주는 최고의 위험 회피(Hedge) 수단으로 기능한다.

3.1.2. 채권형 ETF의 종합적 이해

구분	내용
개념	국채, 지방채, 특수채, 회사채 등 다양한 채권으로 구성된 포트폴리오를 기초자산으로 하여 그 성과를 추종하는 상장지수펀드(ETF)이다.
원리 및 방법	- 원리: 편입된 다수의 채권에서 발생하는 이자 수익을 기반으로 안정적인 현금 흐름을 창출한다. 채권 가격은 시장 금리와 반대로 움직이므로, 금리 하락 시에는 자본 차익을, 금리 상승 시에는 자본 손실이 발생할 수 있다. - 방법: 주식과 동일하게 증권거래소를 통해 실시간으로 매수·매도한다.
역할	- 위험 분산: 일반적으로 주식과 반대의 가격 움직임을 보이는 경향이 있어, 주식 시장 하락 시 포트폴리오의 손실을 방어하는 역할을 수행한다. - 안정적 현금흐름 창출: 채권의 이자 수익을 바탕으로 정기적인 분배금을 지급하여 포트폴리오에 안정적인 현금 흐름을 제공한다.
배당(분배금)	ETF가 보유한 채권 포트폴리오에서 발생하는 이자(쿠폰) 수익을 재원으로 하여, 투자자에게 월 또는 분기별로 현금 분배금을 지급하는 것이 일반적이다.
비용	일반 ETF와 동일하게 총보수(운용보수), 매매수수료, 매매호가 스프레드 등의 비용이 발생한다.
장점	- 높은 안정성: 주식형 ETF에 비해 가격 변동성이 낮아 안정적인 자산 운용이 가능하다. - 소액 분산투자: 소액으로도 다양한 종류의 채권에 분산 투자하는 효과를 얻을 수 있다. - 높은 환금성: 개별 채권보다 거래가 활발하여 시장에서 쉽게 현금화할 수 있다. - 정기적 인컴(Income): 정기적인 분배금을 통해 연금과 같은 현금 흐름을 만들 수 있다.
단점	- 금리 변동 위험: 시장 금리가 상승할 경우 채권 가격이 하락하여 원금 손실이 발생할 수 있다. - 신용 위험: ETF가 편입한 채권 발행 주체의 부도나 신용등급 하락 시 채권 가격이 하락할 위험이 있다. - 낮은 기대수익률: 안정성이 높은 만큼 주식형 ETF에 비해 장기 기대수익률은 낮은 편이다.
활용 사례	- 자산 배분 포트폴리오: '주식 60%, 채권 40%' 포트폴리오와 같이 위험자산과 안전자산을 배분하여 시장 변동에 대응하는 데 활용된다. - 은퇴 자금 설계: 은퇴 후 안정적인 생활비 마련을 위해 월 분배금이 지급되는 채권형 ETF를 활용하여 현금 흐름을 구축한다.

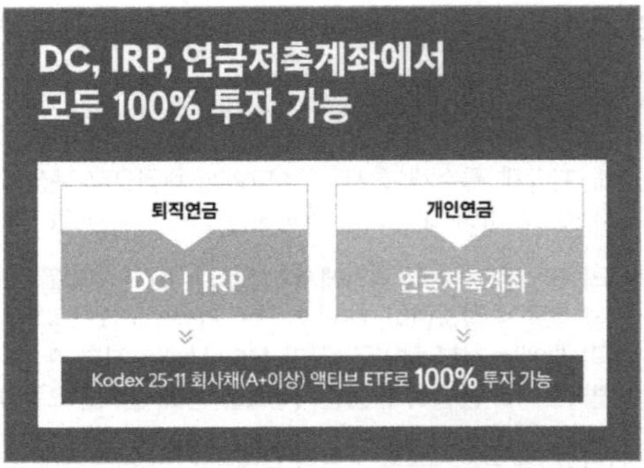

고금리시대 투자대안 단기채권 ETF 시리즈, Kodex 25-11 회사채(A+이상) ETF 상장 | ETF 투자정보 | Kodex [https://www.samsungfund.com]

3.1.3. 채권형 ETF의 종류와 전략적 역할

종류	대표 ETF 상품(예시)	핵심 투자 전략 및 포트폴리오 내 역할
단기채	KODEX 단기종합채권(액티브)	현금성 자산을 운용하는 '주차장' 역할이다. 은행 예금보다 높은 수익을 추구하며, 언제든 현금화할 수 있는 유동성을 제공한다.
중기채	TIGER 국고채3년	포트폴리오의 안정성을 더하는 '허리' 역할이다. 적당한 이자 수익과 자본 차익을 동시에 추구한다.
장기채	ACE 미국채30년	주식 시장 폭락 시 강력한 '수비수' 및 '구원투수' 역할이다. 위기 시 가격이 상승하여 주식의 손실을 방어하고, 리밸런싱의 실탄을 마련해준다.

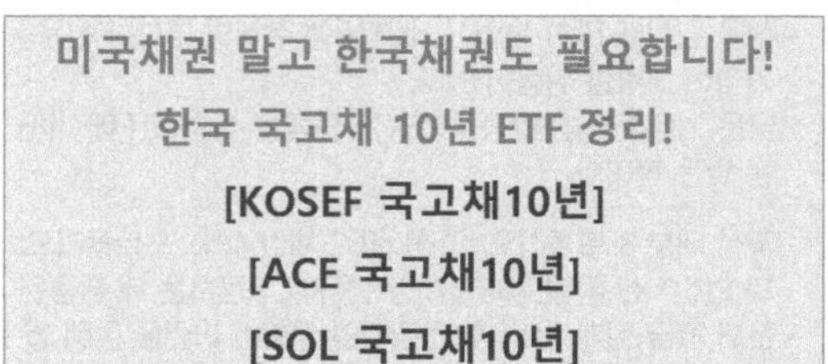

미국채권 말고 한국채권도 필요할까? 국고채 10년 ETF 소개 - [ACE, SOL, KOSEF 국고채10년] / [https://hyunc1993.tistory.com]

3.2. 가상 사례: 2022년, 모두가 울 때 홀로 웃은 '올웨더 투자자'

1) **그녀는 '모든 계절(All-Weather)'에 대비할 수 있는 포트폴리오를 만들기로 결심하고, 자신의 자산을 배분:** IT 기업에서 데이터 과학자로 일하는 30대 '지민 씨'는 역사적 데이터를 분석하는 것을 즐겼다. 그녀는 분석을 통해 주식 시장이 영원히 상승할 수만은 없으며, 언젠가는 금리 인상과 인플레이션이라는 거대한 역풍을 맞이할 것이라는 결론을 내렸다. 그녀는 '모든 계절(All-Weather)'에 대비할 수 있는 포트폴리오를 만들기로 결심하고, 자신의 자산을 다음과 같이 배분했다.
   - 성장 엔진(주식): 50%
   - 안정성의 닻(채권): 40%(이 중 절반은 미국 장기채 ETF)
   - 인플레이션 방패(원자재): 10%

2) **동료들은 계좌가 -30% 이상 녹아 내리는 것을 보며 절망에 빠졌다:** 2027년, 그녀의 예측은 현실이 되었다. 수십 년 만에 찾아온 최악의 인플레이션과 급격한 금리 인상으로 전 세계 주식과 채권 시장이 동반 폭락하는, 역사상 유례없는 최악의 투자 환경이 펼쳐졌다. 주식에 100% 투자했던 그녀의 동료들은 계좌가 -30% 이상 녹아 내리는 것을 보며 절망에 빠졌다.

3) **채권 자체의 가격은 하락했지만, 원화 대비 달러 가치가 20% 이상 급등하는 '환차익'이 발생하여 채권 가격 하락을 상당 부분 상쇄해준 것이다:** 하지만 지민 씨의 포트폴리오는 놀라운 방어력을 보여주었다. 물론 그녀의 주식과 채권 자산도 하락을 피할 수는 없었다. 그러나 그녀의 포트폴리오에는 '비밀 병기'가 숨어 있었다. 금리 인상

기에는 달러 가치가 급등하는 경향이 있는데, 그녀가 보유한 미국 장기채 ETF는 '달러 자산'이었다. 즉, 채권 자체의 가격은 하락했지만, 원화 대비 달러 가치가 20% 이상 급등하는 '환차익'이 발생하여 채권 가격 하락을 상당 부분 상쇄해준 것이다.

4) **시사점**: 결과적으로 그녀의 포트폴리오 손실률은 -5% 수준에서 성공적으로 방어되었다. 그녀는 동료들이 공포에 떨고 있을 때, 오히려 안정적으로 보존된 자산을 바탕으로 싸게 살 수 있게 된 주식 ETF의 수량을 늘려나고는 여유를 보였다.

지민 씨의 사례는 채권형 ETF가 단순히 이자를 받는 수동적인 자산을 넘어, 금리와 환율이라는 거시 경제 변수에 따라 포트폴리오를 지키는 다 차원적인 '안전장치'임을 명확히 보여준다. 예측할 수 없는 시장의 모든 계절 속에서, 잘 구성된 채권형 ETF 포트폴리오는 당신의 자산을 지키는 가장 든든하고 지적인 수비수가 되어줄 것이다.

4. 원자재 ETF로 인플레이션 헤지(Hedge)하기와 가상사례

4.1. '인플레이션 헤지'란, 이처럼 화폐가치가 하락하고 물가가 상승하는 시기에, 그 가치가 함께 상승할 것으로 기대되는 자산에 투자하여 내 자산의 실질적인 가치 하락을 방어하는 투자 전략을 의미한다.

■ **인플레이션 헤지로서 원자재 ETF전략의 이해**

구분	내용
전략의 이해	• 실물 자산 가치 보존: 인플레이션으로 화폐 가치가 하락할 때, 원자재와 같은 실물 자산은 상대적으로 그 가치를 유지하거나 상승하는 경향이 있다. • 원자재 가격 상승: 인플레이션 시기에는 생산 비용 상승과 수요 증가로 인해 원자재 가격이 동반 상승하게 된다.

주요 ETF 종류	• 금속 ETF: 금, 은, 구리 등 주요 금속 원자재 가격 상승에 연동하여 인플레이션 헤지 효과를 얻을 수 있다. • 에너지 ETF: 원유 등 에너지 가격 상승 시 높은 수익을 제공하며, 이는 타 원자재 가격 상승으로도 연결될 수 있다. • 농산물 ETF: 기후 변화, 공급 부족, 유가 상승에 따른 비용 증가 등으로 인해 인플레이션 시기에 주목받는 헤지 수단이 된다.
포트폴리오 활용 (핵심-위성 전략)	• 핵심(Core) 자산: 원자재 ETF를 장기적인 인플레이션 방어 수단으로 핵심 자산군에 편입하여 포트폴리오의 안정성을 높인다. • 위성(Satellite) 자산: 특정 테마나 업종 ETF를 위성 자산으로 운용하여 추가 수익을 추구하고 시장 변화에 유연하게 대처한다.
주의사항	• 롤오버 리스크(Rollover Risk): 선물 기반 원자재 ETF는 선물 계약 갱신(롤오버) 과정에서 비용이 발생하여 수익률에 부정적 영향을 줄 수 있다. • 높은 변동성: 원자재 시장은 변동성이 크므로, 투자 시점 선정과 포트폴리오 차원의 위험 관리가 요구된다.

키움투자자산운용 [https://www.kiwoomam.com]

인플레이션은 자산의 가치를 소리 없이 갉아먹는 '보이지 않는 불길'과 같다. 내가 잠든 사이에도, 인플레이션은 내 통장 속 현금의 구매력을 조금씩 재로 만들고 있다. 이러한 불길 속에서 나의 자산을 안전하게 지켜낼 수 있는 가장 효과적인 '내화금고'가 바로 '원자재(Commodity)'이며, 원자재 ETF는 누구나 손쉽게 이 금고의 소유주가 될 수 있도록 만들어진 현대 금융의 혁신적인 도구이다.

'인플레이션 헤지(Inflation Hedge)'란, 이처럼 화폐가치가 하락하고 물가가 상승하는 시기에, 그 가치가 함께 상승할 것으로 기대되는 자산에 투자하여 내 자산의 실질적인 가치 하락을 방어하는 투자 전략을 의미한다. 이는 마치 화재보험에 가입하여 예기치 못한 불행으로부터 나의 재산을 보호하는 것과 같은, 지극히 합리적이고 필수적인 위험 관리 행위인 것이다.

그렇다면 왜 수많은 자산 중에서도 원자재가 최고의 인플레이션 헤지 수단으로 꼽히는 것인가? 그 이유는 지극히 명쾌하고 본질적이다. 인플레이션이란 곧 '물건(Stuff)의 가격 상승'을 의미하는데, 원자재는 바로 그 모든 물건을 만드는 가장 근본적인 '원재료(Raw Stuff)'이기 때문이다.

즉, 원유 가격이 올라 주유비가 오르고, 구리 가격이 올라 전선 가격이 오르며, 밀 가격이 올라 빵 값이 오르는 것이 바로 인플레이션의 실체이다. 따라서 원자재 ETF를 통해 원유, 구리, 밀 그 자체를 소유하는 것은, 인플레이션이라는 문제의 '결과'를 걱정하는 대신 그 '원인'에 직접 투자함으로써 물가 상승의 파도를 방어하는 둑이 아닌, 그 파도를 올라타는 서핑보드를 갖는 것과 같다.

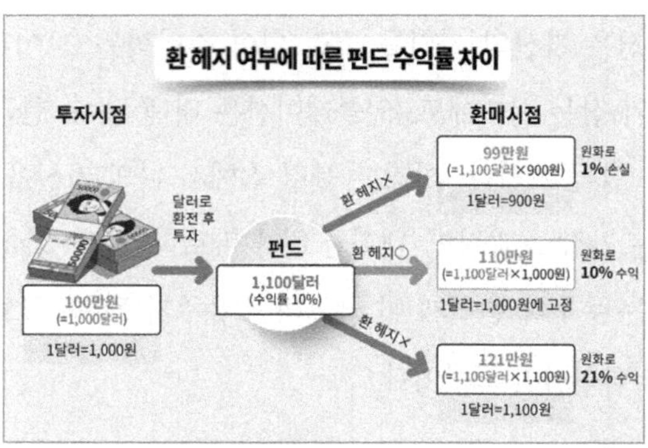

내가 똑같은 TDF로 보이니...? [https://stibee.com]

특히, '금(Gold)'은 산업 원자재의 성격을 넘어, 수천 년간 인류가 신뢰해 온 궁극의 '가치 저장 수단'으로서 기능한다. 정부가 화폐를 남발하여 통화 가치에 대한 믿음이 흔들릴 때, 금은 그 자체의 희소성을 바탕으로 가장 강력한 인플레이션 헤지 수단이 되어왔다.

■ **원자재 ETF를 활용한 인플레이션 헤지(Hedge) 전략**

구분	내용
개념	인플레이션(물가 상승) 시기에 화폐 가치 하락으로 인한 포트폴리오의 실질 구매력 감소 위험을 방어하기 위해, 물가와 동행하는 경향이 있는 원자재(석유, 금, 구리, 농산물 등)에 연동된 ETF에 투자하는 전략이다.
원리 및 방법	- 원리: 인플레이션은 일반적으로 원자재 가격의 상승을 동반한다. 상품과 서비스를 생산하는 데 필요한 기초 원자재의 비용이 오르면 최종 제품의 가격도 상승하기 때문이다. 따라서 원자재 자산은 물가 상승기에 가치가 함께 오르는 경향이 있어 가치 저장 수단이 된다. - 방법: 특정 원자재(예: 금, 원유)나 여러 원자재를 모아놓은 종합 지수를 추종하는 ETF를 매수한다. 대부분의 원자재 ETF는 실물을 보유하는 대신 선물(Futures) 계약을 통해 가격을 추종한다.
역할	- 인플레이션 헤지: 포트폴리오의 실질 가치가 물가 상승으로 인해 잠식되는 것을 방어하는 핵심적인 역할을 수행한다. - 자산 분산: 원자재는 주식, 채권 등 전통 자산과의 가격 상관관계가 낮은 편이어서, 포트폴리오에 편입 시 전반적인 위험을 분산시키는 효과를 가진다.
배당 (분배금)	원자재는 그 자체로 이자나 배당과 같은 현금 흐름(Income)을 창출하지 않는 자산이다. 따라서 대부분의 원자재 ETF는 분배금이 지급되지 않는다.
비용	- 총보수 및 매매수수료: 일반 ETF와 동일하게 운용보수와 매매수수료가 발생한다. - 롤오버 비용(Roll-over Cost): 선물 계약을 기반으로 하는 ETF의 경우, 만기가 가까운 근월물 계약을 매도하고 만기가 먼 차월물 계약을 매수하는 '롤오버' 과정에서 비용이 발생할 수 있다. 특히 차월물 가격이 더 비싼 '콘탱고(Contango)' 상황에서는 지속적인 비용 부담이 생긴다.
장점	- 효과적인 물가 위험 방어: 역사적으로 물가 상승률과 높은 양(+)의 상관관계를 보여 인플레이션 헤지 수단으로 유용하다. - 포트폴리오 다각화: 주식 및 채권 시장이 부진할 때 대체 투자 자산으로서 포트폴리오의 수익률을 보완할 수 있다. - 높은 접근성: 개인이 직접 투자하기 어려운 원자재 선물 시장에 소액으로 손쉽게 투자할 수 있다.

단점	- 높은 가격 변동성: 원자재 가격은 경기 사이클, 지정학적 리스크, 기후 등 다양한 요인에 민감하게 반응하여 변동성이 매우 크다. - 인컴 수익 부재: 배당이나 이자가 발생하지 않아 오직 자본 차익에만 의존해야 한다. - 롤오버 비용 발생 위험: 선물 기반 ETF의 고질적인 문제인 콘탱고 현상으로 인해, 기초자산 가격이 오르더라도 ETF의 실제 수익률은 저조할 수 있다.
활용 사례	- 전략적 자산 배분: 인플레이션 압력이 높아지는 경제 국면에서 전체 포트폴리오의 5~10%를 광범위한 원자재 지수 추종 ETF에 배분하여 구매력 위험을 관리한다. - 특정 위험 헤지: 국제 유가 급등이 예상될 경우, 원유 선물 ETF를 매수하여 유가 상승에 따른 위험을 방어하거나 초과 수익을 추구한다.

4.2. 인플레이션 시기 자산별 기대 성과 비교

자산군 (Asset Class)	인플레이션과의 관계	기대 성과
현금/은행 예금	구매력(실질가치)이 직접적으로 하락함	매우 나쁨
채권	고정된 이자의 실질가치가 하락하고, 금리 인상으로 채권 가격이 하락함	나쁨
주식	원가 상승 압박으로 기업 실적이 엇갈리며, 금리 인상은 주가에 부담으로 작용함	중립/혼조
원자재 (금, 원유 등)	물가 상승의 원인이자 그 자체이므로, 가격이 동반 상승함	매우 좋음

4.3. 가상 사례: 2025년, 두 은퇴자의 자산을 가른 단 하나의 결정

1) **두 친구 '이성진 선생님'과 '박현수 선생님'은 각각 5억 원의 은퇴 자금을 '주식 60%, 채권 40%'라는 전통적인 포트폴리오로 운용:** 2024년 말, 오랜 교직 생활을 마치고 은퇴한 두 친구 '이성진 선생님'과 '박현수 선생님'은 각각 5억 원의 은퇴 자금을 '주식 60%, 채권 40%'라는 전통적인 포트폴리오로 운용하고 있었다.

2) **안일한 투자자, 이성진 선생님:** 그는 수십 년간 검증된 60/40 포트폴리

오가 앞으로도 유효할 것이라 믿으며 아무런 조치를 취하지 않았다.

3) **대비하는 투자자, 박현수 선생님:** 그는 역사학자로서, 전 세계적인 통화 팽창과 공급망 불안이 심상치 않은 인플레이션을 불러올 수 있다고 우려했다. 그는 역사 속에서 인플레이션 시기에 자산을 지켜준 것이 무엇인지를 잘 알고 있었다. 그는 과감한 결정을 내렸다. 자신의 포트폴리오 중 10%를 덜어내어, 금, 원유, 구리, 농산물 등 다양한 원자재에 골고루 투자하는 '글로벌 원자재 ETF'를 매입했다. 2025년, 박 선생님의 우려는 현실이 되었다. 중동의 지정학적 리스크와 이상 기후가 겹치면서 원자재 가격이 급등했고, 이는 걷잡을 수 없는 인플레이션으로 이어졌다. 각국 중앙은행은 물가를 잡기 위해 기준금리를 가파르게 인상하기 시작했다.

4) **이성진 선생님의 포트폴리오는 -16%"라는 뼈아픈 손실을 기록:** 금리 인상의 직격탄을 맞은 주식과 채권 가격은 동반 폭락했다. 그의 5억 원 자산은 1년 만에 4억 2천만 원으로 "-16%"라는 뼈아픈 손실을 기록했다. 설상가상으로 물가까지 치솟아, 그의 체감 자산 가치는 더욱 크게 하락했다.

5) **박현수 선생님의 포트폴리오는 글로벌 원자재 ETF'가 인플레이션을 타고 +50%라는 경이적인 수익률을 기록한 것이다:** 그의 주식과 채권 자산 역시 하락을 피할 수는 없었다. 하지만 그의 포트폴리오에는 '비밀 병기'가 있었다. 그가 10%(5천만 원) 비중으로 투자했던 '글로벌 원자재 ETF'가 인플레이션을 타고 +50%라는 경이적인 수익률을 기록한 것이다. 이 ETF 하나만으로 2천 5백만 원의 수익이 발생했고, 이는 그의 주식과 채권에서 발생한 손실의 상당 부분을 상쇄

해주었다. 그의 총자산은 4억 9천만 원으로, 손실률은 -2% 수준에서 성공적으로 방어되었다.

6) **시사점:** 이 사례는 원자재 ETF가 단순히 수익을 내는 공격적인 창이 아니라, 인플레이션이라는 거대한 불길로부터 나의 핵심 자산을 지켜내는 결정적인 '방패'임을 명확히 보여준다. 모두가 위기를 이야기할 때, 포트폴리오에 원자재라는 보험을 들어둔 현명한 투자자는 조용히 자신의 자산 가치를 보존하며 다음 기회를 준비할 수 있는 것이다.

5. 섹터(Sector)별 특화 ETF의 매력과 위험성과 가상사례

5.1. 섹터별 특화 ETF의 매력과 위험성

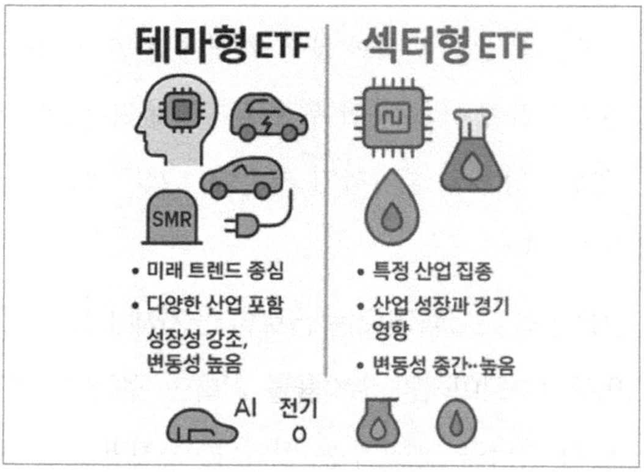

테마형 ETF와 섹터형 ETF: 특징, 차이점, 투자 전략 분석 [https://windlov2.tistory.com]

만약 시장 대표 ETF 투자가 다양한 영양소를 골고루 갖춘 건강한 '정식'이라면, 섹터별 특화 ETF는 최고급 트러플 오일을 곁들인 파스타나 혀가 얼얼할 정도로 매운 마라탕과 같은, 강렬한 맛과 개성을 지닌 '특별 요리(Special Dish)'와 같다. 이 특별 요리는 때로는 잊을 수 없는 환상적인 미식 경험을 선사하지만, 때로는 우리의 건강을 해칠 수도 있는 '양날의 검(Double-edged Sword)'과 같은 속성을 지니고 있다.

5.1.1. 거부할 수 없는 매력: 시장을 압도하는 성장성

섹터 ETF가 가진 가장 거부할 수 없는 매력은 바로 '폭발적인 성장성'에 집중 투자할 수 있다는 점이다. 시장은 다양한 산업의 평균적인 움직임이지만, 그 속을 들여다보면 AI, 바이오, 클린에너지처럼 시대를 이끌어가는 특정 주도 섹터는 시장 평균을 아득히 뛰어넘는 성장률을 보여준다. 섹터 ETF는 투자자가 바로 이 미래의 주인공이 될 것이라 확신하는 특정 산업군에 자신의 자본을 집중적으로 배팅하여, 시장을 이기는 초과수익(알파, α)을 추구할 수 있게 만드는 가장 강력한 도구인 것이다.

또한, 이는 투자자가 자신만의 통찰력과 철학을 포트폴리오에 반영하는 '자기주도적 투자'를 가능하게 한다. 자신이 몸담고 있는 산업이나 깊이 있게 연구한 분야에 대한 확신이 있다면, 관련 섹터 ETF를 통해 그 믿음을 실제 투자 수익으로 연결할 수 있다.

https://brunch.co.kr

5.1.2. 섹터별 특화 ETF 투자 전략

구분	내용
개념	경제를 구성하는 특정 산업 분야(섹터), 예컨대 정보기술(IT), 헬스케어, 금융, 에너지, 경기소비재 등에 집중적으로 투자하는 ETF를 활용하는 전략이다.
원리 및 방법	- 원리: 경제 성장 주기나 기술 발전, 정부 정책 등 거시적 변화에 따라 특정 섹터가 시장 전체(Broad Market)의 성장률을 초과할 것이라는 전망을 기반으로 한다. 즉, 성장 잠재력이 높은 섹터를 선별하여 투자함으로써 '알파(α)' 수익을 추구한다. - 방법: 향후 유망하다고 판단되는 섹터를 선정한 후, 해당 섹터의 대표 기업들로 구성된 지수를 추종하는 ETF를 매수하는 방식으로 이루어진다.
역할	- 초과 수익 추구: 시장 평균 수익률을 넘어서는 고수익을 목표로 하는 포트폴리오의 '공격수' 역할을 수행한다. - 포트폴리오 다각화: 시장 대표 지수와는 다른 움직임을 보이는 특정 섹터를 편입함으로써 포트폴리오의 수익 구조를 다변화하는 역할을 한다.
배당(분배금)	섹터의 특성에 따라 분배금 지급 여부와 규모가 상이하다. 예를 들어, 금융, 리츠, 유틸리티 등과 같이 전통적으로 배당 성향이 높은 기업들로 구성된 섹터 ETF는 상대적으로 높은 분배금을 기대할 수 있으나, 성장주 중심의 기술 섹터 ETF는 분배금이 없거나 매우 적을 수 있다.
비용	시장 전체를 추종하는 패시브 ETF에 비해 운용의 전문성이 요구되므로 '총보수(운용보수)'가 다소 높게 책정되는 경향이 있다. 그 외 주식과 동일한 매매수수료가 발생한다.
장점	- 높은 성장 잠재력: 특정 산업의 고성장 국면에서 시장 평균을 크게 상회하는 높은 수익률을 기록할 수 있다. - 명확한 투자 컨셉: 자신의 투자 아이디어나 시장 전망을 포트폴리오에 직접적으로 반영하기 용이하다. - 효율적인 집중 투자: 개별 기업을 직접 분석하는 수고 없이, 유망 산업의 핵심 기업들에 손쉽게 분산 투자할 수 있다.
단점	- 높은 변동성 및 집중 위험: 특정 산업의 경기에 따라 성과가 크게 좌우되므로, 시장 전체에 투자하는 것보다 변동성이 높고 위험이 한곳에 집중된다. - 시장 예측의 어려움: 유망 섹터를 정확히 예측하고 적시에 진입·이탈하는 것은 전문가에게도 매우 어려운 과제이다. - 경기 순환에 민감: 섹터별 성과는 경기 순환(Business Cycle)에 민감하게 반응하므로 지속적인 시장 모니터링이 요구된다.
활용 사례	- 코어-위성 전략의 '위성' 부분: 안정적인 시장 지수 ETF(코어)를 중심으로, 포트폴리오의 일부(위성)를 인공지능(AI), 2차전지, 신재생에너지 등 성장성이 높은 섹터 ETF에 투자하여 추가 수익을 노린다. - 경기 순환 투자: 경기 회복기에는 금융이나 산업재 섹터 ETF의 비중을 늘리고, 경기 둔화기에는 헬스케어, 필수소비재 등 경기 방어적 성격의 섹터 ETF 비중을 확대하는 전술적 자산 배분을 실행한다.

5.1.3. 간과해서는 안 될 위험성: 변동성과 타이밍의 함정

그러나 이 화려한 매력의 이면에는 반드시 인지해야 할 치명적인 위험이 존재한다.

첫째, '높은 변동성'이다. 특정 산업에 '몰빵'하는 구조이므로, 분산투자의 효과가 현저히 떨어진다. 해당 섹터가 시장의 주목을 받을 때는 무섭게 상승하지만, 유행이 지나거나 예상치 못한 악재(예: 정부 규제, 기술의 한계 봉착)가 발생하면 시장 평균보다 훨씬 더 깊고 빠르게 추락할 수 있다.

둘째, '사이클과 타이밍의 함정'이다. 모든 산업에는 성장과 쇠퇴의 주기, 즉 사이클(Cycle)이 존재한다. 문제는, 일반 투자자가 특정 섹터에 관심을 갖게 되는 시점은 대부분 언론의 찬사가 쏟아지고 주가가 이미 정점에 가까워진 '사이클의 막바지'일 가능성이 높다는 점이다. 이는 마치 백미러를 보고 운전하듯, 과거의 화려한 수익률만 보고 미래를 낙관하는 '뒷북 투자'의 함정에 빠지기 쉬움을 의미한다.

5.2. 섹터 ETF의 양날의 검: 매력과 위험성

구분	매력(The Bright Side)	위험성(The Dark Side)
수익률	시장을 초과하는 폭발적인 수익 창출 가능성	시장을 크게 하회하는 치명적인 손실 가능성
분산투자	미래 성장 산업에 대한 높은 '선택과 집중'	산업 다각화 부재로 인한 '집중의 위험'
투자 전략	자신의 통찰력에 기반한 능동적이고 적극적인 베팅	산업의 흥망성쇠 사이클을 예측해야 하는 어려움
투자 난이도	높음 (해당 산업에 대한 깊은 이해가 필요함)	매우 높음 (진입과 이탈의 '타이밍'이 성패를 좌우함)

5.3. 가상 사례: 2021년, 메타버스 열풍에 올라탔던 '한나 씨'의 눈물

1) **'S&P 500 ETF'를 전량 매도했다. 그리고 그 돈 전부를 당시 막 출시되어 연일 최고가를 경신하던 '글로벌 메타버스 테마 ETF'에 투자했다:** 새로운 기술 트렌드에 민감한 30대 직장인 한나 씨는 2021년, 전 세계를 강타한 '메타버스(Metaverse)' 열풍의 한가운데에 있었다. 모든 뉴스 채널과 소셜미디어는 메타버스가 미래의 인터넷이며, 관련 기업들의 주가가 수십 배 오를 것이라는 장밋빛 전망을 쏟아냈다.
극심한 '포모(FOMO)'를 느낀 한나 씨는 그동안 꾸준히 적립해 온 'S&P 500 ETF'를 전량 매도했다. 그리고 그 돈 전부를 당시 막 출시되어 연일 최고가를 경신하던 '글로벌 메타버스 테마 ETF'에 투자했다. 그녀의 계좌는 며칠간 수직으로 상승했고, 그녀는 자신이 미래의 승자가 되었다고 확신했다.
2) **그러나 1년 뒤, 메타버스 기술은 생각보다 더디게 발전했고, 전 세계적인 금리 인상 기조는 이제 막 돈을 벌기 시작한 성장주들에게 직격탄이 되었다:** 그러나 1년 뒤, 환상은 잔인한 현실로 바뀌었다. 메타버스 기술은 생각보다 더디게 발전했고, 전 세계적인 금리 인상 기조는 이제 막 돈을 벌기 시작한 성장주들에게 직격탄이 되었다. 메타버스에 대한 뜨거운 관심은 빠르게 식어버렸다.
3) **수많은 고평가 기술주들을 담고 있던 '글로벌 메타버스 테마 ETF'의 가격은 고점 대비 -80% 폭락했다:** 결과적으로, 수많은 고평가 기술주들을 담고 있던 '글로벌 메타버스 테마 ETF'의 가격은 고점 대비 -80% 폭락했다. 한나 씨는 단 1년 만에 자신의 소중한 자산 대부분을 잃고 말았다. 그녀는 '절대 실패할 리 없는 미래의 테마'라고 믿

었던 것이, 실은 수많은 투자자의 탐욕이 만들어낸 거대한 '버블'일 수 있다는 뼈아픈 교훈을 얻었다.

4) **시사점:** 한나 씨의 사례는 섹터 ETF 투자의 위험성을 극명하게 보여준다. 이는 특정 테마가 아무리 매력적으로 보이더라도, 자신의 자산 대부분을 하나의 좁은 섹터에 집중하는 것이 얼마나 위험한지를 증명한다. 현명한 투자자에게 섹터 ETF는 포트폴리오의 '주요리(Main Dish)'가 아니라, 이미 잘 차려진 정식에 풍미를 더하는 소량의 '향신료(Spice)'처럼, 그 위험을 명확히 인지한 상태에서 신중하게 활용해야만 하는 도구인 것이다.

제 7 장

실전! AI로 ETF 투자하기, ETF 계좌 개설부터 매매까지

1. 비대면으로 10분 만에 AI로 증권사 계좌 만들기와 가상 사례

1.1. AI 기반의 계좌 개설은 '빠르고 편리한' 경험을 넘어, 투자자가 자신의 목표와 성향에 최적화된 투자를 설계하도록 돕는 혁신적인 과정이다.

투자의 첫 관문인 증권 계좌 개설은 시대의 기술을 반영하며 끊임없이 진화해왔다. 지점을 방문하여 서류 더미에 파묻혔던 '1세대 아날로그 방식'을 지나, 스마트폰으로 신분증만 촬영하면 끝나는 '2세대 디지털 방식'이 보편화되었다. 그리고 지금, 우리는 인공지능(AI)이 단순한 인증 도구를 넘어, 개인 맞춤형 재무 컨설턴트의 역할까지 수행하는 '3세대 지능형 방식'의 서막을 목도하고 있는 것이다.

AI 기반의 계좌 개설은 단순히 '빠르고 편리한' 경험을 넘어, 투자자가 자신의 목표와 성향에 가장 최적화된 '투자의 집'을 설계하도록 돕는 혁신적인 과정이다. 이는 마치 정해진 옵션의 자동차를 구매하는 것을 넘어, AI 어시스턴트와 대화하며 나만의 맞춤형 자동차를 디자인하는 것과 같은, 완전히 새로운 차원의 경험이라 할 수 있다.

1.1.1. 계좌 개설 과정에서 AI의 역할

AI는 이 과정에서 다음과 같은 핵심적인 역할을 수행한다.

(1) **지능형 신원 확인**(Intelligent Verification): AI는 신분증 사진의 패턴을 분석하여 위조 여부를 판별하고, 사용자가 촬영한 셀피(selfie) 영상과 신분증 사진의 특징점을 1만 개 이상 비교하여 수 초 만에 완벽한 본인 인증을 수행한다. 이는 보안성과 정확도를 극대화하는 기술이다.

(2) **대화형 투자 설계**(Conversational Onboarding): 딱딱한 정보 입력 양식 대신, AI 챗봇과의 대화를 통해 계좌 개설이 진행된다. AI는 사용자의 투자 목표, 기간, 위험 선호도 등에 대한 몇 가지 핵심 질문을 던지고, 그 답변을 실시간으로 분석한다.

(3) **최적 계좌 추천**(Personalized Recommendation): 분석된 결과를 바탕으로, AI는 수십 가지에 달하는 복잡한 계좌(종합매매, 연금저축, IRP, CMA 등) 중에서 현재 사용자에게 가장 유리한 조합

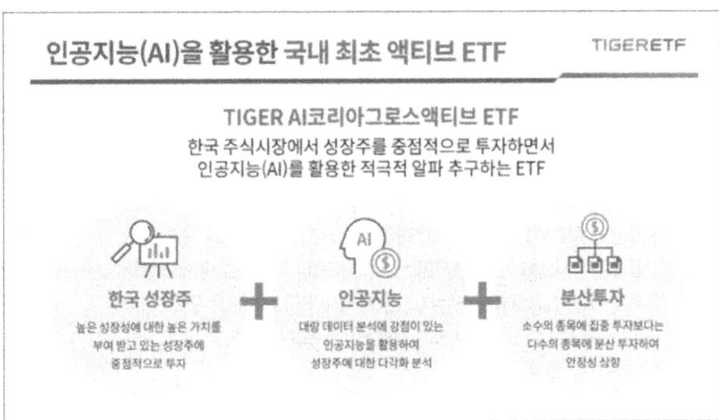

https://blog.naver.com/m_invest/222102620910r

을 논리적인 근거와 함께 추천해준다. 이는 초보 투자자가 겪는 '선택의 마비'를 해결해주는 결정적인 역할을 한다.

1.1.2. AI 기반 ETF 투자 전략

구분	내용
개념	인공지능(AI) 알고리즘이 빅데이터 분석, 머신 러닝, 딥러닝 등의 기술을 활용하여 투자 종목을 선정하거나 자산 배분, 매매 시점 포착 등을 스스로 수행하는 ETF를 활용한 투자 전략이다.
원리 및 방법	- 원리: AI가 방대한 양의 정형·비정형 데이터(시장 지표, 기업 재무, 뉴스, SNS 등)를 실시간으로 분석하여 인간이 발견하기 어려운 시장의 특정 패턴이나 관계를 찾아낸다. 이를 통해 미래 시장을 예측하고 최적의 투자 포트폴리오를 구축하여 초과 수익(알파)을 추구하는 것을 기본 원리로 한다. - 방법: AI가 자체적으로 구성한 포트폴리오나 투자 전략을 추종하는 ETF 상품을 매수하는 방식으로 투자한다.
역할	- 데이터 기반 의사결정: 인간의 감정이나 편향을 배제하고 오직 데이터에 기반한 객관적이고 일관된 투자 결정을 내리는 역할을 수행한다. - 초과 수익 추구: 정교한 데이터 분석을 통해 시장의 비효율성을 포착하여 시장 평균 수익률을 넘어서는 것을 목표로 하는 '차세대 액티브 전략'의 역할을 한다.
배당 (분배금)	ETF의 분배금 지급 여부는 AI가 어떤 자산을 포트폴리오에 편입하는가에 따라 결정된다. AI가 배당주 위주로 포트폴리오를 구성할 경우 분배금이 지급되지만, 성장주 위주로 구성할 경우에는 분배금이 없거나 적을 수 있다.
비용	AI 모델의 개발 및 유지보수에 높은 기술력과 비용이 요구되므로, 일반적인 패시브 ETF에 비해 총보수(운용보수)가 높게 책정되는 경향이 있다. 그 외 매매수수료 등 일반 ETF와 동일한 비용이 발생한다.
장점	- 비감정적·객관적 투자: 시장의 공포나 탐욕과 같은 인간의 심리적 편향을 제거하여 합리적인 의사결정이 가능하다. - 빅데이터 분석 능력: 인간의 능력으로는 처리하기 불가능한 방대한 양의 데이터를 신속하게 분석하여 투자 기회를 포착할 수 있다. - 시장 적응성: 머신 러닝 기술을 통해 변화하는 시장 환경을 스스로 학습하고 투자 전략을 유연하게 조정할 수 있다.
단점	- 블랙박스(Black Box) 이슈: AI의 투자 결정 과정이 명확하게 설명되지 않아 투자자가 그 원리를 완전히 이해하기 어려운 경우가 있다. - 모델 의존성: AI 모델이 과거 데이터에 과도하게 최적화(Overfitting)되었을 경우, 새로운 시장 환경에서는 예측이 빗나갈 위험이 있다. - 높은 운용보수: 패시브 상품에 비해 상대적으로 높은 비용이 수익률을 저해하는 요인이 될 수 있다.

활용 사례	- 기술적 투자 신뢰: AI의 데이터 분석과 예측 능력을 신뢰하는 투자자가 포트폴리오의 핵심 혹은 위성 자산으로 활용하여 초과 수익을 추구한다. - 퀀트 투자: 뉴스 기사나 SNS 게시글의 긍정/부정 뉘앙스를 분석하는 자연어 처리(NLP) 기술을 활용하는 AI ETF에 투자하여 시장의 감성(Sentiment) 변화에 기반한 투자를 실행한다.

1.2. 기존 비대면 계좌 개설과 AI 기반 지능형 계좌 개설의 비교

단계	기존 비대면 방식(2세대)	AI 기반 지능형 방식(3세대)
신분증 확인	단순한 OCR 문자 인식 및 사진 촬영	AI 기반 위조 판별 및 안면 인식 기술을 통한 능동적 인증
투자 성향 분석	법적 고지를 위한 형식적인 설문조사	대화형 AI를 통한 심층적인 투자 목표 및 성향 파악(Financial MBTI)
계좌/상품 선택	투자자가 모든 종류의 계좌를 직접 알아보고 선택해야 함	AI가 사용자의 답변을 분석하여 최적의 계좌 조합을 추천하고 설명함
사용자 경험	셀프 서비스(Self-Service)	지능형 컨시어지 서비스(Intelligent Concierge Service)

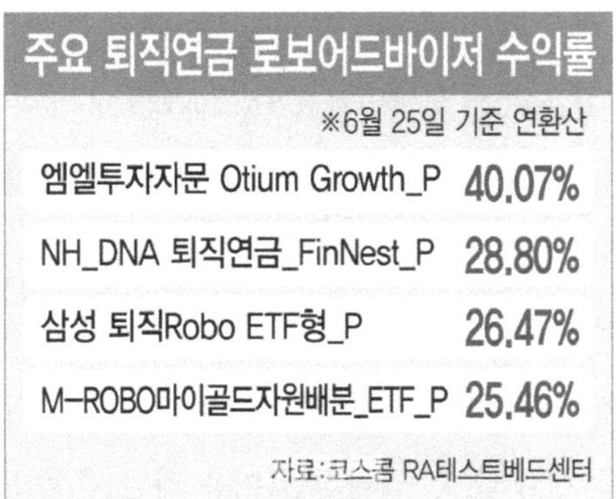

퇴직연금 수익률 40%, 어떻게 만들었을까? [https://marketin.edaily.co.kr]

1.3. 가상 사례: 금융 초보자 '서현 씨'를 위한 AI 집사, '핀(FINN)'

1) "안녕하세요, 서현님. 당신의 투자 여정을 함께할 AI 금융 집사, 핀(FINN)입니다." 라는 메시지와 함께 AI 챗봇이 그녀를 맞이했다: 콘텐

츠 마케터인 30대 서현 씨는 창의적이지만, 금융 용어만 들으면 머리가 아파오는 전형적인 '금알못(금융을 알지 못하는 사람)'이었다. 그녀는 투자를 시작하고 싶었지만, 종합매매계좌, 연금저축펀드, IRP 등 무엇을 어떻게 만들어야 할지 막막함에 몇 달째 시작조차 못 하고 있었다.

그러던 중, 그녀는 최근 출시된 '넥스트 파이낸스' 증권사의 AI 기반 MTS 앱에 대한 소문을 듣게 되었다. 앱을 실행하자, 딱딱한 메뉴 대신 "안녕하세요, 서현님. 당신의 투자 여정을 함께할 AI 금융 집사, 핀(FINN)입니다." 라는 메시지와 함께 AI 챗봇이 그녀를 맞이했다.

2) **핀(FINN): 잠시 몇 가지만 여쭤봐도 될까요?"**: "서현님의 소중한 자산을 위해 가장 완벽한 집을 짓고자 합니다. 잠시 몇 가지만 여쭤봐도 될까요?"

   서현 씨는 마치 심리 테스트를 하듯 편안하게 핀의 질문에 답했다.

   - "주된 투자 목표는 무엇인가요?(A: 10년 뒤 내 집 마련, B: 은퇴 준비)"
   - "투자 시, 원금 손실에 대해 얼마나 민감하게 느끼시나요?"
   - "세금 혜택에 대해서는 얼마나 중요하게 생각하시나요?"

   모든 질문이 끝나자, 핀은 잠시의 분석 후 놀라운 제안을 내놓았다.

3) **핀(FINN) 추천사항:** ① 장기적인 내 집 마련과 노후 준비를 위한 '연금저축펀드 계좌'와 ② 단기적인 여유 자금 운용 및 입출금이 자유로운 'CMA 발행어음형 계좌'를 함께 개설하시는 것을 추천: "분석 결과, 서현님은 안정적인 장기 투자를 선호하시며 절세 혜택을 매우 중요하게 생각하시는군요. 따라서 ① 장기적인 내 집 마련과 노후 준비를 위한 '연금저축펀드 계좌'와 ② 단기적인 여유 자금 운용

및 입출금이 자유로운 'CMA 발행어음형 계좌'를 함께 개설하시는 것을 추천합니다. 두 계좌의 역할과 장점은 다음과 같습니다…"

핀은 복잡한 금융 상품의 특징을 서현 씨가 이해하기 쉬운 언어로 명쾌하게 설명해주었다.

4) **핀은 AI 안면 인식 기술로 신분증 인증을 단 10초 만에 끝내고, 그녀가 요청한 두 개의 계좌를 동시에 생성했다:** 서현 씨가 "네, 그렇게 만들어 주세요."라고 답하자, 핀은 AI 안면 인식 기술로 신분증 인증을 단 10초 만에 끝내고, 그녀가 요청한 두 개의 계좌를 동시에 생성했다. 이 모든 과정은 단 8분 만에 완료되었다.

5) **복잡한 선택지 속에서 최적의 해답을 찾아 제시해준, 마치 최고의 프라이빗 뱅커(PB)와 상담한 듯한 경험이었다:** 서현 씨는 전율을 느꼈다. AI는 단순히 계좌를 만들어준 것이 아니었다. 그녀의 막연한 재무 목표를 경청하고, 복잡한 선택지 속에서 최적의 해답을 찾아 제시해준, 마치 최고의 프라이빗 뱅커(PB)와 상담한 듯한 경험이었다. 그녀를 가로막았던 금융에 대한 두려움은 자신감과 기대감으로 바뀌었다.

KB국민은행, 퇴직연금 'AI 투자일임서비스' 출시 [https://www.ttlnews.com]

6) 시사점: 이 사례는 AI 시대의 계좌 개설이 단순한 '절차'의 자동화를 넘어, 투자자 개개인에 대한 깊은 '이해'를 바탕으로 한 개인화된 금융 솔루션을 제공하는 '관계'의 시작점으로 진화하고 있음을 보여주는 것이다.

2. 월급으로 시작하는 나의 첫 AI ETF 포트폴리오와 가상사례

2.1. 수많은 AI 기반 퀀트 펀드들이 공통적으로 사용하는 가장 검증되고 강력한 전략은 바로 '코어-위성(Core-Satellite) 전략'이다.

지금까지 우리는 ETF의 개념부터 계좌 개설, 그리고 AI가 어떻게 투자의 세계를 바꾸고 있는지 까지, 기나긴 지식의 항해를 함께 해왔다. 이제 마침내, 이 모든 이론과 지식을 바탕으로 당신의 첫 월급을 미래의 부를 만들어낼 강력한 함대, 즉 '나의 첫 AI ETF 포트폴리오'로 변환시킬 시간이다.

포트폴리오란 단순히 여러 개의 ETF를 모아놓은 집합이 아니다. 그것은 각자의 역할과 임무를 가진 선수들로 구성된 하나의 팀과 같다. 그리고 AI의 차가운 데이터 분석은 이 팀을 구성하는 데 있어 가장 현명하고 합리적인 청사진을 우리에게 제시한다.

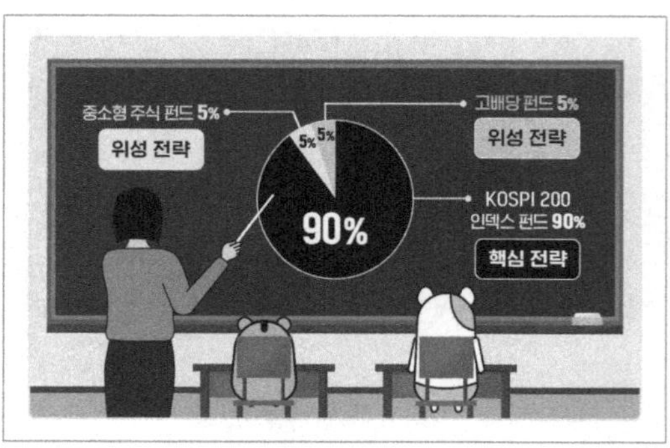

난~ 대학 시절 핵심-위성 투자전략을 전공했단 사아실 [https://stibee.com]

2.1.1. '코어-위성(Core-Satellite) 전략'

수많은 AI 기반 퀀트 펀드들이 공통적으로 사용하는 가장 검증되고 강력한 전략은 바로 '코어-위성(Core-Satellite) 전략'이다.

(1) **코어(Core) 자산:** 포트폴리오의 70~80%를 차지하는 '중심'이자 '닻'이다. 시장 전체의 흐름을 따라가는 시장 대표 ETF로 구성하여, 어떤 폭풍우 속에서도 포트폴리오의 안정성을 지키는 역할을 한다. 코어 자산의 목표는 시장을 이기는 것이 아니라, 시장의 장기적인 성장을 온전히 흡수하는 것이다.

(2) **위성(Satellite) 자산:** 포트폴리오의 20~30%를 차지하는 '공격수'이자 '특공대'이다. AI가 빅데이터 분석을 통해 미래 성장성이 가장 높다고 판단하는 특정 섹터나 테마 ETF로 구성한다. 위성 자산의 목표는 시장 평균을 뛰어넘는 초과 수익을 창출하여, 전체 자산의 성장 속도를 가속하는 것이다.

이 코어-위성 전략은 안정성과 성장성이라는 두 마리 토끼를 모두 잡는 가장 지능적인 방법론이며, 이제 막 월급으로 투자를 시작하는 당신에게 가장 이상적인 첫 포트폴리오 설계도라 할 수 있다.

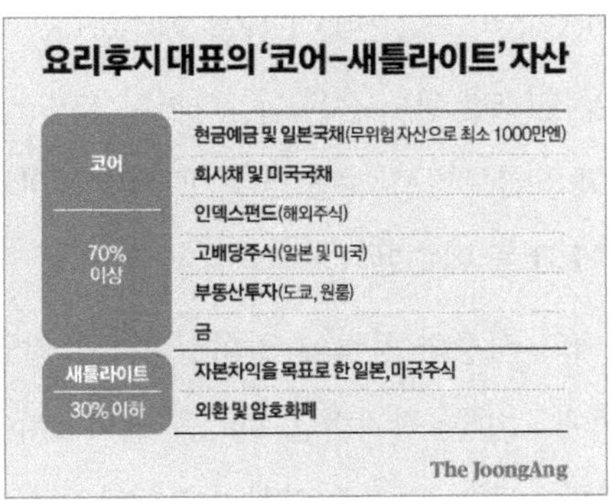

120에서 당신 나이 빼보라…60세부터 당장 해야할 투자법 | 중앙일보 [https://www.joongang.co.kr]

2.2. 월급 투자자를 위한 AI 추천 포트폴리오(적립식 투자 예시)

역할	비중	대표 ETF 상품(예시)	AI의 투자 근거
코어 (Core)	70%	TIGER 미국S&P500	AI의 장기 데이터 분석 결과, 전 세계 자본이 모이는 글로벌 경제의 심장부이다. 가장 검증된 장기 복리 효과를 제공하는 안정성의 핵심 축이 된다.
위성 1 (Satellite)	15%	TIGER 글로벌AI& 로보틱스	AI가 특허 출원, 논문 인용, 기업 투자 데이터를 종합 분석한 결과, 향후 10년간 인류의 생산성을 가장 크게 변화시킬 파괴적 혁신 테마이다.
위성 2 (Satellite)	15%	KODEX 미국클린 에너지나스닥	AI가 각국 정부의 정책 보고서와 기후 데이터를 분석한 결과, 인류의 생존을 위해 반드시 전환해야만 하는 구조적 성장 섹터이다.

2.3. 가상 사례: 30대 직장인 '지혜 씨'의 월급 50만 원 프로젝트

1) **코어 투자(월 35만 원)와 위성 투자(월15만 원)**: 마케팅 회사에 근무하는 32세 박지혜 씨는 매달 투자할 수 있는 50만 원의 여유 자금을 가지고 있었다. 그녀는 이 책에서 제시한 'AI 추천 코어-위성 포트폴리오'를 자신의 첫 투자 설계도로 삼아, 매달 월급날에 맞춰 자동으로 투자가 실행되도록 설정했다.

- 점 코어 투자(35만 원): 매월 25일, 그녀의 계좌에서 35만 원이 자동으로 'TIGER 미국S&P500' ETF를 매수한다.
- 점 위성 투자(15만 원): 같은 날, 나머지 15만 원은 각각 7만 5천 원씩 'TIGER 글로벌AI&로보틱스' ETF와 'KODEX 미국클린에너지나스닥' ETF를 매수한다.

지혜 씨는 매일 시장의 등락에 일희일비하지 않았다. 그녀는 AI의 데이터 분석에 기반한 장기적인 전략을 신뢰했기에, 시장을 예측하려는 무의미한 노력을 멈추고 자신의 본업과 일상에 더욱 집중했다.

키움투자자산운용 [https://www.kiwoomam.com]

그녀의 월급 50만 원은 그녀가 잠을 자는 동안에도, 전 세계 최고의 혁신 기업들과 함께 24시간 일하는 그녀만의 '글로벌 법인'이 된 것이다.

2) **3년 뒤, 코어 자산인 S&P 500 ETF는 꾸준한 우상향으로 든든한 수익의 기반이 되었고, 위성 자산이었던 AI&로보틱스 ETF는 150%가 넘는 폭발적인 수익률을 기록했다:** 3년 뒤, 그녀의 계좌에는 놀라운 변화가 생겼다. 코어 자산인 S&P 500 ETF는 꾸준한 우상향으로 든든한 수익의 기반이 되어주었다. 그리고 그 사이, AI 기술이 세상을 바꾸는 특이점(Singularity)이 가까워지면서 그녀의 위성 자산이었던 AI&로보틱스 ETF는 150%가 넘는 폭발적인 수익률을 기록했다. 코어의 안정성과 위성의 성장성이 완벽한 조화를 이루며, 그녀의 자산은 단순한 적금과는 비교할 수 없는 속도로 불어나 있었다.

3) **시사점:** 지혜 씨의 사례는 거창한 목돈이나 전문적인 지식이 없어도, 자신의 월급이라는 꾸준한 현금 흐름과 AI의 지능적인 전략이 결합될 때 얼마나 강력한 부의 엔진을 만들 수 있는지를 증명한다. 당신의 월급 통장에 잠자고 있는 돈은 더 이상 단순한 소비의 재원

이 아니다. 그것은 AI라는 최고의 항해사가 이끄는 ETF 함대에 태워 보낼, 당신의 경제적 자유를 향한 첫 번째 선원인 것이다.

3. 스마트폰으로 ETF 주문 넣기(매수/매도) A to Z와 가상사례

3.1. 스마트폰으로 ETF 주문 넣기(매수/매도) A to Z

이코노미스트 - 스마트폰 30분이면 끝! ETF·리츠 실전 투자 첫걸음
[https://economist.co.kr]

이제 당신은 투자의 세계로 이륙하기 위한 모든 준비를 마쳤다. 증권계좌라는 비행기를 갖게 되었고, 예수금이라는 연료도 가득 채웠다. 이 장은 당신이 조종간을 잡고 활주로를 달려, 마침내 창공으로 날아오르는 '첫 이륙'의 전 과정을 함께하는 실전 매뉴얼이다. ETF를 사고파는 주문 과정은 자동차의 시동을 걸고 기어를 바꾸는 것과 같이, 몇 가지 표준화된 단계만 익히면 누구나 능숙하게 해낼 수 있는 지극히 간단하고 논리적인 절차인 것이다.

첫 주문을 실행하기에 앞서, 우리는 먼저 주문창이라는 '조종석 계기판'의 각 기능이 무엇을 의미하는지 완벽하게 이해해야 한다.

3.2. ETF 주문장 핵심 용어 완전 정복

용어	의미	초보자를 위한 핵심 팁
매수/매도	"사는 것(Buy) /파는 것 (Sell)"을 결정하는 가장 기본적인 버튼이다.	주문 전, 내가 사려는지 팔려는지 반드시 두 번 확인하는 습관을 들여야 한다.
주문 구분	주문의 가격을 결정하는 방식이다. 지정가와 시장가가 핵심이다.	(권장) 지정가: 내가 원하는 가격을 직접 지정하여, 그 가격에 도달했을 때만 거래를 체결하는 방식이다. 불필요하게 비싸게 살 위험이 없다.
		(주의) 시장가: 가격을 지정하지 않고, 지금 즉시 체결 가능한 가장 유리한 가격으로 주문하는 방식이다. 빠른 체결이 필요할 때 사용한다.
가격	(지정가 주문 시) 내가 ETF 1주를 매수/매도하고자 하는 희망 가격을 입력하는 칸이다.	현재가(市場價)를 기준으로, 매수 시에는 같거나 약간 낮은 가격을, 매도 시에는 같거나 약간 높은 가격을 입력하는 것이 일반적이다.
수량	내가 매수/매도하고자 하는 ETF의 개수(주)를 입력하는 칸이다.	'주문가능수량'을 참고하여 내가 가진 예수금 범위 내에서 수량을 결정해야 한다.
주문 실행	위에서 입력한 모든 내용이 맞는지 최종 확인하고 주문을 집행하는 버튼이다.	이 버튼을 누르고 거래 비밀번호를 입력하면 주문이 증권거래소로 전송된다.

3.3. 생애 첫 ETF 매수(Buy) A to Z

이제 실제 매수 주문 과정을 단계별로 따라가 보자.

(1) 1단계: ETF 종목 검색 및 선택: MTS 앱 상단의 돋보기 모양 검색창에 내가 투자하기로 결정한 ETF의 이름(예: TIGER 미국 S&P500)을 입력하고 해당 종목을 선택한다.

(2) 2단계: 주문창 진입: 종목 상세화면에서 빨간색 '매수' 버튼을 터치하여 주문창으로 진입한다.

(3) 3단계: 주문 방식 및 가격/수량 결정:

- 주문 구분을 '지정가'로 선택한다.
- 현재 거래되고 있는 가격(현재가)과 바로 아래 매수 대기 가격을 참고하여, 내가 매수하고 싶은 가격을 신중하게 입력한다.
- 내가 가진 예수금과 ETF 가격을 고려하여 매수할 수량을 입력한다.

(4) **최종 확인 및 주문 실행:** 화면에 표시된 '예상 체결 금액'이 나의 예산과 맞는지 최종 확인한 뒤, '매수 확인' 버튼을 누르고 거래 비밀번호를 입력하면 모든 절차가 완료된다.

(5) **체결 내역 확인:** 주문 후에는 '미체결' 또는 '체결내역' 메뉴에서 나의 주문이 정상적으로 처리되었는지 반드시 확인해야 한다. '미체결' 상태라면, 내가 지정한 가격에 도달하지 않아 아직 거래가 이루어지지 않았다는 의미이다.

3.4. 가상 사례: 50대 자영업자 '송 사장님'의 인생 첫 주주가 되던 날

1) **그의 목표는 단 하나, 대한민국 경제 전체를 사는 'KODEX 200' ETF 단 한 주를 자신의 손으로 직접 사보는 것이었다:** 평생을 자신의 가게와 함께해 온 50대 자영업자 송 사장님은 눈에 보이는 실물 자산만을 신뢰해왔다. 그에게 주식 투자는 눈에 보이지 않는 숫자가 오가는, 낯설고 위험해 보이는 미지의 세계였다. 하지만 그는 노후 준비를 위해 더 이상 투자를 미룰 수 없다는 생각에, 이 책을 나침반 삼아 용기를 내기로 했다. 그의 목표는 단 하나, 대한민국 경제 전체를 사는 'KODEX 200' ETF 단 한 주를 자신의 손으로 직접 사보는 것이었다.

2) **주문 절차를 한 단계씩 소리 내어 읽으며 그대로 따라 했다:** 가게 문을 닫은 늦은 저녁, 그는 식탁에 앉아 아내와 함께 MTS 앱을 열었다. 마치 처음 스마트폰을 개통하던 날처럼 긴장과 설렘이 교차했다. 그는 책에 나온 주문 절차를 한 단계씩 소리 내어 읽으며 그대로 따라 했다.

- 검색창에 'KODEX 200'을 입력하고, 종목을 선택했다.
- 빨간색 '매수' 버튼을 눌렀다. 책에서 본 것과 똑같은 주문창이 나타나자, 그는 안도감을 느꼈다.
- 주문 구분을 '지정가'로 선택했다. 현재가는 32,100원이었다. 그는 책의 조언대로, 현재가보다 두 단계 낮은 32,000원을 가격 란에 조심스럽게 입력했다.
- 수량 란에는 그의 첫 목표였던 숫자 '1'을 입력했다.
- '예상 체결 금액 32,000원'이라는 문구를 아내와 함께 확인한 후, 그는 마침내 '매수 확인' 버튼을 눌렀다.

3) **그의 스마트폰에 알림이 도착했다. "[체결 알림] KODEX 200 1주, 32,000원 매수 체결 완료.":** '매수 주문이 정상적으로 접수되었습니다.' 라는 메시지가 떴다. 다음 날 아침, 가게 문을 열기 전 그는 떨리는 마음으로 MTS를 확인했다. 밤사이 미국 증시의 영향으로 코스피 지수가 소폭 하락하며 출발했고, 그가 주문을 걸어 두었던 32,000원에 정확히 도달했다. 그의 스마트폰에 알림이 도착했다. "[체결 알림] KODEX 200 1주, 32,000원 매수 체결 완료."

4) **시사점:** 그는 자신의 계좌 잔고에서 '보유종목: KODEX 200, 보유수량: 1' 이라고 선명하게 찍힌 글자를 확인하는 순간, 자신도 모르

게 환한 웃음을 터뜨렸다. 평생 누군가의 가게 손님이었던 그가, 이제 대한민국을 대표하는 200개 기업의 주인이 된 역사적인 순간이었다. 단돈 3만 2천 원의 이 작은 주문은, 그를 가로막고 있던 투자의 심리적 장벽을 완전히 무너뜨리고, 그를 노동 소득자를 넘어 자본 소득자로 거듭나게 한 위대한 첫걸음이 되어주었다.

4. '최소 얼마부터 시작할 수 있을까?(소액 투자의 마법)'와 가상 사례

4.1. 최소 얼마부터 시작할 수 있을까: 정답은 바로, "당신이 오늘 마신 커피 한 잔 값"이다.

소액 투자로 월 10만원 수익 내는 현실적인 방법과 전략 분석
[https://moviedrama.blog]

투자의 세계로 떠나는 위대한 항해를 앞두고, 많은 예비 투자자들이 스스로에게 던지는 마지막 질문이 있다. "그래서, 최소 얼마부터 시작할 수 있는가?" 과거 이 질문에 대한 답은 '수백, 수천만 원'이었을지도 모른다. 그러나 ETF와 AI 기술이 열어젖힌 새로운 투자의 시대에, 그 정답은 우리의 상상을 뛰어넘을 만큼 놀랍고 혁명적이다. 정답은 바로, "당신이 오늘 마신 커피 한 잔 값"이다.

투자의 성패를 결정하는 것은 첫 투자금의 '규모(Size)'가 아니라, 투자를 시작하고 지속하는 '시간(Time)'과 '습관(Habit)'이다. 이는 마치 아주 작은 눈송이로 시작하지만, 아주 긴 언덕을 굴러 내려오면서 누구도 막을 수 없는 거대한 눈덩이로 변하는 '복리의 마법', 즉 '스노우볼 효과(Snowball Effect)'와 정확히 같은 원리이다. ETF는 1주당 가격이 수천 원에서 몇만 원 수준으로 매우 낮게 책정되어 있어, 이 위대한 여정을 그 누구라도, 아주 작은 눈송이 하나로 시작할 수 있도록 투자의 문턱을 완벽하게 없애 버린 것이다.

'나는 돈이 없어 투자를 못 한다'는 말은 이제 더 이상 성립하지 않는다. 오히려 '투자를 하지 않기 때문에 돈이 없는' 시대가 된 것이다. 매일 아낀 담뱃값 5천 원, 일주일에 한 번 덜 마신 술값 2만 원, 한 달에 한 번 참아낸 쇼핑비 10만 원. 이처럼 사소해 보이는 작은 돈들이야말로, 인플레이션을 이기고 당신의 미래를 바꿔낼 가장 강력한 종잣돈이 된다.

소액의 꾸준한 투자가 장기적으로 얼마나 거대한 부를 만들어내는지에 대한 결과는, 그 어떤 화려한 미사여구보다 아래의 표가 가장 명확하게 증명해 줄 것이다.

4.1.1. 매월 10만 원 소액 투자의 30년 후 미래 가치(연 8% 수익률 가정)

기간	총 원금(내가 넣은 돈)	최종 평가 금액(내 자산)	복리의 마법으로 불어난 돈
5년 후	600만 원	약 734만 원	약 134만 원
10년 후	1,200만 원	약 1,829만 원	약 629만 원
20년 후	2,400만 원	약 5,890만 원	약 3,490만 원
30년 후	3,600만 원	약 1억 4,903만 원	약 1억 1,303만 원

30년 후, 나의 총자산 약 1억 5천만 원 중에서 내가 직접 넣은 돈은 3,600만 원에 불과하다. 나머지 1억 1천만 원 이상은 오직 시간과 복리의 마법이 만들어낸, 돈이 스스로 돈을 번 결과인 것이다. 이것이 바로 우리가 소액이라도 단 하루라도 빨리 투자를 시작해야 하는 이유이다.

'복리의 마법' 72의 법칙이란? - 매일경제 [https://www.mk.co.kr]

예컨대 은행의 일반 정기예금 이자율이 연 4%라고 가정할 경우, 원금 1억원이 2억원이 될 때까지의 기간은 72 나누기 4, 즉 18년이 걸린다. 같은 맥락에서 만약 복리 10% 이자를 받는 금융상품에 투자를 하고 있다면 원금이 2배가 되는 시점은 72를 10으로 나눈 약 7년 정도로 예상할 수 있다.

4.2. 가상 사례: 웹툰 작가 '진아 씨'의 만 원짜리 스케치들

1) **커피와 디저트 값 1만 원을 아껴 'TIGER 글로벌문화산업 ETF'에 투자한다:** 프리랜서 웹툰 작가인 20대 후반의 진아 씨는 수입이 일정하지 않았다. 월급처럼 고정된 수입이 없었기에, 매달 수십만 원씩 투자하는 것은 그녀에게 큰 부담이었다. 그녀는 투자가 자신과는 상관없는, 안정적인 직장인들만의 영역이라고 생각했다. 그러던 어느 날, 그녀는 이 책을 통해 '소액 투자의 마법'에 대한 이야기를 읽고 새로운 아이디어를 떠올렸다.

인류는 졌어…스타 웹툰 작가 민송아가 탄식한 이유 [https://www.hankyung.com]

2) "스케치를 하나 완성하여 SNS에 올릴 때마다, 스스로에게 주는 보상으로 마시는 커피와 디저트 값 1만 원을 아껴 'TIGER 글로벌문화산업 ETF'에 투자한다"는 것이었다.

3) 자신의 창작 활동에만 몰두하며, 그 결과물들을 1만 원짜리 ETF라는 '디지털 저금통'에 꾸준히 담아 나갔을 뿐이다: 그녀에게 이 투자는 돈을 버는 행위가 아니라, 자신의 창작 활동을 기념하는 즐거운 '의식(Ritual)'이 되었다. 어떤 주에는 대여섯 번을 투자했고, 일이 없는 주에는 단 한 번도 투자하지 않았다. 그녀는 시장 상황이나 수익률을 전혀 신경 쓰지 않았다. 오직 자신의 창작 활동에만 몰두하며, 그 결과물들을 1만 원짜리 ETF라는 '디지털 저금통'에 꾸준히 담아 나갔을 뿐이다.

10년의 세월이 흘러, 진아 씨는 이제 업계에서 인정받는 중견 작가가 되었다. 문득 자신의 '디지털 저금통'이 궁금해진 그녀는, 거의 잊고 지냈던 증권사 앱을 열어보고는 자신의 눈을 의심했다.

4) 1만 원짜리 스케치 조각들을 모아 만들었던 포트폴리오는, 그 사이 K-콘텐츠의 글로벌 성장이라는 거대한 파도를 타고 꾸준히 성장하여 7천만 원이 넘는 거대한 자산이 되어 있었다: 그녀가 1만 원짜리 스케치 조각들을 모아 만들었던 포트폴리오는, 그 사이 K-콘텐츠의 글로벌 성장이라는 거대한 파도를 타고 꾸준히 성장하여 7천만 원이 넘는 거대한 자산이 되어 있었다.

5) **시사점:** 진아 씨를 가장 감동시킨 것은 돈의 액수가 아니었다. 자신의 젊은 날의 치열했던 창작의 순간순간들이, 사라져 버린 커피 값이 아니라, 지금 자신의 든든한 미래를 받쳐주는 유형의 자산으로 차곡차곡 쌓여 있다는 사실이었다. 그녀의 예술이 그녀의 삶을 지탱해준 것이다.

   이 사례는 투자의 본질이 '얼마나 많은 돈'으로 시작하는 가가 아니라, '얼마나 꾸준한 습관'으로 지속하는가에 달려있음을 보여주는 가장 아름다운 증거이다. 당신의 삶 속, 스쳐 지나가는 그 작은 돈 안에 당신의 미래를 바꿀 수 있는 거인의 씨앗이 숨겨져 있는 것이다.

[보글헤드 칼럼] 시간에 투자한다는 것 [https://brunch.co.kr]

5. 수수료와 세금, 아는 만큼 돈 버는 꿀팁과 가상사례

5.1. 수수료와 세금, 아는 만큼 돈 버는 꿀팁: '얼마나 버는가'만큼 '얼마나 지키는가'가 중요한 것이다.

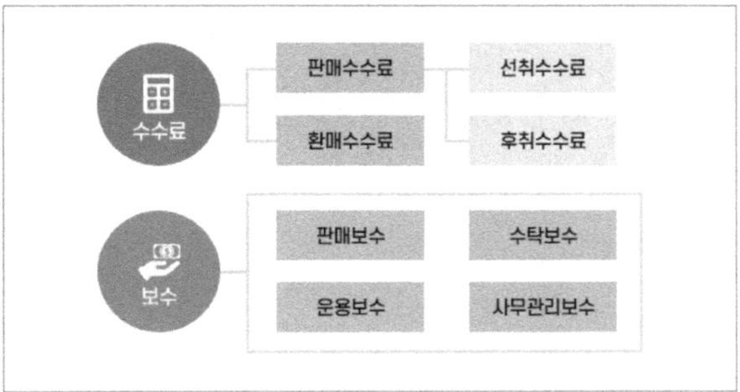

https://www.kcie.or.kr

우리가 ETF 투자라는 마라톤 경주에 참여했다고 상상해보자. 시장 수익률은 우리의 달리기 실력과 같다. 하지만 아무리 빨리 달리는 선수라도, 무거운 배낭을 메고 있다면 결코 좋은 기록을 낼 수 없다. 투자의 세계에서 '수수료(Fee)'와 '세금(Tax)'은 바로 이 무거운 배낭과 같다. 이들은 우리의 수익을 보이지 않게 갉아먹으며, 장기적으로는 최종 목적지(재무 목표)에 도달하는 시간을 크게 늦추는 주범이 된다.

따라서 현명한 투자자는 단순히 높은 수익률을 좇는 공격수가 아니라, 불필요한 비용을 최소화하여 나의 수익을 지켜내는 유능한 '골키퍼'가 되어야만 한다. '얼마나 버는가'만큼 '얼마나 지키는가'가 중요한 것이다.

5.1.1. 보이지 않는 도둑, 수수료와 보수

ETF 투자 시 발생하는 비용은 크게 두 가지이다.

(1) **거래수수료:** ETF를 사고팔 때마다 증권사에 지불하는 비용이다. 최근에는 대부분의 증권사가 무료 이벤트를 제공하여 그 부담이

거의 없어졌지만, 기본적인 비용 구조는 인지하고 있어야 한다.

(2) **총보수**(Total Expense Ratio, TER): 이것이 가장 중요하다. ETF를 운용하는 자산운용사에 매년 지불하는 '운용비'이다. 이 보수는 ETF의 순자산가치(NAV)에서 매일 미량만큼 자동으로 차감되므로, 투자자는 비용이 빠져나가는 것을 거의 인지하지 못한다. 하지만 0.1%의 총보수 차이라도, 수십 년의 복리 투자 기간을 거치면 최종 자산에 엄청난 차이를 만들어내는 '조용한 암살자'가 될 수 있다.

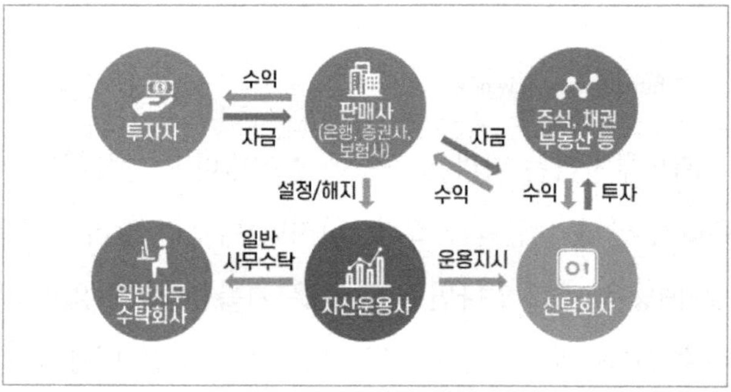

https://www.kcie.or.kr

5.1.2. 피할 수 없는 동반자, 세금

ETF 투자 수익에 대한 세금은 그 종류에 따라 매우 다른 방식으로 부과되므로, 반드시 그 차이를 이해해야 한다.

(1) **국내 주식형 ETF**: 국내 투자자에게 주어진 가장 큰 혜택이다. 주가 상승에 따른 매매차익에 대해서는 세금이 전혀 없다(비과세). 이는 엄청난 장점이다. 다만, 기업들로부터 받은 배당금을 재원으로 하는 분배금에 대해서는 15.4%의 배당소득세가 원천징수된다.

(2) 기타 ETF(채권, 원자재, 해외주식 등): 국내 주식형 ETF를 제외한 나머지 모든 ETF는 매매차익과 분배금 모두에 대해 15.4%의 배당소득세가 부과된다.

이 복잡한 세금 문제를 해결해주는 '만능 치트키'가 바로 "연금저축펀드와 IRP와 같은 '절세 계좌'"이다. 이 계좌 안에서는 모든 종류의 ETF에서 발생한 수익에 대해 세금이 즉시 부과되지 않고(과세이연), 먼 미래에 연금으로 수령할 때 3.3~5.5%의 낮은 연금소득세로 과세된다.

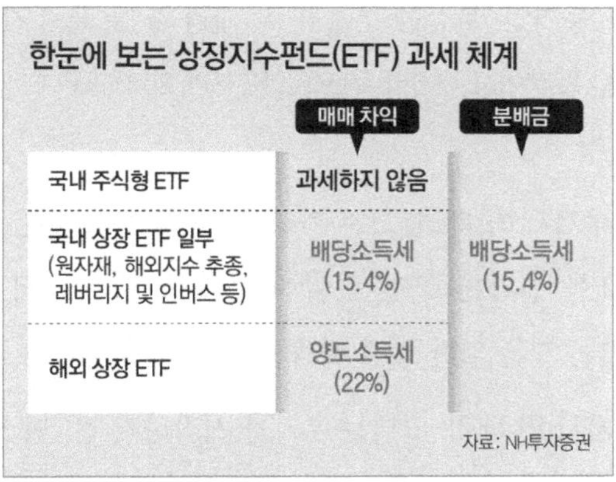

[머니 컨설팅] 같은 ETF도 세금이 다른 이유 | 동아일보 [https://www.donga.com]

5.2. ETF 투자 비용 절감을 위한 핵심 체크리스트

구분	핵심 내용	절약 꿀팁(Honey Tip)
총보수(TER)	ETF의 연간 운용비. 낮을수록 절대적으로 유리하다.	동일한 지수를 추종하는 ETF 중에서는, 총보수가 단 0.01%라도 더 저렴한 상품을 선택하는 것이 최고의 전략이다.
매매차익 과세	국내 주식형 ETF는 비과세라는 막강한 혜택을 가진다.	포트폴리오의 핵심은 비과세 혜택을 최대한 누릴 수 있는 국내 주식형 ETF를 중심으로 구성하는 것이 유리하다.

분배금 과세	현금으로 받는 분배금에는 15.4%의 세금이 붙는다.	장기 투자자라면 분배금을 자동으로 재투자하여 복리 효과를 극대화하는 TR(Total Return) ETF를 선택하는 것이 현명하다.
절세 계좌	세액공제와 과세이연이라는 두 날개를 가진 최고의 절세 도구이다.	투자의 제1 원칙은 연금저축펀드와 IRP 계좌의 연간 납입 한도를 최우선으로 채우는 것에서부터 시작해야 한다.

5.3. 가상 사례: 30년 후, 1,200만 원의 차이를 만든 30분의 지혜

1) **둘이 똑같이 1,000만 원으로 KOSPI 200 ETF에 장기 투자를 시작했다:** 입사 동기인 '무심한 투자자 박 대리'와 '알뜰 투자자 안 대리'는 30년 전, 똑같이 1,000만 원으로 KOSPI 200 ETF에 장기 투자를 시작했다.

2) **무심한 투자자 박 대리:** 그는 가장 먼저 검색되는 A운용사의 KOSPI 200 ETF를 별다른 고민 없이 매수했다. 이 ETF의 총보수는 '연 0.4%'였다. 그는 일반 증권 계좌를 통해 투자했다.

3) **알뜰 투자자 안 대리:** 그녀는 투자를 시작하기 전, 단 30분만 시간을 내어 여러 운용사의 KOSPI 200 ETF를 비교했다. 그리고 A운용사의 상품과 모든 것이 동일하지만, 총보수가 '연 0.04%'로 훨씬 저렴한 B운용사의 ETF를 찾아냈다. 그녀는 이 투자를 자신의 연금저축펀드 계좌에서 실행했다.

4) **30년 후, 연평균 7%의 동일한 시장 수익률을 가정했을 때, 두 사람의 자산에는 결정적인 차이가 발생했다:** 30년 후, 연평균 7%의 동일한 시장 수익률을 가정했을 때, 두 사람의 자산에는 작지만 결정적인 차이가 발생했다.

- 박 대리의 계좌: 그의 실질 수익률은 시장 수익률 7%에서 보수 0.4%를 차감한 연 6.6%였다. 그의 1,000만 원은 약 6,848만 원으로 성장했다.
- 안 대리의 계좌: 그녀의 실질 수익률은 7%에서 보수 0.04%를 차감한 연 6.96%였다. 또한, 그녀는 연금 계좌에서 운용하여 분배금에 대한 세금 없이 모든 수익이 재투자되는 복리 효과를 누렸다. 그녀의 1,000만 원은 약 8,050만 원으로 성장했다.

5) **단 30분의 현명한 선택은 30년 뒤 1,200만 원이라는 거대한 차이를 만들어냈다:** 단 30분의 현명한 선택은 30년 뒤 1,200만 원이라는 거대한 차이를 만들어냈다.

6) **시사점:** 안 대리는 더 높은 위험을 감수하거나 더 뛰어난 예측을 한 것이 아니었다. 그녀는 단지 '새어 나가는 돈'을 막는 가장 기본적인 원칙을 지켰을 뿐이다. 이 사례는 수수료와 세금이라는 '배낭'의 무게를 줄이는 것이, 시장의 방향을 맞추려는 노력보다 훨씬 더 확실하고 강력한 부의 축적 전략임을 명확히 보여주는 것이다.

6. ETF 정보 확인하는 사이트와 앱 활용법과 가상사례

6.1. ETF 정보 확인하는 사이트와 앱 활용법

훌륭한 항해사가 자신의 배를 띄우기 전, 반드시 항해 지도와 나침반을 꼼꼼히 점검하듯, 현명한 투자자는 자신의 돈을 투자하기에 앞서 반드시 스스로 정보를 확인하고 분석하는 과정을 거친다. 이제 우리는 소문이나 감이 아닌, 객관적인 데이터에 기반하여 투자 결정을 내릴 수 있도록 도와주는 가장 강력하고 신뢰할 수 있는 '디지털 지도와 나침반'의 사용법을 익히게 될 것이다.

다행히도, 우리는 더 이상 값비싼 정보 단말기를 사용해야 하는 전문가의 시대를 살고 있지 않다. 이제는 누구나 무료로, 손안의 스마트폰을 통해 기관 투자자 수준의 핵심 정보에 접근할 수 있다.

6.1.1. 모든 정보의 집결지, '네이버 증권'

네이버 증권은 국내 개인 투자자들이 가장 쉽고 편리하게 ETF 정보를 얻을 수 있는 최고의 '종합 정보 포털'이다. 이곳에서는 ETF의 거의 모든 것을 확인할 수 있다.

(1) **기본 정보 확인**: 검색창에 원하는 ETF 이름을 입력하면, 현재가, 순자산가치(NAV), 그리고 이 둘의 차이를 나타내는 괴리율 등 가장 기본적인 건강 상태를 즉시 확인할 수 있다.

(2) **ETF 분석 메뉴**: 이것이 가장 중요한 기능이다. 이 메뉴에 들어가면 '자산구성내역(PDF)'을 통해, 해당 ETF가 현재 어떤 주식들을, 정확히 몇 퍼센트의 비중으로 담고 있는지 그 속을 훤히 들여다볼 수 있다.

(3) **총보수 및 비용 확인**: ETF의 연간 운용비용인 총보수(TER)가 명확히 표기되어 있어, 유사한 다른 ETF와의 비용을 손쉽게 비교 분석할 수 있다.

대형 증권사마저 '네이버 늪' 빠지나 | 서울경제 [https://www.sedaily.com]

6.1.2. 투자의 조종석, '증권사 MTS 앱'

우리가 실제로 투자를 집행하는 증권사 MTS(모바일 트레이딩 시스템) 앱 또한 그 자체로 훌륭한 정보 탐색 도구이다. 네이버 증권에서 제공하는 대부분의 핵심 정보(현재가, NAV, 구성종목, 총보수 등)를 동일하게 제공하므로, 정보를 확인하고 바로 주문까지 실행하는 '원스톱(One-Stop)' 투자가 가능하다.

이 도구들을 활용하여, 우리는 ETF 투자 전 반드시 점검해야 할 '최종 체크리스트'를 완성할 수 있다.

https://www.dailian.co.kr

6.1.3. ETF 투자 전 최종 점검을 위한 3-Point 체크리스트

체크 항목	확인 장소(Tool)	무엇을 확인해야 하는가?(Key Question)
ETF의 정체성 (Identity)	네이버 증권, 증권사 MTS	내가 투자하려는 테마(예: 미국S&P500)와 ETF의 실제 추종 지수가 일치하는가? 어떤 개별 종목들을 주로 담고 있는가(상위 구성종목)?
ETF의 비용 (Cost)	네이버 증권, 증권사 MTS	연간 총보수(TER)는 몇 퍼센트인가? 동일 지수를 추종하는 다른 운용사의 ETF보다 보수가 비싸지는 않은가?
ETF의 건강 상태 (Health)	네이버 증권, 증권사 MTS	총자산(AUM) 규모가 너무 작지 않은가(최소 100억 원 이상 권장)? 일일 거래량이 풍부하여 언제든 쉽게 사고팔 수 있는가?

6.2. 가상 사례: 대학생 '현우'가 가짜 AI ETF를 걸러낸 방법

1) **"'글로벌 AI 로보틱스 리더'라는 신상 ETF가 있는데, 이름만 들어도 대박이지 않냐?" 라는 말을 들었다:** 최근 장학금을 받아 100만 원의 여윳돈이 생긴 대학생 현우는 친구로부터 솔깃한 정보를 들었다. "'글로벌 AI 로보틱스 리더'라는 신상 ETF가 있는데, 이름만 들어도 대박이지 않냐?" 라는 말이었다. 그는 당장이라도 그 ETF를 매수하고 싶었지만, 이 책에서 배운 '스스로 확인하는 습관'을 떠올리며 네이버 증권을 켰다.

- **1단계(정체성 확인):** 그는 해당 ETF를 검색하고 'ETF 분석' 탭을 눌러 '자산구성내역'을 확인했다. 그리고 그는 자신의 눈을 의심했다. 그가 기대했던 엔비디아나 마이크로소프트 같은 첨단 AI 기업은 거의 없었고, 상위 보유 종목 대부분은 수십 년 된 일본의 공장 자동화 설비 기업이나 구형 로봇 부품 회사들이 차지하고 있었다. 그는 이 ETF의 'AI 로보틱스'라는 이름이 사실상 마케팅을 위한 '무늬'에 가깝다는 사실을 깨달았다.
- **2단계(비용 확인) '총보수 연 0.9%'를 확인했다:** 이어서 그는 '총보수'를 확인했다. 연 0.9%로, 다른 기술주 ETF에 비해 매우 높은 수준이었다.
- **3단계(대안 탐색 및 비교) 엔비디아, TSMC, ASML 등AI 혁신 기업들로 채워져 있었다. 총보수도 연 0.45%로 절반 수준이었다:** 실망한 현우는 'AI'라는 키워드로 다시 검색하여, 다른 운용사의 '글로벌 AI 혁신기술'이라는 ETF를 찾아냈다. 그는 동일한 방식으로 이 ETF의 자산구성내역을 확인했다. 그 결과, 이 ETF의 상위 보유

종목은 엔비디아, TSMC, ASML 등 그가 생각했던 진정한 AI 혁신 기업들로 채워져 있었다. 심지어 총보수도 연 0.45%로 절반 수준이었다.

2) **친구가 추천한 ETF 대신, 스스로 발굴하고 분석한 '글로벌 AI 혁신기술 ETF'를 자신의 첫 투자 대상을 선택:** 현우는 친구의 '뜨거운 추천'이 아닌, 자신의 '차가운 검증'을 믿기로 했다. 그는 친구가 추천한 ETF 대신, 스스로 발굴하고 분석한 '글로벌 AI 혁신기술 ETF'를 자신의 첫 투자 대상으로 결정했다.

3) **시사점:** 이 사례는 ETF 투자에 있어 이름이나 소문이 아닌, 데이터에 기반한 '사실 확인(Fact Check)'이 얼마나 중요한지를 명확히 보여준다. 단 10분의 확인 습관이, 그럴듯한 마케팅의 함정으로부터 우리의 소중한 자산을 지켜내고, 진정한 성장 기업에 투자할 수 있는 기회를 열어주는 것이다.

주제
3

AI 기반 ETF 투자 전략 수립하기

제8장

AI 기반 ETF의 세계 - 똑똑한 기계가 고른 포트폴리오

1. AI가 운용하는 ETF의 작동 원리와 가상사례

1.1. AI가 운용하는 ETF는 인간의 주관적 판단이나 감정을 완전히 배제하고, 데이터에 기반한 정교한 알고리즘을 통해 포트폴리오를 구성하고 운용한다

전통적인 인덱스 ETF가 정해진 선로(지수)만을 따라가는 '기차'와 같다면, 인간이 운용하는 액티브 펀드는 운전자의 경험과 직관에 의존하는 '일반 자동차'와 같다. 그리고 여기, AI가 운용하는 ETF는 수백 개의 센서(빅데이터)로 주변 환경을 360도 인식하고, 강력한 중앙 컴퓨터(AI 모델)가 최적의 경로를 계산하여 스스로 운전하는 '자율주행 자동차'에 비유할 수 있다.

AI 운용 ETF는 인간의 주관적 판단이나 감정을 완전히 배제하고, 오직 데이터에 기반한 정교한 알고리즘을 통해 포트폴리오를 구성하고 운용한다. 그 작동 원리는 크게 4단계의 끊임없이 반복되는 순환 과정으로 이루어진다.

1.1.1. AI 운용 ETF의 4단계 작동 원리

단계	핵심 역할	AI의 수행 작업(세부 내용)
1단계	데이터 수집 (Data Ingestion)	AI의 '감각기관'이다. 전 세계의 금융, 경제, 사회, 심리 데이터를 24시간 쉬지 않고 수집한다.
		- (정형 데이터) 주가, 재무제표, 경제 지표 - (비정형 데이터) 뉴스, 공시, SNS, 위성사진, 소비 데이터
2단계	특징 추출 (Feature Engineering)	수집된 방대한 원시 데이터를 AI가 이해할 수 있는 의미 있는 '핵심 변수'로 가공하는 과정이다.
		- (예시) 뉴스 기사 텍스트에서 '긍정/부정 감성 지수'를 추출하거나, 위성사진에서 '공장 가동률'을 수치 화한다.
3단계	예측 모델링 (Predictive Modeling)	AI의 '두뇌'이다. 머신 러닝/딥러닝 알고리즘을 사용하여 가공된 변수들 간의 복잡한 패턴을 학습하고, 미래의 주가나 시장 상황을 예측하는 모델을 만든다.
		- (예시) 특정 기업의 긍정 감성 지수와 공급망 데이터가 주가에 미치는 영향을 학습하여, 다음 분기 '어닝 서프라이즈' 확률을 예측한다.
4단계	포트폴리오 구성 및 실행	예측 모델이 도출한 결과를 바탕으로, 위험 대비 기대수익률이 가장 높은 최적의 ETF 포트폴리오를 구성하고, 시스템이 자동으로 매수/매도 주문을 실행한다.
		- (예시) 성장 확률이 높게 예측된 섹터 ETF의 비중은 늘리고, 위험 신호가 감지된 ETF의 비중은 축소하는 식의 리밸런싱을 자동으로 수행한다.

이 4단계의 과정은 인간의 개입 없이 하루에도 수천, 수만 번씩 반복될 수 있다. AI는 지치거나 편향되지 않으며, 새로운 데이터를 끊임없이 학습하여 스스로의 예측 모델을 점차 정교하게 진화 시켜 나가는 것이다.

1.1.2. AI 기반 ETF 투자 전략 분석

구분	내용
개념	인공지능(AI) 알고리즘을 활용하여 시장 데이터, 뉴스, 소셜 미디어 등 방대한 정보를 분석하고, 이를 바탕으로 최적의 ETF를 선정하거나 자산 배분 비중을 조절하여 초과 수익을 추구하는 투자 전략을 의미한다.

원리 및 방법	머신 러닝, 딥러닝, 자연어 처리 등의 AI 기술을 통해 과거 데이터에서 반복되는 패턴을 학습하고 미래 시장을 예측한다. 이를 통해 인간의 주관적 판단을 배제하고 데이터에 기반한 객관적인 투자를 실행하며, 정량적 분석(Quantitative Analysis)을 통해 포트폴리오를 구성하고 리밸런싱을 수행한다.
역할	AI는 방대한 데이터를 24시간 분석하여 효율적인 투자 결정을 내리고, 인간의 감정적 편향을 최소화하는 역할을 수행한다. 또한, 시장 변화에 신속하게 대응하여 포트폴리오를 최적화하고 위험을 관리한다.
배당	AI 기반 ETF 투자 전략 자체는 배당을 지급하지 않으나, 포트폴리오에 편입된 개별 ETF 상품의 정책에 따라 배당금이 지급될 수 있다. AI는 배당 성장 가능성이 높은 ETF를 포트폴리오에 편입시키는 전략을 구사할 수 있다.
비용	일반적인 ETF에 비해 AI 알고리즘 개발 및 운용에 따른 추가 비용이 발생하여 총 보수가 높은 경향이 있다. 이는 플랫폼 이용 수수료나 자문 보수 등의 형태로 부과될 수 있다.
장단점	장점: 데이터 기반의 객관적 투자, 24시간 시장 모니터링 및 신속한 대응, 인간의 감정적 오류 배제, 효율적인 자산 배분 등이 있다. 단점: 높은 운용 보수, 과거 데이터에 대한 과적합(Overfitting) 문제, 예상치 못한 시장 상황(블랙스완)에 대한 대응 한계, 알고리즘의 투명성 부족 등이 단점으로 지적된다.
활용 사례	국내외 다수의 자산운용사와 핀테크 기업들이 AI 기반 ETF 포트폴리오 추천 및 운용 서비스를 제공하고 있다. 예를 들어, 특정 투자 테마(예: 친환경, 빅데이터)에 부합하는 ETF를 AI가 선정하여 포트폴리오를 구성하거나, 시장 상황에 따라 주식과 채권 ETF 비중을 자동으로 조절하는 자산 배분 서비스 등이 활용되고 있다.

1.2. 가상 사례: 인간은 보지 못한 '공급망의 비밀'을 찾아낸 AI, '아테나'

1) AI '아테나(ATHENA)'가 운용하는 '아테나 다이나믹 성장 ETF'는 전혀 다른 곳을 주목하고 있었다: 2028년, 전 세계 투자자들의 관심은 곧 출시될 글로벌 IT 기업 '이노테크(InnoTech)'의 차세대 스마트폰 'iSphere 10'에 쏠려 있었다. 대부분의 인간 펀드매니저들은 이노테크의 주가 상승을 예상하며 관련 주식을 매수하고 있었다.

   그러나 AI '아테나(ATHENA)'가 운용하는 '아테나 다이나믹 성장 ETF'는 전혀 다른 곳을 주목하고 있었다.

- 1단계(데이터 수집): 아테나는 이노테크 관련 뉴스는 물론, 대만과 일본에 위치한 수백 개의 작은 전자부품 공급업체들의 수출 데이터, 물류 창고의 위성사진, 관련 기술 특허 출원 내역까지 모두 수집했다.
- 2단계(특징 추출): 아테나는 이 방대한 데이터 속에서 하나의 이상 신호(Anomaly)를 포착했다. 일본의 한 이름 없는 중소기업 '소닉 디바이스(Sonic Device)'가 생산하는 특정 '초소형 음향 센서' 부품의 대만향 수출 물량이 지난 3개월간 5,000% 폭증한 것이다.
- 3단계(예측 모델링): 아테나는 이 정보를 IT 전문 블로그의 루머, 기술 특허 데이터와 교차 검증했다. 그 결과, 이 센서가 'iSphere 10'에 탑재될 '3차원 공간 음향'이라는 핵심 신기능을 구현하는 데 필수적인, 독점 공급 부품일 확률이 95% 이상이라는 결론을 도출했다.
- 4단계(포트폴리오 구성): 모든 인간 전문가들이 이미 가격에 기대감이 반영된 이노테크 주식에 집중할 때, 아테나는 정반대의 결정을 내렸다. 이노테크의 비중을 일부 줄이는 대신, 아직 아무도 주목하지 않는 일본의 '소닉 디바이스' 주식을 대량으로 매수하기 시작했다.

2) **'iSphere 10' 발표회에서 '3차원 공간 음향' 기능이 가장 큰 혁신으로 주목받았고, 핵심 부품사로 '소닉 디바이스'가 언급되자마자 이 회사의 주가는 3일 만에 1,200% 폭등했다:** 결과는 아테나의 예측 그대로였다. 'iSphere 10' 발표회에서 '3차원 공간 음향' 기능이 가장 큰 혁신으로 주목받았고, 핵심 부품사로 '소닉 디바이스'가 언급되자마자 이 회사의 주가는 3일 만에 1,200% 폭등했다. 아테나 ETF는 경쟁 펀드들을 압도적인 차이로 따돌리며 최고의 수익률을 기록했다.

3) AI 운용 ETF가 시장의 흐름을 따라가는 것을 넘어, 인간의 눈으로는 결코 연결할 수 없는 데이터의 점들을 이어 거대한 '기회의 선'을 그려낼 수 있음을 보여준다: 이 사례는 AI 운용 ETF가 단순히 시장의 흐름을 따라가는 것을 넘어, 인간의 눈으로는 결코 연결할 수 없는 데이터의 점들을 이어 거대한 '기회의 선'을 그려낼 수 있음을 보여준다. AI는 무대의 주인공(이노테크)이 아닌, 무대 뒤에서 주인공을 빛나게 할 숨겨진 조연(소닉 디바이스)을 찾아내는, 완전히 새로운 차원의 투자 지능인 것이다.

2. 퀀트('Quantitative:계량적'의 약자)투자와 AI 투자의 차이점 이해하기와 가상사례

2.1. 퀀트 투자와 AI 투자의 차이점 이해하기

데이터를 기반으로 시장의 비효율성을 찾아내고, 인간의 감정을 배제하여 투자한다는 점에서 퀀트(Quant) 투자와 AI 투자는 매우 유사한 형제처럼 보인다. 하지만 그 내면을 깊이 들여다보면, 둘은 서로 다른 시대를

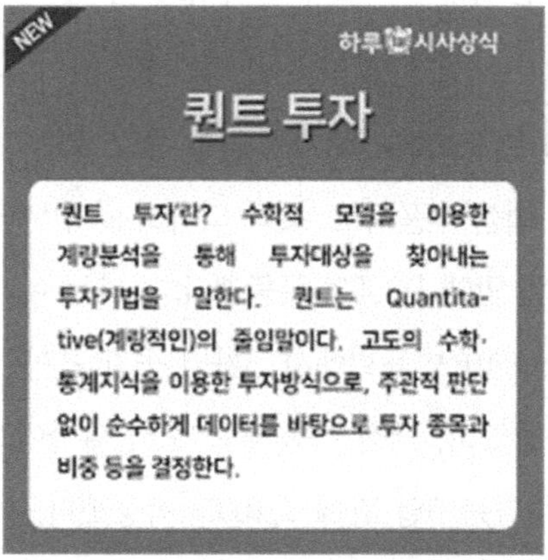

'퀀트 투자'란? [https://www.facebook.com]

대표하는, 명백히 구분되는 투자 철학이자 기술이다. 이 차이를 이해하는 것은 마치 마차와 자동차의 차이를 이해하는 것과 같으며, 우리가 어디까지 진화했는지를 깨닫게 하는 지적인 여정이 될 것이다.

2.1.1. 퀀트 투자는 '인간이 가설을 세우고, 기계가 검증하고 실행하는' 방식이다

퀀트 투자는 '인간이 가설을 세우고, 기계가 검증하고 실행하는' 방식이다. 이는 마치 유능한 셰프(인간 퀀트 분석가)가 자신의 경험과 지식을 바탕으로 "가치 있는 재료(저평가 주식)를 특정 비율로 조합하면 맛있는 요리(초과 수익)가 될 것이다"라는 완벽한 '레시피(투자 모델)'를 만드는 것과 같다. 일단 레시피가 완성되면, 주방 보조(컴퓨터 알고리즘)는 그 레시피를 오차 없이 정확하게, 그리고 지치지 않고 실행할 뿐이다.

(1) **핵심:** 인간이 정의한 명시적인 규칙과 통계적 관계(예: "PBR이 낮은 주식 50개를 매수하라")에 기반한다.

(2) **한계:** 퀀트 모델은 인간이 가르쳐준 레시피 외에는 아무것도 모른다. 시장의 근본적인 구조가 바뀌거나, 레시피에 없는 새로운 재료(시장 변수)가 나타나면 제대로 대응할 수 없다.

▣ 주식의 '퀀트 투자(퀀트 트레이딩)'

주식의 '퀀트 투자(퀀트 트레이딩)'는 수학, 통계, 컴퓨터 프로그램 등 계량적인 방법을 사용하여 데이터 기반의 투자 전략을 세우고, 감정에 치우치지 않고 엄격한 규칙에 따라 매매를 결정하는 투자 방식이다. 퀀트 투자는 기업의 재무 데이터, 주가, 시장 데이터 등 계량화 가능한 수치를 분석하여 패턴과 규칙을 찾아내고, 이를 바탕으로 종목 선정 및 매매 시점을 정하는 알고리즘을 통해 수익을 추구한다.

분류	퀀트 투자	정성적 투자
객관성	높음	낮음
투자 기회	많음	적음
감정적 요인	낮음	높음
반복 가능성	높음	낮음
위험 통제 능력	높음	낮음

퀀트 투자란 무엇인가? 퀀트에 대해 알아보자! : 네이버 블로그

2.1.2. AI 투자는 '기계가 스스로 가설을 세우고, 학습하고, 진화하는' 방식이다

반면, AI 투자는 '기계가 스스로 가설을 세우고, 학습하고, 진화하는' 방식이다. 이는 셰프가 레시피를 주는 대신, AI에게 세상의 모든 식재료(빅데이터)를 맛보게 하고 "가장 맛있는 요리를 만들어내라"는 '목표'만 부여하는 것과 같다. AI는 수백만 번의 조합과 시도를 통해 인간이 결코 상상하지 못했던 새로운 맛의 조합, 즉 누구도 몰랐던 '승리의 공식(투자 패턴)'을 스스로 발견해낸다.

(1) **핵심:** 머신 러닝/딥 러닝을 통해 데이터 속에 숨겨진 복잡하고 비 선형적인 패턴을 AI가 직접 학습한다. 규칙을 인간이 만드는 것이 아니라, AI가 데이터로부터 찾아낸다.

(2) **강점:** 위성사진이나 뉴스 기사와 같은 비정형 데이터까지 이해하며, 시장 상황 변화에 맞춰 스스로의 투자 전략을 동적으로 수정하고 발전시켜 나갈 수 있다.

2.2. 퀀트 투자와 AI 투자의 결정적 차이

구분	퀀트 투자(Quant Investment)	AI 투자(AI Investment)
규칙/모델 정의	인간이 통계적 가설을 세우고 규칙을 만듦	AI가 데이터로부터 패턴을 학습하여 스스로 규칙을 찾아냄
주요 분석 대상	재무제표 등 주로 정형 데이터	정형 데이터 + 뉴스, 위성사진 등 모든 비정형 데이터
학습 및 적응	모델이 고정되어 있어, 시장 변화에 대한 적응력이 낮음	새로운 데이터를 통해 지속적으로 학습하고 스스로 모델을 진화시킴
관계 분석	주로 선형적이고 단순한 관계 분석(예: A가 오르면 B도 오른다)	비 선형적이고 복잡한 다차원적 관계 분석(예: A, B, C의 복합작용이 D에 미치는 영향)
비유	정밀한 레시피를 따르는 셰프	새로운 레시피를 창조하는 셰프

2.3. 가상 사례: 2025년, '그래핀 배터리' 쇼크를 둘러싼 두 펀드의 운명

1) **스타트업이 기존 리튬이온 배터리의 효율을 5배 이상 뛰어넘는 '상온 그래핀 배터리' 기술을 시연하는 데 성공:** 2025년 10월, 한 무명의 스타트업이 기존 리튬이온 배터리의 효율을 5배 이상 뛰어넘는 '상온 그래핀 배터리' 기술을 시연하는 데 성공했다는 뉴스가 보도되었다. 이 뉴스는 기존 2차전지 산업의 판도를 뒤흔드는 거대한 충격파였다.

2) **전통의 퀀트 펀드, '매트릭스 캐피탈'주가 폭락 원인이 '기술 패러다임의 전환'이라는 사실은 이해하지 못했다:** 이 펀드는 지난 10년간 시장을 이겨온 검증된 퀀트 모델을 운용하고 있었다. 그 모델의 핵심 규칙 중 하나는 '최근 6개월간 꾸준히 상승한 모멘텀이 강한 2차전지 소재 기업을 매수하라'는 것이었다. 그래핀 배터리 뉴스가 터지자, 기존 2차전지 기업들의 주가는 폭락하기 시작했다. 매트릭스

의 퀀트 모델은 이 상황을 '모멘텀의 소멸'이라는 과거의 규칙으로만 해석할 뿐, 그 원인이 '기술 패러다임의 전환'이라는 사실은 이해하지 못했다. 모델은 뒤늦게 기계적으로 손절매를 실행했지만, 이미 막대한 손실을 입은 후였다.

3) **혁신의 AI 펀드, '시냅스 인베스트먼트 수개월 전부터 이상 신호를 감지하다'**: 이 펀드의 AI '코텍스(Cortex)'는 그래핀 배터리 뉴스가 나오기 수개월 전부터 이상 신호를 감지하고 있었다.
   - 논문 데이터 분석: 코텍스는 지난 1년간 물리학 및 재료공학 분야의 학술 논문 데이터베이스에서 '그래핀', '상온 안정성'이라는 키워드의 인용 횟수가 기하급수적으로 증가하고 있음을 포착했다.
   - 특허 데이터 분석: 해당 기술과 관련된 특허를 출원한 무명의 스타트업과, 그 특허 기술에 자금을 지원한 실리콘밸리의 특정 벤처캐피탈의 관계를 파악했다.
   - 개발자 커뮤니티 분석: 관련 기술 포럼에서 특정 IP 주소 대역의 엔지니어들이 그래핀 배터리의 상용화에 대해 이례적으로 활발한 토론을 벌이고 있음을 감지했다.

4) **코텍스는 포트폴리오 내 기존 2차전지 ETF의 비중을 선제적으로 줄여 나가기 시작했다**: "이 모든 비정형 데이터를 종합하여, 코텍스는 "기존 2차전지 기술의 패러다임을 전환시킬 잠재적 리스크가 임계치에 도달했다"는 결론을 내리고, 뉴스 발표 한 달 전부터 포트폴리오 내 기존 2차전지 ETF의 비중을 선제적으로 줄여 나가기 시작했다.

5) **매트릭스 캐피탈은 속수무책으로 무너졌지만, 시냅스 인베스트먼트는 이미 위험을 회피하여 손실을 최소화한 상태였다**: 결과적으로,

'그래핀 쇼크'가 시장을 강타했을 때 매트릭스 캐피탈은 속수무책으로 무너졌지만, 시냅스 인베스트먼트는 이미 위험을 회피하여 손실을 최소화한 상태였다.

6) **시사점:** 이 사례는 퀀트가 과거의 지도를 보고 정해진 길을 가는 항해사라면, AI는 위성과 드론으로 실시간 지형 변화를 감지하며 누구도 가보지 않은 새로운 항로를 개척하는 탐험가임을 명확히 보여준다.

3. 대표적인 AI 기반 ETF 상품 분석과 가상사례

3.1. 대표적인 AI 기반 ETF 상품 분석

이제 우리는 AI가 투자의 세계를 어떻게 바꾸고 있는지, 그리고 그 작동 원리가 무엇인지 이해하게 되었다. 그렇다면 이 최첨단 기술을 활용하는 실제 ETF 상품들은 어떤 것들이 있으며, 우리는 무엇을 기준으로 옥석을 가려내야 하는가? 이는 마치 자율주행 기술의 원리를 배운 뒤, 실제 시장에 출시된 다양한 자율주행 자동차 모델들의 특징과 성능을 비교 분석하는 과정과 같다.

AI 기반 ETF는 그 운용 방식, 즉 AI의 역할에 따라 크게 두 가지 유형으로 나눌 수 있다. 이 둘의 차이를 이해하는 것은 나의 투자 철학에 맞는 올바른 'AI 자동차'를 선택하는 데 있어 가장 중요한 첫걸음이 된다.

3.1.1. AI가 직접 운용하는 'AI 액티브 ETF'

이 유형의 ETF에서 AI는 종목을 추천하는 '조수'가 아니라, 포트폴리오의 모든 투자 결정을 직접 내리고 실행하는 '펀드매니저' 그 자체의 역할을 수행한다. 이는 AI가 방대한 빅데이터를 실시간으로 분석하여, 지금 가장 유망하다고 판단되는 주식을 매수하고, 위험 신호가 감지되는 주식은 매도하는 등, 적극적으로 시장을 이기기 위한 '액티브(Active)' 운용을 펼치는 것이다.

(1) **투자 철학**: 특정 지수를 추종하는 것을 넘어, AI의 우월한 분석력과 판단력으로 시장 평균을 초과하는 수익(알파, α)을 창출하는 것을 목표로 한다.

(2) **대표 사례**: 미국 시장에 상장된 'AIEQ(AI Powered Equity ETF)'는 IBM의 왓슨(Watson) AI 플랫폼을 활용하여, 수천 개의 미국 기업에 대한 방대한 데이터를 분석하고, 향후 12개월간 가장 높은 상승 잠재력을 가진 30~70개의 주식을 스스로 선별하여 투자하는 것으로 유명하다.

(3) **장단점**: 시장을 이길 수 있다는 매력적인 잠재력을 가졌지만, AI 모델의 성능에 모든 것이 좌우되며, 일반 패시브 ETF에 비해 운용보수가 상대적으로 높다는 특징을 가진다.

3.1.2. AI가 설계한 지도에 투자하는 'AI 테마 ETF'(예: 인공지능, 로보틱스, 빅데이터)

이 유형의 ETF에서 AI는 매일 종목을 사고파는 펀드매니저가 아니라, 미래를 주도할 특정 테마(예: 인공지능, 로보틱스, 빅데이터)의 '성장 지도(Index)'를 그리는 '설계자'의 역할을 수행한다. AI는 특허, 논문, 기업 공시 등 수많은 데이터를 분석하여, 해당 테마와 가장 관련성이 높고 성장 잠재력이 큰 기업들을 선별하여 'AI 테마 지수'를 만든다. 그리고 ETF는 이 AI가 만든 지수를 수동적으로 따라가기만 하는 '패시브(Passive)' 운용을 한다.

(1) **투자 철학:** 특정 AI의 단기적인 매매 능력을 믿는 것이 아니라, AI가 찾아낸 '미래 성장 테마' 자체의 장기적인 우상향에 투자하는 것이다.

(2) **대표 사례:** 'BOTZ(Global X Robotics & Artificial Intelligence ETF)'와 같은 상품은, AI와 로봇 산업의 성장에서 수익을 얻을 것으로 예상되는 전 세계 기업들을 모아놓은 지수를 추종한다.

(3) **장단점:** AI 액티브 ETF보다 보수가 저렴하며, 특정 유망 산업에 대한 명확한 투자 관점을 제공한다. 하지만 특정 섹터에 집중된 투자이므로 변동성이 클 수 있다.

https://x.com

3.1.3. 대표적인 AI 기반 ETF 상품 분석

ETF명	AI Powered Equity ETF(AIEQ)
목표	IBM의 인공지능 '왓슨(Watson)'을 활용하여 미국 주식 시장에서 초과 수익을 추구한다.
원리 및 방법	AI가 매일 수백만 건의 뉴스, 기업 공시, 소셜 미디어 데이터 등을 분석하여 투자 유망 종목을 발굴하고, 포트폴리오를 자동으로 구성 및 리밸런싱한다.
역할	인간의 주관적 판단을 배제하고 데이터에 기반한 객관적인 투자 결정을 내리며, 24시간 시장 변화에 신속하게 대응한다.
배당	편입된 개별 주식의 배당 정책에 따라 분배금을 지급할 수 있다.

비용 (총 보수)	연 0.75% 수준으로, 일반 ETF에 비해 높은 편이다.
장점	감정적 편향 배제, 빅데이터 분석 기반의 투자, 시장 변화에 대한 빠른 대응.
단점	높은 운용 보수, 과거 데이터에 대한 과적합(Overfitting) 가능성, AI 알고리즘의 불투명성.
활용 사례	기술주 중심의 성장주 포트폴리오를 구성하거나, 시장 상황에 따라 유연하게 투자 스타일을 변경하는 전략에 활용될 수 있다.

ETF명	Global X Robotics & Artificial Intelligence ETF(BOTZ)
목표	로봇 및 인공지능 관련 산업의 성장에 투자하여 장기적인 자본 이득을 추구한다.
원리 및 방법	로봇, 자동화, 인공지능 기술 개발 및 활용과 관련된 글로벌 기업 주식으로 구성된 지수(Indxx Global Robotics & Artificial Intelligence Thematic Index)를 추종한다.
역할	4차 산업혁명의 핵심 기술인 로봇 및 AI 산업에 대한 분산 투자를 가능하게 하고, 해당 분야의 성장 과실을 공유하는 역할을 한다.
배당	편입된 개별 주식의 배당 정책에 따라 분배금을 지급할 수 있다.
비용 (총 보수)	연 0.68% 수준이다.
장점	미래 성장성이 높은 산업에 집중 투자, 글로벌 혁신 기업에 대한 분산 투자.
단점	특정 산업에 대한 높은 집중도로 인한 변동성, 높은 운용 보수.
활용 사례	로봇 및 AI 기술의 미래 성장성에 대한 확신을 가진 투자자가 장기적인 관점에서 포트폴리오의 성장성을 높이기 위해 활용할 수 있다.

ETF명	ARK Autonomous Technology & Robotics ETF(ARKQ)
목표	자율주행, 로보틱스, 3D 프린팅, 우주 탐사 등 파괴적 혁신 기술을 보유한 기업에 투자하여 장기적인 자본 성장을 목표로 한다.
원리 및 방법	펀드 매니저가 직접 리서치를 통해 잠재력이 높다고 판단되는 혁신 기업을 발굴하여 포트폴리오에 적극적으로 편입하는 액티브 운용 방식을 취한다.
역할	미래 산업을 주도할 잠재력을 가진 혁신 기업에 대한 선제적인 투자를 통해 높은 자본 수익을 추구하는 역할을 한다.

배당	편입된 개별 주식의 배당 정책에 따라 분배금을 지급할 수 있다.
비용 (총 보수)	연 0.75% 수준으로 높은 편이다.
장점	높은 성장 잠재력을 가진 혁신 기업에 투자, 전문가의 적극적인 운용.
단점	높은 변동성, 펀드 매니저의 판단에 대한 높은 의존도, 높은 운용 보수.
활용 사례	높은 위험을 감수하더라도 고수익을 추구하는 공격적인 투자 성향의 투자자가 활용할 수 있는 상품이다.

Global X Robotics & AI USD ETF | BOTZ ETF - Investing.com
[https://kr.investing.com]

3.1.4. AI 액티브 ETF vs. AI 테마 ETF 핵심 비교

구분	AI 액티브 ETF(AI as a Fund Manager)	AI 테마 ETF(AI as an Index Designer)
AI의 역할	직접 종목을 선정하고 매매하는 '펀드매니저'	미래 유망 기업으로 구성된 '투자 지도(지수)'를 설계
운용 방식	액티브 운용 (시장을 이기기 위한 적극적 매매)	패시브 운용 (AI가 만든 지수를 그대로 추종)
핵심 투자 대상	AI의 '판단력'과 '알고리즘' 자체	AI가 선정한 '미래 성장 테마' 자체
총보수(비용)	상대적으로 높음	상대적으로 낮음
비유	스스로 길을 찾아가는 자율주행 레이싱카	최첨단 AI가 설계한 지도대로 운행하는 KTX 열차

3.2. 가상 사례: 40대 전략기획자 '윤 팀장'의 두 가지 선택지

1) **그는 리서치를 통해 두 가지 매력적인 AI 관련 ETF를 발견했다:** IT 기업의 전략기획팀장인 40대 윤 팀장은 자신의 포트폴리오에 'AI'라는 성장 엔진을 추가하기로 결심했다. 그는 리서치를 통해 두 가지 매력적인 AI 관련 ETF를 발견했다.
   - 제우스 알파 ETF: 강력한 슈퍼컴퓨터 AI '제우스'가 미국 대형주 시장 전체를 분석하여, 매주 최적의 포트폴리오를 자동으로 사고파는 'AI 액티브 ETF'였다.
   - 프로메테우스 AI 혁명 ETF: AI '프로메테우스'가 전 세계 기업들의 기술 보고서와 특허 데이터를 분석하여, '진정한 AI 혁신 기업' 50개로 구성된 지수를 만들고, 이를 추종하는 'AI 테마 ETF'였다.
2) **윤 팀장은 자신의 투자 목표를 되돌아보며 깊은 고민에 빠졌다.**
   - 제우스 알파 ETF에 투자하는 것: 이는 '제우스'라는 특정 AI의 단기적인 시장 예측 및 매매 능력이 인간 펀드매니저나 시장 평균보다 뛰어날 것이라는 데 베팅하는 것이었다.
   - 프로메테우스 AI 혁명 ETF에 투자하는 것: 이는 향후 10년간 'AI 산업' 자체가 다른 어떤 산업보다도 빠르게 성장할 것이라는 거시적인 트렌드에 베팅하는 것이었다.
3) **그의 최종 선택은 프로메테우스 AI 혁명 ETF였다:** 그는 특정 알고리즘의 단기적인 성패를 예측하는 것보다, 'AI 산업의 구조적 성장'이라는 거대한 흐름에 투자하는 것이 자신의 장기 투자 철학에 더 부합한다고 판단했다. 또한, 보수가 더 저렴하다는 점도 그의 합리적인 선택에 힘을 보탰다.

4) **시사점:** 윤 팀장의 사례는 'AI에 투자한다'는 것이 두 가지 다른 의미를 가질 수 있음을 보여준다. 투자자는 자신이 'AI라는 유능한 조종사'에게 운전대를 맡길 것인지, 아니면 'AI가 찾아낸 황금어장'으로 직접 배를 몰고 갈 것인지를 명확히 구분하고 선택해야만 하는 것이다.

4. AI 기반 ETF의 수수료와 비용 구조와 가상사례

4.1. AI 기반 ETF의 비용, 즉 '총보수(Total Expense Ratio, TER)'가 일반 패시브 ETF보다 높은 이유는 명확하다.

우리가 최첨단 기술이 집약된 고성능 스포츠카를 구매할 때, 우리는 단순히 저렴한 가격만을 기대하지 않는다. 강력한 엔진과 혁신적인 기능을 유지하기 위한 합당한 '유지비용'을 감수하는 것이다. AI 기반 ETF 역시 마찬가지이다. 시장 평균을 따라가는 저렴한 '패밀리 세단(인덱스 ETF)'과 달리, 시장을 이기기 위해 고도의 연산을 수행하는 AI라는 '슈퍼카 엔진'을 탑재했기에, 그에 상응하는 비용 구조를 가지고 있다.

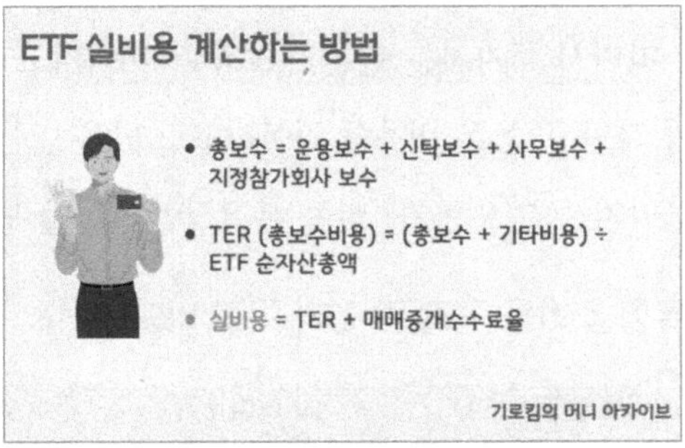

국내 ETF 투자 시 고려할 기준: 보수율 수익률 뜻 산출 방식: 네이버 블로그

4.1.1. AI 기반 ETF의 비용, 즉 '총보수(Total Expense Ratio, TER)'가 일반 패시브 ETF보다 높은 이유

AI 기반 ETF의 비용, 즉 '총보수(Total Expense Ratio, TER)'가 일반 패시브 ETF보다 높은 이유는 명확하다.

(1) **고급 인재 비용:** AI 모델을 개발하고 운용하기 위해서는 세계 최고 수준의 데이터 과학자, 퀀트 분석가, AI 엔지니어 등 값비싼 인력이 필요하다.

(2) **고가의 데이터 비용:** AI의 학습에 필요한 위성사진, 신용카드 결제 내역, 소셜미디어 감성 데이터 등 각종 '대체 데이터'는 자산운용사가 데이터 제공 업체에 막대한 비용을 지불하고 구매해야 하는 정보다.

(3) **막대한 인프라 비용:** 수십억 개의 데이터를 처리하고 복잡한 딥러닝 모델을 훈련시키기 위해서는 대규모 서버와 슈퍼컴퓨터 등 막대한 컴퓨팅 인프라가 필요하며, 이는 천문학적인 유지비용을 발생시킨다.

결국 AI ETF의 높은 총보수는 이러한 '기술 개발 및 인프라 유지'를 위한 비용인 셈이다. 따라서 투자자는 단순히 보수가 비싸다고 외면할 것이 아니라, "이 ETF가 과연 이 높은 비용을 지불하고도 남을 만큼의 월등한 초과수익(알파, α)을 안겨줄 수 있는가?"라는 본질적인 질문을 던져야만 한다.

4.1.2. ETF 유형별 비용 구조 및 성과 목표 비교

구분	패시브 인덱스 ETF	AI 테마 ETF	AI 액티브 ETF
운용 방식	패시브(시장 추종)	패시브(AI 설계 지수 추종)	액티브(AI 직접 운용)
성과 목표	시장 수익률(베타) 복제	특정 테마의 성장성 추종	시장 초과수익(알파) 추구

총보수 (TER 예시)	매우 낮음(0.01% ~ 0.1%)	중간(0.4% ~ 0.7%)	높음(0.7% ~ 1.0% 이상)
핵심 판단 기준	비용이 가장 저렴한가?	테마를 가장 잘 반영하는가?	높은 비용을 상쇄하고 도 남을 초과 수익을 창출하는가?

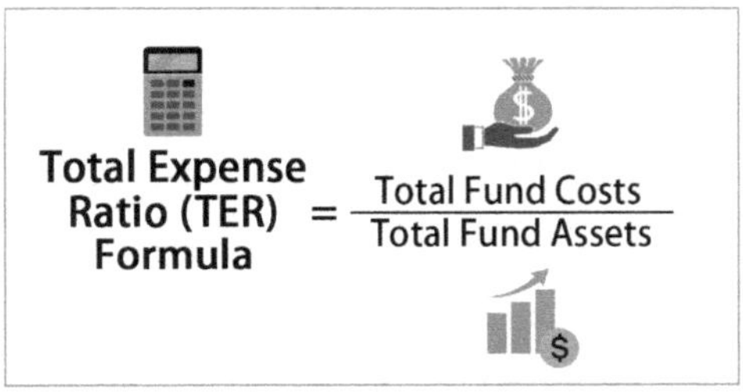

Total Expense Ratio Formula | TER Calculator [https://www.educba.com]

4.2. 가상 사례: 엔지니어 '최 부장'의 0.8%짜리 질문

1) 그는 자신의 기술주 포트폴리오를 구성하기 위해 두 가지 ETF를 최종 후보에 올렸다: 반도체 회사의 엔지니어인 최 부장은 논리적이고 데이터에 기반한 의사결정을 중시하는 인물이다. 그는 자신의 기술주 포트폴리오를 구성하기 위해 두 가지 ETF를 최종 후보에 올렸다.

- '테크 인덱스 100 ETF': 미국 나스닥 100 지수를 추종하는 단순한 패시브 ETF. 총보수는 '연 0.1%'였다.
- '퀀텀 알파 AI ETF': 최첨단 AI가 나스닥 100 기업들을 분석하여, 그 중에서도 가장 유망한 30개 기업만을 선별하여 집중 투자하는 AI 액티브 ETF. 총보수는 '연 0.9%'였다.

최 부장은 '퀀텀 알파'라는 이름과 AI가 직접 운용한다는 사실에 잠시 마음이 흔들렸지만, 이내 엔지니어로서의 분석 스위치를 켰다. 그는 간단한 계산을 시작했다.

2) **"AI ETF의 총보수는 0.9%, 인덱스 ETF의 총보수는 0.1%이다. 그렇다면 AI ETF는 인덱스 ETF에 비해 매년 '0.8%'라는 '추가 비용'이 발생하는 셈이다:** 이는 곧, 이 AI가 최소한 나스닥 100 지수보다 매년 0.8% 이상의 수익을 더 내야만, 비로소 비싼 비용을 지불한 본전(Breakeven)을 찾는 것이라는 의미이다."

그는 이 0.8%라는 '허들(Hurdle)'을 넘어서는 꾸준한 초과 수익을 낼 수 있는지 확인하기 위해, '퀀텀 알파 AI ETF'의 과거 데이터(백테스팅 및 실제 운용 기록)를 면밀히 살펴보았다. 그 결과, 이 ETF는 특정 해에는 지수를 5% 이상 이기기도 했지만, 다른 해에는 오히려 지수보다 낮은 성과를 기록하기도 했다. 지난 5년간의 연평균 초과 수익률은 보수를 차감하고 나니 약 0.5% 수준에 불과했다.

3) **최 부장은 냉정한 결론을 내렸다. "이 AI의 성능은 아직 0.8%라는 비싼 연회비를 낼 만큼 압도적이지는 않다." 그는 결국 자신의 기술주 투자의 핵심을 저렴하고 신뢰도 높은 "테크 인덱스 100 ETF"로 결정했다:** 그는 '퀀텀 알파 AI ETF'를 관심종목에만 추가해두고, 앞으로 수년간 꾸준히 높은 비용을 상쇄하고도 남을 '알파'를 증명해낼 때, 그때 가서 투자를 고려하기로 한 것이다.

4) **시사점:** 최 부장의 사례는 AI ETF를 바라보는 가장 현명한 관점을 제시한다. 우리는 AI라는 화려한 기술에 현혹될 것이 아니라, 그 기술이 '비용을 차감한 후의 최종 수익률'이라는 결과로 그 가치를 증명하는지를 냉정하게 따져 물어야 한다. 진정한 AI 투자는 기술에 대한 맹목적인 믿음이 아니라, 비용과 효용을 저울질하는 합리적인 분석 위에서 시작되는 것이다.

5. AI 기반 ETF 투자 시 주의해야 할 점들과 가상사례

5.1. AI 기반 ETF 투자 시 주의해야 할 점들

우리는 이제 AI가 가진 경이로운 잠재력과 그 작동 원리를 이해하게 되었다. 그러나 모든 강력한 힘에는 그에 상응하는 책임과 위험이 뒤따른다. AI 기반 ETF는 날카롭게 벼려진 명검(名劍)과도 같다. 숙련된 장인의 손에서는 적을 베는 강력한 무기가 되지만, 준비되지 않은 초심자가 함부로 휘두르면 자신을 베는 흉기가 될 수도 있는 것이다.

5.1.1. AI ETF에 투자하기에 앞서, 그 화려한 이면에 숨겨진 몇 가지 주의사항

따라서 AI ETF에 투자하기에 앞서, 우리는 그 화려한 이면에 숨겨진 몇 가지 주의사항을 반드시 숙지하여, 기술에 대한 맹신이 아닌 지혜로운 활용을 도모해야만 한다.

첫째, AI를 '예언가'가 아닌 '확률 분석가'로 이해해야 한다. AI는 미래를 내다보는 수정 구슬이 아니다. AI는 방대한 과거 데이터 속에서 통계적으로 유의미한 패턴을 찾아내어, '미래에 일어날 확률이 가장 높은 시나리오'에 베팅하는 고도로 발달한 확률 분석 기계이다. 이는 곧, 역사상 한 번도 없었던 전대미문의 사건, 즉 '블랙 스완(Black Swan)' 앞에서는 AI의 예측 모델이 무력화될 수 있음을 의미한다. 따라서 전 재산을 AI ETF 하나에 '올인'하는 것은, 예측 불가능한 미래의 위험 앞에 나 자신을 무방비로 노출시키는 것과 같은 매우 위험한 행위이다.

둘째, 'AI 워싱(AI-Washing)'의 함정을 경계해야 한다. 'AI'라는 단어는 오늘날 가장 강력한 마케팅 용어가 되었다. 이로 인해, 실제로는 단순한 규칙 기반의 퀀트 전략에 불과함에도 불구하고, 'AI'라는 이름만 그럴듯하게 포장하여 투자자들을 현혹하는 'AI 워싱' 상품들이 시장에 등장하고 있다. 투자자는 ETF의 이름이나 광고 문구만 볼 것이 아니라, 반드시 그 ETF가 어떤 데이터를 기반으로, 어떤 알고리즘을 통해 운용되는지 그 '엔진'의 본질을 들여다보려는 비판적인 자세를 가져야 한다.

셋째, 높은 '비용'이 '초과 성과'를 모두 갉아먹지 않는지 확인해야 한다. AI ETF는 높은 기술력을 유지하기 위해 일반 ETF보다 훨씬 높은 총보수(TER)를 부과한다. 문제는, AI가 창출한 초과 수익(알파)이 이 높은 보수를 상쇄하고도 남을 만큼 충분히 크지 않다면, 투자자에게는 아무런 실익이 없다는 점이다. 시장보다 1% 더 높은 수익을 냈지만 보수가 0.9%인 AI ETF는, 보수가 0.1%인 평범한 시장 대표 ETF와 최종 수익률 면에서 아무런 차이가 없는 것이다.

5.1.2. 현명한 AI ETF 투자자를 위한 Do & Don't

구분	DO(반드시 해야 할 것)	DON'T(절대 하지 말아야 할 것)
포트폴리오 구성	포트폴리오의 핵심(Core)은 시장 대표 ETF로 구축하고, AI ETF는 위성(Satellite)으로 일부만 활용한다.	'전 재산을 특정 AI ETF 하나에 '올인"하거나, AI ETF만으로 포트폴리오를 구성하지 않는다.
상품 선택	ETF의 이름 뒤에 숨겨진 실제 운용 방식, 구성 종목, 운용보수를 꼼꼼히 확인한다.	'AI'라는 단어만 보고 상품의 본질을 파악하지 않은 채 '묻지마 투자'를 하지 않는다.
성과 평가	'총보수를 차감한 '실질 수익률'을 시장 대표 ETF(벤치마크)의 수익률과 장기적으로 비교 평가한다.	단기적인 성과에 일희일비하거나, 특정 시점의 높은 수익률만을 보고 섣불리 판단하지 않는다.
투자 철학	AI를 나의 투자 판단을 돕는 '유능한 분석 도구'로 여기고, 최종 책임은 투자자 본인에게 있음을 인지한다.	AI를 모든 것을 해결해주는 '만능 예언가'로 맹신하고, 자신의 분석과 판단을 포기하지 않는다.

5.2. 가상 사례: 프로그래머 '민규 씨'가 빠졌던 'AI 워싱'의 함정

1) **그는 '시너지 AI 빅데이터 리더스 ETF'에 자신의 주식 투자금 대부분을 투자했다:** 소프트웨어 개발자인 30대 민규 씨는 기술에 대한 깊은 신뢰를 가지고 있었다. 그는 "인간보다 AI가 투자도 더 잘할 것"이라 확신했고, 최근 화려한 광고와 함께 출시된 '시너지 AI 빅데이터 리더스 ETF'에 자신의 주식 투자금 대부분을 투자했다. 앱의 디자인은 세련되었고, '빅데이터', '머신 러닝'과 같은 용어들은 그의 믿음을 더욱 굳건하게 했다.

2) **그러나 그가 투자한 AI ETF는 시장 하락을 방어하기는 고사하고, 평범한 코스피 200 ETF보다 훨씬 더 큰 폭으로 하락했다:** 그러나 몇 달 뒤, 시장이 조정을 받기 시작하자 이상한 일이 벌어졌다. 그가 투자한 AI ETF는 시장 하락을 방어하기는 커녕, 평범한 코스피 200 ETF보다 훨씬 더 큰 폭으로 하락했다. 충격을 받은 민규 씨는 그제야 자신이 투자한 ETF의 '설계도'를 처음으로 열어보았다.

3) **그가 상상했던 복잡한 딥러닝 AI가 아니었다. 그리고 총보수는 연 1.2%로, 일반 인덱스 ETF의 10배가 넘는 수준이었다:** 그는 네이버 증권의 'ETF 분석' 메뉴를 통해 해당 ETF의 운용 보고서와 구성 종목을 확인하고는 할 말을 잃었다.

- AI 엔진의 실체: 그가 상상했던 복잡한 딥러닝 AI가 아니었다. 실제 운용 방식은 단순히 '시가총액 상위 IT 기업 20개를 동일 가중으로 편입한다'는 매우 단순한 규칙 기반의 퀀트 전략에 불과했다. 이는 그가 5분만 시간을 들였다면 직접 만들 수도 있는 수준의 간단한 모델이었다.

- 터무니없이 높은 비용: 더 큰 문제는 총 보수였다. 이 간단한 전략을 실행하는 데 부과되는 총보수는 연 1.2%로, 일반 인덱스 ETF의 10배가 넘는 수준이었다. 높은 보수가 매일 그의 수익률을 좀먹고 있었던 것이다.

4) **시사점:** 민규 씨는 'AI'라는 이름이 주는 후광 효과와 마케팅에 현혹되어, 상품의 본질을 검증하는 투자자의 가장 기본적인 의무를 소홀히 했던 것이다. 민규 씨는 뼈아픈 교훈을 얻었다. 그는 'AI'라는 이름이 주는 후광 효과와 마케팅에 현혹되어, 상품의 본질을 검증하는 투자자의 가장 기본적인 의무를 소홀히 했던 것이다. 그는 결국 비싸고 성과 없는 해당 ETF를 전량 매도하고, 이 책에서 배운 원칙에 따라 자신의 포트폴리오를 다시 처음부터 구축하기 시작했다. 이 경험을 통해 그는 기술의 이름이 아닌, 기술의 실제 내용과 그 비용을 따져 묻는 비판적인 투자자로 거듭나게 되었다.

제 9 장

AI 기반 "나만의 ETF 투자 철학" 만들기

1. AI가 알려주는 내 투자 성향과 목표 파악하기와 가상사례

1.1. AI 시대의 투자 성향 분석은 다 차원적인 데이터를 통해 투자자 내면에 숨겨진 '금융 DNA' 또는 '투자 MBTI'를 찾아내는 과정으로 발전하고 있다.

투자의 세계라는 망망대해로 항해를 떠나기 전, 모든 선장이 가장 먼저 해야 할 일은 바로 자신의 '배'를 아는 것이다. 나의 배는 거친 파도(위험)를 얼마나 견딜 수 있는지, 이 항해의 최종 목적지(목표)는 어디이며, 그곳까지 도달하는 데 주어진 시간(기간)은 얼마인지를 명확히 알아야만 올바른 항로를 설정할 수 있다. 이처럼 자신의 투자 성향과 목표를 파악하는 것은 성공적인 투자의 알파(α)이자 오메가(Ω)이다.

과거에는 몇 가지 간단한 설문지를 통해 투자 성향을 '안정형', '공격형' 등으로 단순하게 분류했다. 그러나 AI 시대의 투자 성향 분석은, 마치 간단한 문진이 정밀 MRI 검사로 진화하듯, 다 차원적인 데이터를 통해 투자자 내면에 숨겨진 '금융 DNA' 또는 '투자 MBTI'를 찾아내는 과정으로 발전하고 있다.

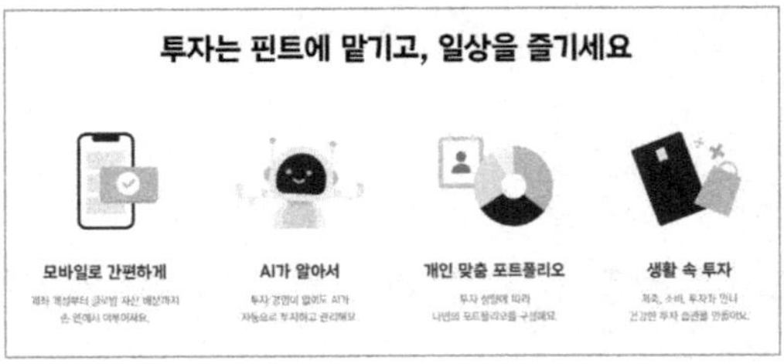

린(Lean)분석: AI가 도와주는 투자플랫폼 핀트 [https://brunch.co.kr]

1.1.1. AI는 다 차원적인 질문과 분석을 통해 투자자의 프로필을 입체적으로 구성한다.

AI는 다음과 같은 다 차원적인 질문과 분석을 통해 투자자의 프로필을 입체적으로 구성한다.

(1) **위험 수용 성향**(Risk Tolerance): AI는 "-20% 손실이 나면 어떻게 하시겠습니까?"와 같은 직접적인 질문을 넘어, 다양한 시장 상황 시나리오를 제시하고 그에 대한 반응을 분석하여 투자자가 '심리적으로 감내할 수 있는' 변동성의 크기를 측정한다.

(2) **투자 기간**(Time Horizon): 이 돈이 언제 필요한지를 명확히 하는 것은 AI가 포트폴리오를 구성하는 가장 중요한 변수이다. 3년 뒤 주택자금과 30년 뒤 은퇴자금에 대한 투자 전략은 완전히 달라야 하기 때문이다.

(3) **재무 목표**(Financial Goals): AI는 '부자 되기'와 같은 막연한 목표를 '매년 5%의 현금흐름 창출' 또는 '20년 후 10억 원 자산 형성'과 같이 구체적이고 측정 가능한 목표로 전환하도록 돕는다.

(4) **지식 수준 및 행동 편향**: AI는 투자자의 금융 이해도를 파악하고, 과거의 투자 경험(데이터가 있다면)을 분석하여 '손실 회피 편향'이나 '과신 편향'과 같은 개인의 심리적 약점까지 진단해낸다.

이 모든 분석을 종합하여, AI는 당신이 어떤 유형의 투자자인지를 명확하게 정의하고, 그에 맞는 최적의 전략 방향을 제시해주는 것이다.

1.1.2. AI가 진단하는 투자자 유형(Financial MBTI)

유형	대표 슬로건	위험 수용 성향	주요 목표	AI 추천 전략
안정 추구형 (ISFJ)	"잃지 않는 것이 가장 중요하다."	낮음	원금 보존 및 예금+α 수익	채권 및 저변동성 ETF 중심의 보수적 포트폴리오를 구성한다.
안정 성장형 (ISTJ)	"거북이처럼 꾸준하고 안전하게."	중하	안정적인 장기 자산 증식	글로벌 시장 대표 ETF 중심으로 자산의 코어(Core)를 구축한다.
적극 성장형 (ENTJ)	"위험은 성장의 또 다른 이름이다."	중상	적극적인 자산 증식	시장 대표 ETF를 중심으로, AI/바이오 등 성장 섹터 ETF를 위성(Satellite)으로 활용한다.
공격 투자형 (ESTP)	"최고의 기회는 최고의 위험 속에 있다."	매우 높음	단기 고수익 추구	AI는 높은 위험성을 경고하며, 자산의 극히 일부만을 활용하고 분산투자의 중요성을 강조한다.

1.2. 가상 사례: 유치원 교사 '혜진 씨'의 숨겨진 투자 DNA

1) **혜진 씨는 첫 투자는 예금처럼 안전한 채권 ETF로 시작해가겠다고 마음먹었다:** 유치원 교사인 20대 후반의 혜진 씨는 매사에 신중하고 안정적인 것을 선호하는 성격이었다. 그녀는 스스로를 당연히 '안정 추구형' 투자자라고 생각했고, 첫 투자는 예금처럼 안전한 채권 ETF로 시작해가겠다고 마음먹었다.

2) **투자를 시작하기 전, 그녀는 자신이 선택한 증권사의 'AI 투자 성향 분석' 서비스를 재미 삼아 이용해보았다:** AI 챗봇 '노아'는 그녀에게 몇 가지 독특한 질문을 던졌다.

- 노아: "혜진님, 당신이 30년 뒤 아이들을 위한 혁신적인 교육 공간을 만드는 꿈을 위해 투자한다고 상상해보세요. 1년 뒤 -30%의 손실이 발생했지만, 그 교육 기술의 잠재력은 변함이 없다면 어떻게 하시겠습니까?"
- 혜진: (그녀는 아이들의 미래를 상상하며) "기술의 가치를 믿는다면, 오히려 더 살 수 있는 좋은 기회라고 생각할 것 같다."
- 노아: "30년 뒤 목적지로 가는 두 가지 길이 있습니다. A는 목적지에 정확히 도착하지만 풍경이 단조로운 고속도로, B는 도착시간이 조금 불확실하지만 가는 내내 환상적인 풍경이 펼쳐지는 해안도로입니다. 어떤 길을 선택하시겠습니까?"
- 혜진: (그녀는 자신도 모르게) "결과만큼 과정의 즐거움도 중요하니까, B를 선택하겠다."

모든 질문이 끝나고, AI 노아는 그녀가 전혀 예상치 못했던 분석 결과를 내놓았다.

3) 진단 결과: 당신은 '신념 기반의 장기 성장 투자자'입니다.

노아는 다음과 같이 설명했다. "혜진님은 일상에서는 안정성을 추구하지만, 투자 의사결정의 핵심에는 '장기적인 신념과 가치'가 자리 잡고 있습니다. 30년이라는 긴 투자 기간은 단기적인 변동성을 충분히 극복할 수 있는 강력한 무기입니다. 따라서 당신의 잠재력에 비해 지나치게 안정적인 포트폴리오는, 오히려 장기적인 목표 달성을 저해할 수 있습니다."

4) 이 진단을 통해 자신의 '숨겨진 투자 DNA'를 발견한 그녀는, 단순한 채권 ETF 대신 '안정 성장형' 포트폴리오를 자신감 있게 선택하여 투자의 첫걸음을 내디뎠다.

혜진 씨는 큰 충격을 받았다. AI는 그녀의 '성격'과 '투자 성향'이 다를 수 있다는 사실을 일깨워주었다. 그녀는 자신이 단기적인 위험회피 성향 때문에, 30년이라는 긴 시간의 복리 효과를 스스로 포기할 뻔했다는 것을 깨 달았다. 이 진단을 통해 자신의 '숨겨진 투자 DNA'를 발견한 그녀는, 단순한 채권 ETF 대신 '안정 성장형' 포트폴리오를 자신감 있게 선택하여 투자의 첫걸음을 내디뎠다.

5) 시사점: 이 사례는 AI 기반의 성향 분석이 단순한 유형 분류를 넘어, 투자자 자신도 몰랐던 내면의 투자 철학을 발견하게 하는 '지적인 자기 탐색의 과정'이 될 수 있음을 보여주는 것이다.

2. AI 기반의 정기 적립식 투자의 힘과 가상사례

2.1. AI 기반의 정기 적립식 투자의 힘

투자의 세계에서 평범한 개인이 기관 투자자를 이길 수 있는 유일하고도 가장 강력한 무기는 바로 '시간'이다. 그리고 '정기 적립식 투자(Dollar-Cost Averaging)'는 이 '시간의 힘'을 내 편으로 만드는 가장 위대한 발명품이다. 이는 시장의 단기적인 등락을 예측하려는 무모한 시도를 포기하는 대신, 매달 월급날처럼 정해진 날에 정해진 금액만큼 꾸준히 투자 자산을 사 모으는 우직한 전략이다.

2.1.1. 정기 적립식 투자의 개요

정기 적립식 투자는 시장 상황과 무관하게 정해진 날짜에 일정 금액을 꾸준히 투자하여, 주가 변동에 따른 위험을 분산하고 코스트 에버리지 효과를 통해 장기적으로 수익을 창출하는 투자 방식이다. 자산이 비쌀 때는 적게, 쌀 때는 많이 매수하게 되어 평균 매입 단가를 낮추는 효과를 얻을 수 있으며, 주로 주식이나 ETF 등에 적용된다.

구분	내용
정의	시장 상황과 관계없이 정해진 시점에 일정한 금액을 투자하여 가격 변동 위험을 분산하고, '코스트 에버리지 효과(Cost Average Effect)'를 통해 장기적 수익을 추구하는 투자 방식이다. -자산 가격이 높을 때는 적게, 낮을 때는 많이 매수하여 평균 매입 단가를 낮추는 효과를 얻게 되며, 주로 주식이나 ETF에 적용된다.
특징	- 정해진 금액과 주기: 매월 또는 매주 등 일정한 주기마다 사전에 정한 금액을 투자한다. - 시장 상황과 무관: 시장 타이밍을 예측하지 않고 꾸준히 투자함으로써 시장 변동성에 대응한다. - 코스트 에버리지 효과: 주가가 낮을 때 더 많은 수량을, 높을 때 더 적은 수량을 매수하게 되어 평균 매입 단가가 낮아지는 효과가 발생한다. - 위험 분산: 정해진 기간마다 분할하여 투자함으로써 자산 가격 등락에 따른 위험을 감소시킨다. - 장기적 관점: 시장의 변동성 속에서 꾸준한 투자를 통해 장기적인 자산 증식을 목표로 한다.
장점	- 소액 투자 가능: 적은 금액으로 시작할 수 있어 직장인이나 사회초년생에게 적합하다. - 시간 및 노력 절약: 투자 시점 분석에 소요되는 시간과 노력을 절감할 수 있다. - 심리적 안정감: 시장 상황에 따른 감정적 대응을 최소화하고 기계적 투자를 실행하여 심리적 안정감을 유지하는 데 도움이 된다.

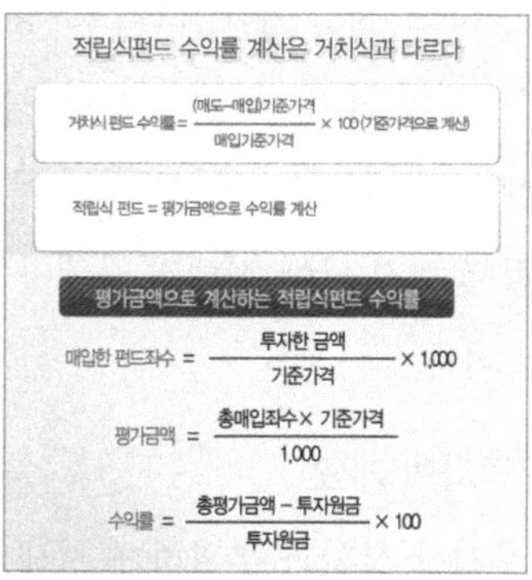

[차호중의 재테크 칼럼] 펀드투자 길라잡이: 국제신문 [https://www.kookje.co.kr]

고려할 점	- 수익률 제한 가능성: 대세 상승장에서는 일시불(거치식) 투자 방식에 비해 수익률이 낮을 수 있다. - 원금 손실 가능성: 투자 대상 자산의 가격이 하락할 경우 원금 손실이 발생할 수 있다. - 코스트 에버리지 효과 감소: 투자 기간이 장기화될수록 초기 매입 단가 평준화 효과의 영향력이 감소할 수 있다.

2.1.2. ETF 투자에서 정기 적립식 투자(Dollar-Cost Averaging) 전략의 효용성

구분	내용
개념	- 정기 적립식 투자는 ETF의 가격 변동과 관계없이, 사전에 설정한 일정한 주기와 금액으로 꾸준히 동일한 ETF를 매수하는 장기 투자 전략이다. - 이는 시장 타이밍을 예측하려는 노력을 배제하고, 시간 분산을 통해 투자 위험을 관리하는 데 핵심 목적을 둔다.
원리 및 방법	- 원리: 핵심 원리는 '매입 단가 평준화(Cost Averaging) 효과'이다. ETF 가격이 낮을 때는 정해진 금액으로 더 많은 수량의 좌(share)를 매수하게 되고, 가격이 높을 때는 더 적은 수량을 매수하게 된다. 이 과정이 반복되면 전체 투자 기간의 평균 매입 단가가 자연스럽게 낮아져, 장기적으로 가격 변동성에 대한 안정성을 확보하고 수익 잠재력을 높인다. - 방법: 1. ETF 선정: 장기적 성장이 기대되는 시장 지수 추종 ETF나 우량 섹터 ETF를 선택한다. 2. 계획 수립: 매월 또는 매주 등 투자 주기와 1회당 투자할 금액을 명확히 설정한다. 3. 자동 이체 설정: 증권사의 자동 매수 서비스를 활용하여 계획이 감정의 개입 없이 기계적으로 실행되도록 한다. 4. 지속적 실행: 시장의 등락에 흔들리지 않고 설정된 계획을 꾸준히 이행한다.
핵심 혜택	- 시장 변동성 위험 완화: 한 시점에 모든 자금을 투자하는 거치식 투자와 달리, 매수 시점을 분산하여 고점에 모든 자산을 매수할 위험을 효과적으로 회피한다. 이는 변동성이 높은 시장에서 특히 강력한 위험 관리 수단이 된다. - 비합리적 투자 판단 배제: 시장의 단기적 소음이나 투자자의 공포, 탐욕과 같은 감정적 요소를 제거하고, 정해진 원칙에 따라 투자를 실행하게 함으로써 심리적 안정감을 제공하고 비합리적 의사결정을 방지한다. - 장기 투자 습관 형성: 소액으로도 시작할 수 있어 투자 접근성이 높으며, 꾸준한 적립식 투자는 복리 효과를 극대화하는 건전한 장기 투자 습관을 형성하는 데 기여한다. - 타이밍 예측의 불필요성: "언제 사야 하는가"라는 어려운 질문에서 벗어나 "꾸준히 사 모은다"는 단순하고 명료한 원칙을 따르므로, 일반 투자자가 시장 예측에 쏟는 시간과 노력을 절약하게 해준다.

활용 사례	- 사회초년생의 자산 형성: 매월 급여의 일부를 S&P 500이나 KOSPI 200과 같은 대표 시장 지수 추종 ETF에 정기적으로 투자하여 장기적인 자산 기반을 마련한다. - 자녀를 위한 장기 교육 자금: 자녀의 미래 교육 자금을 위해 매월 일정 금액을 성장 잠재력이 높은 기술주 중심의 ETF(예: NASDAQ 100 추종 ETF)에 10년 이상 장기 적립식으로 투자한다. - 은퇴 자금 준비: 연금저축펀드나 개인형 퇴직연금(IRP) 계좌 내에서 다양한 자산(주식, 채권 등)에 분산된 ETF 포트폴리오에 대해 매월 정기적으로 투자하여 안정적인 노후 자금을 축적한다.

2.1.3. AI 기반의 정기 적립식 투자: 통계적으로 더 유리한 시점을 포착하여 월 투자금을 분할 매수

바로 이 지점에서 'AI(인공지능)'는 정기 적립식 투자라는 고전적인 지혜를 한 차원 높은 '지능형 전략'으로 진화 시킨다. AI 기반의 정기 적립식 투자는, 정해진 날에 모든 금액을 투자하는 대신, AI가 단기적인 시장 데이터를 분석하여 '통계적으로 더 유리한 시점'을 포착하여 월 투자금을 분할 매수하는 방식이다.

AI는 수십 년 간의 분/초 단위 데이터를 학습하여, 인간의 감정이 만들어내는 비이성적인 과매도 구간이나 일시적인 가격 급락 패턴을 식별해낸다. 그리고 바로 그 공포의 순간을 '더 싸게 살 수 있는 기회'로 활용하여, 전통적인 적립식 투자보다 평균 매입 단가를 한 단계 더 낮추는 것을 목표로 하는 것이다.

2.1.4. 전통적 적립식 투자 vs. AI 지능형 적립식 투자 비교

구분	전통적 정기 적립식(DCA)	AI 지능형 정기 적립식(Intelligent DCA)
매수 시점	매월 특정일(예: 25일)에 고정적으로 매수	AI가 월초부터 월말까지 시장을 감시하며 단기적 과매도 구간을 포착하여 매수
의사결정 기반	달력(Calendar)	데이터(Data): 단기 변동성, 기술적 지표(RSI 등), 시장 심리 지수 등

기대 효과	평균 매입 단가 인하	평균 매입 단가의 '추가적인' 인하 가능성
핵심 철학	시장의 타이밍을 완전히 포기하고, 꾸준함을 추구한다.	장기적인 꾸준함 속에서, 단기적인 비효율성을 기회로 활용한다.
비유	정해진 시간에 꼬박꼬박 씨앗을 심는 농부	일기예보(데이터)를 보고, 비가 오기 직전 가장 좋은 날에 씨앗을 심는 농부

2.2. 가상 사례: 쌍둥이 자매의 18년 후, 작은 차이가 만든 나비 효과

1) **매달 50만 원씩 18년간 'TIGER 미국S&P500 ETF'에 투자하는 장기 프로젝트를 시작했다:** 2025년, 쌍둥이 자매인 '혜진'과 '수진'은 각자 갓 태어난 아이의 대학 학자금을 위해, 매달 50만 원씩 18년간 'TIGER 미국S&P500 ETF'에 투자하는 장기 프로젝트를 시작했다.

2) **언니 '혜진':** 그녀는 전통적인 방식을 신뢰했다. 매달 월급날인 25일, 50만 원이 자동으로 ETF를 매수하도록 설정하고는 잊고 지냈다.

3) **동생 '수진':** 그녀는 새로운 기술을 신뢰했다. 그녀는 AI가 운용하는 로보어드바이저를 통해, 매달 25일 50만 원을 계좌에 넣어두면 AI가 알아서 최적의 시점에 분할 매수해주는 '지능형 적립식' 서비스를 이용했다.

   수년 뒤, 시장에 큰 변동성이 찾아온 어느 달의 기록은 두 방식의 차이를 극명하게 보여주었다.

   • 25일(혜진의 매수일): 시장은 며칠간의 상승 끝에 ETF 가격이 50,000원을 기록했다. 혜진은 50만 원으로 정확히 10주를 매수했다.

   • 28일(AI의 매수일): 며칠 뒤, 단기적인 악재로 시장이 잠시 공포에 휩싸이며 ETF 가격이 47,000원까지 급락했다. 수진의 AI는 이 순

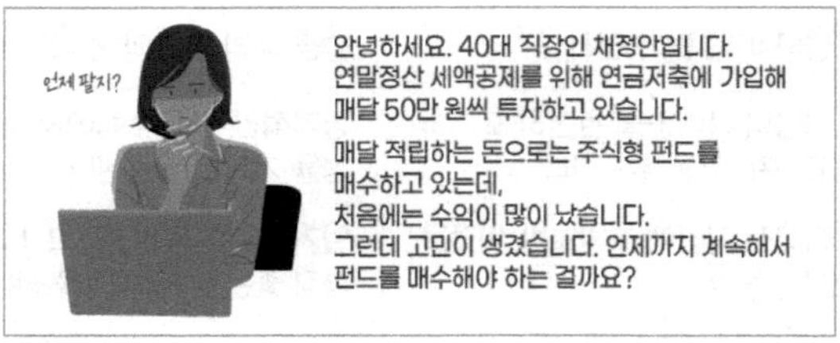

https://www.kcie.or.kr

간을 '통계적 과매도' 구간으로 포착하고, 기다렸다는 듯이 50만 원의 매수 주문을 실행했다. 수진은 같은 돈으로 약 10.63주를 매수하게 되었다.

- 이 달에만 수진은 혜진보다 0.63주를 더 모았다. 이러한 미세한 차이는 매달, 매년 반복되었다. AI는 시장이 평온할 때는 혜진과 비슷하게 투자했지만, 시장의 변동성이 커질 때마다 그 '공포'를 '할인 쿠폰'처럼 활용하여 더 많은 수량을 사 모았다.

4) 18년 후, 두 아이가 대학에 입학할 나이가 되었을 때의 결과는 놀라웠다.

- 혜진(전통 방식)의 계좌: 총 원금 1억 800만 원은 약 3억 5천만 원이 되어 있었다.
- 수진(AI 방식)의 계좌: 총 원금 1억 800만 원은 약 3억 9천만 원이 되어 있었다.

5) 그녀의 AI 파트너가 인간의 감정이 만들어내는 시장의 단기적인 비효율성을, 18년 동안 꾸준하고 지치지 않고 이삭줍기처럼 챙겨온 결과일 뿐이었다: 수진은 언니보다 4천만 원이라는, 아이의 1년 치 등록금을 훌쩍 넘는 금액을 추가로 얻게 된 것이다. 그녀가 더 똑똑하거나 운이 좋았던 것이 아니다. 그녀의 AI 파트너가 인간의 감정이

만들어내는 시장의 단기적인 비효율성을, 18년 동안 꾸준하고 지치지 않고 이삭줍기처럼 챙겨온 결과일 뿐이었다. 이 사례는 AI 기반의 적립식 투자가 어떻게 장기적인 꾸준함이라는 위대한 전략에, 데이터 기반의 지능이라는 날개를 달아주는지를 명확히 보여주는 것이다.

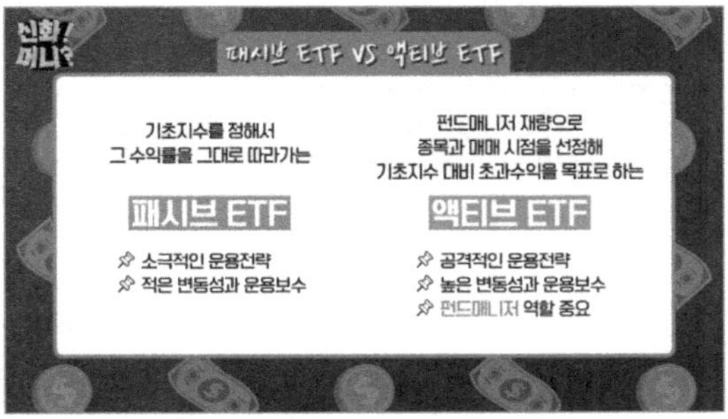

액티브 ETF와 패시브 ETF의 뜻과 차이점 비교 - Homo Economicus

3. 시장의 흐름에 몸을 맡기는 '패시브(Passive)' ETF 전략과 가상사례

3.1. 패시브 전략의 큰 장점은 낮은 비용, 높은 투명성, 그리고 운용 보수가 저렴하다

패시브(Passive) ETF 전략은 '시장은 효율적이어서 장기적으로 시장을 이기는 것은 불가능에 가깝다'는 전제에서 출발한다. 이는 개별 종목을 적극적으로 선택하고 매매 시점을 예측하려는 '액티브(Active)' 전략과 정반대의 철학을 가진다.

투자자가 특정 기업의 가치를 분석하고 미래를 예측하는 대신, 코스피 200, S&P 500과 같은 특정 시장 지수(Index)의 움직임을 그대로 따라가도록 포트폴리오를 구성하는 것이 핵심이다. 즉, 시장 전체의 성장에 투자하여 안정적인 수익을 추구하는 방식인 것이다.

이러한 전략의 가장 큰 장점은 낮은 비용과 높은 투명성에 있다. 액티브 펀드처럼 펀드매니저가 종목을 끊임없이 분석하고 교체할 필요가 없으므로 운용 보수가 현저히 저렴하다. 또한, 추종하는 지수를 명확히 공개하기 때문에 투자자는 자신의 ETF가 어떤 자산에 투자되고 있는지 언제든지 쉽게 파악할 수 있다.

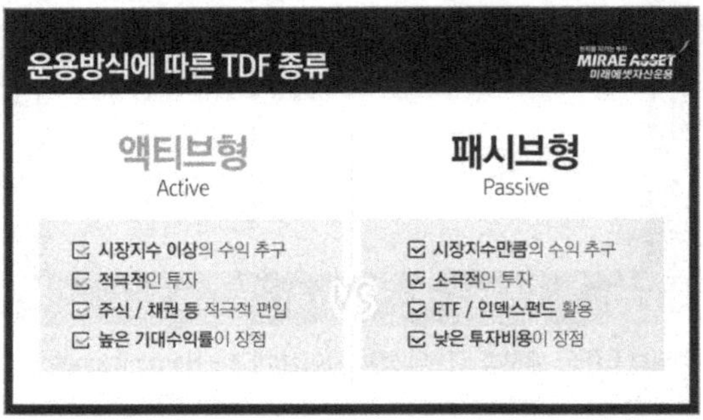

IRP에 딱 맞는 TDF펀드에도 종류가 있다. 액티브? 패시브? 네이버 블로그

패시브(Passive) ETF 전략은 특정 벤치마크 지수의 성과를 그대로 따라가는 수동적인 전략으로, 시장의 평균 수익률을 추구하며 운용 매매 횟수가 적고 비용이 낮은 것이 특징이다. 코스피 200이나 S&P 500과 같은 지수를 복제하는 인덱스 펀드가 대표적이며, 투자자가 직접 종목을 고를 필요 없이 시장 평균 수익률과 분산 투자 효과를 얻을 수 있다.

구분	내용
정의	특정 벤치마크 지수의 성과를 그대로 추종하는 수동적 전략으로, 시장 평균 수익률을 추구하며 운용 매매 횟수가 적고 비용이 낮은 것이 특징이다.
핵심 원리	- 지수 추종: 특정 시장 지수(벤치마크)를 선정하고, 해당 지수를 구성하는 종목들을 동일 비중으로 보유하여 지수의 성과를 그대로 복제한다. - 수동적 운용: 펀드매니저가 시장 초과수익을 추구하기보다 시장 전체의 흐름을 따르므로 사람의 개입이 최소화된다.

특징	- 낮은 비용: 잦은 매매가 이루어지지 않아 운용 및 거래 비용이 낮다. - 시장 평균 수익: 초과수익보다는 시장의 평균 수익률을 얻는 것을 목표로 한다. - 분산 투자 효과: 다수 종목에 분산 투자하여 개별 종목이 갖는 고유 위험을 줄여준다. - 단순한 구조: 특정 지수를 따라가므로 구조가 단순하고 이해하기 쉽다.
장점	- 저렴한 수수료: 펀드매니저의 적극적인 개입이 적어 운용 보수가 낮다. - 투명성: 추종하는 지수가 명확하므로 상품의 구성과 성과를 예측하고 이해하기 용이하다. - 장기적 시장 수익: 시장이 장기적으로 우 상향한다는 신뢰를 바탕으로 시장 평균 수익률을 꾸준히 얻을 수 있다. - 자동화된 분산 투자: 개별 종목을 직접 선택하는 어려움 없이 여러 종목에 자동으로 분산 투자되는 효과를 얻는다.
운용 방식	- 완전 복제(Full Replication): 지수를 구성하는 모든 종목을 지수 내 비중과 동일하게 매입하는 가장 직접적인 방식이다. - 표본 추출(Sampling): 구성 종목이 너무 많아 완전 복제가 비효율적일 경우, 지수의 성과와 유사한 움직임을 보일 것으로 예상되는 핵심 종목들만 선별하여 투자하는 방식이다.
종합	인간의 주관적 판단이나 감정적 실수를 배제하고, 거대한 시장의 흐름에 따라 장기적인 성장의 과실을 공유하려는 현명하고 합리적인 투자 방식이라 할 수 있다.

3.2. 가상 사례: 안정적인 미래를 꿈꾸는 30대 직장인 K 씨의 생애 첫 ETF 투자

1) **고민 끝에 K 씨는 시장 전체의 성장에 투자하는 '패시브 ETF 전략'이 자신에게 가장 적합하다는 결론을 내렸다:** 이제 막 사회생활을 시작한 30대 직장인 K 씨는 안정적인 노후 준비를 위해 장기적인 관점의 투자를 결심했다. 하지만 수많은 기업 정보와 복잡한 경제 지표 앞에서 어떤 종목을 선택해야 할지 막막함을 느꼈다. 그는 밤낮으로 주식 시장을 분석할 시간도, 전문적인 지식도 부족했다. 고민 끝에 K 씨는 시장 전체의 성장에 투자하는 '패시브 ETF 전략'이 자신에게 가장 적합하다는 결론을 내렸다.

2) **그는 대한민국을 대표하는 200개 우량 기업으로 구성된 '코스피 200' 지수를 추종하는 ETF를 선택했다:** K 씨의 목표는 '대한민국 경제의 장기적 성장'에 투자하는 것이었다. 그는 대한민국을 대표하는 200개 우량 기업으로 구성된 '코스피 200' 지수를 추종하는 ETF를 선택했다. 이는 곧 대한민국 경제의 핵심 동력인 삼성전자, SK하이닉스 등 대기업들의 성과를 자신의 포트폴리오에 그대로 반영하는 것을 의미했다.

3) **K 씨는 매달 월급의 일정 금액을 꾸준히 이 ETF에 투자하는 '적립식 투자' 방식을 병행했다:** 시장이 일시적으로 하락하여 두려움이 밀려올 때도 그는 감정적인 매도 대신, 오히려 저렴한 가격에 더 많은 ETF를 매수할 기회로 삼았다. 그의 판단 기준은 개별 기업의 단기 실적이 아닌, '대한민국 경제는 장기적으로 우 상향할 것'이라는 굳건한 믿음이었다.

4) **10년 후, K 씨의 투자 계좌는 놀라운 변화를 보여주었다:** 그 사이 글로벌 금융위기나 예상치 못한 경제 충격으로 시장은 여러 차례 출렁였지만, 장기적으로 대한민국 경제가 성장함에 따라 코스피 200 지수는 꾸준히 상승했다. K 씨는 복잡한 분석 없이 오직 시장의 흐름에 투자를 맡김으로써, 위험을 분산하고 안정적인 복리 효과를 누릴 수 있었던 것이다.

투자 상품	초기 투자 원금(원)	10년 후 평가 금액(원)	연평균 수익률	총 수익률
코스피 200 추종 ETF	120,000,000	250,000,000	7.61%	108.33%
비고	매달 100만원 적립식 투자	시장 상황에 따른 등락 반영	배당금 재투자 포함	

5) **시사점:** K 씨의 사례는 패시브 ETF 전략이 어떻게 개인 투자자에게 강력한 무기가 될 수 있는지를 명확히 보여준다. 이는 시장을 이기려는 조급함 대신, 시장의 성장에 동행하며 시간의 힘을 빌려 부를 축적하는 지혜로운 방법인 것이다.

구분	패시브펀드 (인덱스펀드)	액티브펀드 (주식형 펀드)
목표수익률	벤치마크하는 지수의 수익률	지수 대비 초과 수익률
운용방식	소극적 자산운용 추적오차 최소화 장기투자	적극적 자산운용 종목 선택 마켓 타이밍에 따른 잦은 매매
운용전략	포트폴리오 구성 차익거래	자산 배분(주식 vs 현금) 종목 선정
수익과 비용	금융기관 : 저수익 투자자 : 저비용	금융기관 : 고수익 투자자 : 고비용 (2% 이상)
특징	펀드별 수익률 편차가 작다 펀드 운영이 투명하다	펀드별 수익률 편차가 크다 펀드 운영이 복잡하고 어렵다
위험요인	추적오차만 조정하므로 위험이 낮다	공격적 운용으로 위험이 높다

출처: 주식투자 무작정 따라하기, ETF편

ETF 종류 알아보기 #패시브(Passive) ETF #액티브(Active) ETF: 네이버 블로그

4. 시장을 이기기 위한 '액티브(Active)' ETF 전략과 가상사례

4.1. 액티브 ETF 전략의 목표는 벤치마크(BM), 즉 기준이 되는 시장 지수를 뛰어넘는 '초과수익(알파, α)'을 창출하는 것이다.

액티브(Active) ETF 전략은 '시장은 비효율적인 부분이 존재하며, 전문가의 역량을 통해 시장 평균 수익률을 초과할 수 있다'는 신념에 기반한다. 이는 시장의 흐름을 그대로 따르는 패시브 전략과 달리, 펀드매니저가 자신의 경험, 철학, 그리고 정교한 데이터 분석 모델을 총동원하여 성장 잠재력이 높은 자산을 적극적으로 발굴하고 편입하는 투자 방식이다. 최종 목표는 벤치마크(BM), 즉 기준이 되는 시장 지수를 뛰어넘는 '초과수익(알파, α)'을 창출하는 것이다.

이 전략의 핵심은 '선택'과 '집중'에 있다. 펀드매니저는 거시 경제 지표, 산업 동향, 기업의 재무 상태, 기술적 분석 등 방대한 정보를 활용하여 유망하다고 판단되는 소수의 종목이나 섹터에 집중적으로 투자한다. 또한, 시장 상황이 급변할 경우 편입 종목을 교체하거나 현금 비중을 조절하는 등 유연하고 신속한 대응을 통해 위험을 관리하고 기회를 포착하고자 한다.

최근에는 인공지능(AI)과 빅데이터 기술이 액티브 ETF 운용에 적극적으로 활용되고 있다. AI는 인간 매니저가 처리하기 어려운 규모의 데이터를 실시간으로 분석하여 숨겨진 투자 패턴을 찾아내거나, 특정 테마(예: 인공지능, 친환경 에너지, 바이오테크)의 미래 성장성을 예측하여 포트폴리오를 구성하는 데 결정적인 역할을 한다. 이는 과거의 직관과 경험에 의존하던 방식을 넘어, 데이터에 기반한 과학적이고 체계적인 방식으로 초과수익을 추구하는 진일보한 형태라 할 수 있다.

결론적으로 액티브 ETF 전략은 시장에 순응하기보다 적극적인 탐색과 분석을 통해 시장을 이기고자 하는 능동적인 도전이다. 이는 더 높은 위험을 감수하는 대신, 성공할 경우 시장 평균을 월등히 뛰어넘는 매력적인 수익률을 기대할 수 있는 공격적인 투자 방식인 것이다.

액티브 ETF 전략은 펀드매니저가 시장 평균을 뛰어넘는 '초과 수익(알파)'을 목표로, 직접 종목을 선정하고 매매 시점을 결정하여 운용하는 전략이다. 이는 특정 지수를 그대로 추종하는 패시브 ETF와 달리, 펀드매니저의 재량과 분석 능력에 따라 시장 변동에 능동적으로 대응하며 유망한 종목을 선별하고 매매 타이밍을 조절하는 것이 특징이다.

구분	내용
정의	펀드매니저가 기초 지수(벤치마크) 대비 초과 수익률(알파) 달성을 목표로, 재량에 따라 적극적으로 종목을 선정하고 운용하는 투자 전략이다.
핵심 특징	- 초과 수익(알파) 추구: 기초 지수 대비 더 높은 수익률을 달성하는 것을 목표로 한다. - 펀드매니저의 재량 운용: 시장 상황과 종목 가치를 분석하여 펀드매니저가 직접 종목 선정 및 매매 시점 등을 결정한다. - 능동적인 시장 대응: 시장 변화에 따라 투자 대상을 유연하게 변경하고 매매를 통해 포트폴리오를 적극적으로 조정한다. - 다양한 투자 대상: 주식, 채권, 혼합형, 리츠(REITs) 등 다양한 자산에 투자하는 상품이 출시되고 있다.
장점	- 시장 평균 이상의 수익 기대: 전문가의 적극적인 운용을 통해 시장 평균을 상회하는 수익률을 얻을 가능성이 있다. - 유연한 리스크 관리: 급변하는 시장 상황에서도 포트폴리오를 유연하게 조정하여 리스크 관리가 가능하다.
단점	- 높은 운용 비용: 펀드매니저의 적극적인 운용으로 인해 패시브 ETF보다 높은 운용 비용이 발생할 수 있다. - 운용 성과 의존도: 펀드매니저의 능력과 판단에 따라 성과가 크게 좌우되므로, 운용 역량의 중요도가 높다.
활용 방안	- 투자 경험이 부족한 경우: 직접 투자 경험이나 지식이 부족한 투자자가 전문가의 운용을 통해 효율적으로 자산을 관리하는 데 활용된다. - 능동적 투자를 선호하는 경우: 시장 상황 변화에 맞춰 적극적으로 투자 전략을 구사하고 싶은 투자자에게 적합하다.

4.2. 가상 사례: 기술 트렌드에 투자하여 자산 증식을 노리는 40대 투자자 P 씨

1) **P 씨는 직접 개별 종목을 고르는 것의 위험성과 어려움을 인지하고, 대신 'AI & 로봇 테마 액티브 ETF'에 투자하기로 결정했다:** IT 기업의 임원인 40대 P 씨는 자신의 전문 분야인 '인공지능(AI) 및 로봇공학' 산업의 폭발적인 성장 잠재력을 확신하고 있었다. 그는 단순히 시장 지수를 추종하는 것으로는 만족할 수 없었다. 특정 산업의 성장에 집중 투자하여 시장 평균을 뛰어넘는 수익을 얻고자 하는 강한 동기를 가지고 있었다. P 씨는 직접 개별 종목을 고르는 것의

위험성과 어려움을 인지하고, 대신 'AI & 로봇 테마 액티브 ETF'에 투자하기로 결정했다.

이 ETF는 AI 전문가와 데이터 사이언티스트로 구성된 펀드 운용팀이 관리하며, 자체 개발한 AI 알고리즘을 활용하여 전 세계 AI 및 로봇 관련 기업 중 가장 혁신적이고 성장 가능성이 높다고 판단되는 기업들을 선별하여 포트폴리오에 편입하는 상품이었다. 포트폴리오는 시장 상황과 기술 변화에 따라 주기적으로 최적화(리밸런싱)되었다.

P 씨가 투자를 시작한 후, AI 산업은 예상대로 급격한 성장을 거듭했다. 특히 포트폴리오에 포함된 몇몇 기업들이 획기적인 기술을 발표하며 주가가 급등했다. 펀드매니저는 시장의 변화를 민첩하게 포착하여 일부 차익을 실현하고, 또 다른 잠재력 있는 신생 기업을 포트폴리오에 새롭게 편입하는 등 적극적인 운용을 펼쳤다.

2) 5년 후, P 씨의 투자 성과는 시장 지수를 크게 상회했다. 같은 기간 코스피 200 지수가 40% 상승하는 동안, P 씨가 투자한 액티브 ETF는 95%라는 경이로운 수익률을 기록했다. 이는 펀드매니저의 전문적인 분석과 AI 알고리즘의 정교한 예측이 성공적으로 결합된 결과였다.

투자 상품	투자 원금(원)	5년 후 평가 금액(원)	연평균 수익률	총 수익률
AI & 로봇 테마 액티브 ETF	200,000,000	390,000,000	14.29%	95.00%
코스피 200 추종 ETF(비교)	200,000,000	280,000,000	6.96%	40.00%
비고	-	높은 수익률만큼 변동성도 컸음	-	시장 대비 55%p 초과수익 달성

3) **시사점:** P 씨의 사례는 액티브 ETF 전략이 어떻게 특정 산업이나 테마의 성장에 대한 투자자의 확신을 높은 수익으로 연결시킬 수 있는지를 보여준다. 이는 전문가의 통찰력과 데이터 기반의 분석을 신뢰하고, 시장의 평균적인 흐름을 넘어 더 높은 목표를 향해 나아가는 과감한 투자 전략인 것이다.

5. 안정성과 수익성을 동시에 잡는 '코어-위성(Core-Satellite)' ETF 전략과 가상사례

5.1. 코어-위성 ETF 전략의 심층적 이해

코어-위성(Core-Satellite) 전략은 포트폴리오의 '안정적인 기반(Core)'과 '추가적인 수익 기회(Satellite)'를 결합하여 '안정성'과 '수익성'이라는 두 마리 토끼를 동시에 잡으려는 고도로 체계화된 투자 접근법이다. 이는 마치 태양계에서 태양(Core)이 중심을 굳건히 지키고 그 주위를 행성(Satellite)들이 궤도를 돌며 역동성을 더하는 모습과 유사하다.

5.1.1. '코어(Core)' 부분

코어(Core) 부분은 전체 포트폴리오의 중심축으로, 자산의 70~80%에

핵심-위성 전략 구성 예시

전략 구분	구성 방향	ETF 예시
핵심(주력)	·시장 대표 지수 추종 ·저비용/장기 안정성 중심 ·채권형: 단기채 중심 안정 자산	KOSPI200, S&P500, 단기채 등
위성(보조)	·초과 수익 추구 ·테마형 주식 ETF ·특정 국가 집중 투자 ·장기채 중심 전략형	AI반도체, 인도Nifty50, 장기국고채(10년, 30년) 등

※ 이해를 돕기 위한 단순 예시로, 투자 권유가 아니며 특정 상품의 수익률을 보장하거나 투자 결과를 예측하는 것은 아닙니다

키움투자자산운용 [https://www.kiwoomam.com]

달하는 큰 비중을 차지한다. 이곳에는 S&P 500이나 코스피 200과 같은 광범위한 시장 지수를 추종하는 패시브 ETF를 주로 배치한다. 코어의 목적은 장기적으로 시장 전체의 성장에 편승하여 안정적인 수익 기반을 마련하고, 낮은 보수와 높은 분산투자를 통해 위험을 최소화하는 것이다. 이는 포트폴리오가 시장의 큰 흐름에서 벗어나지 않도록 붙잡아주는 닻과 같은 역할을 한다.

5.1.2. '위성(Satellite)' 부분

'위성(Satellite)' 부분은 나머지 20~30%의 자산으로 구성되며, 시장 평균을 초과하는 수익, 즉 '알파(α)'를 적극적으로 추구하는 역할을 담당한다. 여기에는 펀드매니저가 유망 종목을 발굴하는 액티브 ETF나 인공지능(AI), 바이오테크, 친환경 에너지 등 특정 성장 테마에 집중하는 테마형 ETF가 포함된다. 위성 전략은 투자자의 개인적인 신념이나 시장 전망에 따라 유연하게 선택할 수 있으며, 성공할 경우 포트폴리오 전체의 수익률을 극적으로 끌어올리는 엔진 역할을 수행한다.

요약하면, 코어-위성 전략은 패시브 투자의 장점인 안정성과 저비용을 기본으로 삼으면서, 액티브 투자의 묘미인 초과수익의 가능성을 접목한 매우 합리적이고 균형 잡힌 투자 방식이라 할 수 있다.

구분	내용
개념	- 안정적인 자산(코어)과 고수익 추구 자산(위성)을 결합하여 포트폴리오를 구성하는 투자 전략이다. - 포트폴리오의 중심이 되는 코어 자산에 대부분의 자금을 배분하고, 나머지 소규모 자금을 위성 자산에 투자하여 초과 수익을 추구한다.
원리 및 방법	- 코어(Core) 포트폴리오 구성: 전체 자산의 70~90%를 시장 지수를 추종하는 패시브 ETF나 우량 채권형 ETF 등 변동성이 낮고 장기적으로 안정적인 성장이 기대되는 자산으로 구성한다. - 위성(Satellite) 포트폴리오 구성: 나머지 10~30%의 자금을 특정 섹터, 테마, 국가, 원자재 등 성장 잠재력이 높지만 변동성도 큰 액티브 ETF나 개별 종목에 투자하여 '알파(α)' 수익을 목표로 한다.

역할	- 코어(Core): 시장 평균 수익률을 안정적으로 확보하며 포트폴리오의 하방 경직성을 담당하는 '방어'의 역할을 수행한다. - 위성(Satellite): 시장 평균을 초과하는 고수익을 추구하며 포트폴리오의 전체 수익률을 높이는 '공격'의 역할을 수행한다.
배당	- 코어 자산으로 배당주 ETF나 고배당 ETF를 편입할 경우, 안정적인 현금 흐름(Cash Flow)을 창출하여 포트폴리오의 변동성을 완화하고 장기적인 복리 효과를 극대화할 수 있다.
장점	- 안정성과 수익성의 조화: 코어 자산을 통해 안정적인 기반을 다지면서 위성 자산으로 추가 수익을 기대할 수 있다. - 비용 효율성: 포트폴리오의 대부분을 차지하는 코어 자산을 저비용 패시브 ETF로 구성하여 전체 운용 비용을 절감할 수 있다. - 위험 관리 용이성: 투자 비중이 큰 코어 자산이 시장 위험을 방어해주므로, 위성 자산의 높은 변동성에 대한 부담을 줄일 수 있다. - 유연한 자산 배분: 시장 상황에 따라 위성 자산의 비중이나 종목을 유연하게 조정하여 능동적인 시장 대응이 가능하다.
단점	- 위성 자산 운용의 어려움: 위성 자산은 높은 수익률만큼 실패 위험도 크므로, 종목 선정과 매매 시점 판단에 대한 전문성이 요구된다. - 지속적인 관리 필요: 시장 변화에 맞춰 위성 포트폴리오를 주기적으로 재조정(리밸런싱)해야 하는 번거로움이 있다. - 낮은 초과 수익 가능성: 위성 자산의 비중이 낮기 때문에, 성공적인 투자를 하더라도 전체 포트폴리오 수익률에 미치는 영향이 제한적일 수 있다.
활용 사례	- 은퇴 자금 운용: 코어 자산으로 미국 S&P 500 ETF와 같은 대표 지수 ETF를 80% 비중으로 구성하고, 위성 자산으로 인공지능(AI), 2차전지, 신재생에너지 등 유망 테마 ETF에 20%를 투자하여 은퇴 자금의 안정적 증식을 도모한다. - 중위험·중수익 추구 투자: 코스피 200 ETF와 국고채 ETF를 7:3 비율로 코어 포트폴리오를 구축하고, 베트남, 인도 등 신흥국 주식형 ETF에 소액을 투자하여 중위험·중수익을 목표로 한다.

5.2. 가상 사례: 은퇴 후에도 성장을 꿈꾸는 50대 은퇴 예정자 J 씨

1) J 씨는 안정적인 자산 방어와 성장 잠재력을 동시에 갖춘 '코어-위성 ETF 전략'이 자신의 투자 목표에 가장 부합한다는 사실을 깨 달았다: 정년 퇴직을 5년 앞둔 50대 J 씨는 평생 모은 퇴직금을 어떻게 운용해야 할지 깊은 고민에 빠졌다. 원금 손실의 위험은 최소화하면서도, 물가상승률 이상의 꾸준한 수익을 통해 은퇴 후 삶의 질을 높이고 싶었기 때문이다. 오랜 탐색 끝에 J 씨는 안정적인 자산 방어와

성장 잠재력을 동시에 갖춘 '코어-위성 ETF 전략'이 자신의 투자 목표에 가장 부합한다는 사실을 깨 달았다.

2) J 씨는 자신의 전체 투자금 5억 원 중 70%에 해당하는 3억 5천만 원을 '코어(Core)' 포트폴리오에 배분했다. 그는 글로벌 경제의 장기적인 성장을 믿었기에, 미국 S&P 500 지수 추종 ETF와 전 세계 선진국 시장에 분산 투자하는 글로벌 주식 ETF를 1:1 비율로 매수했다: 이는 그의 자산 대부분이 전 세계 우량 기업들의 성과에 연동되어 안정적으로 불어나는 튼튼한 기반이 될 것이다.

3) 나머지 30%인 1억 5천만 원은 '위성(Satellite)' 포트폴리오로 구성하여 보다 공격적인 수익을 노렸다: 평소 헬스케어와 고령화 사회 문제에 관심이 많았던 J 씨는 글로벌 헬스케어 기업에 투자하는 액티브 ETF와 미래 유망 기술로 주목받는 인공지능(AI) 반도체 관련 테마 ETF에 자금을 각각 나누어 투자했다. 이는 그의 전문적 식견과 미래 전망을 투자에 반영한 능동적인 선택이었다.

4) 시간이 흘러 J 씨가 은퇴하는 시점이 되었을 때, 그의 포트폴리오는 기대 이상의 성과를 보여주었다. 글로벌 증시가 꾸준히 성장함에 따라 그의 코어 자산은 안정적으로 우 상향했다. 특히 위성 포트폴리오에 담았던 헬스케어와 AI 반도체 산업이 시대적 흐름을 타고 급성장하면서, 전체 포트폴리오의 수익률을 시장 평균 이상으로 끌어올리는 결정적인 역할을 했다.

포트폴리오 구분	투자 상품	투자 비중	투자 원금(원)	5년 후 평가 금액(원)	총 수익률
코어 (Core)	S&P 500 추종 ETF	35%	175,000,000	253,750,000	45%
	글로벌 선진국 주식 ETF	35%	175,000,000	236,250,000	35%

위성 (Satellite)	글로벌 헬스케어 액티브 ETF	15%	75,000,000	127,500,000	70%
	AI 반도체 테마 ETF	15%	75,000,000	142,500,000	90%
총계	-	100%	500,000,000	760,000,000	52%

5) **시사점:** J 씨의 성공적인 투자는 코어-위성 전략이 어떻게 개인의 투자 목표와 위험 수용도에 맞춰 정교하게 설계될 수 있는지를 증명한다. 이는 시장의 안정적인 성장을 발판 삼아, 자신의 신념과 통찰력을 바탕으로 더 높은 수익을 향해 나아가는 현명하고 전략적인 자산 배분 방식인 것이다.

6. AI가 알려주는 리밸런싱(Rebalancing) 전략으로 수익 극대화하기와 가상사례

6.1. AI가 알려주는 리밸런싱 전략으로 수익 극대화하기

훌륭한 농부는 씨앗을 심는 것에서 일을 끝마치지 않는다. 그는 주기적으로 밭을 돌며, 너무 무성하게 자라 다른 작물의 양분을 빼앗는 잡초는 솎아내고, 그 영양분을 성장이 더딘 작물에 공급하여 밭 전체의 균형과 수확량을 극대화한다. '리밸런싱(Rebalancing)'은 바로 이와 같이, 투자라는 밭을 가꾸는 가장 중요한 '포트폴리오 농법'이다.

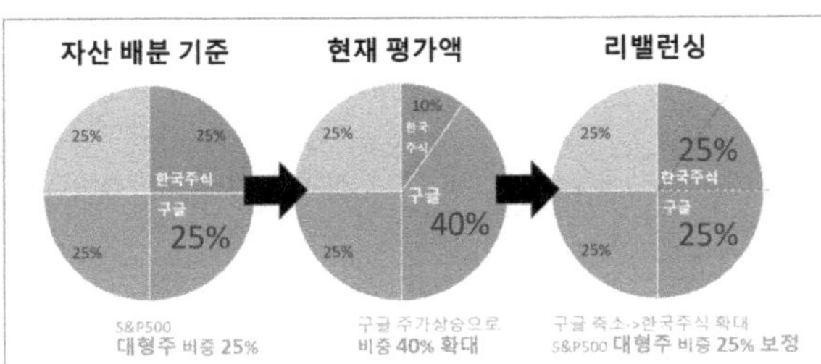

리밸런싱(Re-balancing) 개념잡기: 네이버 블로그[https://blog.naver.com]

6.1.1. 리밸런싱의 두 가지 강력한 힘

리밸런싱이란, 시간이 지나면서 비중이 너무 커져버린 자산(수익이 난 자산)은 일부 매도하고, 비중이 작아진 자산(가격이 하락한 자산)은 추가로 매수하여, 최초에 설정했던 목표 자산 비중(예: 주식 60%, 채권 40%)을 다시 맞추는 과정을 의미한다.

이 단순해 보이는 행위에는 두 가지 강력한 힘이 숨어있다.

(1) **위험 관리**: 특정 자산의 비중이 과도하게 높아지는 것을 막아, 포트폴리오가 고위험 자산에 집중되는 것을 방지한다.

(2) **수익 극대화**: 가격이 오른 자산을 팔고(Sell High), 가격이 떨어진 자산을 사는(Buy Low) 행위를 기계적으로 반복하게 함으로써, 인간의 감정과는 반대로 행동하는 역발상 투자를 자동화한다.

하지만 전통적인 리밸런싱(예: 1년에 한 번씩 실행)은 과거의 가격 변동만을 기준으로 움직이는 '후행적' 전략이라는 한계를 가진다. 바로 이 지점에서 AI는 리밸런싱을 '단순한 복구'가 아닌, '미래를 예측하는 능동적 관리'의 영역으로 진화시킨다.

6.1.2. AI 기반의 지능형 리밸런싱

AI 기반의 지능형 리밸런싱은 단순히 자산 비중의 변화만을 보는 것이 아니라, 금리, 인플레이션과 같은 거시 경제 지표, VIX(공포지수)와 같은

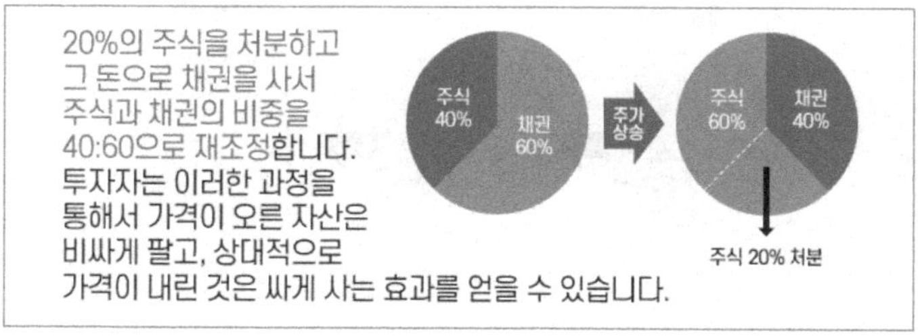

https://www.kcie.or.kr

시장 심리 지표, 그리고 각종 기술적 지표까지 종합적으로 분석한다.

이를 통해 지금이 '단순히 비중을 조절해야 할 때'인지, 아니면 '시장의 비이성적인 공포를 이용해 더 공격적으로 싼 자산을 매수해야 할 기회'인지를 판단하여 리밸런싱의 시점과 강도를 동적으로 조절하는 것이다.

구분	내용
개념	시간이 지나면서 시장의 변화에 따라 최초에 설정한 자산 배분 비중이 달라졌을 때, 이를 원래의 비중으로 되돌리기 위해 포트폴리오를 주기적으로 조정하는 투자 전략을 의미한다.
원리 및 방법	- 원리: '싸게 사서 비싸게 판다(Buy Low, Sell High)'는 투자 원칙을 자동적으로 실행하는 원리이다. 가격이 올라 비중이 커진 자산은 일부 매도하여 수익을 실현하고, 가격이 하락하여 비중이 작아진 자산은 추가 매수하여 평균 매입 단가를 낮춘다. - 방법: 1. 정기 리밸런싱(Calendar Rebalancing): 분기, 반기, 연간 등 미리 정해 놓은 특정 주기를 기준으로 포트폴리오의 자산 비중을 재조정한다. 2. 비중 리밸런싱(Percentage-of-Portfolio Rebalancing): 특정 자산의 비중이 사전에 설정한 허용 범위를 벗어날 경우에만 리밸런싱을 실행한다.(예: 주식 비중이 60% ± 5% 범위를 이탈할 시 조정)
역할	- 위험 관리: 포트폴리오의 위험 수준을 투자자가 감내할 수 있는 초기 설정 수준으로 일관되게 유지하는 핵심적인 역할을 수행한다. - 수익률 제고: 감정에 휘둘리지 않고 기계적인 매매 원칙을 지키게 함으로써 장기적으로 안정적인 복리 효과를 추구하도록 돕는다. - 자산 배분 유지: 최초에 의도했던 투자 목적과 전략에 맞게 자산 비중을 유지시켜 포트폴리오가 한쪽으로 쏠리는 현상을 방지한다.
배당	포트폴리오 내에서 발생한 배당금을 활용하여 비중이 줄어든 자산을 추가 매수하는 재투자의 재원으로 사용할 수 있다. 이는 추가적인 현금 투입 없이 리밸런싱 효과를 얻을 수 있는 효율적인 방법이 된다.
장점	- 체계적인 위험 관리: 시장 변동성에 대한 노출을 일정하게 관리하여 포트폴리오의 안정성을 높인다. - 비이성적 판단 배제: 정해진 원칙에 따라 기계적으로 매매하므로, 시장의 과열이나 공포 국면에서 감정적인 판단으로 인한 실수를 줄일 수 있다. - 수익의 재투자: 가격이 오른 자산의 수익을 실현하고, 저평가된 자산에 재투자함으로써 장기적인 수익률을 제고한다.

단점	- 거래 비용 발생: 리밸런싱 과정에서 매매가 발생하므로 수수료 및 세금 등의 거래 비용이 수반된다. - 상승장 수익 제한: 강력한 상승 추세가 지속되는 시장에서는 비중이 늘어난 우량 자산을 매도하게 되어 전체 수익률이 시장 평균보다 낮아질 수 있다. - 번거로움: 포트폴리오를 주기적으로 점검하고 조정해야 하는 노력이 요구된다.
활용 사례	- 연금 포트폴리오: '주식 60%, 채권 40%'와 같이 전통적인 자산 배분 포트폴리오를 구성한 투자자가 매년 말, 비중이 변동된 자산을 매수·매도하여 원래의 6:4 비율로 재조정함으로써 장기적인 안정성을 유지한다. - TDF(Target Date Fund): 목표 시점(은퇴 시점 등)이 다가옴에 따라 위험자산(주식)의 비중을 점진적으로 줄이고 안전자산(채권)의 비중을 늘리는 방식으로 자동 리밸런싱 전략을 활용한다.

정리를 해보자면

1 기간을 정해놓고 주기적으로 하는 리밸런싱

3개월, 6개월 또는 1년의 기간을 정해놓고 주기적으로 리밸런싱을 하는 방법이 있습니다.

2 일정 비율 이상 격차가 날 때 하는 리밸런싱

기간을 따지지 않고 정한 비율에서 일정 비율 이상으로 격차가 날 때 리밸런싱을 하는 비율에 따른 리밸런싱 방법이 있습니다.

두 가지 방법 중 본인에게 맞는 방법을 이용하여 자산배분전략을 세워보세요!

https://www.kcie.or.kr

6.2. 리밸런싱 전략의 진화: 전통적 방식 vs. AI 지능형 방식

구분	전통적 리밸런싱	AI 지능형 리밸런싱
판단 기준	과거의 가격 변동(자산 비중의 기계적 이탈 여부)	과거 가격 변동 + 미래 예측을 위한 각종 선행 데이터(거시경제, 시장심리 등)
실행 방식	정해진 시점 또는 정해진 비율에 따라 목표 비중으로 기계적 복귀	시장의 '온도'와 '상황'을 실시간으로 감지하여 리밸런싱의 강도와 시점을 동적으로 조절
핵심 철학	원칙 준수(Discipline)	상황 적응적 최적화 (Adaptive Optimization)
비유	달력에 표시된 날에 맞춰 정원을 가꾸는 정원사	일기예보와 토양의 습도까지 분석하여 물 주는 양과 시기를 조절하는 스마트 팜

6.3. 가상 사례: 2028년의 금융위기, 두 투자자의 운명을 가른 '리밸런싱'

1) 글로벌 주식 시장이 한 달 만에 -30% 폭락하는 사태가 발생했다. '주식 60%, 채권 40%'라는 동일한 포트폴리오를 가진 두 명의 투자자가 있다: 2028년, 예상치 못한 신용위기로 글로벌 주식 시장이 한 달 만에 -30% 폭락하는 사태가 발생했다. '주식 60%, 채권 40%'라는 동일한 포트폴리오를 가진 두 명의 투자자가 있었다.

2) 원칙 투자자 김 부장: 그는 '매년 연말에 한 번씩 리밸런싱한다'는 자신만의 원칙을 가지고 있었다. 시장이 폭락하자 그의 포트폴리오는 '주식 48%, 채권 52%'로 균형이 무너졌다. 그는 지금이 주식을 싸게 살 기회라는 것을 머리로는 알았지만, 시장의 공포스러운 분위기와 '연말에 한다'는 자신의 원칙 사이에서 갈등하다 결국 아무런 행동도 취하지 못했다.

3) AI 투자자 이 대표: 그녀는 자신의 자산을 AI 로보어드바이저에 맡겨 운용하고 있었다. 시장이 폭락하자, 그녀의 AI는 즉각적으로 상황 분석에 들어갔다.

- 신호 1(자산 비중): 주식 비중이 목표치(60%)를 크게 이탈했음을 확인했다.(리밸런싱 필요)
- 신호 2(시장 심리): VIX(공포지수)가 역사적인 최고 수준으로 치솟았음을 감지했다.(통계적으로 시장의 단기 바닥일 확률이 매우 높음)
- 신호 3(뉴스 분석): AI가 분석한 글로벌 뉴스 감성 지수가 '극단적 공포(Extreme Fear)' 단계에 진입했음을 확인했다.(인간의 비이성적 투매가 절정에 달함)

4) **AI는 이 모든 데이터를 종합하여, 지금이 '단순한 비중 조절'을 넘어 '역사적인 매수 기회'라고 판단했다:** AI는 그 즉시, 가격이 오히려 상승한 채권 ETF를 공격적으로 매도하고, 그 자금으로 폭락한 주식 ETF를 대량으로 매수하는 '강화 리밸런싱(Enhanced Rebalancing)'을 자동으로 실행했다.

   두 달 뒤, 각국 중앙은행의 신속한 공조로 시장은 V자 반등에 성공했다.

5) **김 부장의 계좌:** 그는 뒤늦게 연말이 되어서야 리밸런싱을 실행했지만, 주가는 이미 바닥 대비 20% 이상 상승한 뒤였다. 그는 가장 좋았던 기회를 놓치고 말았다.

6) **이 대표의 계좌:** 그녀의 AI는 시장의 공포가 절정에 달했던 바로 그 지점에서 주식 비중을 크게 늘렸다. 그 결과, 그녀의 포트폴리오는 그 어떤 투자자보다 빠르고 강력하게 회복하며, 위기 이전보다 훨씬 더 높은 자산 최고점을 경신하게 되었다.

7) **시사점:** 이 사례는 AI 기반의 리밸런싱이 어떻게 시장의 위기를 최고의 기회로 전환시키는지를 명확히 보여준다. 그것은 더 이상 과거의 균형을 맞추는 수동적인 행위가 아니라, 데이터에 기반하여 미래의 확률에 베팅하고 부를 극대화하는, 한 차원 높은 지능적인 자산 관리 기술인 것이다.

7. AI 기반의 시장 상황별 대응 전략 세우기와 가상사례

7.1. AI 기반의 시장 상황별 대응 전략 세우기

노련한 선장은 목적지(장기 목표)를 향해 항해하면서도, 시시각각 변하는 날씨와 해류(시장 상황)에 맞춰 돛을 조절하고 항로를 미세하게 수정하는 '전술적 항해술'을 구사한다. 성공적인 투자 역시 마찬가지이다. 장기적인 투자 원칙이라는 '전략적 닻'을 굳건히 내리되, 변화하는 경제의 계절에 맞춰 포트폴리오의 구성을 유연하게 조절하는 지혜가 필요하다.

과거 이러한 전술적 자산배분은 최고 수준의 이코노미스트와 펀드매니저들만의 영역이었다. 그러나 이제 '인공지능(AI)'은 우리 모두를 위해, 방대한 거시 경제 데이터를 실시간으로 분석하여 현재 시장이 어떤 계절을 지나고 있는지를 진단하고, 그에 맞는 최적의 대응 전략을 알려주는 '인공지능 경제 기상청'의 역할을 수행하기 시작했다.

7.1.1. AI는 주로 두 가지 핵심 지표, 즉 '경제 성장'과 '물가'의 방향성을 조합하여, 현재 시장 국면을 네 가지 계절로 분류한다.

AI는 주로 두 가지 핵심 지표, 즉 '경제 성장(Growth)'과 '물가(Inflation)'의 방향성을 조합하여, 현재 시장 국면을 크게 네 가지 계절로 분류한다.

- 1국면(성장 O, 물가 X): 경제는 성장하지만 물가는 안정적인 '골디락스(Goldilocks)' 시기. 모든 자산이 상승하는 경향을 보이는 투자의 '봄'이다.
- 2국면(성장 O, 물가 O): 경제 성장과 함께 물가도 상승하는 '과열(Overheating)' 시기. 인플레이션의 그림자가 드리우는 '여름'이다.
- 3국면(성장 X, 물가 X): 경제가 침체하고 물가도 낮은 '불황(Recession)' 시기. 안전자산이 각광받는 '겨울'이다.
- 4국면(성장 X, 물가 O): 경제는 침체하는데 물가만 오르는 최악의 '스태그플레이션(Stagflation)' 시기. 대부분의 자산이 힘을 쓰지 못하는 '늦가을 장마'이다.

AI는 국내총생산(GDP), 소비자물가지수(CPI), 생산자물가지수(PPI), 산업생산, 실업률 등 수백 가지 데이터를 종합하여 현재가 어떤 계절에 속하는지를 확률적으로 판단하고, 각 계절에 가장 유리한 자산군의 비중을 늘리는 전술적 대응을 제안하는 것이다.

7.1.2. AI의 4계절 시장 국면별 전술적 자산배분 전략

국면(계절)	특징	AI 추천 전술적 대응 전략
1국면: 성장 & 저물가(봄)	"골디락스" 모든 것이 좋은 최적의 시기	주식 비중 극대화. 특히 미래 성장성이 높은 기술주/성장주 ETF의 비중을 적극적으로 확대하여 수익을 극대화한다.
2국면: 성장 & 고물가(여름)	"과열" 인플레이션 압력이 커지는 시기	원자재 및 에너지 ETF 비중을 확대하여 인플레이션을 헤지한다. 금리 인상에 취약한 성장주 비중은 일부 축소하고, 가치주/배당주 ETF로 교체한다.
3-1국면: 침체 & 저물가(겨울)	"불황" 안전자산 선호 심리가 극대화되는 시기	미국 장기 국채 및 금(Gold) ETF 비중을 극대화하여 자산을 방어한다. 주식 비중은 최소화한다.
4국면: 침체 & 고물가 (가을 장마)	"스태그플레이션" 주식과 채권이 동반 하락하는 최악의 시기	현금 비중을 늘리고, 유일한 방어 자산인 금(Gold) 및 달러 ETF의 비중을 확대하여 자산 가치 보존에 총력을 기울인다.

7.2. 가상 사례: 2027년, 인플레이션의 그림자를 먼저 읽은 AI

1) **프리랜서 번역가로 일하는 40대 현아 씨는 AI 로보어드바이저를 통해 자신의 은퇴 포트폴리오를 관리하고 있었다:** 지난 몇 년간 세계 경제는 '1국면(골디락스)' 상태를 유지했고, AI는 그녀의 포트폴리오를 주식, 특히 기술주 중심의 공격적인 구성으로 유지하며 높은 수익률을 안겨주었다.

2) 그러던 어느 날, 그녀는 AI로부터 한 통의 경고 알림을 받았다.

"[알림] 시장 국면 전환 경고: '1국면(성장&저물가)'에서 '2국면(성장&고물가)'으로의 전환 확률이 75%를 상회합니다. 포트폴리오의 전술적 조정이 필요합니다."

AI의 판단 근거는 다음과 같았다. "GDP 성장률 데이터는 여전히 견고하지만, AI가 분석하는 글로벌 공급망 데이터, 원자재 선물 가격, 생산자물가지수(PPI) 등 선행 지표들에서 이례적인 인플레이션 압력이 감지되고 있습니다."

3) AI는 다음과 같은 리밸런싱을 제안했다.

- 기존: 기술주 중심의 '나스닥100 ETF' 비중 30%
- 변경: '나스닥100 ETF' 비중을 15%로 축소하고, '글로벌 원자재 ETF' 비중을 15% 신규 편입

현아 씨는 AI의 데이터 기반 분석을 신뢰하고 이 제안을 승인했다. 그녀의 동료들은 "이렇게 좋은 주식 시장에서 왜 벌써부터 겁을 내느냐"며 그녀의 결정을 이해하지 못했다.

4) 석 달 뒤, 금리인상에 민감한 기술주 중심의 나스닥 지수는 폭락하기 시작했고, 반대로 인플레이션의 수혜를 입는 원유, 구리 등 원자재 가격은 폭등했다.

석 달 뒤, 시장의 분위기는 급변했다. 모두의 예상을 뛰어넘는 높은 인플레이션 지표가 발표되자, 중앙은행은 급격한 금리 인상을 시사했다. 이 소식에 금리인상에 민감한 기술주 중심의 나스닥 지수는 폭락하기 시작했고, 반대로 인플레이션의 수혜를 입는 원유, 구리 등 원자재 가격은 폭등했다.

5) 결과적으로, 동료들의 계좌는 기술주 폭락의 직격탄을 맞고 큰 손실을 기록했지만, 현아 씨의 포트폴리오는 원자재 ETF가 훌륭한 방패가 되어주면서 손실을 성공적으로 방어했다. 그녀의 AI는 시장의 모든 참여자들이 눈앞의 화려한 성장(GDP)에만 취해 있을 때, 수면 아래에서 조용히 다가오고 있던 인플레이션이라는 거대한 파도를 먼저 읽고 항로를 수정한 것이다.

6) 시사점: 이 사례는 AI 기반의 시장 대응 전략이 단순한 과거 데이터 분석을 넘어, 경제의 미묘한 '변곡점'을 포착하는 예측적 인사이트를 제공함을 명확히 보여준다. 이는 더 이상 폭풍우가 닥친 뒤에 허둥대는 것이 아니라, 짙어 지는 먹구름을 보고 미리 돛을 내리는 노련한 선장의 지혜를 모든 투자자가 가질 수 있게 되었음을 의미하는 것이다.

제 10 장

투자의 황금률, AI는 자산배분을 어떻게 할까?

1. AI가 알려주는 공격형? 안정형? 나의 투자 성향 파악하기와 가상사례

1.1. AI가 알려주는 공격형? 안정형? 나의 투자 성향 파악하기

고대 델포이 신전에 새겨진 "너 자신을 알라"는 격언은, 수천 년의 시간을 뛰어넘어 현대 투자 철학의 제1원칙으로 자리 잡고 있다. 내가 어떤 종류의 위험 앞에서 심장이 뛰고, 어떤 종류의 손실 앞에서 잠 못 이루는 사람인지를 아는 것, 즉 나의 투자 성향을 아는 것은 어떤 ETF를 선택할 것인가보다 선행되어야 할 가장 본질적인 질문인 것이다.

과거의 투자 성향 분석은 몇 가지 단편적인 질문으로 우리를 '안정형', '공격형'과 같은 단순한 상자 안에 가두었다. 그러나 AI 시대의 투자 성향 분석은, 투자자의 답변 이면에 숨겨진 미묘한 심리적 편향과 행동 패턴까지 분석하여, 마치 정밀 건강검진처럼 나의 '금융 DNA'를 다각적으로 진단하고 알려주는 과정으로 진화하고 있다.

1.1.1. 위험 수용 능력(Risk Capacity) vs 위험 수용 의향(Risk Willingness)

위험 수용 능력(Risk Capacity) vs 위험 수용 의향(Risk Willingness): AI는 단순히 "당신은 공격적입니까?"라고 묻는 대신, 다음과 같은 질문을 통해 우리의 진짜 모습을 비추는 거울 역할을 한다. AI는 이 둘을 명확히 구분한다. 30년 뒤에나 쓸 돈을 투자하는 20대 사회초년생은 손실을 감내할 '능력'이 충분하지만, 작은 손실에도 잠 못 이루는 '의향'을 가졌을 수 있다. 반대로 은퇴를 앞둔 50대는 손실을 감내할 '능력'이 부족하지만, 높은 수익을 추구하는 '의향'을 가졌을 수 있다. AI는 이 둘의 간극을 분석하여, 객관적인 재무 상태와 주관적인 심리 상태 모두를 고려한 최적의 균형점을 찾아낸다.

이러한 입체적인 분석을 통해, AI는 우리 각자에게 고유한 '투자 MBTI'를 부여하고, 그에 맞는 맞춤형 전략의 방향을 제시한다.

1.1.2. AI 프로파일링으로 알아보는 나의 투자 MBTI

투자 유형 (MBTI)	핵심 특징 및 슬로건	AI 추천 포트폴리오 방향
안정형 (ISFJ)	"원금을 지키는 것이 최우선이다." 투자의 안정성을 가장 중요하게 생각하며, 작은 손실에도 민감하게 반응한다.	자산의 70% 이상을 국채, 우량 회사채 ETF 등에 배분하고, 극히 일부만 초우량 시장 대표 ETF에 투자하는 '원금 보존' 전략을 구사한다.
안정추구형 (ISTJ)	"시장만큼만, 욕심내지 않고 꾸준히." 시장의 평균적인 성장을 안정적으로 따라가는 것을 목표로 한다.	글로벌 시장 대표 ETF와 채권 ETF를 50:50으로 배분하는 전통적인 균형 포트폴리오 전략을 구사한다.
위험중립형 (INTJ)	"분석에 기반한 계산된 위험은 기회이다." 안정적인 기반 위에서, 일부 자산으로 초과 수익을 추구하고자 한다.	시장 대표 ETF를 60%의 코어(Core)로, 성장 섹터 및 채권 ETF를 40%의 위성(Satellite)으로 활용하는 코어-위성 전략을 구사한다.
적극투자형 (ENTP)	"미래를 바꿀 혁신에 과감히 투자한다." 장기적인 관점에서 높은 성장이 기대되는 신기술 및 테마에 대한 확신이 강하다.	기술주, 성장주, 혁신 테마 ETF의 비중을 50% 이상으로 높이고, 일부는 신흥국 ETF에 배분하여 성장성을 극대화한다.

1.2. 가상 사례: 두 친구의 서로 다른 '투자 자아(Ego)'

IT 기업에 함께 근무하는 30대 동갑내기 친구 '민준'과 '시우'는 스스로를 '기술의 미래를 믿는 공격적인 투자자'라고 생각했다. 어느 날 두 사람은 재미 삼아 최신 AI 투자 성향 분석 서비스를 함께 이용해보았다.

1) **AI는 두 사람에게 동일한 가상 시나리오를 제시했다.** "당신이 전 재산을 투자한 AI 반도체 ETF가 -40% 폭락했습니다. 역사적 데이터상 유사한 폭락 이후에는 높은 확률로 반등했지만, 이번에는 10% 확률로 추가적인 -30% 하락 가능성도 존재합니다. 어떻게 하시겠습니까?"
2) **민준의 선택:** 그는 '공격적인 투자자'라는 자신의 정체성과 달리, 막상 -40%라는 숫자를 보자 가슴이 철렁 내려앉는 것을 느꼈다. 그는 추가 하락의 가능성 앞에서 망설이다, 결국 '아무것도 하지 않고 관망한다'는 선택지를 눌렀다.
3) **시우의 선택:** 그는 이 시나리오를 보자마자 '이건 10년에 한 번 올까 말까 한 바겐세일이다'라고 생각했다. 그는 주저 없이 '추가 자금을 투입하여 적극적으로 물타기 한다'는 선택지를 눌렀다.
4) **잠시 후, AI는 두 사람에게 완전히 다른 진단 결과를 내놓았다.**
   - 민준의 투자 MBTI: 위험중립형(INTJ). AI는 다음과 같이 설명했다. "민준님, 당신은 스스로를 공격적이라 생각하지만, 실제 데이터는 당신이 '손실 회피 성향'이 강하며, 변동성 자체를 즐기기보다는 '예측 가능한 성장'을 선호함을 보여줍니다. 당신에게는 안정적인 코어 자산이 반드시 필요합니다."
   - 시우의 투자 MBTI: 적극투자형(ENTP). AI는 다음과 같이 설명했다. "시우님, 당신은 변동성을 위험이 아닌 기회로 인식하는 통계

적 소수에 속합니다. 당신에게는 성장주 중심의 포트폴리오가 높은 만족도를 줄 수 있지만, '과신 편향'의 위험 또한 감지되므로, 주기적인 리밸런싱을 통해 위험을 관리하는 것이 중요합니다."

5) 민준은 자신의 '숨겨진 안정성'을, 시우는 자신의 '숨겨진 과신'을 AI라는 거울을 통해 비로소 마주하게 되었다. 이 경험을 통해 두 사람은 각자 자신의 진짜 모습에 맞는, 완전히 다른 포트폴리오를 구성하며 훨씬 더 건강하고 지속 가능한 투자 여정을 시작하게 되었다. 이처럼 AI는 우리가 스스로에게 가졌던 막연한 환상이나 편견을 걷어내고, 데이터에 기반한 객관적인 '투자 자아'를 발견하게 해주는 가장 지적인 조력자인 것이다.

2. 시장 상황에 따라 알아서 척척, AI의 동적 자산배분(Dynamic Asset Allocation)과 가상사례

2.1. AI의 동적 자산배분: 시장 상황에 따라 알아서 척척

DAA(Dynamic Asset Allocation)는 시장 상황, 경제 동향 및 기타 요인에 따라 투자 포트폴리오 구성을 지속적으로 조정하는 투자 전략이다. 이 접근 방식의 목표는 포트폴리오를 지속적으로 재조정하여 원하는 수준의 다양화 및 다양한 자산에 대한 노출을 유지함으로써 시간 경과에 따라 위험을 관리하고 수익을 극대화하는 것이다.

동적 자산 할당은 포트폴리오가 주기적으로만 재조정되고 상대적으로 변경되지 않는 정적 자산 할당과 다르다. 대신 동적 자산 배분은 변화하는 시장 상황에 신속하게 대응하고 그에 따라 포트폴리오를 조정하는 것을 목표로 하는 보다 능동적이고 유연한 접근 방식이다.

정적인 자산배분이 사계절 내내 같은 옷을 입는 것과 같다면, 'AI의 동적 자산배분(Dynamic Asset Allocation)'은 계절의 미묘한 변화를 먼저 감지하고 그에 맞는 최적의 옷을 갈아입는 지능적인 '스타일리스트'와 같다. 이는 단순히 정해진 규칙을 따르는 것을 넘어, 변화하는 시장의 '맥박'과 '온도'를 실시간으로 측정하여, 포트폴리오의 공수(攻守) 밸런스를 능동적으로 조절하는 한 차원 높은 투자 전략인 것이다.

전통적인 투자자는 자신의 포트폴리오를 '주식 60%, 채권 40%'와 같이 고정된 비율로 설정하고 이를 유지하는 데 집중한다. 그러나 AI는 이것이 모든 계절에 최적인 전략이 아님을 알고 있다. AI는 경제 성장률, 물가, 금리, 고용 지표, 통화 정책, 지정학적 리스크 등 수백 가지의 거시 경제 변수들을 실시간으로 분석하여, 현재 시장이 봄, 여름, 가을, 겨울 중 어떤 계절을 지나고 있는지를 확률적으로 진단한다.

그리고 그 진단에 따라 각 계절에 가장 유리한 자산의 비중은 늘리고, 불리한 자산의 비중은 줄이는 '전술적 조정(Tactical Adjustment)'을 수행한다. 이는 시장의 큰 흐름, 즉 파도(전략)의 방향을 따르면서도, 그 위에서 더 높은 파도를 골라 타는 서핑(전술) 기술과 같다.

2.1.1. 정적 자산배분 vs. AI의 동-적 자산배분 비교

구분	정적 자산배분 (Static Allocation)	AI의 동적 자산배분 (Dynamic Allocation)
핵심 철학	자산의 '고정된 비율'을 장기적으로 유지한다.	시장 '상황의 변화'에 따라 최적의 비율을 능동적으로 찾아간다.
의사결정 기반	달력(미리 정해진 원칙과 주기)	데이터(실시간으로 변화하는 거시 경제 및 시장 지표)
대응 방식	후행적(자산 가격이 변한 뒤에 비중을 복구함)	선행적(시장 국면의 변화를 예측하고 미리 대응함)

포트폴리오	모든 계절에 '무난한' 성과를 추구한다.	각 계절에 '최적화된' 성과를 추구한다.
비유	사계절용 타이어를 장착한 자동차	계절에 맞춰 스노우 타이어와 스포츠 타이어를 교체하는 자동차

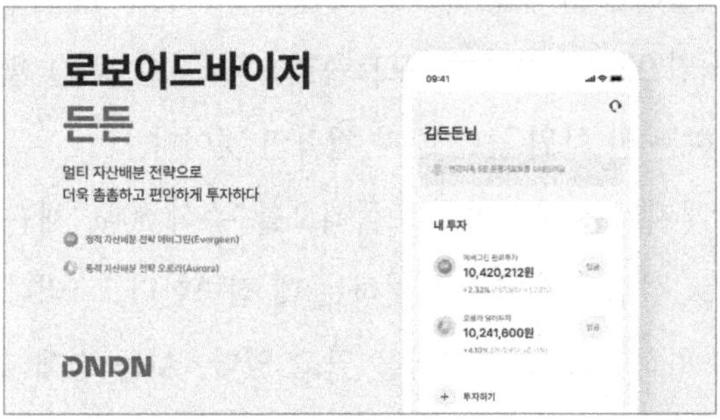

로보어드바이저 '든든', 동적자산배분 전략 기반 '오로라 달러 투자'와 '월지급식 투자' 상품 출시

2.2. 가상 사례: 2028년, 다가오는 겨울을 먼저 감지한 AI

1) 디자인 스튜디오를 운영하는 30대 후반의 '지윤 씨'는 자신의 은퇴 자산을 AI 로보어드바이저 '클라라(CLARA)'에 맡겨 운용하고 있었다.
   그녀의 동료 '민수 씨'는 전통적인 '주식 60%, 채권 40%' 포트폴리오를 고수하며, 주기적으로 비중만 맞추는 정적인 투자를 하고 있었다.
   2028년 상반기, 시장은 여전히 완만한 상승세를 보이며 낙관적인 분위기가 팽배했다.
2) 민수 씨의 포트폴리오: 그는 시장의 흐름에 만족하며 자신의 '60:40' 포트폴리오를 그대로 유지했다.
3) 지윤 씨의 AI, 클라라: 그러나 클라라는 시장의 표면 아래에서 다가오는 '겨울'의 징후들을 포착하고 있었다.

- 데이터 1(금리): 장기 국채와 단기 국채의 금리 차이(장단기 금리차)가 역전되는 현상을 감지했다. 이는 역사적으로 경기 침체의 가장 강력한 전조 신호였다.
- 데이터 2(소비): AI가 분석하는 신용카드 소비 데이터에서 내구재(자동차, 가구 등) 소비가 급격히 위축되기 시작했음을 확인했다.
- 데이터 3(고용): 공식 실업률은 낮았지만, AI가 분석하는 기업들의 채용 공고 수와 구인/구직 관련 뉴스 키워드에서 부정적인 신호가 급증하고 있었다.

이 모든 데이터를 종합하여, 클라라는 "향후 6개월 내 경기 침체(겨울)가 도래할 확률이 85% 이상"이라는 결론을 내렸다. 클라라는 즉시 지윤 씨의 포트폴리오를 자동으로 조정하기 시작했다. 기존의 '주식 60%, 채권 40%'에서, 경기 침체기에 가장 강력한 방어력을 보여주는 '주식 30%, 미국 장기 국채 60%, 금 10%'라는 '겨울 대비용' 포트폴리오로 비중을 선제적으로 변경한 것이다.

4) **6개월 뒤, AI의 예측은 현실이 되었다. 누구도 예상치 못했던 신용위기가 터지며 글로벌 주식 시장은 -40% 폭락했다.**
   - 민수 씨의 계좌: 그의 '60:40' 포트폴리오는 주식의 폭락을 피하지 못하고 '-20%'가 넘는 손실을 기록했다.
   - 지윤 씨의 계좌: 그녀의 포트폴리오는 주식 비중이 낮은 데다, 위기 상황에서 가격이 폭등한 미국 장기 국채와 금 덕분에 손실률을 -3% 수준에서 성공적으로 방어했다.

5) **시사점:** 이 사례는 AI의 동적 자산배분이 단순한 이론이 아닌, 예측 불가능한 시장의 격변 속에서 어떻게 우리의 자산을 지켜내는지를

명확히 보여준다. AI는 인간의 낙관과 공포라는 감정의 안개를 걷어내고, 오직 데이터라는 등대의 불빛에 의지하여 다가오는 폭풍우를 먼저 감지하고 가장 안전한 항구로 배를 인도하는, 우리 시대 가장 지적인 선장인 것이다.

3. 주식과 채권, AI가 찾아낸 최적의 조합 비율과 가상사례

3.1. 주식과 채권, AI가 찾아낸 최적의 조합 비율

만약 당신이 최고의 공격수(주식) 11명으로만 축구팀을 구성한다면, 그 팀은 과연 승리할 수 있을 것인가? 아마도 아닐 것이다. 화려한 공격력에도 불구하고, 단 한 번의 역습에 허무하게 실점하며 무너질 수 있기 때문이다. 최고의 팀은 최고의 선수들을 모아놓은 팀이 아니라, 각 선수의 장단점을 고려하여 최적의 '조합'을 찾아낸 팀이다.

투자 포트폴리오 역시 마찬가지이다. 단순히 높은 수익률이 기대되는 주식형 ETF만으로 포트폴리오를 채우는 것은 최고의 선택이 아니다. 중요한 것은 각 자산(주식, 채권, 원자재 등)이 가진 고유의 기대수익률, 위험(변동

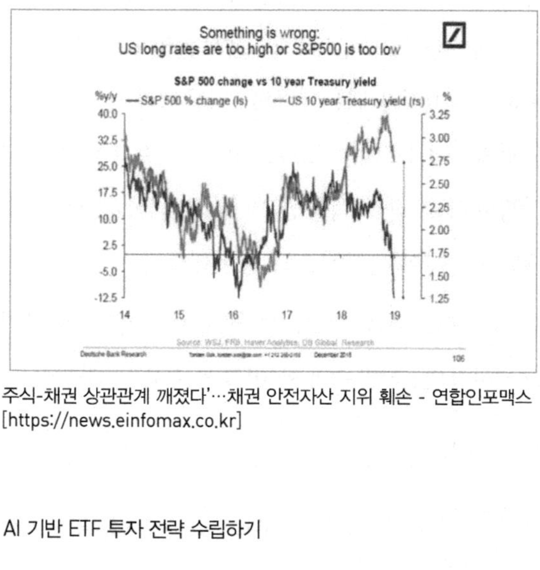

주식-채권 상관관계 깨졌다'…채권 안전자산 지위 훼손 - 연합인포맥스 [https://news.einfomax.co.kr]

성), 그리고 다른 자산과의 '상관계수(Correlation)'를 종합적으로 고려하여, '동일한 위험 수준에서 최고의 수익률'을 내거나, '동일한 수익률 수준에서 최소의 위험'을 감수하는 최적의 조합 비율을 찾아내는 것이다.

3.1.1. AI 기반 주식-채권 최적 조합 전략 분석

구분	내용
목표	- 시장 상황 변화에 따라 주식과 채권의 투자 비중을 동적으로 조절하여, 위험 대비 수익률을 극대화하는 것을 목표로 한다. - 이는 변동성이 높은 시기에는 채권 비중을 늘려 자산을 방어하고, 상승장에서는 주식 비중을 확대하여 수익을 추구하는 방식으로 이루어진다.
원리 및 방법	- AI 알고리즘이 거시 경제 지표, 시장 심리, 자산 가격 데이터, 뉴스 등 방대한 데이터를 학습하여 미래 시장을 예측한다. - 머신러닝 모델을 통해 각 자산의 기대수익률과 위험도를 분석하고, '현대 포트폴리오 이론(Modern Portfolio Theory)'에 입각하여 최적의 자산 배분 비율(Optimal Asset Allocation)을 도출한다.
역할	- AI는 인간의 감정적 편향을 배제하고 데이터에 근거하여 객관적인 투자 판단을 내리는 역할을 수행한다. - 또한, 24시간 시장을 모니터링하며 변화에 신속하게 대응하여 지속적으로 포트폴리오를 최적의 상태로 리밸런싱한다.
배당	이 전략 자체는 배당을 지급하지 않는다. 그러나 포트폴리오에 편입된 주식 ETF에서는 배당금이, 채권 ETF에서는 '이자(쿠폰)'가 발생하며, 이는 투자 수익의 일부가 된다.
비용	AI 기반 자산 배분 서비스를 이용하는 경우, 일반적인 펀드나 ETF에 비해 알고리즘 개발 및 운용에 따른 플랫폼 이용료나 자문 보수가 추가로 발생하여 총비용이 높은 경향이 있다.
장점	정교한 데이터 분석을 통한 시장 예측, 위험 관리 최적화, 인간의 감정적 판단 배제, 시장 상황에 맞는 유연한 자산 배분.
단점	높은 수수료 부담, 과거 데이터에 대한 과적합(Overfitting)으로 인한 예측 오류 가능성, 급격한 시장 충격(블랙스완)에 대한 대응 한계.
활용 사례	- 다수의 로보어드바이저(Robo-advisor) 서비스가 AI를 활용하여 개인의 투자 성향에 맞는 주식과 채권 ETF 포트폴리오를 추천하고 운용해준다. - 예를 들어, 시장 위험도가 높다고 판단되면 AI가 자동으로 주식 ETF 비중을 줄이고 안전자산인 국채 ETF 비중을 늘리는 방식으로 포트폴리오를 조정한다.

3.1.2. 마코위츠의 현대 포트폴리오 이론에서 '효율적 투자선(Efficient Frontier)'

이러한 최적의 조합들을 연결한 선을, 노벨 경제학상을 받은 해리 마코위츠의 현대 포트폴리오 이론에서는 '효율적 투자선(Efficient Frontier)'이라 부른다. 과거에는 소수의 수학 천재들 만이 계산할 수 있었던 이 효율적 투자선을, 이제 인공지능(AI)은 수십 년 간의 방대한 데이터를 바탕으로 수백만 번의 시뮬레이션을 통해 단 몇 초 만에 그려낼 수 있게 되었다.

AI는 단순히 주식과 채권을 섞는 것이 아니다. 주식 시장이 폭락할 때, 안전자산인 채권 가격은 오히려 상승하는 '음(-)의 상관관계'를 정확히 계산하여, 두 자산을 결합했을 때 포트폴리오의 전체 위험(변동성)이 마법처럼 줄어드는 지점을 찾아낸다. AI의 역할은 바로 이 효율적 투자선 위에서, 투자자 개개인의 투자 성향(Financial MBTI)에 맞는 단 하나의 '최적점'을 정확히 짚어주는 것이다.

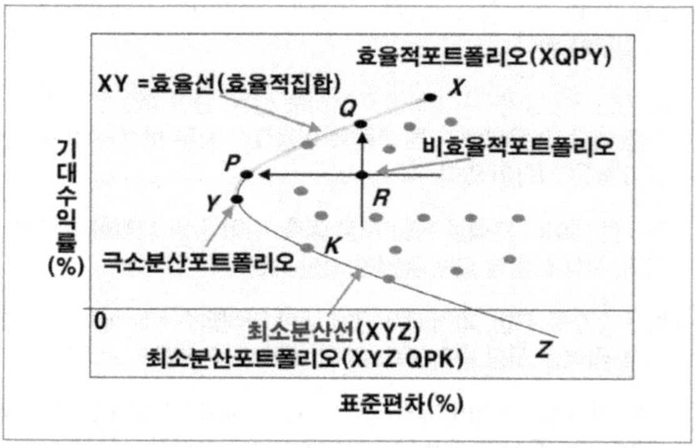

효율적 투자선(Efficient Frontier) 포트폴리오 최적화 [https://inv42195.tistory.com]

3.1.3. AI가 찾아낸 투자 성향별 최적 자산배분 비율(효율적 투자선 기반)

투자 유형 (MBTI)	주식형 ETF (공격수)	채권형 ETF (수비수)	대체 자산 (골키퍼/조커)	AI의 포트폴리오 처방
안정형 (Guardian)	20%	70%	10% (금, 현금 등)	은행 예금보다 높은 수익을 추구하되, 자산 가치의 하락을 최소화하는 데 모든 역량을 집중한다.
안정추구형 (Planner)	40%	50%	10% (금 등)	수비에 무게를 두면서도, 주식시장의 장기적인 성장을 놓치지 않는 균형 잡힌 '4-5-1' 포메이션이다.
위험중립형 (Strategist)	60%	30%	10% (원자재 등)	'주식 60, 채권 40'이라는 고전적인 황금 비율을 기반으로, 공격과 수비의 완벽한 균형을 추구하는 '4-3-3' 포메이션이다.
적극투자형 (Explorer)	80%	10%	10% (혁신 테마 등)	성장을 통한 '득점'을 극대화하되, 최소한의 수비수(채권)를 두어 급작스러운 역습(시장 급락)에 대비하는 '3-4-3' 포메이션이다.

3.2. 가상 사례: 100% 공격수의 함정을 깨달은 '시우 씨'

1) 그는 자신의 포트폴리오를 '미국 나스닥 100 ETF 100%'로 구성하는 것이 최적의 전략이라고 믿었다: 지난 장에서 '적극투자형(Explorer)'으로 진단받은 30대 투자자 시우 씨는 "최고의 수익률은 최고의 기술주에서 나온다"는 확신을 가지고 있었다. 그는 자신의 포트폴리오를 '미국 나스닥 100 ETF 100%'로 구성하는 것이 최적의 전략이라고 믿었다.

호기심이 생긴 그는 AI 포트폴리오 시뮬레이터에 자신의 전략을 입력하고, '위험 대비 수익률 최적화' 버튼을 눌렀다. 그는 당연히 AI가 자신의 100% 주식 전략을 최고의 선택으로 인정해줄 것이라 기대했다.

하나자산운용(자산운용) [https://thevc.kr]

2) **그러나 AI가 제시한 결과는 그의 상식을 완전히 뒤엎는 것이었다.** AI는 그가 입력한 '나스닥 100 ETF 100%' 포트폴리오의 기대수익률이 연 12%, 위험(변동성)은 22%라고 분석했다. 그런데 AI는 효율적 투자선 위에서 새로운 조합을 찾아내어 그에게 역으로 제안했다.

3) **AI의 제안:** "나스닥 100 ETF 80%와 미국 장기채 ETF 20%를 조합하십시오."
AI가 분석한 이 포트폴리오의 기대수익률은 연 11.5%로 그의 원래 안보다 약간 낮았지만, 위험은 16%로 압도적으로 낮아졌다.
시우 씨는 의아했다. "수익률이 낮은 채권을 섞었는데, 어떻게 이것이 더 최적의 조합이 될 수 있는가?"

4) **AI는 즉시 과거 금융위기 상황을 시뮬레이션 하여 그 이유를 시각적으로 보여주었다.**
   - 시우 씨의 100% 주식 포트폴리오: 위기 시 -40% 폭락했다.
   - AI의 80/20 포트폴리오: 주식 부분은 똑같이 하락했지만 (-40% × 0.8 = -32%), 위기 상황에서 가격이 급등한 채권 부분이 +25% 상승(+25% × 0.2 = +5%)하여, 전체 포트폴리오의 하락을 -27% 수준에서 방어했다.

5) AI는 다음과 같이 결론을 내렸다. "장기적인 최종 자산 가치는 상승기 때 얼마나 많이 버느냐 보다, 하락기 때 얼마나 적게 잃는가에 더 큰 영향을 받습니다. '80/20 포트폴리오'는 하락폭이 적기에 자산 회복 속도가 훨씬 빠르며, 결과적으로 30년 뒤의 최종 자산은 더 높을 확률이 큽니다."

6) 시사점: 시우 씨는 그제야 거대한 깨달음을 얻었다. 그는 '수익률'이라는 단 하나의 차원만 보고 있었지만, AI는 '수익률'과 '위험', 그리고 '상관계수'라는 3차원 공간에서 가장 안정적인 구조물을 설계하고 있었던 것이다. 그는 자신의 직관보다 AI의 데이터 기반 계산이 훨씬 더 현명함을 인정하고, 기꺼이 자신의 포트폴리오에 '느림보 거북이(채권)'를 기꺼이 합류 시켰다. 이처럼 최적의 조합 비율은 인간의 감이나 편견이 아닌, AI의 냉철한 계산과 통계가 찾아내는 과학의 영역인 것이다.

4. 달러 자산, 왜 AI 기반의 포트폴리오에 꼭 필요할까?와 가상사례

4.1. 글로벌 경제에 큰 위기가 닥치면 코스피 지수는 폭락하고, 원/달러 환율은 급등한다(원화 가치 폭락)

만약 당신의 투자 포트폴리오가 망망대해를 항해하는 한 척의 배라면, 주식은 바람을 받아 배를 앞으로 나아가게 하는 '돛'과 같다. 하지만 순풍이 불 때만 항해할 수는 없는 법이다. 거친 풍랑(경제 위기)이 몰아칠 때 배가 뒤집히지 않도록 무게 중심을 잡아주는 묵직한 '밸러스트(Ballast, 선박의 균형을 잡는 바닥짐)'가 반드시 필요하다. 대한민국 투자자의 포트폴리오에서 이 결정적인 밸러스트 역할을 하는 것이 바로 '달러(USD) 자산'이다.

인공지능(AI)이 수십 년간의 글로벌 금융 데이터를 분석할 때, 특히 한국 시장에서 가장 두드러지게 발견하는 패턴 중 하나는 바로 '위기의 순간에 나타나는 원화 가치와 코스피 지수의 동반 하락'이다.

외환위기급 폭락...1400원 깨진 원화값, 더 떨어진다고? [https://www.mk.co.kr]

4.1.1. 글로벌 경제에 큰 위기가 닥치면, 외국인 투자자들은 위험자산으로 분류되는 한국 시장에서 자금을 빼내어 가장 안전한 자산인 미국 달러로 환전해 떠나가는 경향을 보인다.

글로벌 경제에 큰 위기가 닥치면, 외국인 투자자들은 위험자산으로 분류되는 한국 시장에서 자금을 빼내어 가장 안전한 자산인 미국 달러로 환전해 떠나가는 경향을 보인다.

이 과정에서 두 가지 현상이 동시에 발생한다.

(1) 외국인이 국내 주식을 대량 매도하므로 코스피 지수는 폭락한다.

(2) 원화를 팔고 달러를 사려는 수요가 폭증하므로 원/달러 환율은 급등한다(원화 가치 폭락).

이것이 바로 AI가 한국인 투자자의 포트폴리오에 반드시 달러 자산(예: 미국 주식 및 채권 ETF)을 편입하라고 '명령'하는 수학적이고 논리적인 이유이다. 달러 자산은 위기의 순간에 손실을 방어하는 '자동 헤지(Hedge)' 장치 역할을 수행하기 때문이다.

4.1.2. 글로벌 경제 위기 시 원화자산과 달러자산의 움직임(가상)

자산	위기 발생 시 현지 통화 기준 가격 변화	원화(KRW) 가치 변화에 따른 환산 효과	투자자의 최종 원화 기준 손익
국내 주식 (KOSPI 200 ETF)	-30%	(해당 없음)	-30% (손실을 그대로 감수)
미국 주식 (S&P 500 ETF)	-25%	원/달러 환율 +25% 상승(원화 가치 하락)	약 0% (주가 하락분을 환차익이 거의 완벽하게 상쇄)
미국 국채 (장기채 ETF)	+15% (안전자산 선호로 가격 상승)	원/달러 환율 +25% 상승(원화 가치 하락)	약 +43% (자산 가격 상승과 환차익의 시너지 발생)

위의 표에서 볼 수 있듯이, 위기 상황에서 달러 자산은 원화로 환산되는 과정에서 발생하는 '환차익'이 자산 가격 하락의 고통을 마법처럼 상쇄하거나, 심지어 수익으로 전환시키기도 한다.

4.2. 가상 사례: 2008년 금융위기, 두 형제의 엇갈린 운명

1) **2007년, 시장이 평화롭던 시절,** '민준'과 '선우' 두 형제는 각자 1억 원의 자금으로 투자를 시작했다.
2) **형 '민준':** 그는 자신이 가장 잘 아는 대한민국이 최고라고 믿었다. 그는 1억 원 전액을 국내 대기업 주식과 코스피 200 ETF로 구성된 '100% 원화자산 포트폴리오'를 구축했다.
3) **동생 '선우':** 그는 AI 로보어드바이저의 조언을 따랐다. AI는 지난 수십 년간의 위기 데이터를 분석한 결과, 한국인 투자자에게 최적의

안정성을 제공하는 비율은 '원화자산 50%, 달러자산 50%'라는 결론을 내렸다. 그는 AI의 제안대로 자산의 절반은 국내 주식에, 나머지 절반은 '미국 S&P 500 ETF'와 '미국 장기채 ETF'에 투자했다.

4) **2008년, 미국에서 시작된 글로벌 금융위기가 전 세계를 덮쳤다.** 외국인 자금은 썰물처럼 한국 시장을 빠져나갔고, 코스피 지수는 반 토막이 났다. 원/달러 환율은 900원대에서 1,500원대로 치솟았다.
   - 민준의 계좌: 그의 1억 원은 코스피 지수와 함께 폭락하여 5천만 원으로 줄어들었다. 그는 공포에 질려 자산의 일부를 헐값에 팔아 치워야만 했다.
   - 선우의 계좌: 그의 국내 주식 5천만 원은 똑같이 2천 5백만 원으로 줄어들었다. 하지만 그의 달러자산 5천만 원은 기적을 만들어냈다.
     ※ 미국 주식 ETF는 -40% 하락했지만(-1,000만 원), 환율이 60% 이상 급등하며 환차익이 +1,500만 원 발생하여, 원화 기준으로는 오히려 +500만 원의 수익을 기록했다.
     ※ 미국 장기채 ETF는 안전자산 선호로 가격이 +20% 상승했고(+500만 원), 여기에 환차익 +750만 원이 더해져, 원화 기준으로는 +1,250만 원의 수익을 기록했다.

5) **결과적으로 선우의 총자산은(2,500만 원+3,000만 원)=8,000만 원으로, 단 -20%의 손실로 위기를 방어해냈다.** 그는 이 보존된 자산을 활용하여, 폭락한 국내 우량 주식을 헐값에 사들이는 '인생을 바꿀 기회'를 잡을 수 있었다.

6) **시사점:** 이 사례는 AI가 왜 그토록 달러 자산의 편입을 강조하는지를 명확히 보여준다. 그것은 미국 시장의 성장에 투자한다는 의미

를 넘어, 대한민국 투자자가 예측 불가능한 글로벌 위기 속에서 자신의 자산을 지키고, 나아가 위기를 기회로 만들 수 있는 가장 확실하고 지적인 '보험'에 가입하는 것과 같은 것이다.

5. 연령대별 추천 AI 포트폴리오 전략(20대, 40대, 60대)과 가상 사례

5.1. 연령대별 추천 AI 포트폴리오 전략(20대, 40대, 60대)

5.1.1. AI가 투자 포트폴리오를 설계할 때 핵심적인 변수로 삼는 것이 투자자의 '나이', 그리고 그 나이가 결정하는 '투자 기간'이다.

성공적인 투자는 '무엇을' 사는가 만큼이나 '언제'를 위해 투자하는가에 의해 결정된다. AI가 투자 포트폴리오를 설계할 때 가장 핵심적인 변수로 삼는 것 또한 바로 투자자의 '나이', 그리고 그 나이가 결정하는 '투자 기간(Time Horizon)'이다. 이는 마치 인생이라는 등반길에서 각기 다른 위치에 서 있는 등반가에게 최적의 경로를 제시하는 것과 같다.

(1) 20대: 이제 막 산의 초입에 들어선 '탐험가'이다. 정상까지는 수십 년의 시간이 남았기에, 때로는 험준하지만 가장 빠른 길(고위험 고수익 자산)을 선택할 수 있는 특권을 가진다.

(2) 40대: 산의 중턱에서 숨을 고르는 '전략가'이다. 지금까지 올라온 길을 지키면서도, 정상을 향한 꾸준한 전진을 멈추지 않아야 하는 균형 감각이 필요하다.

(3) 60대: 마침내 정상에 올라 경치를 조망하는 '수호자'이다. 더 높이 올라가는 것보다, 발을 헛디뎌 추락하지 않도록(자산 보존) 안정성을 확보하는 것이 최우선 목표가 된다.

AI는 이처럼 각 연령대가 가진 시간의 가치를 수학적으로 계산하여, 나이가 젊을수록 주식의 비중을 높여 복리 효과를 극대화하고, 나이가 들어 감에 따라 채권과 현금의 비중을 늘려 안정성을 확보하는 '글라이드 패스(Glide Path)' 전략을 자동으로 설계한다. 시장의 폭락은 20대에게는 '싸게 살 수 있는 절호의 기회'이지만, 60대에게는 '회복 불가능한 재앙'이 될 수 있다는 사실을 AI는 데이터로 알고 있는 것이다.

▣ 타깃데이트펀드(TDF)와 글라이드 패스(Glide Path)전략

타깃데이트펀드(TDF)는 날짜를 겨냥한 펀드란 뜻인데, 여기서 날짜는 은퇴 시점이다. 투자자의 예상 은퇴 시점을 기준 삼아 자산운용사가 주식과 채권 등 자산 비중을 알아서 조절해준다. 생애주기(라이프사이클) 펀드로도 불린다. 그러나 예비 투자자에겐 여전히 생소한 상품이다. TDF를 관통하는 핵심 원리는 '글라이드 패스'(Glide Path)다. 비행기가 착륙할 때 그리는 경로를 뜻하는데, 투자자의 은퇴 시점을 기준으로 젊을 때는 주식 비중을 높이고, 은퇴가 가까워지면 주식 비중을 낮춰 운용하는 자산배분 방식이다. 예컨대 미래에셋자산운용의 TDF는 주식 비중이 최대 80%에서 시작해서 20%까지 낮아진다. KB자산운용의 경우 미국 TDF 1위 운용사인 뱅가드의 글라이드 패스 모델에 따라 자산 배분을 조정한다.

[출처: 중앙일보, https://www.joongang.co.kr/article/24014306]

5.1.2. AI의 연령대별 자산배분 글라이드 패스(Glide Path) 전략

구분	20대(The Explorer)	40대(The Strategist)	60대(The Guardian)
투자 목표	자산 증식의 극대화	안정적인 자산 성장과 노후 준비	자산 보존 및 안정적인 현금흐름 창출

핵심 키워드	성장(Growth)	균형(Balance)	안정(Stability) & 인컴(Income)
주식 비중	80% ~ 90%	50% ~ 60%	20% ~ 30%
채권 비중	10% ~ 20%	30% ~ 40%	50% ~ 60%
대체/현금 비중	0% ~ 5%	10%	20% ~ 30%
AI 추천 위성 전략	혁신 기술(AI, 바이오), 신흥국 ETF 등 고성장/고위험 테마로 초과 수익을 추구한다.	글로벌 우량주, 배당성장주 ETF 등으로 코어 자산을 보강하고 안정성을 더한다.	고배당주, 리츠(REITs), 물가연동채 ETF 등으로 매월 발생하는 현금흐름을 만드는 데 집중한다.

5.2. 가상 사례: 3대의 저녁 식사, 그리고 3개의 AI 포트폴리오

1) 어느 주말 저녁, 한 가족이 식탁에 둘러앉아 각자의 투자 계획에 대해 이야기하고 있었다. 이 가족은 모두 '패밀리 AI'라는 자산관리 서비스를 함께 이용하고 있었다.

- 할아버지(박영수, 68세): 은퇴 후 연금만으로는 생활이 빠듯하여, 모아둔 자산에서 매달 추가적인 현금 흐름을 만들고 싶어 했다.
- 아버지(김진호, 45세): 회사에서 중추적인 역할을 맡고 있으며, 20년 뒤 자신의 은퇴와 10년 뒤 딸의 대학 학자금이라는 두 가지 목표를 동시에 준비해야 했다.
- 딸(김민지, 23세): 이제 막 사회생활을 시작한 신입사원. 그녀의 목표는 아주 작은 월급의 일부를 떼어, 40년 뒤를 바라보는 장기적인 자산을 만드는 것이었다.

2) 식사 후, 그들은 각자의 AI 포트폴리오 진단 결과를 함께 열어보았다. 같은 AI가 분석했지만, 그 결과는 세 사람의 인생처럼 전혀 달랐다.

- 할아버지의 포트폴리오(수호자): AI는 그의 포트폴리오를 '채권 및 고배당 ETF 70%, 저변동성 우량주 ETF 30%'로 구성했다. AI의 최우선 임무는 '원금 손실을 최소화하면서, 연 4%의 안정적인 현금(분배금)을 창출하는 것'이었다.
- 아버지의 포트폴리오(전략가): AI는 그의 포트폴리오를 가장 고전적인 '글로벌 주식 60%, 글로벌 채권 40%'의 코어-위성 전략으로 설계했다. AI는 "장기적인 은퇴 목표를 위해서는 주식의 성장성이, 중기적인 학자금 목표를 위해서는 채권의 안정성이 모두 필요합니다."라고 설명했다.
- 딸의 포트폴리오(탐험가): AI는 그녀의 포트폴리오를 '글로벌 주식 90%, 채권 10%'라는 공격적인 구성으로 제안했다. 주식의 90% 중에서도 상당 부분은 '글로벌 혁신기술 ETF'와 '신흥국 ETF'와 같은 고성장 위성 자산으로 채워졌다. AI는 "민지님의 가장 큰 자산은 '40년'이라는 시간입니다. 당신에게 시장의 폭락은 위험이 아니라, 부를 축적할 수 있는 일생일대의 기회입니다."라고 조언했다.

3) **시사점:** 가족은 모두 감탄했다. 하나의 AI가 각자의 나이와 목표, 그리고 남은 시간을 정확히 계산하여, 세 사람에게 각기 다른 최적의 해답을 제시한 것이다. 그들은 '최고의 포트폴리오'란 존재하지 않으며, 오직 '특정 인생의 단계에 있는 특정 개인을 위한' 최고의 포트폴리오만이 존재함을 깨달았다. 이처럼 AI는 우리 각자의 인생 여정에 맞춰 끊임없이 진화하는, 가장 지적인 금융 동반자가 되어 주는 것이다.

제 11 장

AI 기반 ETF, 수익률 200% 활용법

1. 거치식 vs 적립식, AI는 어떤 방식을 선호할까?와 가상사례

1.1. 거치식 vs 적립식, AI는 어떤 방식을 선호할까: '지금 시장의 상황'에 따라 정답이 달라진다

당신에게 1억 원이라는 목돈이 생겼다고 상상해보자. 이 돈을 오늘 당장 모두 투자해야 할까(거치식), 아니면 1년에 걸쳐 매달 나누어 투자해

거치식과 적립식의 차이점

구분	거치식	적립식
① 투자방법	예금식 투자	적금식 투자
② 투자용도	보유자금 증식	종잣돈(목돈) 마련
③ 가입적기	주가가 낮을 때	크게 상관없다
④ 적정 투자기간	특별히 없다	2.5년~3년
⑤ 기대수익률	7~10%+α	3~5%+α

거치식 펀드 VS 적립식 펀드 | 뱅크샐러드 [https://www.banksalad.com]

야 할까(적립식)? 이는 투자 세계의 가장 오래되고 뜨거운 난제다. 이 질문에 대한 AI의 대답은 놀랍도록 현명하고 명쾌하다. AI의 결론은 "둘 중 하나가 항상 옳은 것이 아니라, '지금 시장의 상황'에 따라 정답이 달라진다"는 것이다.

(1) **거치식 투자**(Lump-Sum Investing): "시간이 최고의 무기다"라는 철학에 기반한다. 시장은 장기적으로 우상향하므로, 하루라도 빨리 모든 자금을 시장에 투입하여 복리 효과를 최대한 누리는 것이 통계적으로 유리하다는 '수학적' 접근법이다.

(2) **적립식 투자**(Drip Investing): "최악의 상황을 피하는 것이 최선이다"라는 철학에 기반한다. 만약 거치식으로 투자한 직후 시장이 폭락하면 회복 불가능한 심리적, 물리적 타격을 입을 수 있다. 따라서 투자를 여러 번에 나누어 평균 매입 단가를 낮추고, '시장을 잘못 선택한' 위험을 분산하는 '심리적' 접근법이다.

인간 투자자는 이 두 가지 방법론 앞에서 자신의 감과 직관에 의존하여 선택하는 경향이 있다. 그러나 AI는 감정이 아닌, 데이터에 기반하여 지금 시장이 거치식 투자가 유리한 '기회의 구간'인지, 아니면 적립식 투자가 유리한 '위험의 구간'인지를 진단한다.

AI는 PER, PBR과 같은 전통적인 가치평가 지표는 물론, 시장의 공포와 탐욕을 나타내는 심리 지표, 거시 경제 데이터 등을 종합하여 '시장 매력도 점수(Market Attractiveness Score)'를 산출한다. 그리고 이 점수에 따라 각 투자자에게 가장 합리적인 투자 방식을 추천하는 것이다.

1.2. AI의 시장 진단에 따른 최적 투자 방식 추천

AI의 시장 진단	특징 및 시장 심리	AI 추천 전략 및 근거
강력한 저평가 국면	"공포가 시장을 지배하는 시기" 각종 가치평가 지표가 역사적 저점이며, VIX(공포지수)가 급등한 상태이다.	강력한 거치식 투자(Strong Lump-Sum) AI의 백테스팅 결과, '최악의 공포' 속에서 거치식으로 투자했을 때 향후 3~5년 기대수익률이 가장 높았기 때문이다.
합리적 평가 국면	"이성이 시장을 지배하는 시기" 가치평가 지표가 역사적 평균 수준이며, 시장이 안정적인 상태이다.	완만한 거치식 또는 단기 적립식 통계적 우위에 따라 거치식을 우선하되, 단기 변동성 위험을 줄이고 싶다면 2~3개월의 짧은 기간 동안 분할 매수하는 것을 권고한다.
명백한 고평가 국면	"탐욕이 시장을 지배하는 시기" 가치평가 지표가 역사적 고점이며, '묻지마 투자'가 성행하는 버블의 징후가 나타난다.	장기 분할 적립식 투자(Long-Term DCA) 시장의 정점에서 거치식으로 투자하는 것이 최악의 시나리오이므로, 12~18개월 이상의 긴 호흡으로 투자를 분산하여 평균 매입 단가를 관리하고 폭락의 위험을 최소화해야 한다.

1.3. 가상 사례: 2029년, 한 퇴직 교사의 현명한 선택

1) 퇴직금으로 5억 원이라는 큰돈을 손에 쥐었다. 그는 이 돈을 어떻게 투자해야 할지 몰라, 자신이 사용하는 은행의 AI 자산관리 서비스 '솔로몬(SOLOMON)'에게 자문을 구했다.

   평생을 교직에 헌신하고 정년퇴직한 60대 박 교감 선생님은 퇴직금으로 5억 원이라는 큰돈을 손에 쥐었다. 그는 이 돈을 어떻게 투자해야 할지 몰라, 자신이 사용하는 은행의 AI 자산관리 서비스 '솔로몬(SOLOMON)'에게 자문을 구했다.

2) 솔로몬의 시장 진단(2029년 1월): "현재 글로벌 증시는 지난 5년간의 강력한 상승 랠리 끝에, 역사적 평균 대비 밸류에이션이 40% 이상 고평가된 상태입니다. 또한, AI가 분석한 뉴스 및 소셜미디어의 투자 관

련 키워드는 '탐욕'과 '낙관'이 95% 수준에 도달하여, 시장이 과열되었음을 시사합니다. 따라서 현재는 '명백한 고평가 국면'입니다."

3) **솔로몬의 투자 제안:** "지금 5억 원을 한 번에 거치식으로 투자하는 것은 매우 높은 위험을 동반합니다. 따라서 '18개월 장기 분할 적립식 투자'를 제안합니다. 매월 약 2,777만 원씩 18개월에 걸쳐 포트폴리오를 완성해 나가는 전략입니다. 이는 향후 발생할 수 있는 시장 조정을 오히려 평균 매입 단가를 낮추는 기회로 활용할 수 있는, 가장 현명하고 방어적인 전략입니다."

   박 교감 선생님은 AI의 데이터 기반 분석을 신뢰하고 그 제안을 따랐다. 그의 친구들은 "시장이 이렇게 좋은데 왜 투자를 나누어서 하느냐"며 그를 이해하지 못했다.

4) **5개월 뒤, AI의 우려는 현실이 되었다. 과열되었던 시장은 갑작스러운 금리 인상 쇼크로 인해 -20%에 달하는 깊은 조정을 맞았다.**

   - 만약 거치식으로 투자했다면: 박 교감 선생님의 5억 원은 순식간에 4억 원으로 줄어들었을 것이고, 그는 은퇴 자금의 막대한 손실에 공황 상태에 빠졌을 것이다.
   - AI의 제안을 따른 결과: 그는 5개월간 약 1억 4천만 원만 투자된 상태였다. 그의 손실은 약 2,800만 원 수준에 그쳤다. 더 중요한 것은, 그의 남은 3억 6천만 원의 현금이 이제 20%나 저렴해진 자산을 매수할 수 있는 강력한 '총알'이 되어주었다는 사실이다.

5) **시사점:** 이 사례는 AI가 어떻게 시장의 '온도'를 과학적으로 측정하고, 투자자의 가장 위험한 심리적 편향(탐욕)으로부터 그를 보호하는지를 명확히 보여준다. '거치식'과 '적립식'의 논쟁은 더 이상 무의

미하다. AI 시대의 현명한 투자자는 시장의 상황을 읽고, 그에 맞는 최적의 '투자 속도'를 조절할 줄 아는 사람인 것이다.

2. AI 기반의 목표 수익률 달성 시 매도하는 나만의 원칙 세우기와 가상사례

2.1. AI 기반의 목표 수익률 달성 시 매도하는 원칙 세우기: 데이터에 기반한 AI의 '조건기반 매도 원칙'을 수립해야 한다.

등반가에게 정상 등정만큼이나 중요한 것이 '안전한 하산'이듯, 투자자에게는 '언제 살 것인가' 만큼이나 '언제 팔 것인가'를 결정하는 것이 중요하다. 수많은 개인 투자자들이 수익을 내고도 더 큰 욕심 때문에 매도 시점을 놓쳐 결국 손실로 전환되는 비극을 반복하는 이유는, 바로 이 '매도'라는 행위가 인간의 가장 강력한 감정인 '탐욕(Greed)'과 정면으로 맞서 싸워야 하는 영역이기 때문이다.

이 감정의 함정을 극복하기 위해, 우리는 인간의 주관적 판단이 아닌, 데이터에 기반한 AI의 '조건 기반 매도 원칙'을 수립해야만 한다. 이는 단순히 '+30% 수익이 나면 판다'와 같은 임의적이고 단순한 목표 가격을 설정하는 것이 아니다. AI는 목표 달성 여부뿐만 아니라, 현재 시장의 '온도'와 자산의 '건강 상태'까지 종합적으로 진단하여, 지금이 '계속 달려야 할 때'인지, 아니면 '파티를 끝내고 떠나야 할 때'인지를 알려주는 정교한 의사결정 시스템인 것이다.

AI는 매도 시점을 판단하기 위해 다음과 같은 다차원적인 질문을 동시에 던지고, 그에 대한 데이터 기반의 답을 찾는다.

■ AI 기반 매도 원칙 수립을 위한 4대 점검 항목

점검 항목	AI의 주요 분석 지표	스스로에게 던져야 할 핵심 질문
재무 목표 달성 여부	투자 계획서 대비 현재 자산 가치, 목표 달성률	나는 이 투자를 통해 이루려 했던 최초의 목표를 달성했는가?
밸류에이션 부담	PER, PBR 등 가치평가 지표의 역사적 위치, 동종 업계 비교	현재 가격이 자산의 본질적 가치에 비해 명백하게 과열(고평가) 상태인가?
성장 모멘텀 둔화	장/단기 이동평균선의 역배열 신호, RSI 지표의 과매수 구간 이탈, 거래량 감소 추세	자산 가격을 밀어 올리던 상승의 힘이 약해지고 있다는 기술적 증거가 나타나는가?
거시 환경의 변화	금리 인상 사이클 진입, 경기선행지수 하락, 해당 산업에 대한 정부의 규제 강화 움직임	이 자산의 성장을 뒷받침해주던 우호적인 외부 환경(바람의 방향)이 바뀌고 있는가?

AI의 매도 신호는 이 네 가지 항목 중 하나만 충족되었을 때가 아니라, 다수의 항목이 동시에 위험 신호를 보낼 때 그 강도가 기하급수적으로 강해진다. 이는 마치 자동차의 경고등이 하나만 켜졌을 때가 아니라, 엔진오일, 브레이크, 타이어 공기압 경고등이 동시에 켜졌을 때 즉시 운행을 멈춰야 하는 것과 같은 이치이다.

2.2. 가상 사례: 2030년, 탐욕의 절정에서 AI의 경고를 듣다

1) 제품 디자이너인 40대 차 실장은 자신의 AI 추천 포트폴리오 중 위성 자산으로 '글로벌 클린에너지 ETF'를 보유하고 있었다. 그녀의 최초 목표는 '3년 내 50% 수익'을 달성하여 주택 리모델링 자금을 마련하는 것이었다.

2) 그런데 획기적인 에너지 저장 기술의 발전과 각국 정부의 파격적인 지원 정책에 힘입어, 클린에너지 섹터는 역사적인 대호황기를 맞았다. 그녀의 ETF는 단 2년 만에 목표를 훌쩍 넘어 +120% 라는 경이로운 수익률을 기록했다.

차 실장은 환호했지만, 동시에 깊은 고민에 빠졌다. 그녀의 주변 동료들과 온라인 커뮤니티는 "클린에너지 섹터는 이제 시작이다", "지금 팔면 평생 후회한다"며 장밋빛 전망을 쏟아냈다. 그녀는 더 큰 수익을 얻을 수 있을 것이라는 '탐욕'과, 혹시라도 지금 팔았다가 더 오르면 어쩌나 하는 '포모(FOMO)' 감정에 휩싸여, 최초의 원칙을 버리고 계속 보유하고 싶은 강한 유혹을 느꼈다.

3) 그녀는 자신의 AI 자산관리 앱 '오디세이(Odyssey)'에 접속하여 조언을 구했다. 오디세이는 현재 상황을 4대 점검 항목에 기반하여 냉철하게 분석한 리포트를 제시했다.

- 목표 달성: 완료(최초 목표 +50%를 2배 이상 초과 달성)
- 밸류에이션: 위험(섹터 평균 PER이 역사적 고점 대비 200% 수준. 명백한 과열 및 버블 징후)
- 모멘텀: 주의(최근 1개월간 주가 상승률이 둔화되고 있으며, 거래량은 급증하며 상투의 신호 발생)
- 거시 환경: 주의(AI가 분석한 결과, 인플레이션 압력 증가로 인해 향후 6개월 내 중앙은행의 금리 인상 확률 85% 이상 예측. 이는 성장주에 치명적임)

4) 오디세이의 최종 권고: "목표 달성을 축하합니다. 그러나 4개 항목 중 3개에서 강력한 위험 신호가 감지되고 있습니다. '분할 매도 전략'을 실행할 것을 강력히 권고합니다. 지금 즉시 보유 물량의 50%를 매도하여 수익을 실현하고 리모델링 자금을 확보하십시오. 그리고 나머지 50%에 대해서는 현재가 대비 -10% 지점에 '자동 손실제한 주문(Trailing Stop-Loss)'을 설정하여, 추가 상승의 가능성은 열어두되 급락의 위험으로 부터 이익을 보호하십시오."

5) 차 실장은 자신의 뜨거운 탐욕을 억누르고, AI의 차가운 데이터 기반 조언을 따랐다. 그녀는 절반을 매도하여 꿈에 그리던 리모델링 자금을 확보했다. 몇 달 뒤, AI의 예측대로 금리 인상이 시작되자 클린 에너지 버블은 붕괴했고, ETF의 가격은 -50% 폭락했다. 그녀의 나머지 절반 물량은 자동 손실제한 주문에 따라 하락 초기에 자동으로 매도되어, 그녀의 수익을 안전하게 지켜주었다.

6) 시사점: 이 사례는 성공적인 매도 전략이 인간의 감정적 고뇌가 아닌, 데이터에 기반한 체계적인 원칙의 영역임을 명확히 보여준다. AI는 시장의 광기 속에서 우리를 지켜주고, 탐욕의 절정에서 가장 이성적인 목소리를 들려주는 가장 신뢰할 수 있는 하산 전문가인 것이다.

3. 연금저축, IRP 계좌에서 AI ETF 굴리기(세테크)와 가상사례

3.1. 연금저축, IRP 계좌에서 AI ETF 굴리기(세테크)

만약 AI 기반의 액티브 ETF가 현존하는 가장 빠른 '슈퍼카 엔진'이라면, 연금저축펀드와 IRP는 이 엔진의 성능을 100% 끌어낼 수 있도록 설계된, 공기 저항과 마찰이 전혀 없는 '최첨단 레이싱 서킷'이라 할 수 있다. 일반 도로(일반 계좌)에서는 각종 신호등과 규제(세금) 때문에 제 속도를 낼 수 없었던 슈퍼카가, 비로소 이 특별한 서킷 위에서 자신의 한계를 뛰어넘는 질주를 시작하게 되는 것이다.

AI ETF, 특히 시장 초과 수익을 추구하는 AI 액티브 ETF는 그 특성상 포트폴리오를 동적으로 리밸런싱하는, 즉 매매를 상대적으로 자주 하는 경향이 있다. 그런데 만약 이 과정을 일반 증권 계좌에서 실행한다면, 수익이 발생한 모든 매매(특히 해외주식형 ETF의 경우)에 대해 건건이 15.4%의 세금이 부과된다. 이는 마치 슈퍼카가 전력 질주를 할 때마다 누군가 뒤에서 브레이크를 밟는 것과 같은 '세금 마찰(Tax Drag)'을 발생시키며, 복리의 마법을 심각하게 저해하는 요인이 된다.

3.1.1. AI 기반 연금 계좌의 이점

바로 이 지점에서 연금 계좌는 AI에게 '완벽한 자유'를 선물한다.

(1) **'과세이연'이라는 무한한 활주로:** 연금 계좌 안에서는 AI가 수백, 수천 번의 리밸런싱을 통해 수익을 발생시켜도, 최종적으로 연금을 인출하기 전까지는 세금이 단 한 푼도 부과되지 않는다(과세이연). 이는 세금으로 새어 나갔어야 할 돈까지 온전히 재투자되어, 복리 수익의 눈덩이를 막힘없이 굴려나갈 수 있게 만든다.

(2) **해외 투자에 대한 '비과세 특권':** 일반 계좌에서는 해외주식형 ETF의 매매차익에 15.4%의 세금이 부과되지만, 연금 계좌 안에서는 이 또한 전액 비과세된다. AI의 정교한 분석은 국경을 가리지 않으므로, 이 혜택은 AI가 전 세계를 무대로 최고의 투자 기회를 탐색할 수 있도록 날개를 달아주는 것과 같다.

(3) **'저율 과세'라는 아름다운 피날레:** 수십 년간 세금 없이 불어난 자산은, 마지막에 연금으로 수령할 때 3.3~5.5%의 낮은 연금소득세만 납부하면 된다. 이는 15.4%의 일반 세율에 비해 엄청난 최종 수익률 차이를 만들어낸다.

3.1.2. 연금저축, IRP, ISA 비교 분석

구분	연금저축	개인형 퇴직연금 (IRP)	개인종합자산관리계좌 (ISA)
목표	세액공제 혜택을 받으며 안정적인 노후 자금을 마련하는 것을 주된 목표로 한다.	근로자의 퇴직금을 안정적으로 운용하고, 추가 납입을 통해 종합적인 노후 설계를 하는 것을 목표로 한다.	다양한 금융상품을 한 계좌에서 운용하며 비과세 및 분리과세 혜택을 통해 종합적인 자산 증식을 목표로 한다.
원리 및 방법	연간 납입액(최대 600만원)에 대해 13.2% 또는 16.5%의 세액공제를 적용받고, 운용 수익에 대한 과세는 연금 수령 시점까지 이연된다.	연금저축 납입액을 포함하여 연간 최대 900만원까지 세액공제 혜택을 받는다. 퇴직금과 자기부담금을 합산하여 운용할 수 있다.	한 계좌 내에서 예금, 펀드, ETF, ELS 등 다양한 상품에 투자하고, 발생한 이익과 손실을 통산(손익통산)한 후 순이익에 대해 비과세(200~400만원 한도) 및 저율(9.9%) 분리과세 혜택을 적용한다.
효과	세액공제를 통한 절세 효과가 가장 크며, 과세이연을 통해 실질 투자금을 늘리는 복리 효과를 극대화할 수 있다.	연금저축보다 세액공제 한도가 높아 절세 효과가 더욱 크다. 퇴직금을 일시금이 아닌 연금으로 수령 시 퇴직소득세를 30~40% 감면받는 효과가 있다.	손익통산과 비과세/분리과세를 통해 금융소득종합과세 부담을 줄이고 실질 수익률을 높이는 효과가 있다. 3년의 의무가입 기간 만료 후 연금계좌로 전환하여 추가 세액공제 혜택을 받을 수 있다.
배당	계좌 내에서 발생한 배당 및 이자소득에 대해 즉시 과세하지 않고, 연금 수령 시점에 낮은 세율의 연금소득세(3.3%~5.5%)로 과세된다(과세이연).	연금저축과 동일하게 운용 수익 및 배당소득에 대해 과세이연 효과가 적용되며, 연금 수령 시 연금소득세로 과세된다.	계좌 내에서 발생한 배당 및 이자소득은 다른 상품의 손실과 합산(손익통산)되며, 순이익에 대해서만 과세 혜택이 적용된다.
리밸런싱	계좌 내에서 펀드, ETF 등 다양한 상품으로 자유롭게 교체 매매하며 포트폴리오 리밸런싱이 가능하다.	연금저축과 동일하게 계좌 내에서 다양한 금융상품으로의 자유로운 리밸런싱이 가능하다. 단, 위험자산 투자 한도(70%) 규제가 있다.	계좌 내에서 투자 상품 간의 이동이 자유로워 시장 상황에 맞는 능동적인 리밸런싱이 가능하다.

비용	가입하는 금융기관 및 상품에 따라 운용 및 자산관리 수수료가 부과된다.(펀드 보수, ETF 거래 수수료 등)	운용 및 자산관리 수수료가 부과되며, 이는 금융기관별로 상이하다.	가입 유형(중개형, 신탁형, 일임형) 및 편입 상품에 따라 수수료가 부과된다.(거래 수수료, 신탁 보수, 일임 수수료 등)
적정 연령대	소득이 발생하여 세액공제 혜택을 받을 수 있는 사회초년생부터 50대 초반까지 모든 연령대에게 적합하다.	연금저축과 마찬가지로 소득이 있는 근로자 및 자영업자에게 적합하며, 특히 퇴직금을 수령한 중장년층에게 필수적인 상품이다.	소득 여부와 무관하게 만 19세 이상이면 가입 가능하여 사회초년생의 목돈 마련부터 중장년층의 자산 증식, 은퇴자의 금융소득 절세까지 폭넓게 활용된다.
장점	장강력한 세액공제 혜택, 과세이연 효과.	높은 세액공제 한도, 퇴직금 절세 효과, 안정적인 자산 운용 가능.	강력한 절세(비과세+분리과세), 손익통산, 다양한 상품 투자.
단점	55세 이전 중도 해지 시 기타소득세(16.5%) 부과, 연금 수령 시 연금소득세 발생.	중도 해지 어려움, 위험자산 투자 한도(70%) 존재.	3년 의무가입기간 존재, 연간 납입 한도(2,000만원) 제한.
활용 사례	연말정산을 통해 매년 세금을 환급받고자 하는 직장인이 매년 600만원을 납입하여 세액공제 혜택을 최대로 받고, 장기적으로 노후 자금을 마련하는 데 활용된다.	퇴직금을 IRP 계좌로 이전하여 운용하며 노후 연금 재원으로 활용하고, 추가로 연 300만원을 납입하여 연금저축과 합산, 총 900만원의 세액공제를 받는 사례에 활용된다.	3년 만기 목돈 마련을 목표로 하는 사회초년생이 국내 상장주식과 채권 ETF에 분산 투자하여 수익을 내고, 발생한 수익에 대해 비과세 혜택을 받아 실질 수익률을 높이는 데 활용된다.

3.1.3. 일반 계좌 vs. 연금 계좌에서 AI ETF 운용 시뮬레이션

구분	일반 증권 계좌(일반 도로)	연금저축/IRP 계좌(레이싱 서킷)
AI의 잦은 리밸런싱 (매매차익)	수익 발생 시마다 15.4% 세금 부과	완전 비과세(과세이연)
해외주식형 ETF 매매차익	15.4% 배당소득세 과세	완전 비과세(과세이연)
복리 효과	세금으로 인한 수익률 누수 발생 (브레이크 작동)	100% 온전한 복리 효과 (최고 속도 질주)
최종 인출 시 세율	(해당 없음)	3.3% ~ 5.5%의 낮은 연금소득세
핵심	AI의 능력이 세금 때문에 제약됨	AI의 능력이 100% 해방됨

3.2. 가상 사례: 20년 후, 두 쌍둥이 자매의 자산을 가른 '계좌'의 차이

1) **'글로벌 AI 혁신기업 ETF'에 투자를 시작했다.** 이 ETF는 AI가 직접 운용하는 액티브 상품으로, 연평균 10%의 높은 수익률을 기록했다: 건축가로 성공한 쌍둥이 자매 '혜진'과 '수진'은 20년 전, 똑같이 1억 원의 자금으로 당시 막 출시된 '글로벌 AI 혁신기업 ETF'에 투자를 시작했다. 이 ETF는 AI가 직접 운용하는 액티브 상품으로, 연평균 10%의 높은 수익률을 기록했다. 두 사람의 투자 상품과 금액, 기간은 모든 것이 동일했다. 단 하나의 차이는 바로 '계좌'였다.

   - 언니 혜진: 그녀는 1억 원을 일반 증권 계좌에서 운용했다.
   - 동생 수진: 그녀는 1억 원을 자신의 IRP(개인형 퇴직연금) 계좌에서 운용했다.

2) **20년의 세월이 흐른 뒤, 두 사람의 자산 명세서는 믿을 수 없는 결과를 보여주었다.**

   - 혜진(일반 계좌)의 결과: 그녀의 AI ETF는 훌륭한 성과를 냈지만, AI가 포트폴리오를 리밸런싱하며 수익을 실현할 때마다 발생한 세금은 그녀의 복리 수익률을 미세하게 갉아먹었다. 그녀의 실질 수익률은 세후 약 8.5% 수준이었다. 그 결과, 그녀의 1억 원은 20년 뒤 약 5억 1,120만 원으로 성장했다.
   - 수진(IRP 계좌)의 결과: 그녀의 계좌 안에서 AI는 세금이라는 제약 없이 마음껏 실력을 발휘했다. 발생한 수익은 단 1원의 누수도 없이 100% 재투자되었다. 그녀는 온전한 연 10%의 복리 효과를 누렸다. 그 결과, 그녀의 1억 원은 20년 뒤 약 6억 7,275만 원으로 성장했다.

3) 단지 어느 계좌에서 운용했느냐는 차이 하나가, 20년 뒤 두 자매의 자산을 1억 6천만 원 이상 벌려 놓은 것이다. 심지어 수진은 이 거대한 자산을 인출할 때도 낮은 연금소득세만 내면 된다.

4) 시사점: 이 사례는 '세테크'가 단순히 몇 푼의 세금을 아끼는 소극적인 절약이 아니라, 투자의 최종 결과를 좌우하는 가장 핵심적인 공격 전략임을 증명한다. 특히 스스로 판단하고 움직이는 AI ETF에게, 연금 계좌라는 '세금 무풍지대'를 제공하는 것은, 최고의 파일럿에게 최고의 전투기를 선물하는 것과 같이 그 잠재력을 100% 폭발시키는 가장 현명하고 지적인 선택인 것이다.

4. ETF 분배금(배당)을 재투자하여 복리 효과 극대화하기와 가상사례

4.1. ETF 분배금(배당)을 재투자하여 복리 효과 극대화하기

투자의 세계에서 가장 위대한 마법을 하나 꼽으라면, 아인슈타인마저 '인류 최고의 발명품'이라 극찬했던 '복리(Compounding)'일 것이다. 복리란, 내가 투자한 원금에서 발생한 수익이 다시 원금에 더해져, 그 '수익이 또 다른 수익을 낳는' 눈덩이 효과(Snowball Effect)를 의미한다. 이는 시간이 흐를수록 자산이 선형적으로 증가하는 것이 아니라, 기하급수적으로 불어나게 만드는 부의 엔진이다.

ETF 투자에서 이 복리의 엔진을 가동시키는 가장 중요한 연료가 바로 '분배금(배당)'이다. 우리가 ETF로부터 받는 분배금은 단순한 '용돈'이나 '보너스'가 아니다. 그것은 나의 자산이라는 나무가 맺은 소중한 '열매'이며, 이 열매를 어떻게 활용하는가에 따라 미래의 과수원 규모는 극적으로 달라지게 된다.

만약 우리가 이 열매(분배금)를 따서 바로 먹어버린다면(소비한다면), 내년에도 나무(원금)는 비슷한 수의 열매만을 맺을 것이다. 하지만 만약 우리가 이 열매를 땅에 다시 심는다면(재투자한다면), 그 열매는 새로운 나무로 자라나 더 많은 열매를 맺게 될 것이다. 이것이 바로 '분배금 재투자'를 통해 복리 효과를 극대화하는 핵심 원리이다.

4.1.1. 재투자를 가장 현명하고 효율적으로 실행하는 방법이 바로 'TR(Total Return) ETF'에 투자하는 것이다.

이러한 재투자를 가장 현명하고 효율적으로 실행하는 방법이 바로 'TR(Total Return) ETF'에 투자하는 것이다. 일반 ETF(PR, Price Return)은 분배금이 발생하면 투자자의 계좌에 현금으로 지급한다. 투자자가 직접 이 돈을 다시 투자해야 하는 번거로움이 있고, 지급 시 15.4%의 배당소득세가 원천 징수된다.

TR ETF(TR, Total Return): 분배금을 현금으로 지급하는 대신, 그 금액만큼을 자동으로 ETF에 재투자하여 주가(순자산가치)에 반영한다. 이 과정에서 세금이 즉시 부과되지 않고 이연되므로(과세이연), 세금의 누수 없이 100% 온전한 복리 효과를 누릴 수 있다.

4.1.2. ETF 분배금(배당) 재투자를 통한 복리 효과 극대화 전략

구분	내용
목표	ETF에서 발생하는 분배금(배당)을 인출하지 않고 해당 ETF에 즉시 재투자함으로써, 투자 원금을 지속적으로 늘려 장기적인 자산 증식 효과(복리 효과)를 극대화하는 것을 목표로 한다.
원리 및 방법	- 분배금이 지급되면 그 금액만큼 동일한 ETF를 추가로 매수하는 방식으로 진행된다. - 이는 '눈덩이를 굴리는 것'과 같은 원리로, 늘어난 주식 수만큼 다음 분배금이 더 많이 지급되고, 그 분배금으로 다시 더 많은 주식을 매수하는 선순환 구조를 만든다. - 증권사에서 제공하는 '분배금 자동 재투자' 서비스를 신청하거나, 수동으로 직접 매수할 수 있다.

효과	- 투자 기간이 길어질수록 이자가 원금에 더해져 새로운 이자를 낳는 "기하급수적인 자산 성장(복리 효과)"을 기대할 수 있다. - 또한, 꾸준한 재투자는 "평균 매입 단가를 낮추는 효과(Cost Averaging)"도 가져올 수 있다.
배당	- 이 전략의 핵심은 ETF에서 지급되는 "분배금(배당금)"을 현금으로 사용하지 않고, 온전히 해당 ETF의 지분을 늘리는 데 사용하는 것이다. - 배당 자체가 투자의 원천이 된다.
리밸런싱	- 분배금 재투자와 포트폴리오 리밸런싱은 별개의 개념이지만, 정기적인 리밸런싱 시점에 맞추어 분배금으로 비중이 낮아진 자산을 매수하는 방식으로 전략을 연계하여 활용할 수 있다.
비용	- 분배금을 재투자하여 ETF를 추가 매수할 때마다 매매수수료가 발생할 수 있다.(단, 일부 증권사는 특정 ETF에 대해 거래수수료 무료 혜택을 제공하기도 한다.)
적정 연령대	- 복리 효과는 장기 투자를 통해 극대화되므로, 투자 기간을 길게 확보할 수 있는 20~30대 사회초년생에게 가장 효과적이다. - 은퇴 시점까지 꾸준히 자산을 증식시키고자 하는 모든 연령대에게 유효한 전략이다.
장점	강력한 복리 효과를 통한 장기 수익률 증대, 적립식 투자 효과, 투자 과정의 단순화.
단점	단기적인 현금 흐름 창출 불가, 재투자 시마다 거래 비용 발생 가능성.
활용 사례	- 20대 직장인이 미국의 대표 지수인 S&P 500을 추종하는 ETF에 매월 일정 금액을 적립식으로 투자하면서, 연 4회 지급되는 분배금을 받을 때마다 자동으로 동일 ETF에 재투자되도록 설정하여 30년 후 은퇴 자금을 마련하는 경우가 대표적인 활용 사례이다.

4.1.3. 일반 ETF vs. TR ETF, 30년 후의 운명(가상 시뮬레이션)

(※ 최초 투자금 1천만 원, 연평균 주가 성장률 6%, 연평균 분배율 2% 가정)

구분	일반 ETF(분배금 인출 후 소비)	TR ETF(분배금 자동 재투자)
투자 방식	연 6%의 주가 성장만 누리며, 분배금(세후)은 생활비로 사용한다.	연 6%의 주가 성장과 연 2%의 분배금이 합산된 연 8%의 복리 효과를 온전히 누린다.
30년 후 최종 자산	약 5,743만 원(1,000만 원 × 1.06^{30})	약 1억 65만 원(1,000만 원 × 1.08^{30})
결과	(30년간 받은 분배금 총액은 별도)	동일한 기초자산에 투자했음에도, 약 4,322만 원의 자산 차이가 발생한다.

4.2. 가상 사례: 30년 후, 두 친구의 희비를 가른 'TR' 두 글자

1) 30세 동갑내기 친구인 '민호'와 '준서'는 2025년, 각자 5,000만 원의 종자돈으로 한국의 대표 지수인 KOSPI 200에 장기 투자를 시작했다.

2) **'소비형 투자자' 민호:** 그는 가장 유명한 'KODEX 200' ETF에 투자했다. 그는 1년에 한 번씩 계좌에 현금으로 들어오는 분배금을 받을 때마다 큰 기쁨을 느꼈다. 그는 이 '공짜 돈'으로 최신 스마트폰을 바꾸거나, 친구 들과의 근사한 저녁 식사를 즐겼다.

3) **'재투자형 투자자' 준서:** 그는 복리의 마법을 깊이 이해하고 있었다. 그는 민호와 동일한 KOSPI 200 지수에 투자하지만, 분배금을 자동으로 재투자해주는 'KODEX 200TR' ETF를 선택했다. 그의 계좌에는 아무런 현금도 들어오지 않았지만, 그는 자신의 자산이라는 눈덩이가 조용히, 하지만 더 빠르게 굴러가고 있음을 알고 있었다.

4) 30년의 세월이 흘러, 두 사람이 60세 은퇴를 맞이하는 2055년이 되었다. 그들은 각자의 투자 성과를 확인해보기로 했다.

   - 민호의 계좌: 그의 5,000만 원은 KOSPI 200 지수의 꾸준한 성장에 힘입어 약 4억 원으로 불어나 있었다. 그는 지난 30년간 받은 분배금으로 삶의 소소한 즐거움을 누렸기에, 이 결과에 충분히 만족했다.
   - 준서의 계좌: 그의 계좌를 확인한 민호는 자신의 눈을 의심했다. 준서의 자산은 무려 약 6억 2천만 원에 달해 있었다.

5) 민호가 지난 30년간 '용돈'으로 써버렸던 그 분배금들은, 준서의 계좌 안에서 새로운 원금이 되어 또 다른 수익을 낳는 '새끼'를 쳤고, 그 새끼들이 또다시 새끼를 낳는 과정을 수없이 반복했던 것이다.

그 작은 습관의 차이가 30년 뒤 2억 2천만 원이라는, 집 한 채 값에 가까운 거대한 부의 격차를 만들어냈다.

6) **시사점:** 이 사례는 장기 투자자에게 있어 분배금이 결코 '공짜 돈'이 아니며, 미래의 부를 결정짓는 가장 소중한 '복리의 씨앗'임을 명확히 보여준다. TR ETF를 선택하는 것은, 이 씨앗을 자동으로, 그리고 가장 효율적으로 심어주는 가장 현명하고 지적인 농부가 되는 길인 것이다.

5. 수익률 인증에 흔들리지 않는 나만의 투자 철학과 가상사례

5.1. 수익률 인증에 흔들리지 않는 나만의 투자 철학

우리는 이제 AI와 ETF라는 최첨단 무기를 손에 쥐었다. 그러나 투자의 세계라는 전쟁터에서 최종적인 승패를 결정하는 것은 무기의 성능이 아니라, 그 무기를 다루는 병사의 '내면', 즉 '투자 철학'이다. 특히 소셜미디어 속에서 매일같이 쏟아져 나오는 '수익률 인증샷'의 공세는, 우리의 평정심을 무너뜨리고 합리적 판단을 마비시키는 가장 강력한 심리적 공격이라 할 수 있다.

성공적인 투자는 100미터 단거리 경주가 아닌, 42.195km를 완주해야 하는 마라톤이다. SNS에 올라오는 '+1000%' 수익률 인증샷은, 마라톤 초반 100미터를 전력 질주하는 단거리 선수의 모습과 같다. 그 순간은 화려해 보일지 몰라도, 그는 결코 결승선에 도달할 수 없다. 진정한 마라토너는 옆 선수의 순간적인 스퍼트에 동요하지 않고, 오직 자신의 페이스와 호흡, 그리고 완주라는 최종 목표에만 집중하는 법이다.

5.1.1. 수익률 인증샷의 환상에서 벗어나야 하는 이유

(1) **생존 편향(Survivorship Bias)**: 사람들은 자신의 성공적인 투자만을 자랑할 뿐, 그 이면에 있었을 수많은 실패와 손실에 대해서는 결코 이야기하지 않는다.

(2) **결과 편향(Outcome Bias)**: 좋은 결과(높은 수익률)가 반드시 좋은 '과정(의사결정)'을 의미하지는 않는다. 그것은 다시는 반복될 수 없는 천운, 즉 '도박'의 결과일 수 있다.

(3) **비교의 함정(The Trap of Comparison)**: 당신은 당신의 '전체 마라톤 여정'을, 다른 사람의 가장 빛나는 '100미터 순간 기록'과 비교하고 있는 것이다. 이는 본질적으로 불공정한 비교이며, 스스로를 불행하게 할 뿐이다.

따라서 우리는 외부의 소음으로부터 우리의 투자 원칙을 지켜낼, 누구도 침범할 수 없는 우리 자신만의 '투자의 헌법'을 제정해야만 한다. 이 헌법은 시장이 뜨거울 때 탐욕을 제어하고, 시장이 차가울 때 공포를 이겨내는 불변의 기준이 되어줄 것이다.

5.1.2. 과정 중심 투자자 vs. 결과 중심 투자자

구분	과정 중심의 현명한 투자자 (The Wise Investor)	결과 중심의 불안한 투자자 (The Anxious Investor)
판단 기준	'나의 투자 헌법'(목표, 기간, 원칙)	'타인의 수익률 인증샷'(소문, 유행)
감정 상태	차분함, 꾸준함, 평정심	조바심(FOMO), 불안, 탐욕, 후회
행동 패턴	계획에 따른 기계적인 적립식 매수 및 리밸런싱	급등주 추격 매수, 급락 시 공포의 투매
시간 관점	장기적 관점(10년, 20년 뒤의 나)	단기적 관점(오늘, 이번 달의 수익률)
궁극적 목표	나의 재무 목표 달성	타인보다 더 높은 수익률 달성

최종 결과	시간의 힘을 이용한 복리 자산 형성	잦은 매매와 감정적 판단으로 인한 손실 누적

5.1.3. 타인의 수익률 인증에 흔들리지 않는 투자 철학 수립

구분	내용
목표	시장의 단기적인 소음이나 타인의 높은 수익률에 동요하지 않고, 자신만의 명확한 원칙과 기준에 따라 장기적으로 일관성 있는 투자를 실행하여 안정적인 자산 증식을 이루는 것을 목표로 한다.
원리 및 방법	- 자기 분석: 자신의 투자 목표, 기간, 위험 감수 수준을 객관적으로 파악한다. - 학습과 이해: 투자하고자 하는 자산(주식, 채권, 부동산 등)에 대해 충분히 학습하고 이해한다. - 원칙 수립: '가치 투자', '성장주 투자', '인덱스 추종' 등 자신만의 투자 패러다임을 정하고, '매수/매도 조건', '자산 배분 원칙' 등 구체적인 실행 계획을 문서화한다. - 기록과 복기: 모든 투자 결정을 기록하고, 그 결과를 주기적으로 복기하며 원칙을 정교화한다.
효과	- 포모(FOMO, Fear of Missing Out)와 같은 감정적 편향에서 벗어나 충동적인 추격 매매를 방지하는 효과가 있다. - 이를 통해 불필요한 손실을 줄이고, 심리적 안정을 유지하며 장기적인 관점에서 복리 효과를 극대화할 수 있다.
배당	- 자신의 투자 철학에 따라 배당의 역할을 명확히 정의한다. 예를 들어, '현금 흐름 창출'을 중시한다면 배당주 비중을 높인다. - 자산 성장을 우선한다면 배당금을 기계적으로 재투자하는 원칙을 세우고 실행한다.
리밸런싱	- 시장 상황이나 감정에 따라 비체계적으로 대응하는 것이 아니라, 사전에 정해 놓은 자산 배분 원칙(예: 주식 60%, 채권 40%)이 깨졌을 경우에만 기계적으로 리밸런싱을 실행한다.(예: 연 1회 또는 특정 비율 초과 시)
비용	- 투자 철학의 일부로서 비용(수수료, 세금)을 최소화하는 것을 중요한 원칙으로 삼는다. - 잦은 매매를 지양하고, 장기 보유를 통해 거래 비용과 양도소득세 부담을 줄이는 전략을 선호하게 된다.
적정 연령대	- 투자 경험이 적어 외부 정보에 쉽게 흔들릴 수 있는 20~30대 사회초년생에게 가장 필요하다. - 장기 투자의 복리 효과를 누리기 위해 일찍 수립할수록 유리하다. 모든 연령대의 투자자에게 필수적인 요소이다.
장점	심리적 안정감 확보, 비합리적인 투자 결정 방지, 장기적이고 꾸준한 수익률 달성 가능.

단점	단기적인 유행이나 급등장에서 상대적 박탈감을 느낄 수 있음. 철학 수립을 위해 초기 학습과 노력이 요구됨.
활용 사례	- 2021년과 같은 기술주 급등기에 '나는 PER 15 이하의 저평가된 가치주에만 투자한다'는 철학을 가진 투자자는 시장의 열기에 편승하지 않았다. - 그 결과, 2022년 금리 인상기 기술주 폭락의 피해를 최소화하고 자신의 원칙에 따라 안정적인 투자를 이어갈 수 있었다.

5.2. 가상 사례: 2030년, '우주 엘리베이터' 테마주 광풍 속 두 친구

1) AI가 추천해준 '코어-위성 전략'에 따라 꾸준히 투자하고 있던 두 친구, '지혜'와 '민수'가 있었다.

2) 2030년, 한 혁신 기업이 '우주 엘리베이터'의 핵심 소재를 개발했다는 뉴스가 발표되자, 관련 테마주들은 한 달 만에 수십 배 폭등하는 광기를 보였다. 민수의 SNS 피드는 온통 우주 엘리베이터 관련 주식으로 수천 퍼센트의 수익을 올렸다는 '인증샷'으로 도배되었다.

3) **'부러움 투자자' 민수의 선택:** 그는 자신의 계좌에 찍힌 연 12%의 안정적인 수익률이 초라하게 느껴졌다. 그는 "AI고 뭐고, 지금은 우주 엘리베이터에 올라타야 할 때"라고 외치며, AI가 구축해준 안정적인 코어 자산(S&P 500 ETF)을 상당 부분 매도하여, 이미 폭등한 테마주의 꼭대기에 올라탔다. 그는 다음 '수익률 인증'의 주인공이 자신일 것이라 확신했다.

4) **'과정 투자자' 지혜의 선택:** 그녀 역시 친구들의 인증샷을 보며 마음 한편이 흔들리는 것을 느꼈다. 하지만 그녀는 잠시 MTS를 끄고, 자신이 직접 작성했던 '나의 투자 헌법' 노트를 꺼내 읽었다.

   - 제1조(목표): 나의 목표는 단기 대박이 아닌, 30년 뒤의 안정적인 노후이다.

- 제2조(전략): 나의 전략은 AI가 데이터로 검증한 글로벌 우량자산 분산투자이다.
- 제3조(원칙): 나는 내가 이해할 수 없는 투기적 자산에 투자하지 않으며, 시장의 소음이 아닌 나의 계획을 따른다.

그녀는 이 광풍이 자신의 헌법과 정면으로 위배됨을 깨달았다. 그녀는 SNS를 끄고, 자신의 계획대로 다음 월급날에 AI 포트폴리오를 기계적으로 추가 매수했다.

5) 1년 뒤, '우주 엘리베이터' 기술은 아직 상용화가 멀었다는 사실이 밝혀지며 거품은 붕괴했고, 관련 주식들은 -90% 이상 폭락했다. 민수의 계좌는 회복 불가능한 타격을 입었다. 반면, 그 소란 속에서 묵묵히 자신의 길을 걸었던 지혜의 계좌는 꾸준히 우상향하며 역대 최고 자산 기록을 경신하고 있었다.

6) **시사점:** 이 사례는 투자에 있어 진정한 승리가 '얼마나 벌었는가'가 아니라 '얼마나 지켰는가'에 의해 결정됨을 보여준다. '나만의 투자 철학'이라는 갑옷은, SNS 시대의 가장 강력한 적인 '비교와 조바심'으로부터 당신의 자산과 평정심을 지켜주는 유일하고도 가장 강력한 무기인 것이다.

제 12 장

수수료와 세금, 똑똑하게 절약하기

1. ETF 투자 시 발생하는 각종 비용들과 가상사례

1.1. 보이지 않는 손실: ETF 투자 시 발생하는 각종 비용들

투자의 세계에서 수익률만큼이나 중요한 것이 바로 '비용'이다. 아무리 높은 수익을 올려도 그 과정에서 발생하는 비용이 크다면 실제 손에 쥐는 돈은 초라 해질 수밖에 없다. 특히 ETF는 인덱스 펀드를 주식처럼 편리하게 거래할 수 있도록 만든 혁신적인 상품이지만, 여기에도 여러 가지 비용이 숨어 있다. 인간 투자자는 종종 수익률이라는 화려한 불빛에 가려져 이러한 비용의 그림자를 간과하곤 한다.

하지만 AI 투자 시스템은 다르다. AI에게 비용은 감성이나 기대를 배제한 채 철저히 계산하고 통제해야 할 '확정적 마이너스 수익률'이다. AI는 미세한 비용 차이가 장기적으로 얼마나 큰 격차를 만들어내는지 정확히 시뮬레이션 하며, 이를 포트폴리오 최적화의 핵심 변수로 활용한다. 이제부터 ETF 투자자가 반드시 알아야 할 비용의 종류와 AI가 이 비용들을 어떻게 관리하는지 심층적으로 알아볼 것이다.

1.1.1. 총보수(TER, Total Expense Ratio)

총보수는 ETF를 운용하고 관리하는 데 들어가는 모든 비용을 합산하여 펀드 순자산 총액 대비 비율로 나타낸 것이다. 가장 기본적이고 대표적인 비용으로, 투자자가 ETF를 보유하는 동안 매일매일 자산에서 자동으로 차감된다. 이는 마치 구독 서비스의 연회비와 같아서, 투자자는 별도로 돈을 내지 않지만 수익률에 고스란히 반영된다.

(1) **운용보수**: 펀드를 운용하는 자산운용사에 지급하는 보수.

(2) **판매보수**: 펀드를 판매하는 증권사 등에 지급하는 보수.

(3) **신탁보수**: 펀드 자산을 보관하고 관리하는 신탁회사(수탁은행)에 지급하는 보수.

(4) **사무관리보수**: 펀드의 기준가를 계산하는 등 일반 사무를 처리하는 사무수탁회사에 지급하는 보수.

예를 들어, 총보수가 연 0.5%인 ETF에 1,000만 원을 투자했다면, 1년 동안 약 5만 원의 비용이 나도 모르는 사이에 지불되는 것이다. 이 비용은 이미 ETF의 기준가(NAV)에 반영되어 있으므로 투자자가 체감하기는 어렵다. 하지만 AI는 이 0.1%의 미세한 총보수 차이도 놓치지 않고 장기 수익률에 미칠 복리 효과를 계산하여 투자 결정에 반영한다.

1.1.2. 기타비용

총보수 외에도 ETF 운용 과정에서 추가로 발생하는 비용이 있는데, 이를 '기타비용'이라고 한다. 여기에는 펀드 자산을 매매할 때 발생하는 수수료, 회계감사 비용 등이 포함된다. 총보수와 기타비용을 합산한 것을 '총비용(Total Cost)'이라고 부르기도 한다. 따라서 투자자는 금융투자협회 등에서 공시하는 총보수뿐만 아니라 기타비용까지 반드시 확인해야 한다. AI는 당연히 이 모든 데이터를 분석하여 실제 총비용이 가장 낮은 ETF를 선별해낸다.

1.1.3. 매매수수료(Brokerage Commission)

매매수수료는 투자자가 증권사를 통해 ETF를 주식처럼 사고팔 때 발생하는 비용이다. 이는 ETF 자체의 비용이라 기보다는 거래 채널인 증권사에 지불하는 비용이다. 최근에는 많은 증권사가 신규 고객 유치 등을 위해 ETF 매매수수료 평생 무료 혜택을 제공하기도 한다. AI 투자 시스템을 활용할 때는 연동된 증권사의 수수료 정책을 시스템에 입력하여, 거래 비용까지 포함한 최적의 매매 시점과 수량을 결정하도록 설계된다.

1.1.4. 매매호가 스프레드(Bid-Ask Spread)

매매호가 스프레드는 언뜻 보이지 않아 '숨겨진 거래 비용'으로 불린다. ETF를 살 때의 가격(매수호가)과 팔 때의 가격(매도호가) 사이에는 미세한 차이가 존재하는데, 이를 스프레드라고 한다.

예를 들어, 어떤 ETF의 매도호가가 10,010원이고 매수호가가 10,000원이라면 스프레드는 10원이다. 투자자가 이 ETF를 사자마자 즉시 판다고 가정하면, 10,010원에 사서 10,000원에 팔게 되므로 주당 10원의 손실을 보게 된다. 이것이 바로 스프레드 비용이다. 거래량이 적고 인기가 없는 ETF일수록 이 스프레드가 넓어지는 경향이 있어 잦은 매매 시 수익률을 갉아먹는 주범이 된다.

AI는 특정 ETF의 과거 스프레드 데이터를 분석하여 평균 거래 비용을 산출하고, 스프레드가 비정상적으로 확대되는 시점에는 거래를 피하는 등 지능적인 거래 전략을 구사한다.

1.1.5. 세금(Tax)

세금은 ETF 투자 수익에 가장 큰 영향을 미치는 요소 중 하나이며, 종류에 따라 과세 방식이 매우 복잡하여 일반 투자자들이 가장 어려워하는 부분이기도 하다.

(1) **분배금 과세:** ETF는 편입한 주식이나 채권에서 발생한 배당, 이자 수익을 투자자에게 정기적으로 지급하는데 이를 '분배금'이라 한다. 이 분배금에 대해서는 15.4%의 배당소득세가 원천징수된다.

(2) **매매차익 과세:** ETF를 매도하여 얻은 차익에 대한 과세는 ETF의 종류에 따라 달라진다.

- 국내 주식형 ETF: 국내 상장주식에 투자하여 발생한 매매차익은 비과세 혜택을 받는다. 이것이 국내 투자자들이 국내 주식형 ETF를 선호하는 가장 큰 이유이다.
- 기타 ETF(해외 주식, 채권, 원자재 등): 위 ETF들을 제외한 나머지 모든 ETF는 매매차익에 대해 15.4%의 배당소득세를 부과한다. 이는 금융소득종합과세 대상에도 포함될 수 있어 고액 자산가에게는 더욱 중요한 고려사항이 된다.

AI는 포트폴리오를 구성할 때 단순히 기대수익률만 보는 것이 아니라, 세후 수익률을 극대화하는 방향으로 자산을 배분한다. 예를 들어, 절세 혜택이 있는 연금저축계좌나 개인형 퇴직연금(IRP) 계좌에서는 과세이연 및 저율과세가 가능한 해외 ETF의 비중을 높이고, 일반 계좌에서는 비과세 혜택을 받는 국내 주식형 ETF의 비중을 조절하는 등 정교한 세금 최적화 전략을 수행하는 것이다.

1.1.6. ETF 투자 비용 요약

비용 항목	내용	발생 시점	특징
총보수(TER)	펀드 운용, 관리, 보관 등에 드는 비용	보유 기간 내내 매일 자동 차감	ETF 기준가에 이미 반영되어 있음
기타비용	회계감사, 지수 사용료 등 총보수 외 비용	보유 기간 내내 매일 자동 차감	총보수와 함께 실질적인 보유 비용을 구성함
매매수수료	증권사를 통해 ETF를 사고 팔 때 내는 비용	매수 및 매도 시	증권사별로 상이하며, 무료인 경우도 있음
매매호가 스프레드	매수호가와 매도호가의 차이로 인한 비용	매수 및 매도 시	거래량이 적을수록 커지는 경향이 있음
세금	분배금 및 매매차익에 대한 배당소득세(15.4%)	분배금 수령 및 매도 시	국내 주식형 ETF의 매매차익은 비과세

1.2. ETF 투자 시 각종 비용 절약 전략

구분	내용
목표	ETF 투자 과정에서 발생하는 총보수, 매매수수료, 세금 등 각종 비용을 최소화하여, 투자자의 실질 순수익률을 극대화하는 것을 목표로 한다.
원리 및 방법	- 저보수 ETF 선택: 동일 지수를 추종하더라도 운용사별로 총보수(TER)가 다르므로, 장기적으로 총보수가 가장 낮은 상품을 선택한다. - 매매수수료 절감: 증권사별 ETF 거래수수료 무료 이벤트를 적극 활용하거나, 평생 혜택을 제공하는 증권사를 주거래 계좌로 이용한다. - 잦은 매매 지양: 단기적인 시장 변동에 따른 잦은 매매는 거래수수료와 세금 부담을 가중시키므로, 장기적인 관점에서 보유 전략을 유지한다. - 절세 계좌 활용: 연금저축, IRP, ISA 계좌 내에서 ETF를 운용하여 매매차익 및 분배금에 대한 과세를 이연시키거나 비과세/분리과세 혜택을 받는다.
효과	- 장기적으로 미미해 보이는 비용 차이가 복리 효과와 맞물려 최종 수익률에 상당한 차이를 가져오는 '비용의 역복리 효과'를 방지한다. - 이를 통해 실질적인 자산 증식 속도를 높이는 효과를 얻는다.
배당	- 일반 계좌에서 ETF 분배금(배당) 수령 시 15.4%의 배당소득세가 원천징수된다. - 이는 실질 투자 수익률을 낮추는 비용으로 작용하므로, ISA나 연금계좌에서 투자하여 배당소득세 과세를 이연시키거나 면제받는 것이 비용 절약의 핵심이 된다.
리밸런싱	- 불필요한 리밸런싱은 매매수수료와 세금을 유발한다. - 따라서, 시장 변동에 일일이 대응하기보다 연 1회 또는 자산 비중이 목표치를 5% 이상 벗어났을 때 등 자신만의 원칙을 정해 리밸런싱 횟수를 최소화함으로써 비용을 절감할 수 있다.

비용	- 투자자가 직접 통제하고 절약해야 할 핵심 비용 항목은 ①총보수(TER), ②매매수수료, ③세금(배당소득세, 양도소득세), 그리고 ④기타비용(괴리율, 추적오차 등)이 있다.
적정 연령대	- 비용 절약은 모든 연령대의 투자자에게 중요하지만, 투자 기간이 긴 20~30대 사회초년생일수록 절감된 비용이 복리 효과를 통해 더 큰 자산으로 불어날 수 있어 그 효과가 극대화된다.
장점	실질 수익률 제고, 장기 복리 효과 극대화, 합리적이고 계획적인 투자 습관 형성.
단점	최저 보수/수수료 상품을 찾기 위한 초기 정보 탐색 노력이 필요함, 과도한 비용 절약 집착은 투자 기회 상실로 이어질 수 있음.
활용 사례	- KOSPI 200 지수를 추종하는 A 운용사의 ETF(총보수 0.05%)와 B 운용사의 ETF(총보수 0.20%)가 있을 경우, 장기 투자자는 A사의 상품을 선택하여 연간 0.15%의 비용을 절감한다. -또한, 이 ETF를 ISA(중개형) 계좌에서 매매하여 발생하는 수익에 대해 비과세 혜택을 적용받아 최종 수익률을 높인다.

1.3. 가상 사례: AI 애널리스트 '퀀텀'의 포트폴리오 최적화: 0.2%의 비용이 가른 10년 후의 운명

1) 그녀는 직접 종목을 고르는 대신, 해당 섹터를 추종하는 두 개의 대표적인 ETF, '글로벌 AI 칩리더스(GAC)'와 '퓨처 반도체 이노베이터(FSI)'를 후보로 올렸다: 2025년, 사회초년생인 김지혜 씨는 최근 가장 유망하다는 글로벌 AI 반도체 섹터에 투자하기로 마음먹었다. 그녀는 직접 종목을 고르는 대신, 해당 섹터를 추종하는 두 개의 대표적인 ETF, '글로벌 AI 칩리더스(GAC)'와 '퓨처 반도체 이노베이터(FSI)'를 후보로 올렸다. 두 ETF의 최근 1년간 수익률은 GAC가 32.5%, FSI가 33.1%로 거의 비슷했고, 편입 종목도 상위 10개 중 8개가 겹쳤다. 지혜 씨는 근소하게나마 수익률이 더 높았던 FSI에 마음이 기울었다.

그녀는 최종 결정을 내리기 전, 구독 중인 AI 투자 관리 서비스 '퀀텀(Quantum)'에 두 ETF의 비교 분석을 요청했다. 몇 초 뒤, 퀀텀은 단순 수익률 비교를 넘어선 심층 분석 보고서를 제시했다.

2) 분석 결과, '글로벌 AI 칩리더스(GAC)'에 대한 투자를 추천합니다.

퀀텀의 결론은 의외였다. 지혜 씨가 "왜 FSI가 아니라 GAC를 추천하나요? 작년 수익률은 FSI가 더 높았는데요."라고 질문하자, 퀀텀은 다음과 같은 데이터를 표로 보여주었다.

항목	글로벌 AI 칩리더스 (GAC)	퓨처 반도체 이노베이터 (FSI)	차이
최근 1년 수익률	32.5%	33.1%	-0.6%p
총보수(TER)	연 0.25%	연 0.45%	-0.20%p
평균 매매호가 스프레드	0.05%	0.12%	-0.07%p
총 거래 및 보유 비용	약 0.30%	약 0.57%	-0.27%p

퀀텀은 텍스트로 부연 설명을 이어갔다.

3) "과거 수익률은 미래를 보장하지 않는 '후행성 지표'입니다. 반면, 총보수와 평균 스프레드 같은 비용은 미래에도 거의 동일하게 발생할 '확정적 지표'에 가깝습니다. FSI의 높은 수익률은 특정 기간의 시장 상황에 따른 결과일 수 있지만, GAC의 낮은 비용 구조는 장기적으로 투자자의 실제 수익률을 높이는 확실한 요인이 됩니다."

그리고 퀀텀은 가장 결정적인 시뮬레이션 결과를 보여주었다. 초기 투자금 1,000만 원을 각각의 ETF에 10년간 투자하고, 연평균 수익률이 두 ETF 모두 12%로 동일하다고 가정했을 때의 결과였다.

[시뮬레이션] 1,000만 원 투자 시 10년 후 예상 자산(연평균 수익률 12% 가정)

ETF 명칭	연평균 수익률	연간 총비용	10년 후 예상 자산	비용으로 인한 차액
GAC	12%	0.30%	3,018만 원	-
FSI	12%	0.57%	2,946만 원	-72만 원

4) 결과는 충격적이었다. 불과 0.27%p의 연간 비용 차이가 10년이라는 시간 속에서 복리의 마법을 역으로 적용하여 72만 원이라는 무시할 수 없는 격차를 만들어낸 것이다. 이는 초기 투자금의 7.2%에 달하는 금액이었다.

지혜 씨는 그제야 깨달았다. 인간인 자신은 눈앞의 수익률이라는 달콤한 열매에만 집중했지만, AI '퀀텀'은 땅속 깊이 뿌리내려 양분을 빼앗는 '비용'이라는 잡초의 위험성을 꿰뚫어 본 것이다. 5) AI에게 투자는 단기적인 성과 경쟁이 아니라, 통제 가능한 변수를 최대한 정교하게 관리하여 장기적인 성공 확률을 높이는 냉철한 최적화 과정이었다. 그녀는 퀀텀의 추천에 따라 GAC ETF의 매수 버튼을 망설임 없이 눌렀다. 이는 그녀가 감정이 아닌 데이터에 기반한 합리적 투자 원칙을 처음으로 체득한 순간이었다.

2. 증권사별 ETF 거래시 수수료 비교와 선택 기준과 가상사례

2.1. 수수료 전쟁의 승자: AI는 어떤 증권사를 선택하는가?

증권사 수수료는 증권사, 거래 방식(모바일 앱, HTS, 오프라인), 거래 금액, 국내/해외 주식 등 조건에 따라 다르며, 특히 모바일 앱 거래 시 가장 저렴하다. 키움증권이 저렴한 편에 속하고, 한국투자증권은 상대적으로 수수료가 높은 편입니다. 미국 주식 거래 수수료는 대부분 0.25%로 동일하지만, 환전수수료와 기타 제비용을 고려하면 총 1% 내외가 발생할 수 있다.

앞서 우리는 ETF 투자 시 발생하는 총보수, 스프레드, 세금 등 다양한 비용의 종류를 살펴보았다. 이러한 비용 대부분은 ETF 상품 자체에 내재

되어 있거나 세법에 의해 정해져 있어 투자자가 통제하기 어려운 영역이다. 하지만 투자자가 자신의 의지로 직접 선택하고 통제함으로써 비용을 최소화할 수 있는 항목이 있으니, 바로 '매매수수료'이다.

매매수수료는 어떤 증권사를 이용하는가에 따라 천차만별이다. 최근 국내 증권사들은 고객 유치를 위해 ETF 거래 수수료를 '평생 무료'로 제공하는 파격적인 경쟁을 벌이고 있다. 인간 투자자에게 '무료'라는 단어는 거부할 수 없는 매력을 지닌다.

그러나 AI 투자 시스템은 이 '무료'라는 단어 이면에 숨겨진 다양한 변수까지 계산하여 최적의 거래 채널을 선택한다. 이제부터 증권사별 수수료 정책을 비교하고, AI가 인간을 넘어 어떤 기준으로 증권사를 선택하는지 그 심층적인 알고리즘을 들여다볼 것이다.

2.1.1. 증권사 수수료 비교 및 선택 기준

구분	내용
증권사별 수수료율	각 증권사마다 적용하는 고유의 수수료율이 상이하므로 비교가 필요하다.
거래 방식	거래 채널(모바일 앱, HTS, 오프라인 창구 등)에 따라 수수료가 차등 적용되며, 일반적으로 모바일 앱을 통한 거래가 가장 저렴하다.
거래 금액	투자 금액의 규모(소액, 대규모)에 따라 수수료 부과 구조가 달라질 수 있다.
국내/해외 주식	국내 주식 수수료는 증권사별 편차가 존재하나, 미국 주식 거래 수수료는 대부분 0.25% 수준으로 유사하다.
환전 및 기타 비용	해외 주식 거래 시, 매매수수료 외에 환전 수수료(약 0.3%)와 기타 제비용(약 0.2%)이 추가적으로 발생될 수 있다.
증권사 선택 팁	
수수료 절감 이벤트 활용	신규 고객이나 비대면 계좌 개설 고객을 대상으로 진행하는 한시적인 수수료 면제 또는 할인 이벤트를 적극적으로 활용한다.

자신의 투자 방식 파악	본인의 주된 거래 방식, 투자 규모 등을 명확히 파악하여 자신의 투자 스타일에 가장 유리한 수수료 체계를 갖춘 증권사를 선택해야 한다.
거래 금액 기준 비교	소액 투자가 중심이라면 수수료율이 낮은 증권사가 유리하며, 투자 금액이 크다면 수수료 절대 금액이 낮은 증권사를 선택하는 것이 합리적이다.

2.1.2. '무료 수수료'의 이면

증권사들이 내세우는 'ETF 거래 수수료 무료' 혜택은 분명 투자자에게 유리한 조건이다. 하지만 여기에는 몇 가지 확인해야 할 사항이 존재한다.

(1) **유관기관 제비용:** 증권사에 내는 위탁매매수수료는 무료일지라도, 한국거래소와 한국예탁결제원에 지불해야 하는 '유관기관 제비용'은 발생하는 경우가 대부분이다. 이는 약 0.0036~0.004% 수준으로 매우 미미하지만, 거래대금이 클 경우 무시할 수 없는 비용이 된다.

(2) **적용 대상:** 무료 혜택이 신규 고객이나 특정 이벤트를 통해 개설된 계좌에만 한정되는 경우가 많다. 또한, 국내 상장 ETF에만 적용되고 해외 상장 ETF에는 적용되지 않을 수 있다.

(3) **매도 시 세금:** 수수료와는 다른 개념이지만, ETF 매도 시에는 증권거래세(현재 국내 주식형 ETF는 면제)가 아닌 '유관기관 제비용'이 수수료 항목처럼 보일 수 있어 투자자의 혼란을 야기하기도 한다.

AI는 이러한 조건들을 명확히 인지하고, '완전 무료'와 '조건부 무료'를 구분하여 비용 계산에 오차가 발생하지 않도록 한다.

2.1.3. 증권사별 수수료 비교

국내 주요 증권사들의 온라인 ETF 거래 수수료는 대부분 매우 낮은 수준이며, 무료 이벤트를 상시 진행하는 곳이 많다. 아래 표는 일반적인 온라인(비대면 계좌) 거래 수수료를 예시로 보여주는 것이며, 실제 수수료는 이벤트나 계좌 종류에 따라 달라질 수 있으므로 거래 전 반드시 해당 증권사에 확인해야 한다.

■ **주요 증권사 온라인 ETF 매매수수료 예시(2025년 기준)**

증권사	온라인(HTS/MTS) 수수료율	수수료 이벤트 내용 (예시)	비고
A증권	0.015%	신규/휴면 고객 대상 국내 ETF 평생 수수료 우대	유관기관 제비용 별도
B증권	0.014%	비대면 계좌 개설 시 국내 ETF 평생 수수료 우대	유관기관 제비용 별도
C증권	0.014%	전 고객 대상 국내 ETF 수수료 무료	유관기관 제비용 포함 완전 무료
D증권	0.010%	특정 기간 내 비대면 계좌 개설 시 평생 수수료 우대	유관기관 제비용 별도

위 표는 독자의 이해를 돕기 위한 가상 예시이며, 실제 수수료 정책과 다를 수 있다.

표에서 보듯, 대부분의 증권사가 수수료 무료 또는 그에 준하는 혜택을 제공하므로 수수료율만으로는 변별력을 갖기 어려운 시대가 되었다. 그렇다면 AI는 무엇을 다음 평가 기준으로 삼을까?

2.1.4. AI의 선택 기준: 수수료를 넘어서

AI는 단순히 0에 가까운 수수료율에 만족하지 않는다. 거래 비용을 '수수료'라는 좁은 의미로 한정하지 않고, '거래 체결 과정에서 발생하는 모든 직간접적 비용'으로 확장하여 평가한다.

(1) **시스템 안정성 및 속도:** AI에게 최고의 증권사는 수수료가 가장 싼 곳이 아니라, 가장 빠르고 안정적으로 주문을 체결시키는 곳

이다. 시장이 급변하는 순간, 0.1초의 지연으로 인한 손실(기회 비용)은 평생의 수수료를 아낀 것보다 훨씬 클 수 있다. AI는 각 증권사 서버의 평균 응답 시간, 주문 체결 속도, 시스템 장애 이력 등을 데이터화하여 안정성을 평가한다.

(2) **API의 완성도:** AI 자동매매 시스템은 증권사가 제공하는 API(Application Programming Interface)를 통해 주문을 실행한다. 이 API가 얼마나 다양한 기능을 지원하고, 데이터 전송 속도가 빠르며, 오류가 없는지가 AI 시스템의 성능을 좌우한다. AI는 각 증권사 API의 스펙과 성능을 비교 분석하여 가장 효율적인 거래 환경을 제공하는 곳을 선택한다.

(3) **거래 인프라:** 슬리피지(Slippage, 주문 시점과 체결 시점의 가격 차이)를 최소화할 수 있는 인프라를 갖추었는지도 중요한 평가 항목이다. AI는 과거 거래 데이터를 분석하여 증권사별 평균 슬리피지 발생률을 계산하고, 이를 비용으로 환산하여 평가에 반영한다.

2.2. 가상 사례: AI 트레이더 '이카루스'의 선택: 가장 비쌌던 '무료' 수수료

1) **그는 최근 새로 출범한 C증권사의 파격적인 프로모션을 이용해 거래 비용을 '0'으로 만들었다며 다른 투자자들의 부러움을 샀다:** 2025년 어느 날, 10년 차 전업 투자자 박성준 씨는 자신의 투자 커뮤니티에 'C증권사 ETF 거래 수수료 완전 무료!'라는 글을 올리며 만족감을 드러냈다. 그는 최근 새로 출범한 C증권사의 파격적인 프로모션을 이용해 거래 비용을 '0'으로 만들었다며 다른 투자자들의 부러움을 샀다.

같은 시각, 데이터 과학자이자 박성준 씨의 후배인 이현우 씨의 AI

트레이딩 시스템 '이카루스(Icarus)'는 다른 결정을 내리고 있었다. 이카루스는 수십 개의 증권사 데이터를 분석한 후, 오히려 0.01%의 수수료를 부과하는 전통의 강자 'A증권'을 메인 거래 채널로 유지하겠다는 리포트를 현우 씨에게 보냈다. 리포트의 핵심 내용은 다음과 같았다.

2) **"C증권: 수수료 비용 0%. 단, 최근 3개월간 시장 변동성 확대 구간에서 MTS/HTS 접속 지연 4회 발생, 평균 API 응답속도 A증권 대비 150ms 느림. 예상 기회비용 연 0.12%."**

   이카루스는 C증권사의 신생 시스템이 가진 불안정성과 속도 저하 문제를 간파한 것이다. AI는 이를 '기회비용'으로 정량화했고, 그 값이 A증권사에 지불할 0.01%의 수수료보다 훨씬 크다고 판단했다.

3) **박성준 씨는 보유 중인 레버리지 ETF를 즉시 매도하여 손실을 최소화하려 했다. 하지만 C증권사의 MTS는 접속자가 폭주하며 하얗게 멈춰버렸다 그는 접속 지연이 아니었다면 피할 수 있었던 8%의 추가 손실을 입고 말았다:** 운명의 날은 예상보다 빨리 찾아왔다. 미국 연준의 예상치 못한 금리 인상 발표로 글로벌 증시가 폭락하기 시작했다. 박성준 씨는 보유 중인 레버리지 ETF를 즉시 매도하여 손실을 최소화하려 했다. 하지만 C증권사의 MTS는 접속자가 폭주하며 하얗게 멈춰버렸다. 그가 발을 동동 구르는 사이, ETF 가격은 속절없이 추락했다. 30분 뒤 간신히 접속에 성공해 매도했을 때, 그는 접속 지연이 아니었다면 피할 수 있었던 8%의 추가 손실을 입고 말았다.

4) **이현우 씨의 '이카루스'는 0.01%의 수수료를 지불했지만, 8%의 대폭락을 완벽하게 피할 수 있었다:** 한편, 이현우 씨의 '이카루스'는 시장

의 첫 번째 이상 신호를 감지하자마자 0.02초 만에 A증권사 API로 매도 주문을 전송했다. 주문은 단 한 번의 오류나 지연 없이 정확한 가격에 체결되었다. 이카루스는 0.01%의 수수료를 지불했지만, 8%의 대폭락을 완벽하게 피할 수 있었다.

그날 저녁, 박성준 씨는 망연자실한 채 이현우 씨에게 전화했다. "세상에 공짜는 없다는 말이 맞았네. 오늘 나는 가장 비싼 '무료' 수수료를 경험했어." 그의 목소리에는 깊은 후회가 묻어 있었다.

5) 시사점: 이 사건은 명확한 교훈을 남긴다. 인간은 눈앞의 '무료'에 현혹되기 쉽지만, AI는 보이지 않는 '시스템 리스크'와 '기회비용'까지 계산하여 가장 합리적인 결정을 내린다는 것이다. 진정한 투자 고수는 단순히 돈을 아끼는 사람이 아니라, 결정적 순간에 돈을 지킬 수 있는 가장 신뢰도 높은 파트너를 선택하는 자이다. 그리고 AI는 그 파트너를 선택하는 가장 냉철하고 정확한 기준을 제시하고 있었다.

3. ETF 투자 관련 세금 제도 이해하기와 가상사례

3.1. 보이지 않는 수익률: AI의 절세 전략, 세금을 이해하라

투자의 세계에서 수익률은 두 가지 얼굴을 가지고 있다. 하나는 세금을 내기 전의 '세전 수익률'이고, 다른 하나는 세금을 낸 후 실제 내 손에 남는 '세후 수익률'이다. 많은 투자자들이 눈앞의 세전 수익률에만 집중하지만, 진정한 투자의 고수는 세후 수익률을 극대화하는 방법을 고민한다. 세금은 투자 수익의 상당 부분을 떼어가는 가장 강력하고 확실한 '비용'이기 때문이다.

특히 ETF는 어떤 자산을 담고 있는지에 따라 세금 부과 방식이 매우 복잡하게 달라져, '세금 지능'이 투자의 성패를 가르는 결정적 변수가 된다. 인간 투자자는 이 복잡한 세법 앞에서 종종 실수를 저지르거나 최적의 전략을 놓치곤 한다. 하지만 AI에게 세금은 감정이나 어려움의 대상이 아니다. AI는 세법을 하나의 명확한 '규칙(Rule)'으로 인식하고, 이 규칙 안에서 최고의 효율을 내는 최적의 경로를 찾아내는 데 특화되어 있다. 이제부터 ETF 세금 제도의 핵심을 파헤치고, AI가 어떻게 이 규칙을 활용해 '보이지 않는 수익률'을 만들어내는지 알아볼 것이다.

3.1.1. ETF 투자 관련 세금 분석

구분	국내 주식형 ETF	기타 ETF(국내 기타/해외 ETF)
목표	국내 주식시장 성장에 투자하며, 매매차익에 대한 비과세 혜택을 통해 세후 수익률을 높이는 것을 목표로 한다.	특정 섹터, 테마, 해외 시장 등에 투자하여 자본이득을 추구하며, 발생한 모든 수익에 대해서는 배당소득으로 간주하여 과세된다.
세금구조	매매차익은 비과세 처리되며, 오직 분배금(배당)에 대해서만 "배당소득세(15.4%)"가 부과되는 구조를 가진다.	매매차익과 분배금 모두 "배당소득(15.4%)"으로 과세된다. 연간 금융소득이 2,000만원을 초과할 경우 금융소득종합과세 대상이 될 수 있다.
수익 과세	비과세된다. ETF를 매도하여 발생한 자본이득에 대해 세금을 부과하지 않는다.	보유기간과세 원칙에 따라, '매매차익'과 '과세표준 기준가 상승분' 중 더 적은 금액에 대해 "배당소득세(15.4%)"를 과세한다.
배당 과세	ETF로부터 지급받는 분배금(현금배당)에 대해 "배당소득세(15.4%)"를 원천징수한다.	분배금에 대해 "배당소득세(15.4%)"를 원천징수하며, 이는 매매차익에 대한 세금과 동일한 세율을 적용 받는다.
비과세 여부	매매차익에 한해 비과세가 적용된다.	- 비과세 혜택이 없다. - 모든 수익(매매차익, 분배금)은 과세 대상이 된다. 단, ISA나 연금계좌 활용 시 절세가 가능하다.

특징	- 포트폴리오가 국내 상장주식으로만 구성된 ETF에 한정된다. - 잦은 매매를 하더라도 매매차익에 대한 세금 부담이 없는 것이 가장 큰 특징이다.	- 채권, 원자재, 리츠, 해외 주식 등 국내 주식 외 자산을 담고 있는 모든 ETF가 해당된다. - 수익 발생 시 무조건 세금이 부과되므로 절세 계좌 활용이 중요하다.
활용 사례	- 투자자가 KOSPI 200 지수를 추종하는 ETF를 1,000만원에 매수하여 1,200만원에 매도했을 경우, 발생한 매매차익 200만원에 대해서는 세금이 전혀 부과되지 않는다.	- 투자자가 미국 S&P 500 지수 추종 ETF로 500만원의 수익을 실현했을 경우, 이 수익에 대해 15.4%인 77만원이 배당소득세로 원천징수된다. - 이 세금을 절약하기 위해 ISA 계좌에서 투자하는 전략을 활용할 수 있다.

3.1.2. ETF 세금의 두 얼굴: 분배금과 매매차익

ETF에 투자했을 때 발생하는 세금은 크게 두 가지 상황에서 발생한다. 바로 '분배금'을 받을 때와 ETF를 팔아 '매매차익'을 얻었을 때이다.

(1) **분배금 과세**: ETF는 편입한 주식이나 채권에서 발생한 배당금이나 이자를 투자자에게 정기적으로 나누어 주는데, 이를 '분배금'이라 한다. 투자자는 이 분배금을 받을 때 소득의 종류와 관계없이 일괄적으로 15.4%의 '배당소득세'를 내야 한다. 이는 증권사가 알아서 원천징수하므로 투자자가 직접 신고할 필요는 없다.

(2) **매매차익 과세**: 이것이 ETF 세금의 핵심이자 가장 복잡한 부분이다. ETF를 매수 가격보다 비싸게 팔아서 얻은 이익, 즉 매매차익에 대한 과세는 ETF가 주로 어떤 자산에 투자하는지에 따라 운명이 갈린다.

① **국내 주식형 ETF**: KOSPI200 지수를 추종하는 ETF처럼 국내 상장 주식에만 투자하는 ETF의 매매차익에 대해서는 세금이 전혀 부과되지 않는다. 이것이 국내 주식형 ETF의 가장 큰 매력이자, 많은 투자자들이 선호하는 이유이다.

② 기타 ETF(해외 주식, 채권, 원자재, 리츠 등): 위 경우를 제외한 모든 ETF가 여기에 해당한다. 미국 S&P500 지수 추종 ETF, 금 ETF, 채권 ETF 등은 매매차익에 대해 15.4%의 배당소득세를 내야 한다. 또한, 매매차익과 분배금을 합산한 금융소득이 연간 2,000만 원을 초과할 경우 '금융소득종합과세' 대상이 되어 더 높은 세율이 적용될 수도 있다.

3.1.3. AI의 절세 포트폴리오: 계좌의 마법

AI는 단순히 세금이 싼 ETF만을 고르지 않는다. 한 걸음 더 나아가, '어떤 계좌에 어떤 ETF를 담을 때 세금이 가장 최적화되는가'를 계산한다. 이는 마치 유능한 세무사가 개인의 상황에 맞춰 절세 전략을 짜주는 것과 같다. AI가 활용하는 대표적인 절세 계좌는 연금저축과 개인형 퇴직연금(IRP)이다.

■ **계좌 종류에 따른 ETF 과세 방식 비교**

구분	일반 계좌	연금저축/IRP(개인형 퇴직연금) 계좌
국내 주식형 ETF	매매차익: 비과세 분배금: 배당소득세(15.4%)	매매차익: 과세이연 분배금: 과세이연
기타 ETF	매매차익: 배당소득세(15.4%) 분배금: 배당소득세(15.4%)	매매차익: 과세이연 분배금: 과세이연
세제 혜택	없음	- 세액공제(연간 납입액의 13.2% 또는 16.5%) - 과세이연(운용 중 세금 납부 X) - 저율과세(연금 수령 시 3.3~5.5% 분리과세)

이 표가 바로 AI 절세 전략의 핵심 설계도이다. AI는 이 설계도에 따라 다음과 같은 포트폴리오를 자동으로 구축한다.

(1) **일반 계좌에는? → 국내 주식형 ETF를 집중 배치한다.** 어차피 매매차익이 비과세이므로 굳이 절세 계좌에 둘 필요가 없기 때문이다.

(2) **연금저축/IRP 계좌에는? → 해외 주식형 등 기타 ETF를 집중 배치한다.** 매매차익에 15.4%의 세금이 부과되는 ETF들을 절세 계좌에 담아, 운용 기간 동안 세금을 한 푼도 내지 않는 '과세이연' 효과를 극대화한다. 그리고 나중에 연금으로 수령할 때 15.4%보다 훨씬 낮은 3.3~5.5%의 연금소득세만 내면 되는 것이다.

인간은 이 모든 것을 직접 공부하고 판단하여 실행해야 하지만, AI는 투자자의 주문 한 번에 이 모든 과정을 오류 없이 최적으로 수행해낸다.

3.2. 가상 사례: AI '솔론'의 절세 마법: 같은 수익률, 다른 최종 자산

1) **최민준 부장은 테크주에 투자하는 '글로벌 테크 TOP10 ETF'가 유망하다고 판단하고, 자신의 일반 증권 계좌를 통해 과감하게 5,000만 원을 투자했다:** 은퇴를 앞둔 베테랑 투자자 최민준 부장은 평소 수익률에 대한 자부심이 대단했다. 그는 수년 간의 경험과 분석을 통해 미국 테크주에 투자하는 '글로벌 테크 TOP10 ETF'가 유망하다고 판단하고, 자신의 일반 증권 계좌를 통해 과감하게 5,000만 원을 투자했다.

2) **김유진 씨도 개인형 퇴직연금(IRP) 계좌에 최 부장과 동일한 '글로벌 테크 TOP10 ETF'를 5,000만 원어치를 투자했다:** 같은 시기, 그의 조카인 사회초년생 김유진 씨도 생애 첫 투자를 시작했다. 투자 지식이 부족했던 그녀는 AI 투자 서비스 '솔론(Solon)'의 포트폴리오 추천을 그대로 따랐다. 솔론 역시 글로벌 테크주의 성장성을 높게 평가하여 유진 씨의 개인형 퇴직연금(IRP) 계좌에 최 부장과 동일한 '글로벌 테크 TOP10 ETF'를 5,000만 원어치 매수하도록 추천했다.

1년 후, 시장은 두 사람의 예측대로 움직였다. '글로벌 테크 TOP10 ETF'는 20%의 경이로운 수익률을 기록했고, 두 사람 모두 1,000만 원의 평가이익을 얻게 되었다. 만족한 최 부장은 수익을 실현하기 위해 ETF 전량을 매도했다.

며칠 뒤, 최 부장의 계좌에 입금된 금액은 예상과 달랐다.

- 최민준 부장의 최종 수익(일반 계좌):
  - 매매차익: 1,000만 원
  - 배당소득세(15.4%): 1,000만 원 × 15.4% = 154만 원
  - 세후 순수익: 1,000만 원 - 154만 원 = 846만 원

3) 최 부장의 계좌에서 무려 154만 원이 세금으로 사라진 것이다. 그는 조카에게 자랑스레 전화를 걸었다. "유진아, 너도 어서 팔아서 수익 실현하렴! 세금이 좀 아깝긴 하더라."

4) 하지만 유진 씨의 대답은 의외였다. "삼촌, 제 AI '솔론'은 아직 매도할 때가 아니라고 하는데요? 그리고 저는 IRP 계좌에 있어서 지금 팔아도 세금은 안 낸다고 나와요." 만약 그녀가 은퇴 후 이 돈을 연금으로 수령한다면, 그때는 15.4%가 아닌 3.3~5.5%의 낮은 세율만 적용 받게 될 것이다.

그녀의 말 대로였다. 유진 씨가 IRP 계좌에서 ETF를 매도했더라도, 그 돈은 계좌 내에 현금으로 남아있을 뿐 외부로 인출하기 전까지는 세금이 전혀 부과되지 않는다(과세이연). 그녀는 이 1,000만 원의 수익을 고스란히 다른 ETF에 재투자하여 복리 효과를 이어갈 수 있었다. 만약 그녀가 은퇴 후 이 돈을 연금으로 수령한다면, 그때는 15.4%가 아닌 3.3~5.5%의 낮은 세율만 적용 받게 될 것이다.

5) 최민준 부장은 단지 세법이라는 '게임의 룰'을 제대로 이해하지 못해, 똑같은 수익을 내고도 154만 원을 더 잃은 것뿐이었다. 최민준 부장은 순간 머리를 한 대 맞은 듯한 충격을 받았다. 그는 조카보다 더 좋은 수익률을 낸 것이 아니었다. 단지 세법이라는 '게임의 룰'을 제대로 이해하지 못해, 똑같은 수익을 내고도 154만 원을 더 잃은 것뿐이었다. AI '솔론'은 시장을 예측하는 능력뿐만 아니라, 주어진 제도와 규칙을 가장 유리하게 활용하는 '시스템적 지능'에서 인간을 압도하고 있었다.

6) 시사점: 이 경험을 통해 최 부장은 깨 달았다. 미래의 투자는 단순히 어떤 종목이 오를지 맞추는 게임이 아니라, 정해진 규칙 속에서 세금, 비용, 제도적 혜택까지 모두 고려하여 '최종 수익'을 최적화하는 복잡한 방정식이라는 것을. 그리고 그 방정식의 해답을 찾는 데 있어, AI는 인간에게 가장 강력한 비서(Agent)가 될 것임을 말이다.

4. 연금저축 IRP, ISA 절세 계좌 활용법과 가상사례

4.1. 절세 계좌의 최종 진화: ISA와 AI의 포트폴리오 시너지

앞서 우리는 연금저축과 IRP라는 강력한 절세 계좌를 통해 AI가 어떻게 세후 수익률을 극대화하는지 살펴보았다. 이는 마치 강력한 엔진을 장착하는 것과 같았다. 하지만 진정한 레이서가 엔진의 성능 뿐만 아니라 차체의 균형, 공기역학까지 고려하여 기록을 단축하듯, 최첨단 AI 투자 시스템은 여기서 멈추지 않는다. 연금 계좌의 장기적인 절세 효과에 더해, 중단기적인 유연성과 강력한 '손실 관리' 능력까지 갖춘 또 다른 비밀 병기를 활용하는 것이다.

그 주인공은 바로 '만능 통장'이라 불리는 "ISA(Individual Savings Account, 개인종합자산관리계좌)"이다. ISA는 그 자체로도 훌륭한 절세 도구이지만, AI는 ISA와 연금 계좌를 마치 정교한 톱니바퀴처럼 연결하여 인간 투자자는 상상하기 어려운 '절세 시너지'를 만들어낸다. 이제부터 ISA의 핵심 기능을 파헤치고, AI가 어떻게 이 절세 계좌들을 엮어 10년 후의 자산을 바꾸는 '포트폴리오 연금술'을 부리는지 알아볼 것이다.

4.1.1. 연금저축·IRP·ISA 절세 계좌 활용법 비교 분석

구분	연금저축펀드	개인형 퇴직연금 (IRP)	개인종합자산관리계좌 (ISA)
목표	세액공제 혜택을 받으며 장기적인 노후 자금을 마련하는 것을 핵심 목표로 한다.	세액공제와 함께 근로자의 퇴직금을 안정적으로 운용하여 종합적인 노후 생활을 설계하는 것을 목표로 한다.	만기 3년 이상의 중기적 관점에서 비과세 및 분리과세 혜택을 통해 목돈을 마련하거나 자산을 증식시키는 것을 목표로 한다.
세금구조	납입 시 세액공제, 운용 중 과세이연, 연금 수령 시 "저율의 연금소득세(3.3~5.5%)"가 부과되는 3단계 세금 혜택 구조를 가진다.	연금저축과 동일하게 납입, 운용, 수령 단계에서 세제 혜택을 받는다. 퇴직금 수령 시에는 퇴직소득세가 적용된다.	운용 수익에 대해 손익통산 후 순이익에 대해 비과세(200~400만원) 및 저율 분리과세(9.9%) 혜택을 제공하는 구조이다.
수익 과세	운용 기간 중 발생한 모든 수익(매매차익, 이자 등)에 대해 과세하지 않고, 연금 수령 시점에 연금소득세로 저율 과세된다(과세이연).	연금저축과 동일하게 운용 수익에 대해 과세가 이연되며, 연금 수령 시점에 최종적으로 과세된다.	계좌 내 모든 금융상품의 이익과 손실을 합산(손익통산)한 순수익 중 200만원(서민형/농어민 400만원)까지 비과세된다.
배당 과세	ETF 분배금 등 배당소득 발생 시 15.4%의 세금을 원천징수하지 않고 인출 시점까지 과세가 이연되어 재투자를 통한 복리효과를 극대화한다.	연금저축과 동일하게 배당소득에 대한 과세 이연 효과가 적용된다.	순수익 계산 시 배당소득도 포함되어 손익통산되며, 비과세 한도 초과분에 대해서만 9.9%로 분리과세된다.

비과세 여부	비과세는 아니나, 운용 기간 중에는 세금이 부과되지 않는 과세이연 효과가 적용된다.	연금저축과 동일하게 과세이연이 적용된다.	순이익에 대해 한도 내(200~400만원)에서 비과세가 적용된다.
특징	- 연 1,800만원 납입 한도 - 연 600만원까지 세액공제 - 5년 이상 납입, 만 55세 이후 연금 수령	- 연 1,800만원 납입 한도 - 연 900만원(연금저축 포함)까지 세액공제 - 위험자산 투자 한도(70%) 존재	- 연 2,000만원 납입 한도 - 의무가입기간 3년 - 만기 후 연금계좌 전환 시 추가 세액공제
활용 사례	연말정산을 대비하는 직장인이 매년 600만원을 납입하여 최대 99만원의 세금을 환급 받고, 이 자금을 해외 지수 추종 ETF에 투자하여 노후 자금을 마련하는 데 활용된다.	퇴직금을 수령한 직장인이 IRP 계좌로 이전하여 퇴직소득세를 30% 이상 절감하고, 추가로 연 300만원을 납입하여 연금저축과 합산, 900만원 세액공제를 최대로 활용한다.	3년 뒤 주택 구입 자금을 마련하려는 사회초년생이 매년 2,000만원을 ISA 계좌에 납입하여 다양한 ETF에 투자하고, 만기 시 발생한 수익에 대해 비과세 혜택을 받아 세후 수익률을 극대화하는 데 활용된다.

4.1.2. 투자의 만능 도구, ISA의 힘

ISA는 하나의 계좌 안에 예금, 펀드, ELS, 그리고 우리의 주인공인 ETF와 국내 상장주식까지 모두 담을 수 있는 다재다능한 계좌이다. 특히 ETF 투자자에게 ISA는 다음과 같은 강력한 혜택을 제공한다.

(1) **손익통산**(Profit-Loss Aggregation): 절세의 핵심 이것이 ISA를 사용하는 가장 중요한 이유이다. ISA 계좌 내에서 발생한 모든 금융상품의 이익과 손실을 전부 합산하여 최종적인 '순이익'에 대해서만 과세한다. 예를 들어, A ETF에서 1,000만 원의 이익을 보고 B ETF에서 300만 원의 손실을 보았다면, 일반 계좌에서는 A ETF의 이익 1,000만 원에 대해 세금을 내야 하지만, ISA에서는 이 둘을 합산한 순이익 700만 원에 대해서만 세금을 계산한다. 버려질 뻔했던 손실이 이익에 대한 세금을 줄여주는 '절세

방패'로 탈바꿈하는 것이다. AI는 이 손익통산 규칙을 1원 단위까지 정확하게 계산하여 포트폴리오 리밸런싱 시 세금 부담을 최소화한다.

(2) **비과세와 저율 분리과세** 손익통산을 거쳐 계산된 순이익에 대해서는 유형에 따라 200만 원(서민형/농어민형은 400만 원)까지는 세금을 한 푼도 내지 않는 비과세 혜택이 적용된다. 그리고 비과세 한도를 초과한 순이익에 대해서는 15.4%가 아닌 9.9%의 낮은 세율로 분리과세한다. 이는 금융소득종합과세에 포함되지 않으므로 고액 자산가에게는 더욱 매력적인 조건이 된다.

4.1.2. AI의 그랜드 디자인: ISA와 연금 계좌의 연결

AI의 절세 전략은 단순히 개별 계좌의 혜택을 누리는 데서 그치지 않는다. AI는 ISA의 만기(의무 가입 기간 3년) 시점에 또 다른 마법을 준비한다. 바로 'ISA 만기자금의 연금계좌 이전' 전략이다.

ISA 만기 후 60일 이내에 해당 계좌의 자금을 연금저축이나 IRP 계좌로 옮기면, 이전한 금액의 10%(최대 300만 원 한도)에 대해 추가로 세액공제 혜택을 받을 수 있다. 이는 연말정산 시 현금으로 돌려받는 강력한 혜택이다.

즉, AI는 'ISA에서 3년간 비과세 및 저율과세 혜택 누리기 → 만기 후 연금 계좌로 이전하여 추가 세액공제 받기 → 연금 계좌에서 노후까지 장기 운용하며 과세이연 및 저율과세 혜택 누리기'라는 장기적인 절세 로드맵을 설계하고 실행하는 것이다.

4.1.3. ETF 투자 계좌별 최종 비교

구분	일반 계좌	연금저축/IRP	ISA(중개형)
과세 대상	이익이 발생한 건별로 과세	계좌 전체의 이익에 대해 과세(인출 시)	계좌 내 모든 상품의 이익과 손실을 합산
손익통산	불가	가능(계좌 내)	가능(핵심 장점)
비과세 한도	없음	없음	순이익 200만 원 (서민형 400만 원)
적용 세율	15.4% 배당소득세	3.3% ~ 5.5% 연금소득세	비과세 초과분 9.9% 분리과세
주요 전략	국내 주식형 ETF 투자	해외 투자 ETF 장기 운용, 과세이연	손실 상쇄가 필요한 혼합 포트폴리오, 만기 후 연금 이전
제한 사항	절세 혜택 없음	중도 인출 시 불이익, 55세 이후 연금 수령	연 2,000만 원 납입 한도, 의무 가입 기간 3년

4.2. 가상 사례: AI '오디세우스'의 10년 항해: 절세 계좌 연금술

1) 이성진과 윤지수는 향후 3년간 변동성이 큰 '글로벌 2차전지 ETF'와 안정적인 '국내 고배당주 ETF'에 각각 2,500만 원씩, 총 5,000만 원을 투자하기로 한 것이다.

   IT 기업의 동료인 이성진 팀장과 윤지수 대리는 똑같은 투자 목표를 세웠다. 향후 3년간 변동성이 큰 '글로벌 2차전지 ETF'와 안정적인 '국내 고배당주 ETF'에 각각 2,500만 원씩, 총 5,000만 원을 투자하기로 한 것이다.

2) 이성진은 과세 대상인 '글로벌 2차전지 ETF'는 IRP 계좌에 넣어 과세이연을 노렸고, 매매차익이 비과세인 '국내 고배당주 ETF'는 일반 계좌에 투자했다: 재테크에 자신 있던 이 팀장은 스스로 포트폴리오를 구성했다. 그는 세법 지식에 따라, 과세 대상인 '글로벌 2차전지

ETF'는 IRP 계좌에 넣어 과세이연을 노렸고, 매매차익이 비과세인 '국내 고배당주 ETF'는 일반 계좌에 투자했다. 이는 교과서적으로는 매우 합리적인 선택이었다.

3) 반면, 윤 대리는 AI 투자 서비스 '오디세우스(Odysseus)'에 모든 것을 맡겼다. 오디세우스는 뜻밖의 제안을 했다. 두 ETF를 모두 ISA(중개형) 계좌 하나에 담으라고 추천한 것이다.

4) 3년 후, 시장은 격동했다. 2차전지 산업은 폭발적으로 성장하여 '글로벌 2차전지 ETF'는 1,000만 원의 수익을 안겨주었다. 하지만 금리 인상 여파로 '국내 고배당주 ETF'는 안타깝게도 400만 원의 손실을 기록했다. 이제 두 사람의 희비가 엇갈리기 시작했다.

■ 이성진 팀장의 결과:

- 일반 계좌: -400만 원 손실 확정. 이 손실은 아무런 세금 혜택을 주지 못하고 그대로 사라졌다.
- IRP 계좌: +1,000만 원 수익 발생. 당장 세금은 없지만(과세이연), 이 수익은 나중에 연금 수령 시 다른 소득과 합산되어 과세될 운명이었다. 그는 400만 원의 손실을 본 것이 뼈아팠다.

■ 윤지수 대리의 결과(AI '오디세우스'의 전략):

- ISA 계좌 내에서 '손익통산'이 자동으로 이루어졌다.
- 순이익 계산: 1,000만 원(수익) - 400만 원(손실) = 600만 원
- 세금 계산:

  200만 원까지 비과세

  나머지 400만 원에 대해 9.9% 분리과세

  → 400만 원 × 9.9% = 39만 6천 원

윤 대리는 39만 6천 원의 세금만 내고 560만 4천 원의 견고한 세후 수익을 확정했다. 사라질 뻔했던 400만 원의 손실이 1,000만 원 수익에 대한 세금을 획기적으로 줄여준 것이다.

5) **하지만 AI 오디세우스의 진짜 전략은 이제부터 시작이었다.** ISA가 만기되자, 오디세우스는 윤 대리에게 다음 명령을 내렸다.
"ISA 만기 자금 5,600만 원(원금+수익)을 IRP 계좌로 이전하십시오. 올해 연말정산에서 약 33만 원의 세액공제를 추가로 받게 됩니다."

6) **이 팀장은 그제야 무릎을 쳤다.** 자신은 두 개의 계좌를 '따로' 운용하여 절반의 성공에 그쳤지만, AI는 두 계좌의 장점과 제도를 시간차를 두고 '연결'하여 시너지를 창출한 것이다. 7) 시사점: AI는 손실마저 수익을 위한 발판으로 사용하는 고도의 '세금 연금술'을 선보였다. 미래의 투자는 단순히 수익률을 예측하는 것을 넘어, 제도라는 판 위에서 자산을 어떻게 움직여야 최대의 효율을 낼 수 있는지 설계하는 '전략 시뮬레이션'의 영역임을, AI 오디세우스는 명확히 증명해 보였다.

5. 해외 ETF 투자 시 세금 처리 방법과 가상사례

5.1. 국경을 넘는 투자, 세금도 국경을 넘는다: 해외 ETF 세금 완벽 가이드

지금까지 우리는 국내 시장에 상장된 ETF를 중심으로 절세 계좌를 활용하는 전략을 탐구했다. 하지만 투자의 세계는 국경이 없다. 진정한 글로벌 분산투자를 꿈꾸는 투자자라면, 세계 최대 시장인 미국 등에 직접 상장된 ETF에 눈을 돌리기 마련이다. 이는 더 넓은 바다로 나아가는 것과 같지만, 그 바다에는 국내와는 전혀 다른 세금이라는 해류가 흐르고 있다.

해외 ETF 투자의 세금은 국내 ETF보다 훨씬 복잡하고, 투자자가 직접 챙겨야 할 의무가 많아 '아는 만큼' 절세 효과가 극명하게 갈리는 영역이다. 인간 투자자에게 이는 종종 귀찮고 어려운 장벽으로 느껴진다. 그러나 AI에게 복잡한 규칙은 오히려 최적의 해답을 찾을 수 있는 기회의 땅이다. AI는 각국의 세법과 투자자의 개인 재무 상황을 다차원적으로 분석하여, 국경을 넘나드는 최적의 절세 포트폴리오를 구축한다. 이제부터 해외 ETF 투자의 세금 지도를 펼쳐보고, AI가 이 지도 위에서 어떻게 최고의 항로를 찾아내는지 그 비밀을 파헤쳐 볼 것이다.

5.1.1. 해외 ETF 투자, 두 가지 경로와 두 가지 세금

해외 지수를 추종하는 ETF에 투자하는 방법은 크게 두 가지이다. 하나는 국내 증권사를 통해 '국내에 상장된 해외 ETF'를 사는 것이고, 다른 하나는 해외 증권 계좌를 통해 '해외에 직접 상장된 ETF'를 사는 것, 이른바 '직구'이다. 어떤 경로를 선택하는가에 따라 세금의 종류와 세율, 신고 방식까지 모든 것이 달라진다.

(1) **국내 상장 해외 ETF**: TIGER 미국S&P500 ETF처럼 국내 거래소에 상장되어 있어 원화로 편리하게 거래할 수 있는 상품이다. 이 경우, 매매차익은 앞에서 살펴본 '기타 ETF'와 동일하게 "배당소득세(15.4%)"로 과세된다. 이 소득은 다른 금융소득과 합산하여 연 2,000만 원을 초과하면 금융소득종합과세 대상이 된다.

(2) **해외 직접 투자 ETF(직구)**: SPY, QQQ 등 미국 시장에 직접 상장된 ETF를 달러로 직접 매수하는 방식이다. 이 경우 매매차익에 대해서는 배당소득세가 아닌 양도소득세가 부과된다. 세율은 "22%(지방소득세 포함)"로 숫자만 보면 더 높아 보이지만, 여기

에는 결정적인 차이를 만드는 두 가지 중요한 특징이 숨어있다. 바로 연 250만 원 기본공제와 분리과세이다.

5.1.2. 해외 ETF 투자 시 세금 처리 방법 비교 분석

구분	국내 상장 해외 ETF (일반계좌)	해외 직투 ETF (일반계좌)	절세 계좌(ISA·연금) 활용
목표	원화(KRW)로 간편하게 해외 시장에 투자하며, 거래 편의성을 확보하는 것을 목표로 한다.	해외 거래소를 통해 직접 ETF를 매매하며, 양도소득세 분리과세 및 기본공제를 통한 절세를 목표로 한다.	해외 ETF 투자로 발생하는 세금을 이연·감면하여 세후 수익률을 극대화하고 장기적인 복리 효과를 창출하는 것을 목표로 한다.
세금구조	매매차익과 분배금 모두 "배당소득(15.4%)"으로 과세되며, 연간 금융소득 2,000만원 초과 시 금융소득종합과세 대상이 된다.	매매차익은 "양도소득세(22%)"로 분리과세되며, 배당소득은 "배당소득세(15.4%)"가 적용된다.	계좌 내에서 발생하는 모든 수익은 인출 시점까지 과세가 이연되며, 계좌 종류에 따라 비과세, 분리과세, 저율과세(연금소득세) 혜택이 적용된다.
매매차익 과세	매매차익에 대해 "배당소득세(15.4%)"를 원천징수한다. 다른 금융소득과 합산하여 과세된다.	매매차익에 대해 "양도소득세(22%)"를 부과하며, 이는 1년 단위로 다른 해외주식 손익과 통산 후 계산된다.	과세이연된다. ISA는 만기 인출 시 순수익에 대해 비과세/분리과세, 연금계좌는 연금 수령 시 저율의 연금소득세가 적용된다.
배당 과세	분배금에 대해 "배당소득세(15.4%)"를 원천징수한다.	현지에서 원천징수(예: 미국 15%)된 후, 국내에서 차액(0.4%)만큼 추가 신고하거나 전체(15.4%)를 신고 후 외국납부세액공제를 신청한다.	과세이연된다. 배당소득도 즉시 과세되지 않아 재투자를 통한 복리 효과를 극대화할 수 있다.
비과세 여부	비과세 혜택이 없다.	연간 매매차익에 대해 250만원 기본공제가 적용되어 해당 금액까지 비과세된다.	ISA: 순수익 200~400만원까지 비과세. 연금계좌: 비과세는 아니나, 과세이연 및 저율과세 혜택.

특징	- 거래가 간편하고 환전 불필요 - 금융소득종합과세 대상 - 건강보험료 산정 시 포함	- 연 250만원 기본공제 - 금융소득종합과세 미포함 - 건강보험료 산정 시 미포함 - 직접 환전 및 양도세 신고 필요	- 강력한 절세 효과 - 납입 한도 및 의무가입 기간 존재 - 중도 해지 시 불이익
활용 사례	연간 금융소득이 2,000만원 미만인 투자자가 소액으로 미국 S&P 500 ETF에 편리하게 투자하고자 할 때 활용된다.	연간 해외주식 매매차익이 250만원을 초과하는 고액 투자자가 금융소득종합과세 및 건강보험료 부담을 피하고자 할 때 활용된다.	장기적인 노후 준비 또는 중기 목돈 마련을 목표로 하는 투자자가 미국 나스닥 100 ETF에 적립식으로 투자하여 세금 부담 없이 복리 효과를 누리고자 할 때 활용된다.

5.1.3. 양도소득세의 마법: 기본공제와 분리과세

AI가 해외 ETF 직접 투자를 중요한 전략적 카드로 사용하는 이유는 바로 양도소득세가 가진 이 두 가지 혜택 때문이다.

(1) **연 250만 원 기본공제:** 해외 ETF 직구를 통해 얻은 연간 매매차익 총합에서 250만 원을 빼고, 그 나머지 금액에 대해서만 22%의 세금을 계산한다. 즉, 1년에 250만 원까지의 이익은 세금이 전혀 없는 '완전 비과세'인 셈이다.

(2) **분리과세:** 이것이 핵심이다. 양도소득세는 다른 소득과 합산되지 않고 오직 그 자체로 분리되어 과세가 종결된다. 즉, 해외 ETF 직구로 1억 원의 수익을 내더라도 이는 금융소득종합과세에 전혀 영향을 주지 않는다. 다른 금융소득이 많아 높은 종합소득세율을 적용받는 고소득 투자자일수록 이 분리과세의 위력은 절대적이 된다.

5.1.4. 해외 ETF 투자 방식별 세금 비교

구분	국내 상장 해외 ETF	해외 직접 투자 ETF(직구)
과세 소득 종류	배당소득	양도소득
적용 세율	15.4%	22%(지방소득세 포함)
기본 공제	없음	연 250만 원
과세 방식	금융소득종합과세 합산 대상	분리과세(종합과세 미포함)
신고 및 납부	증권사가 원천징수(편리)	투자자가 직접 신고/납부(매년 5월)
장점	거래 편의성, 연금/ISA 계좌 활용 가능	고액 투자 시 절세 효과, 기본공제 혜택

단, 해외 ETF 직구의 양도소득세는 투자자가 매년 5월, 전년도 수익에 대해 직접 국세청에 신고하고 납부해야 하는 의무가 따른다. AI는 이러한 신고 일정까지 정확히 계산하여 투자자에게 알림을 보내는 세무 비서의 역할까지 수행한다.

5.2. 가상 사례: AI '아틀라스'의 선택: 더 높은 세율이 더 유리했던 이유

1) **강태준씨는 거래가 편리하고 세율도 15.4%로 더 낮은 '국내 상장 미국S&P500 ETF'를 선택했다.** 그의 선택은 지극히 상식적으로 보였다: 성공한 벤처 사업가인 강태준 대표는 연간 금융소득이 1억 원을 훌쩍 넘는 고액 자산가이다. 그는 향후 미국 시장의 성장을 확신하고, S&P500 지수 추종 ETF에 2억 원을 투자하기로 결심했다. 그는 거래가 편리하고 세율도 15.4%로 더 낮은 '국내 상장 미국 S&P500 ETF'를 선택했다. 그의 선택은 지극히 상식적으로 보였다.

2) **박서연씨는 AI 자산관리 서비스 '아틀라스(Atlas)'의 조언에 따라, 조금 번거롭더라도 환전 과정을 거쳐 미국 시장에 직접 상장된 'SPY ETF'를 매수했다:** 같은 팀에서 일하는 박서연 수석연구원 역시 같은 ETF에 2억 원을 투자하기로 했다. 그녀는 AI 자산관리 서비스 '아틀라스(Atlas)'의 조언에 따라, 조금 번거롭더라도 환전 과정을 거쳐 미국 시장에 직접 상장된 'SPY ETF'를 매수했다.

3) **1년 뒤, 두 사람의 예측은 정확히 들어맞아 각각 3,000만 원의 매매차익을 거두었다.** 비슷한 시기에 ETF를 매도한 두 사람은 수익 실현의 기쁨을 나누었지만, 다음 해 5월 종합소득세 신고 기간이 되자 그들의 표정은 극명하게 엇갈렸다.

- **강태준 대표의 세금(국내 상장 ETF):**
  - ETF 매매차익 3,000만 원은 그의 기존 금융소득 1억 원과 합산되어 총 1억 3,000만 원이 되었다.
  - 이는 금융소득종합과세 최고 세율 구간(49.5%, 지방세 포함)에 적용되었다.
  - ETF 수익 3,000만 원에 대한 실효세율은 15.4%가 아닌, "약 49.5%"가 되어버렸다.
  - 납부할 세금(ETF 수익분): 3,000만 원 × 49.5% ≅ 1,485만 원
- **박서연 연구원의 세금(해외 직구 ETF, AI '아틀라스'의 선택):**
  - AI 아틀라스는 5월 초, 박 연구원에게 양도소득세 신고 알림을 보냈다.
  - 과세 대상 금액: 3,000만 원(수익) - 250만 원(기본공제) = 2,750만 원
  - 이 금액은 그녀의 다른 소득과 전혀 합산되지 않고, 오직 22%의 세율로 분리 과세되었다.
  - 납부할 세금: 2,750만 원 × 22% = 605만 원

4) **결과는 충격적이었다.** 강 대표는 15.4%라는 낮은 세율만 보고 투자했지만, 실제로는 수익의 절반에 가까운 1,485만 원을 세금으로 내야 했다. 반면, 22%라는 높은 세율을 선택한 박 연구원은 AI의 안내에 따라 605만 원의 세금만 냈다. 똑같이 3,000만 원을 벌었지만, 세후 수익은 무려 880만 원이나 차이가 난 것이다.

5) **시사점:** AI '아틀라스'는 단순히 ETF의 수익률이나 표면적인 세율만 비교한 것이 아니었다. AI는 박 연구원의 전체 소득 구조와 자산 현황을 입체적으로 분석하여, 그녀에게 가장 유리한 세금 제도는 '분리과세'라는 최적의 해답을 찾아낸 것이다: 강 대표는 깨 달았다. 투자의 세계에서 숫자는 보이는 것이 전부가 아니라는 것을. AI '아틀라스'는 단순히 ETF의 수익률이나 표면적인 세율만 비교한 것이 아니었다. AI는 박 연구원의 전체 소득 구조와 자산 현황을 입체적으로 분석하여, 그녀에게 가장 유리한 세금 제도는 '분리과세'라는 최적의 해답을 찾아낸 것이다. 국경을 넘는 투자의 성패는 종목 선택을 넘어, 각국의 복잡한 세법을 꿰뚫고 개인에게 최적화된 전략을 설계하는 능력에 달려있음을, AI는 다시 한번 증명해 보였다.

제13장

AI의 추천, 100% 믿어도 될까?

1. 과거 데이터가 미래 수익률을 보장하지 않는 이유와 가상사례

1.1. 백미러의 함정: 과거 데이터가 미래 수익률을 보장하지 않는 이유

모든 금융 투자 설명서에는 작지만 매우 중요한 경고 문구가 적혀 있다. "과거의 운용 실적이 미래의 수익을 보장하는 것은 아닙니다." 하지만 역설적이게도, 수많은 투자자들이 마치 과거의 데이터가 미래를 비추는 수정 구슬인 것처럼 행동한다. 작년에 가장 많이 올랐던 ETF, 지난 5년간 최고의 수익률을 기록했던 펀드를 보며 미래의 성공을 확신하는 '백미러 투자(Rear-view Mirror Investing)'의 함정에 빠지는 것이다.

인간은 최근의 성공 경험을 미래에도 반복될 것이라 믿는 '인지적 편향'에 취약하다. 그러나 AI는 이러한 감정적, 심리적 편향에서 자유롭다. AI에게 과거 데이터는 미래를 예측하는 절대적인 예언서가 아니라, 미래에 대한 수많은 확률적 시나리오를 계산하기 위한 수많은 입력 값 중 하나일 뿐이다. AI는 과거라는 백미러만 보는 것이 아니라, 현재의 시장 상황, 거시 경제 지표, 지정학적 리스크 등 전방을 비추는 모든 계기판을 동시에 분석한다. 이제부터 왜 과거 데이터에 의존하는 것이 위험한지,

그리고 AI는 어떻게 그 함정을 피해 미래를 향한 최적의 경로를 탐색하는지 알아볼 것이다.

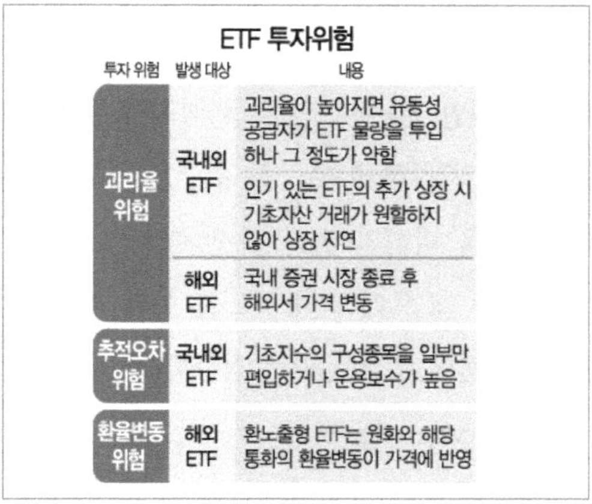

ETF 투자위험

투자 위험	발생 대상	내용
괴리율 위험	국내외 ETF	괴리율이 높아지면 유동성 공급자가 ETF 물량을 투입하나 그 정도가 약함
		인기 있는 ETF의 추가 상장 시 기초자산 거래가 원활하지 않아 상장 지연
	해외 ETF	국내 증권 시장 종료 후 해외서 가격 변동
추적오차 위험	국내외 ETF	기초지수의 구성종목을 일부만 편입하거나 운용보수가 높음
환율변동 위험	해외 ETF	환노출형 ETF는 원화와 해당 통화의 환율변동이 가격에 반영

ETF 투자 주의할 점은 | 서울경제 [https://www.sedaily.com]

1.1.1. 과거 데이터에 숨겨진 통계적 착시

과거의 화려한 수익률이 미래에도 이어질 것이라고 믿는 것은 몇 가지 치명적인 통계적 착시에 기반한다.

(1) **평균으로의 회귀**(Regression to the Mean): 통계학의 기본 원리 중 하나로, 극단적인 사건이 발생한 후에는 장기적인 평균에 가까워지려는 경향을 의미한다. 즉, 비정상적으로 높은 수익률을 기록한 ETF는 시간이 지나면서 그 산업의 평균 수익률로 돌아올 확률이 높다. 영원한 챔피언은 없는 것이다. AI는 개별 ETF의 과거 수익률뿐만 아니라, 해당 섹터 전체의 장기 평균 수익률과 변동성을 함께 분석하여 이러한 '회귀 현상'의 가능성을 계산에 포함시킨다.

(2) **과적합**(Overfitting): 특정 과거 기간의 데이터에만 너무 완벽하게 들어맞는 전략의 위험성을 의미한다. 예를 들어, '지난 5년간 정보가 개방된 국가의 기술주'라는 조건에서 최고의 성과를 낸 전략이 있다고 가정해보자. 이 전략은 과거 데이터에는 완벽하게 최적화되었지만, 미중 무역 갈등 심화와 같은 새로운 변수가 등장하는 순간 처참하게 무너질 수 있다. AI는 특정 시나리오에 대한 과적합을 피하기 위해, 수만 가지의 가상 시장 상황을 시뮬레이션하는 '스트레스 테스트'를 통해 어떠한 환경에서도 포트폴리오가 견딜 수 있는지를 검증한다.

(3) **생존 편향**(Survivorship Bias): 우리는 성공적으로 살아남은 ETF들의 데이터만 보고 판단하는 경향이 있다. 이미 상장 폐지되어 사라진 수많은 실패한 ETF들의 데이터는 우리의 기억과 기록에서 쉽게 잊힌다. 과거 상위 10개 ETF의 수익률만 보는 것은, 마치 전쟁에서 살아 돌아온 병사들만 보고 전쟁이 그다지 위험하지 않다고 결론 내리는 것과 같은 논리적 오류이다.

1.1.2. 투자 접근 방식 비교: 백미러 투자 vs AI의 전방위 분석

구분	인간의 백미러 투자	AI의 전방위 분석
주요 분석 데이터	과거 수익률 순위, 주가 차트	과거 데이터 + 실시간 거시경제 지표, 기업 공시, 뉴스 심리 분석, 위성 데이터 등 비정형 데이터
핵심 판단 기준	"과거에 가장 좋았던 것은 무엇인가?"	"현재 모든 정보를 종합했을 때, 미래에 가장 확률 높은 시나리오는 무엇인가?"
전략적 특징	'핫'한 테마 추종, 고점 매수 위험	데이터 기반 분산 투자, 리스크 관리 중심
심리적 편향	탐욕과 군중심리에 취약	데이터에 기반한 객관적 판단 추구

1.2. 가상 사례: AI '카산드라'의 경고: 영원한 챔피언은 없었다

1) **그는 "시장의 주도주는 쉽게 바뀌지 않는다"는 신념으로, 자신의 투자금 대부분을 네오버스 ETF에 '올인'했다:** 2025년 말, 투자 커뮤니티는 온통 '네오버스(NeoVerse) 메타버스 ETF'에 대한 찬사로 가득했다. 이 ETF는 지난 3년간 연평균 60%라는 경이로운 수익률을 기록하며 시장의 전설이 되어가고 있었다. 베테랑 투자자인 박기훈 이사는 자신의 경험과 직관을 믿었다. 그는 "시장의 주도주는 쉽게 바뀌지 않는다"는 신념으로, 자신의 투자금 대부분을 네오버스 ETF에 '올인'했다. 그의 주변 동료들 역시 이 '확실한' 성공에 동참했다.

2) **그녀는 자신의 첫 투자를 AI 자산관리 서비스 '카산드라(Cassandra)'에 맡겼다:** 같은 부서의 신입사원인 이지혜 씨는 투자 경험이 전무했다. 그녀는 자신의 첫 투자를 AI 자산관리 서비스 '카산드라(Cassandra)'에 맡겼다. 그녀 역시 네오버스 ETF에 투자하고 싶었지만, 카산드라의 분석 결과는 뜻밖이었다.

3) 카산드라 리포트

- ■ 경고: 과열 및 밸류에이션 부담
  - 현재 네오버스 ETF의 주가수익비율(PER)은 동종 기술 섹터 평균 대비 250% 고평가 상태이다.
  - 최근 3개월간 관련 뉴스 및 소셜미디어의 '버블', '과열' 키워드 언급량이 800% 급증했다(뉴스 심리 분석).
  - 주요 구성 종목의 내부자(임원) 주식 매도량이 급증하고 있어, 단기 고점 신호일 확률이 높다(기업 공시 분석).

- **추천 포트폴리오:**
    - 네오버스 ETF 비중 축소(전체 10% 미만).
    - 대신, 아직 시장의 주목을 받지 못하지만 차세대 통신 기술과 관련된 '차세대 인프라 ETF' 및 헬스케어 관련 '스마트 헬스케어 ETF' 비중 확대.

4) **이지혜 씨는 아쉬웠지만 AI의 분석을 따르기로 했다.** 박 이사는 그런 그녀를 보며 '초보자는 역시 공격적인 투자를 무서워한다'고 생각했다.

5) **네오버스 ETF의 거품이 터지기 시작했다. ETF의 가격은 불과 수개월 만에 60% 이상 폭락했다. 박 이사의 계좌는 처참하게 녹아 내렸다:** 6개월 후, 시장의 분위기는 급변했다. 한 주요 국가가 강력한 메타버스 규제 법안을 발표했고, 기술의 핵심이었던 그래픽 칩의 수급 불안이 겹치면서 네오버스 ETF의 거품이 터지기 시작했다. ETF의 가격은 불과 수개월 만에 60% 이상 폭락했다. 박 이사의 계좌는 처참하게 녹아 내렸다. 그는 매일같이 급락하는 차트를 보며 '과거의 영광'이 얼마나 허무한 신기루였는지 깨 달아야만 했다.

6) **반면, 이지혜 씨의 포트폴리오는 견고했다. 네오버스 ETF의 손실은 미미했고, 오히려 규제의 반사 이익을 얻게 된 '차세대 인프라 ETF'가 크게 상승하며 전체 포트폴리오의 수익률을 플러스로 이끌었다.** AI 카산드라는 미래를 예언한 것이 아니었다. 단지 과거의 수익률이라는 하나의 데이터에 매몰되지 않고, 현재 시점에서 감지할 수 있는 수많은 위험 신호와 새로운 기회를 데이터로 분석하여 최적의 방어 전략을 구축했을 뿐이다.

7) **시사점:** 이 사건을 통해 투자자들은 깨 달았다. 진정한 투자의 고수는 백미러를 보며 과거의 영광을 좇는 사람이 아니라, 전방의 모든 계기판을 주시하며 다가올 미래의 위험과 기회에 대비하는 사람이라는 것을. 그리고 그 복잡하고 방대한 계기판을 인간보다 더 정확하고 냉철하게 읽어내는 AI야말로, 불확실한 미래를 항해하는 가장 신뢰할 수 있는 부선장이 될 것임을 말이다.

2. 최종 판단은 결국 '나의 몫'과 가상사례

2.1. AI라는 최강의 나침반: 그러나 최종 항로는 선장인 '나'의 몫이다

우리는 지금까지의 여정을 통해 AI가 얼마나 강력한 투자의 도구가 될 수 있는지 목격했다. AI는 1원 단위의 거래 비용을 최적화하고, 복잡한 세금 제도를 꿰뚫어 절세 전략을 세우며, 인간의 인지적 편향을 배제한 채 방대한 데이터를 분석하여 객관적인 포트폴리오를 제안한다. 마치 미래를 항해하는 투자자에게 인류 역사상 가장 정교하고 강력한 나침반이자 항법 장치를 쥐여준 것과 같다.

하지만 여기서 우리는 가장 근본적인 질문과 마주해야 한다. 이 모든 첨단 기술과 데이터 분석의 끝에서, 최종적으로 '투자 실행' 버튼을 누르는 주체는 누구인가? AI가 제시한 완벽해 보이는 경로를 최종적으로 승인하고 그 결과에 대한 책임을 지는 것은 누구인가? 그렇다. 그 주체는 기계가 아닌, 바로 투자자 '자신'이다.

AI는 우리의 투자 여정을 돕는 최강의 '부선장(Co-pilot)'이 될 수는 있지만, 배의 진정한 '선장(Captain)'이 될 수는 없다. AI는 최적의 효율을 계산할 수는 있지만, 우리 삶의 목표와 가치, 그리고 두려움까지 헤아릴

수는 없기 때문이다. 이 마지막 장에서는 AI의 분석을 넘어서는 인간 고유의 역할은 무엇이며, 어떻게 AI와 협력하여 진정으로 '나다운' 투자를 완성할 수 있는지 그 깊이 있는 통찰을 탐구해 볼 것이다.

2.1.1. AI가 계산할 수 없는 영역: 가치, 목표, 그리고 삶

AI의 알고리즘은 수익률 극대화, 위험 최소화라는 명확한 목표를 향해 움직인다. 하지만 우리의 삶과 투자는 단순히 숫자로만 정의되지 않는 복잡한 변수들을 포함하고 있다.

(1) **개인의 가치관과 철학**: AI는 재무적으로 가장 유망한 기업들로 구성된 ETF를 추천할 것이다. 하지만 만약 투자자가 환경 보호에 대한 강한 신념을 가지고 있다면, 추천된 ETF에 포함된 탄소 배출 기업에 투자하는 것이 마음 편치 않을 수 있다. 이처럼 ESG(환경·사회·지배구조) 투자와 같이 개인의 가치관이 반영된 결정은 AI가 아닌 오직 인간만이 내릴 수 있는 영역이다.

(2) **삶의 고유한 목표 설정**: '은퇴 자금 마련'이라는 동일한 목표를 AI에 입력하더라도, 어떤 이는 자녀에게 더 많은 유산을 남겨주고 싶을 수 있고, 다른 이는 은퇴 후 세계 일주라는 꿈을 가지고 있을 수 있다. 이러한 삶의 구체적인 그림과 목표의 우선순위를 정하는 것은 투자자 본인이다. AI는 목표까지의 경로를 계산하지만, 그 목적지를 설정하는 것은 선장인 우리의 몫이다.

(3) **심리적 위험 감수 능력**: AI는 설문과 과거 투자 패턴을 통해 투자자의 '위험 성향'을 수치로 분석할 수 있다. 하지만 실제 시장이 30% 폭락했을 때 느끼는 공포와 불안감은 수치로 측정할 수 없는 인간의 영역이다. 자신이 감당할 수 있는 심리적 스트레스의

한계를 가장 잘 아는 것은 자기 자신이며, AI의 공격적인 추천안을 보수적으로 수정하는 최종 판단은 여기서 비롯된다.

2.1.2. AI와 인간 투자자의 역할 분담

구분	AI(최강의 부선장)	인간 투자자(최종 결정권자인 선장)
강점	데이터 기반 분석, 속도, 객관성, 최적화 계산	가치 판단, 삶의 목표 설정, 직관, 최종 책임
주요 역할	시장 분석, 자산 배분 제안, 리밸런싱, 세금 최적화, 위험 신호 포착	투자 철학 및 목표 설정, 최종 포트폴리오 승인, 위험 감수 수준 결정, 삶의 변화 반영
관계	조언자(Advisor)	의사 결정권자(Decision Maker)

2.1.3. AI 시대의 투자: 질문하고, 이해하고, 결정하라

따라서 미래의 투자자는 AI에 맹목적으로 의존하는 사람이 아니라, AI를 능숙하게 활용하여 최상의 결정을 내리는 '질문하는 투자자'가 되어야 한다. AI가 특정 ETF를 추천했다면, "왜?"라고 질문해야 한다. AI가 포트폴리오 비중 조절을 제안했다면, "어떤 근거로?"라고 물어야 한다. AI가 제공하는 상세한 분석 리포트를 이해하고, 그것이 나의 투자 원칙과 삶의 목표에 부합하는지를 검토한 후, 최종적으로 '승인' 또는 '수정'을 결정해야 하는 것이다.

2.2. 가상 사례: AI '소크라테스'와 두 명의 선장

1) **2028년 어느 날, AI 소크라테스는 두 사람 모두에게 동일한 리밸런싱 제안을 보냈다:** 은퇴를 앞둔 부부, 김현우 씨와 이수진 씨는 동일한 AI 자산관리 서비스 '소크라테스(Socrates)'를 통해 노후 자금을 운용하고 있었다. 두 사람의 자산 규모와 투자 기간은 거의 동일했다. 2028년 어느 날, AI 소크라테스는 두 사람 모두에게 동일한 리밸런싱 제안을 보냈다.

2) 소크라테스 리포트

- 제안: 기존의 '글로벌 헬스케어 ETF' 비중을 20% 축소하고, 새롭게 부상하는 '우주항공 방산 ETF' 비중을 20% 편입할 것을 권고한다.
- 근거: 위성 데이터 분석 결과, 특정 지역의 지정학적 긴장감이 고조되고 있으며, 관련 국가들의 국방 예산이 급증할 확률이 87%로 예측된다. 향후 3년간 '우주항공 방산 ETF'의 기대수익률은 '글로벌 헬스케어 ETF' 대비 15% 높을 것으로 전망된다.

AI의 분석은 데이터에 기반한 완벽한 논리를 갖추고 있었다.

- 김현우 씨의 결정: 김현우 씨는 리포트를 꼼꼼히 읽어보았다. 그는 AI의 분석 능력에 감탄하며, 더 높은 기대수익률을 위해 주저 없이 제안을 '승인'했다. 그는 AI를 100% 신뢰하는 것이 가장 합리적인 선택이라고 믿었다.
- 이수진 씨의 결정: 이수진 씨 역시 리포트를 검토했다. 그녀는 AI의 논리에는 동의했지만, 한 가지 사실이 마음에 걸렸다. 그녀는 평생을 의료 봉사에 헌신하며 생명의 소중함을 최우선 가치로 여겨왔다. 분쟁과 파괴를 기반으로 수익을 내는 방위 산업에 자신의 노후 자금을 투자하는 것은, 그녀의 삶의 철학과 정면으로 부딪히는 일이었다. 그녀는 AI 소크라테스의 인터페이스에서 '우주항공 방산 ETF'를 '투자 제외 목록'에 추가했다. 그리고 AI에게 "이 ETF를 제외하고, 헬스케어와 친환경 에너지 섹터 내에서 최적의 대안을 다시 찾아달라"고 명령했다. AI는 즉시 그녀의 새로운 조건에 맞춰 수정된 포트폴리오를 다시 제안했다. 기대수익률은 기존 제안보다 3% 낮아졌지만, 이수진 씨는 훨씬 더 마음 편하게 그 제안을 '승인'할 수 있었다.

3) 1년 후, AI의 예측대로 지정학적 갈등이 심화되면서 '우주항공 방산 ETF'는 실제로 25%의 높은 수익률을 기록했다. 김현우 씨의 계좌는 크게 불어났다. 이수진 씨의 포트폴리오는 그보다 낮은 18%의 수익률을 기록했다.

4) 반면 이수진 씨는 자신의 가치관을 지키면서 안정적인 수익을 얻은 것에 깊은 만족감을 느꼈다. 그녀는 자신의 돈이 더 나은 세상을 만드는 데 쓰이고 있다는 믿음을 가질 수 있었다: 숫자만 보면 김현우 씨가 승리한 것처럼 보인다. 하지만 과연 그럴까? 김현우 씨는 수익률에 만족했지만, 뉴스를 통해 분쟁 소식을 접할 때마다 자신의 투자가 그 일부라는 생각에 마음 한 편이 불편했다. 반면 이수진 씨는 자신의 가치관을 지키면서 안정적인 수익을 얻은 것에 깊은 만족감을 느꼈다. 그녀는 자신의 돈이 더 나은 세상을 만드는 데 쓰이고 있다는 믿음을 가질 수 있었다.

5) 이 사례는 우리에게 중요한 교훈을 준다. AI는 가장 '효율적인' 길을 제시할 수 있지만, 가장 '올바른' 길이나 '행복한' 길을 제시하지는 못한다는 것이다: 투자의 최종 목적지는 단순히 숫자로 된 수익률이 아니라, 나의 가치관과 목표가 반영된 '만족스러운 삶' 그 자체여야 한다. AI라는 최첨단 항법 장치를 활용하되, 우리 배가 어떤 항구로 향할지 최종적으로 결정하고 안내한다.

3. 좋은 AI 플랫폼과 나쁜 AI 플랫폼을 구별하는 방법과 가상사례

3.1. 옥석 가리기: 좋은 AI 투자 파트너를 구별하는 법

이제 우리는 AI가 투자 세계의 패러다임을 어떻게 바꾸고 있는지, 그리고 그 안에서 인간의 역할이 무엇인지를 충분히 탐구했다. AI라는 강력한 도구를 활용하기로 마음먹었다면, 이제 마지막 관문이 남았다. 바로 '어떤 AI와 파트너가 될 것인가?' 하는 선택의 문제이다.

AI 투자 시대가 본격적으로 열리면서, 시장에는 수많은 AI 자산관리 플랫폼이 우후죽순처럼 생겨나고 있다. 저마다 최고의 기술, 최고의 수익률을 내세우며 투자자들을 유혹한다. 하지만 겉모습이 화려하다고 모두가 진짜 실력을 갖춘 것은 아니다. 이 중에는 투자자의 자산을 진정으로 불려줄 훌륭한 '파트너'가 있는 반면, 그럴싸한 마케팅 뒤에 부실한 알고리즘과 위험을 숨기고 있는 '무늬만 AI'도 분명히 존재한다.

잘못된 AI 플랫폼을 선택하는 것은, 마치 실력 없는 부선장에게 내 배의 키를 맡기는 것과 같다. 이는 단순히 수익률이 낮은 것을 넘어, 예기치 못한 시장의 폭풍우 속에서 좌초하는 끔찍한 결과를 낳을 수도 있다. 따라서 이 장에서는 훌륭한 AI 파트너, 즉 '옥(玉)'을 가려낼 수 있는 날카로운 안목을 기르는 법에 대해 구체적으로 알아볼 것이다.

3.1.1. 좋은 AI 플랫폼을 구별하는 5가지 기준

좋은 AI 플랫폼은 단순히 높은 수익률을 약속하는 곳이 아니라, 투명성과 안정성을 바탕으로 투자자와 함께 성장하는 철학을 가진 곳이다.

(1) **투명성**(Transparency): AI의 판단 근거를 명확히 설명하는가?

- Good AI: 왜 특정 ETF를 추천하는지, 현재 시장을 어떻게 분석하고 있는지, 포트폴리오를 왜 변경해야 하는지를 투자자가 이해할 수 있는 언어로 설명한다. AI의 투자 철학과 활용하는 데이터의 종류를 투명하게 공개한다.
- Bad AI: "영업 비밀", "독자 개발 알고리즘"이라는 말 뒤에 숨어 모든 것을 '블랙박스'로 남겨둔다. 투자자는 왜 돈을 벌고

잃는지 전혀 알 수 없고, 그저 AI의 결정에 맹목적으로 따르기만 해야 한다.

(2) **개인화 및 통제권**(Customization & Control): 나의 투자 철학과 목표를 반영할 수 있는가?

- Good AI: 9장의 사례처럼, 투자자가 자신의 가치관(예: ESG)을 반영하거나 특정 종목을 제외하는 등의 개인화된 옵션을 제공한다. 투자 목표, 기간, 위험 감수 수준 등을 세밀하게 조정할 수 있는 통제권을 투자자에게 부여한다.
- Bad AI: 모든 투자자에게 획일적인 '모델 포트폴리오'만을 제시한다. 개인의 특수한 상황이나 가치관을 반영할 여지가 전혀 없다.

(3) **비용 구조의 합리성**(Reasonable Fee Structure): 수수료 체계가 명확하고 합리적인가?

- Good AI: 운용 자산에 비례하는 단순하고 명확한 수수료 체계를 가지고 있다. 투자자가 부담하는 총비용을 투명하게 공개한다.
- Bad AI: 기본 수수료 외에 성과 보수, 플랫폼 이용료 등 복잡하고 숨겨진 비용이 많다. 잦은 매매를 유도하여 거래 수수료를 챙기는 구조를 가질 수도 있다.

(4) **위험 관리 능력**(Risk Management): 최악의 시나리오를 대비하고 있는가?

- Good AI: 단순히 수익률 예측뿐만 아니라, 다양한 시장 위기 상황을 가정한 스트레스 테스트 결과를 제공한다. 포트폴리오가 감당하고 있는 최대 손실 가능성(MDD) 등 위험 지표를 명확히 알려준다.

• Bad AI: 과거의 화려한 수익률만을 강조하며 장밋빛 미래만 약속한다. 잠재적 위험에 대해서는 의도적으로 축소하거나 언급하지 않는다.

3.1.2. 좋은 AI 플랫폼 vs 나쁜 AI 플랫폼

기준	좋은 AI 플랫폼(신뢰할 수 있는 파트너)	나쁜 AI 플랫폼(경계해야 할 대상)
투명성	투자 전략과 판단 근거를 명확하게 설명한다.	"알고리즘은 영업 비밀"이라며 설명하지 않는다.
개인화	투자자의 가치관, 목표 등을 반영할 수 있다.	모든 투자자에게 획일적인 상품을 제공한다.
비용 구조	단순하고 명확하며, 모든 비용을 투명하게 공개한다.	복잡하고 숨겨진 비용이 많을 수 있다.
위험 관리	다양한 위험 시나리오를 분석하고 경고한다.	과거 고수익률만 강조하며 위험을 축소한다.
핵심 철학	안정적인 장기 자산 성장	단기적인 고수익률로 투자자를 현혹한다.

3.2. 가상 사례: 다른 길을 선택한 두 친구, '퀀텀 점프'와 '가디언'

1) 입사 동기인 최민준 대리와 박서아 대리는 함께 AI 투자를 시작하기로 했다. 이들은 각자 다른 AI 플랫폼을 선택했다.

• 최민준 대리의 선택: '퀀텀 점프 AI' 화려한 광고와 '연 복리 100% 신화'라는 문구에 이끌렸다. 홈페이지에는 지난 3년간의 압도적인 수익률 그래프만 있을 뿐, 어떤 전략을 사용하는지에 대한 설명은 없었다. "우리의 인공지능은 인간이 이해할 수 없는 차원에서 움직입니다"라는 문구가 오히려 그의 신뢰를 자극했다.

• 박서아 대리의 선택: '가디언 AI' 상대적으로 차분한 홈페이지와 인터페이스를 가졌다. '가디언 AI'는 투자 철학을 설명하는 데 많은

부분을 할애했다. '시장의 모든 상황에 대비하는 자산 배분'을 최우선으로 하며, 가입 시 박 대리의 재무 목표와 위험 감수 수준에 대한 긴 설문을 진행했다. 포트폴리오 제안서에는 각 ETF를 편입한 이유와 예상되는 최악의 손실 시나리오까지 상세히 적혀 있었다.

2) 투자를 시작하고 첫 6개월, 시장은 유례없는 활황이었다. '퀀텀 점프 AI'의 공격적인 기술주 중심 포트폴리오는 엄청난 수익을 냈고, 최 대리의 계좌는 40%나 불어났다. 반면, 안정적인 자산 배분을 추구한 '가디언 AI'를 선택한 박 대리의 수익률은 15%에 그쳤다. 최 대리는 박 대리에게 "너무 안정적인 것만 찾다가 기회를 다 놓친다"며 자신의 선택을 뽐냈다.

3) 하지만 그해 가을, '퀀텀 점프 AI'는"시장 상황에 따른 일시적 조정이며, AI가 스스로 판단하여 대응할 것"이라는 답변만 돌아왔다. 결국 그의 계좌는 3개월 만에 원금 대비 -50%라는 처참한 손실을 기록했다: 예상치 못한 글로벌 금리 인상 쇼크로 시장이 급격히 얼어붙기 시작했다. '퀀텀 점프 AI'는 아무런 대응이 없었다. 그저 매일같이 폭락하는 계좌를 보여줄 뿐이었다. 최 대리가 고객센터에 문의하자 "시장 상황에 따른 일시적 조정이며, AI가 스스로 판단하여 대응할 것"이라는 답변만 돌아왔다. 결국 그의 계좌는 3개월 만에 원금 대비 -50%라는 처참한 손실을 기록했다.

4) 반면, 위기가 시작되자 '가디언 AI'는 박 대리에게 즉시 알림을 보냈다. [가디언 AI 알림] "금리 인상 리스크가 감지되었습니다. 포트폴리오의 위험 방어 전략에 따라, 성장주 ETF 비중을 자동으로 축소하고 가치주 및 단기채 ETF 비중을 상향 조정합니다. 예상 방어 수익률

은 -5%~-8% 수준입니다." '가디언 AI'는 약속대로 포트폴리오를 신속하게 재조정했고, 시장이 공포에 휩싸이는 동안 박 대리의 손실은 -7% 수준에서 방어되었다.

시장이 안정을 되찾았을 때, 두 사람의 희비는 극명하게 엇갈렸다. 최 대리는 원금의 절반을 잃고 망연자실했지만, 박 대리는 손실을 최소화하며 반등을 준비할 수 있었다. 박 대리는 깨 달았다.

5) **AI 플랫폼을 선택한다는 것은 수익률 게임에 베팅하는 것이 아니라, 나의 자산을 믿고 맡길 수 있는 가장 신뢰할 만한 플랫폼을 고르는 일이다:** 좋은 AI란 화창한 날 더 높이 나는 법을 알려주는 것이 아니라, 폭풍우가 몰아칠 때 어떻게 안전하게 항해하는지를 아는 진정한 '수호자(Guardian)'임을 말이다. AI 플랫폼을 선택하는 것은 수익률 게임에 베팅하는 것이 아니라, 나의 자산을 믿고 맡길 수 있는 가장 신뢰할 만한 상품에 투자하는 것이다.

4. AI와 파트너가 되어 함께 성장하는 투자자와 가상사례

4.1. AI와 파트너가 되어 함께 성장하는 투자자의 탄생

기나긴 여정의 끝에 다다랐다. 우리는 이 책을 통해 ETF라는 현대적인 투자 도구의 개념부터 시작하여, 그 과정에서 발생하는 각종 비용과 세금, 그리고 이 모든 복잡성을 해결해 줄 AI의 경이로운 능력까지 탐험했다. 또한 좋은 AI 파트너를 고르는 방법과 투자의 최종 책임은 결국 우리 자신에게 있음을 확인했다.

하지만 이 책의 진정한 목적은 단순히 'AI를 이용해 ETF에 투자하는 법'을 알려주는 데 있지 않다. 그것을 넘어, 'AI와 함께 투자자로서 어떻게 성장할 것인가'라는 새로운 패러다임을 제시하는 데 있다. AI는 단순히 우리의 돈을 대신 굴려주는 마법 상자가 아니다. AI는 우리가 더 넓은 세상을 이해하고, 더 현명한 재무적 결정을 내리며, 궁극적으로는 투자자로서 한 단계 진화하도록 돕는 강력한 '성장 파트너'가 될 수 있다.

이제 우리는 AI라는 부선장과 함께, 수동적인 승객이 아닌 능동적인 선장으로서 투자의 망망대해를 항해하는 법을 배워야 한다. 이 마지막 장에서는 AI와 투자자가 어떻게 상호작용하며 함께 성장하는지, 그 구체적인 모습과 미래를 그려보고자 한다.

4.1.1. 지시에서 대화로: 새로운 투자 패러다임

과거의 투자가 전문가의 지시를 따르거나 자신의 부족한 정보에 의존하는 '일방통행'이었다면, AI 시대의 투자는 투자자와 AI가 끊임없이 데이터를 주고받으며 함께 최적의 해답을 찾아가는 '쌍방향 소통'의 과정이다. 이 과정 속에서 선순환적인 성장 고리가 만들어진다.

(1) **인간의 '왜?'에서 시작하는 투자:** 투자자는 자신의 삶의 목표, 가치관, 그리고 꿈을 AI에게 '입력'한다. "30년 뒤 행복한 은퇴를 하고 싶다", "자녀에게 안정적인 교육 환경을 물려주고 싶다", "환경을 파괴하는 기업에는 투자하고 싶지 않다"와 같은 투자의 근본적인 '왜(Why)?'를 설정하는 것이다.

(2) **AI의 데이터 기반 '어떻게?' 제안:** AI는 투자자의 '왜?'를 달성하기 위한 가장 효율적이고 합리적인 방법, 즉 '어떻게(How)?'를 데이터에 기반하여 제안한다. 수백만 개의 변수를 고려하여 최적의 ETF 포트폴리오, 리밸런싱 시점, 절세 전략 등을 구체적인 수치와 근거로 제시하는 것이다.

(3) **인간의 학습과 성장**: 투자자는 AI가 제시한 리포트를 검토하는 과정에서 자연스럽게 학습하게 된다. '왜 AI가 지금 금리 인상을 우려하여 채권 비중을 늘리라고 할까?', '내가 몰랐던 신흥국 시장에 이런 기회가 있었구나' 등을 깨달으며 거시 경제를 보는 눈과 금융 시장에 대한 이해도를 높여간다. 즉, AI가 던져주는 데이터 기반의 질문을 통해 투자자 스스로 성장하는 것이다.

(4) **더 정교해지는 '왜?'와 '어떻게?'**: 시장에 대한 이해가 깊어진 투자자는 자신의 '왜?'를 더욱 정교하게 다듬을 수 있게 된다. 이는 다시 AI에게 입력되어, AI는 더 나은 '어떻게?'를 제안한다. 이처럼 인간과 AI가 서로를 가르치고 배우며 함께 진화하는 것, 이것이 바로 AI 시대의 새로운 투자 패러다임이다.

4.1.2. 투자자 유형의 진화

구분	과거의 투자자	AI와 함께 성장하는 투자자
정보 처리	소수의 뉴스, 지인의 추천, 직관에 의존한다.	AI의 데이터 기반 분석을 활용하여 편향을 배제한다.
의사 결정	감정(탐욕, 공포)에 휘둘리기 쉽다.	AI의 객관적 제안을 검토하고 최종적으로 결정한다.
학습과 성장	성공과 실패의 경험을 통해 단편적으로 학습한다.	AI 리포트를 통해 체계적으로 시장을 학습하고 자신의 투자 원칙을 정립한다.
궁극적 목표	단기적 고수익을 추구하는 경향이 있다.	삶의 목표와 가치에 부합하는 장기적 자산 성장을 추구한다.
AI와의 관계	맹목적 추종자 또는 불신하는 경쟁자의 관계이다.	상호 보완적인 파트너 관계(선장과 부선장)이다.

4.2. 가상 사례: 평범한 교사, 투자 마라토너가 되다

1) **고민 끝에 그녀는 AI 자산관리 플랫폼 '아테나(Athena)'에 매달 일정 금액을 투자하기 시작했다:** 30대 중반의 고등학교 역사 교사인 오지혜 씨는 투자가 늘 숙제처럼 느껴졌다. 빠듯한 월급을 쪼개 미래를 준비해야 한다는 것은 알았지만, 복잡한 경제 용어와 시시각각 변하는 시장을 따라갈 시간도 자신도 없었다. 고민 끝에 그녀는 AI 자산관리 플랫폼 '아테나(Athena)'에 매달 일정 금액을 투자하기 시작했다.

   처음 1년간 그녀는 전형적인 '수동적 투자자'였다. AI가 알아서 해줄 것이라 믿고, 가끔 앱에 접속해 수익률이 올랐는지 확인하는 것이 전부였다. 그녀에게 '아테나'는 그저 편리한 금융 상품에 불과했다.

2) **변화는 어느 날 '아테나'가 보낸 한 통의 리포트에서 시작되었다.**

   [아테나 월간 리포트] "최근 글로벌 공급망 불안정성이 심화되고 있으며, 이는 향후 6개월 내 인플레이션 압력으로 작용할 확률이 82%입니다. 이에 따라, 포트폴리오 내 기술주 성장 ETF 비중을 5% 축소하고, 인플레이션 헷지(Hedge) 자산인 '원자재 생산기업 ETF' 비중을 5% 상향 조정을 제안합니다."

   리포트 하단에는 '인플레이션 헷지', '공급망 불안정성'과 같은 생소한 용어에 대한 쉬운 설명과 관련 데이터(주요 항만 물류 지수, 원유 선물 가격 동향 등)가 링크되어 있었다. 지적 호기심이 발동한 오 교사는 링크를 눌러 자료를 읽기 시작했다. 역사 과목을 가르치며 과거의 사건들이 현재에 어떤 영향을 미치는지 설명해왔던 그녀에게, 지금 세계 경제의 흐름이 자신의 자산에 어떻게 연결되는지를 보여주는 이 리포트는 살아있는 역사 교과서처럼 느껴졌다.

3) AI가 던져주는 데이터라는 '질문'을 통해, 그녀는 자연스럽게 금리와 환율의 관계를 공부했고, 지정학적 리스크가 시장에 미치는 영향을 이해하게 되었다: 그날 이후, 오 교사의 투자 습관은 완전히 바뀌었다. 그녀는 더 이상 수익률 숫자만 보지 않았다. 매달 AI가 보내주는 리포트를 꼼꼼히 읽고, AI가 왜 그런 판단을 내렸는지 그 근거 데이터를 파고들었다. AI가 던져주는 데이터라는 '질문'을 통해, 그녀는 자연스럽게 금리와 환율의 관계를 공부했고, 지정학적 리스크가 시장에 미치는 영향을 이해하게 되었다.

   몇 년 후, 오 교사는 교육 정책 변화에 대한 뉴스를 접하다가 한 가지 아이디어를 떠올렸다.

4) 그녀는 '아테나'의 대화형 인터페이스에 질문을 입력했다. "현재 제 포트폴리오는 안정적으로 운영되고 있습니다. 하지만 교사로서 볼 때, 향후 10년간 정부의 디지털 교육 전환 정책으로 인해 에듀테크 시장이 크게 성장할 것 같습니다. 이 변수를 추가하여, 기존 포트폴리오의 안정성을 크게 해치지 않는 선에서 '글로벌 에듀테크 ETF'를 일부 추가하는 방안을 시뮬레이션 해주시겠어요?"

5) AI '아테나'는 즉시 그녀의 통찰을 새로운 변수로 반영하여 수정된 포트폴리오 안을 여러 개 제시했다. 오 교사는 그중 자신의 투자 원칙에 가장 부합하는 안을 선택하여 최종 승인했다. 그녀는 더 이상 AI의 제안을 수동적으로 따르기만 하는 투자자가 아니었다. 자신의 전문 분야에 대한 깊이 있는 통찰을 AI의 데이터 분석 능력과 결합하여, 투자를 함께 만들어가는 '능동적인 파트너'가 된 것이다.

6) 그녀는 투자를 통해 단순히 자산을 증식 시킨 것을 넘어, 세상을 더 깊이 이해하는 눈을 갖게 되었다. 그녀에게 투자는 더 이상 두려운 숙제가 아니라, AI라는 지적인 파트너와 함께 미래를 탐구하고 준비하는 흥미진진한 마라톤이 되었다.

제14장

투자 고수처럼 ETF 정보 해석하기

1. ETF 이름 속에 숨겨진 비밀 코드 읽는 방법과 가상사례

1.1. 암호 해독: ETF 이름 속에 숨겨진 비밀 코드 읽는 법

우리가 투자의 세계라는 낯선 도시에 도착했다고 상상해 보자. 이 도시에는 수천 개의 길이 있고, 각 길의 입구에는 알 수 없는 기호로 가득한 이정표가 세워져 있다. 어떤 길은 높은 산으로, 어떤 길은 깊은 계곡으로 이어진다. 이정표를 읽지 못한다면, 우리는 그저 운에 맡긴 채 발걸음을 옮겨야 할 것이다.

ETF의 이름이 바로 이 이정표와 같다. 'KODEX 200 TR', 'TIGER 미국나스닥100(H)' 등 언뜻 복잡해 보이는 이 이름들은 사실 해당 ETF의 정체성, 즉 어디에, 어떻게 투자하며, 어떤 특징을 가졌는지를 알려주는 가장 정직하고 함축적인 '비밀 코드'이다. AI가 아무리 정교한 포트폴리오를 추천해 준다 해도, 투자자 스스로 이 코드의 의미를 이해하지 못한다면 반쪽짜리 투자에 불과하다.

이번 절에서는 이 비밀 코드를 해독하는 '로제타석'을 여러분에게 제공하고자 한다. ETF 이름에 담긴 각 요소의 의미를 명확히 파악함으로써,

우리는 비로소 AI라는 최첨단 내비게이션을 100% 활용할 수 있는 현명한 투자자로 거듭날 수 있을 것이다.

1.1.1. ETF 이름의 기본 구조: 네 가지 핵심 정보

대부분의 ETF 이름은 약속된 규칙에 따라 구성되며, 보통 네 가지 핵심 정보를 담고 있다. TIGER 미국S&P500 TR(H)라는 가상의 ETF를 예로 들어 그 구조를 분해해 보자.

(1) **자산운용사 브랜드(Brand)**: KODEX, TIGER, KBSTAR

- ETF를 만들고 운용하는 회사를 의미한다. 삼성자산운용의 'KODEX', 미래에셋자산운용의 'TIGER', KB자산운용의 'KB-STAR' 등이 대표적이다. 자동차로 치면 제조사인 셈이다.

(2) **기초지수 또는 투자 대상(Index/Target)**: 미국S&P500

- ETF의 심장과 같은 부분으로, 무엇을 추종하고 어디에 투자하는지를 나타낸다. '200'은 한국의 코스피 200 지수를, '미국S&P500'은 미국의 대표적인 500개 기업을, '2차전지테마'는 관련 산업에 투자함을 의미한다.

(3) **수익 분배 방식 및 추가 전략(Strategy)**: TR

- ETF의 운용 방식이나 수익 처리 방법 등 세부적인 특징을 나타낸다. 아래에서 자세히 다룰 'TR', '레버리지', '인버스' 등이 여기에 해당한다.

(4) **환율 전략(Currency Strategy)**: (H)

- 해외 자산에 투자하는 ETF의 경우, 환율 변동에 어떻게 대응하는지를 보여주는 중요한 표시다. 괄호 안에 'H'가 있거나 없는지에 따라 수익률이 크게 달라질 수 있다.

1.1.2. 핵심 비밀 코드 해부하기

이제 투자자가 반드시 알아야 할 핵심 코드들의 의미를 표를 통해 구체적으로 알아보자. 이 표 하나만 제대로 이해해도 ETF를 보는 눈이 완전히 달라질 것이다.

코드 유형	약어/표기	의미	투자 시 고려사항
운용 방식	레버리지	기초지수 일일 수익률의 정해진 양(+)의 배수(예: 2배)를 추종한다.	단기적 방향성 예측에 사용되며, 장기 보유 시 복리 효과로 인해 의도와 다른 결과가 나올 수 있다.(변동성 소멸)
	인버스(2X)	기초지수 일일 수익률의 정해진 음(-)의 배수(예: -1배, -2배)를 추종한다.	시장 하락에 베팅하는 상품으로, 레버리지와 동일한 위험(변동성 소멸)을 내포한다.
수익 분배	TR(Total Return)	발생한 분배금(배당)을 투자자에게 지급하지 않고 자동으로 재투자한다.	장기 투자 시 복리 효과를 극대화할 수 있으며, 배당소득세가 이연되는 장점이 있다.
	(표기 없음)/PR	발생한 분배금을 정기적으로 투자자에게 현금으로 지급한다.	주기적인 현금 흐름을 원하는 투자자에게 적합하다.
환율 전략	(H)(Hedged)	환율 변동에 따른 자산 가치 변화 위험을 최소화하기 위해 환헤지를 실행한다.	원화 강세(환율 하락) 시기에는 수익률을 방어할 수 있으나, 환헤지 비용이 발생하고 원화 약세 시 환차익을 얻지 못한다.
	(표기 없음)/UH	환헤지를 하지 않아 투자 자산의 가치가 환율 변동에 그대로 노출된다.	원화 약세(환율 상승) 시기에는 주가 상승과 더불어 환차익까지 얻을 수 있으나, 반대의 경우 환차손을 입게 된다.
운용 전략	액티브(Active)	정해진 지수를 그대로 따르지 않고, 펀드매니저가 재량으로 종목을 편입·편출하여 시장 초과수익을 추구한다.	매니저의 역량에 따라 성과가 달라지며, 일반적으로 운용보수가 패시브 ETF보다 높다.

1.2. 가상 사례: 한 글자의 차이가 만든 운명의 갈림길

1) IT 기업에 근무하는 입사 동기 김지훈 대리와 박민수 대리는 미국 기술주 시장의 성장 가능성을 확신하고 함께 ETF 투자를 시작했다. 이들은 동일하게 '미국 빅테크 상위 7개 기업'에 집중적으로 투자하는 상품을 찾아냈다.
   - ACE 미국빅테크TOP7 Plus
   - ACE 미국빅테크TOP7 Plus(H)

2) 두 ETF는 이름 끝에 붙은 '(H)' 한 글자를 제외하고는 모든 것이 똑같아 보였다.
   - 박민수 대리의 선택: "이름만 봐도 강력하네! 미국 기술주가 오를 게 뻔한데, 복잡하게 생각할 필요 있어?" 박 대리는 환율 같은 부차적인 요소는 신경 쓰지 않고, 이름이 더 간결해 보이는 ACE 미국빅테크TOP7 Plus에 자신의 여유 자금 대부분을 투자했다. 그는 환율 변동이 수익률에 큰 영향을 미치지 않을 것이라 막연하게 생각했다.
   - 김지훈 대리의 선택: 김 대리는 자신이 사용하는 AI 투자 플랫폼 '솔론(SOLON)'에 두 ETF를 입력하고 분석을 요청했다.

     [솔론 AI 리포트] "두 ETF는 동일한 주식을 추종하나, 환율 전략에서 중대한 차이가 있습니다. 최근 대한민국 무역수지 개선 전망에 따라, 향후 1년간 원화 가치가 상승(환율 하락)할 가능성은 65%로 분석됩니다. 환율 하락 시, 환헤지가 적용되지 않은 ETF는 주가 수익률이 환차손에 의해 상당 부분 상쇄될 위험이 있습니다. 안정적인 자산 증식을 목표로 하는 김지훈 님의 투자 성향을 고려할 때, (H) 상품이 더 적합할 것으로 판단됩니다."

3) 김 대리는 AI의 분석을 검토한 후, 환율 변동이라는 '숨겨진 위험'을 관리하기로 결정하고 ACE 미국빅테크TOP7 Plus(H)를 매수했다.

4) 6개월 후, 한국의 경제 펀더멘털이 강화되면서 원/달러 환율은 1,350원에서 1,200원으로 약 11% 하락(원화 강세)했다: 그들의 예상대로 미국 빅테크 기업들의 주가는 20% 급등했다. 하지만 AI의 예측처럼 한국의 경제 펀더멘털이 강화되면서 원/달러 환율은 1,350원에서 1,200원으로 약 11% 하락(원화 강세)했다.

- 박민수 대리의 결과: 그의 계좌에는 20%의 주가 수익이 발생했지만, 11%의 환차손이 동시에 발생했다. 결국 두 수익과 손실이 상쇄되면서 그의 최종 수익률은 9%에도 미치지 못했다. 그는 예상보다 훨씬 저조한 수익률에 크게 실망했다.
- 김지훈 대리의 결과: 그의 계좌에는 20%의 주가 수익이 온전히 기록되었다. 환율이 하락했지만, 환헤지(H) 전략이 환차손을 완벽하게 방어해 주었기 때문이다. 그는 시장의 불확실성 속에서도 안정적으로 목표 수익을 달성한 것에 만족하며, 신중한 선택의 중요성을 다시 한번 깨달았다.

5) 시사점: 이 사례는 ETF 이름 속 단 하나의 코드가 얼마나 큰 결과의 차이를 만드는지 명확히 보여준다. AI는 숨겨진 위험을 분석하고 최적의 경로를 제안할 수 있지만, 그 제안의 의미를 이해하고 최종적으로 '(H)'의 유무를 선택하는 것은 투자자 본인의 몫이다. ETF 이름이라는 암호를 해독하는 능력이야 말로 AI 시대에 투자자가 갖춰야 할 가장 기본적인 소양이자 가장 강력한 무기인 것이다.

2. 투자설명서(KODEX, TIGER 등) 핵심만 골라 읽기와 가상사례

2.1. 진실의 청사진: 투자설명서, AI처럼 핵심만 읽어내는 기술

우리는 앞에서 ETF의 이름이라는 '명함'을 읽는 법을 배웠다. 명함은 그 ETF의 소속과 주요 역할을 알려주지만, 그것 만으로는 그 실체와 속마음까지 모두 알 수는 없다. 이제 우리는 그 ETF의 모든 것이 담긴 '상세 프로필'이자 법적 효력을 갖는 유일한 문서, 바로 '투자설명서'를 펼쳐볼 시간이다.

수십, 수백 페이지에 달하는 빽빽한 글씨와 전문 용어로 가득한 투자설명서는 많은 투자자에게 거대한 벽처럼 느껴진다. 대부분의 사람들은 읽기를 포기하고 그저 '동의함' 버튼을 누르는 데 그친다. 하지만 이는 마치 중요한 계약서의 세부 조항을 읽지 않고 서명하는 것과 같은 위험한 행동이다. 사실 이 문서 안에는 우리가 투자할 돈이 어떤 여정을 떠나게 될지에 대한 모든 진실이 담겨 있기 때문이다.

흥미로운 사실은, 우리가 사용하는 AI 투자 플랫폼 역시 이 투자설명서의 데이터를 가장 중요한 분석의 기초로 삼는다는 점이다. AI는 이 방대한 문서를 순식간에 스캔하여 핵심 위험과 기회를 포착해 낸다. 이번 장의 목표는 우리 역시 AI처럼, 이 복잡한 문서에서 가장 중요한 '보석' 같은 정보들만 정확하고 효율적으로 골라 읽는 방법을 배우는 것이다.

2.1.1. 왜 '투자설명서'는 반드시 읽어야 하는가?

화려한 광고 문구나 마케팅 자료는 ETF의 가장 좋은 모습만을 보여준다. 하지만 투자설명서는 법적 구속력을 가지는 공식 문서로서, 해당 ETF의 장점은 물론 모든 단점과 잠재적 위험까지 가감 없이 기록해야만 한다. 즉, 투자설명서는 해당 ETF에 대한 '유일한 진실의 청사진'인 것이다. 이것을 읽는 행위는 단순히 정보를 얻는 것을 넘어, 나의 소중한 자산을 지키는 최소한의 방어 장치를 마련하는 과정이다.

2.1.2. AI의 눈으로 본 투자설명서: 5대 핵심 체크포인트

AI가 투자설명서를 분석할 때 가장 먼저 확인하는 핵심 영역들이 있다. 우리도 이 'AI의 시선'을 따라간다면, 전체 문서의 80%에 해당하는 핵심 정보를 단 20%의 노력으로 파악할 수 있다.

(1) **펀드의 명칭 및 종류**(1순위 확인 사항): 지난 장에서 배운 이름의 모든 정보(운용사, 기초지수, TR, (H) 등)가 정확히 기재되어 있는지 최종 확인하는 단계이다. 내가 사려는 물건이 맞는지 다시 한번 확인하는 것과 같다.

(2) **투자목적 및 투자전략**(ETF의 '영혼' 파악하기): 이 ETF가 궁극적으로 무엇을 목표로 하며(예: 코스피 200 지수 수익률 추종), 그 목표를 달성하기 위해 어떤 전략을 사용하는지(예: 완전복제 전략) 서술된 부분이다. 특히 '액티브' ETF의 경우, 펀드매니저가 어떤 철학으로 종목을 고르는지 상세히 설명되어 있어 반드시 읽어야 한다.

(3) **총보수 및 기타비용**(숨겨진 비용 찾아내기): 투자자가 실질적으로 부담하는 모든 비용이 명시된 부분이다. 많은 투자자가 '총보수'만 확인하지만, AI는 그 아래 숨겨진 '매매·중개 수수료'와 '기타비용'까지 꼼꼼히 살핀다. 이 모든 것을 합산한 '총보수·비용비율(TER)'이야말로 투자자가 1년간 실제로 부담하는 진짜 비용이다.

(4) **자산구성현황**(포트폴리오의 '민 낯' 확인하기): 현재 이 ETF가 정확히 어떤 자산들을 담고 있는지 그 목록을 보여준다. 내가 투자

하는 돈이 실제로 삼성전자, 애플, 혹은 특정 채권에 투자되고 있음을 두 눈으로 확인할 수 있는 가장 중요한 부분이다. 이를 통해 내가 가진 다른 자산과의 중복 투자를 피할 수 있다.

(5) **투자위험**(최악의 시나리오 대비하기): 이 ETF에 투자했을 때 발생할 수 있는 모든 종류의 위험을 나열한 부분이다. 시장 전체가 하락하는 '시장 위험'부터, ETF의 수익률이 기초지수를 제대로 따라가지 못하는 '추적오차 위험'까지 상세히 설명되어 있다. AI가 가장 비중 있게 분석하는 부분이기도 하다.

2.1.3. 투자설명서 핵심 체크리스트

확인 항목	핵심 질문	왜 중요한가?
투자목적 및 전략	이 ETF는 무엇을 추종하며, 어떻게 운용되는가?	나의 투자 목표와 ETF의 방향성이 일치하는지 최종 판단하는 기준이 된다.
총보수·비용 비율(TER)	내가 실제로 부담하는 1년 총비용은 몇 %인가?	장기 투자 시, 미세한 비용 차이가 복리 효과로 인해 엄청난 수익률 격차를 만들기 때문이다.
자산구성현황	정확히 어떤 종목과 자산에 내 돈이 투자되는가?	의도치 않은 특정 자산 쏠림 현상이나 중복 투자의 위험을 방지할 수 있다.
투자위험	내가 감수해야 할 가장 큰 위험 요인은 무엇인가?	'묻지마 투자'를 방지하고, 예상치 못한 손실에 대한 심리적 대비를 가능하게 한다.

2.2. 가상 사례: AI '셜록'과 사라진 0.3%의 미스터리

1) 재생에너지의 미래를 밝게 본 두 친구, 이현우 씨와 윤서아 씨는 최근 시장의 주목을 받는 두 개의 '글로벌 탄소중립 기술 ETF'에 관심을 가지게 되었다.

- POWER 솔라에너지 액티브 ETF
- ZENITH 클린에너지 인덱스 ETF

두 ETF 모두 지난 1년간 30%가 넘는 높은 수익률을 기록하며 유망주로 떠오르고 있었다.

- 이현우 씨의 결정: 그는 '액티브'라는 단어에서 전문가가 시장을 이기기 위해 적극적으로 운용해 줄 것이라는 긍정적인 인상을 받았다. 그는 POWER 솔라에너지 액티브 ETF의 화려한 광고 자료와 높은 최근 수익률만 믿고, 투자설명서를 자세히 읽지 않은 채 투자를 결정했다.
- 윤서아 씨의 결정: 그녀는 신중했다. 그녀는 자신이 사용하는 AI 투자 비서 '셜록(Sherlock)'에게 두 ETF의 투자설명서를 비교 분석해달라고 요청했다. 몇 초 뒤, '셜록'의 분석 리포트가 도착했다.

2) [셜록 AI 리포트] "두 ETF는 유사한 테마에 투자하지만, 비용 구조와 위험 프로필에서 중대한 차이가 발견되었습니다."

- 비용 분석: POWER 솔라에너지(액티브)의 총보수는 연 0.7%이지만, 잦은 매매로 인한 기타비용이 0.25% 추가 발생하여 "실질 총비용(TER)은 0.95%"에 달합니다. 반면, ZENITH 클린에너지(인덱스)는 총보수 0.6%, 기타비용 0.05%로 "실질 총비용(TER)이 0.65%"입니다. 연간 0.3%의 숨겨진 비용 격차가 존재합니다.
- 포트폴리오 분석: POWER 솔라에너지(액티브)는 초과수익을 위해 검증되지 않은 소형 기술주 15%를 편입하고 있습니다. 이는 단기적으로 높은 수익을 낼 수 있지만, 시장 변동 시 더 큰 손실 위험을 내포합니다.
- 결론: 장기적인 안정성을 추구하는 윤서아 님의 투자 목표를 고려할 때, 비용이 저렴하고 검증된 기업 위주로 구성된 ZENITH 클린에너지 인덱스 ETF가 더 적합할 것으로 판단됩니다.

3) 윤서아 씨는 AI의 리포트를 통해 0.3%라는 '사라진 수익률'의 행방을 찾을 수 있었다. 그녀는 장기적으로 이 작은 차이가 만들 거대한 결과를 직감하고, ZENITH 클린에너지 인덱스 ETF에 투자하기로 결정했다.

4) 1년 후, 시장이 조정을 받으며 두 ETF의 수익률은 모두 하락했다. 하지만 이현우 씨의 ETF는 고위험 소형주들이 급락하고 높은 비용까지 더해져 -20%의 손실을 기록한 반면, 윤서아 씨의 ETF는 상대적으로 안정적인 대형주 위주의 포트폴리오와 낮은 비용 덕분에 -12% 수준에서 손실을 방어할 수 있었다.

5) 시사점: 투자설명서는 단순한 서류가 아니다. 그것은 미스터리를 해결할 단서가 가득한 '사건 파일'과 같다. AI는 최고의 탐정이 될 수 있지만, 최종적으로 어떤 단서에 주목하고 결정을 내릴지는 투자자 본인의 몫이다.

3. 총 보수(TER), ETF의 숨겨진 비용 찾아내기와 가상사례

3.1. 보이지 않는 빙산: 총보수비용비율(TER), ETF의 진짜 비용을 파헤치다

우리가 망망대해를 항해하는 배의 선장이라고 생각해 보자. 저 멀리 거대한 빙산이 보인다. 하지만 수면 위에 드러난 빙산의 일각은 전체의 10%에 불과하다. 진짜 위협은 그 아래, 보이지 않는 곳에 거대한 몸체를 숨기고 있는 90%의 얼음 덩어리이다.

ETF 투자에서 우리가 흔히 접하는 '총보수'는 바로 이 빙산의 일각과 같다. 투자설명서나 광고에서 가장 먼저 눈에 띄는 이 숫자는 우리가 지

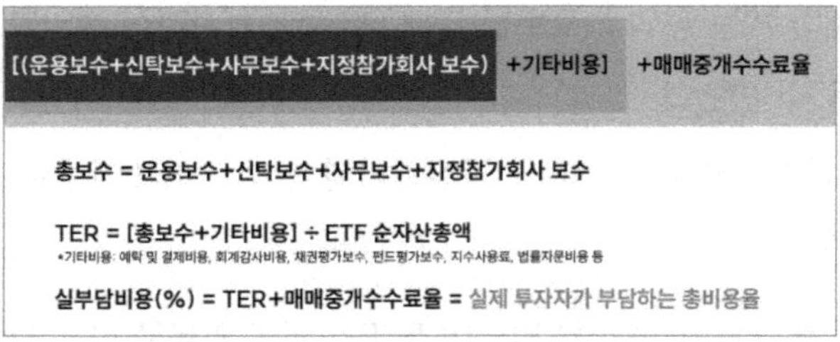

ETF 보수, 진짜 얼마 내는 걸까? 실부담 비용 제대로 계산하는 법! [https://m.blog.naver.com]

불하는 비용의 일부일 뿐이다. 그 수면 아래에는 '기타비용', '매매·중개수수료' 등 투자자가 모르는 사이에 수익률을 갉아먹는 거대한 '숨겨진 비용'이 도사리고 있다. 이 모든 비용을 합산한 진짜 비용, 그것이 바로 '총보수비용비율(Total Expense Ratio, TER)'이다.

AI 투자 플랫폼이 포트폴리오를 구성할 때 가장 핵심적인 변수로 삼는 것 중 하나가 바로 이 TER이다. AI는 겉으로 드러난 보수가 아닌, 투자자가 실제로 부담하게 될 총비용을 0.01% 단위까지 계산하여 최적의 상품을 골라낸다. 이번 절에서는 AI의 눈으로 이 보이지 않는 빙산을 파헤쳐, ETF의 진짜 비용인 TER을 찾아내고 그것이 왜 우리의 장기 수익률에 결정적인 영향을 미치는지 탐구할 것이다.

3.1.1. 총보수 vs. 총보수비용비율(TER): 무엇이 다른가?

많은 투자자들이 두 용어를 혼동하지만, 그 차이를 아는 것은 현명한 투자의 첫걸음이다.

(1) **총보수**(Total Return Fee): ETF를 운용하는 자산운용사에 지불하는 명목상의 '연봉'과 같다. 운용보수, 판매보수, 신탁보수, 사무관리보수 등이 포함된다. 이는 투자설명서 첫 페이지에 명시되어 있으며, 우리가 가장 쉽게 접하는 비용이다.

(2) **총보수비용비율(TER)**: 총보수에 '기타비용'까지 모두 더한, 투자자가 1년간 부담하는 '실질 총비용'이다. 기타비용에는 ETF를 운용하는 과정에서 실제로 발생하는 모든 부대 비용, 즉 ①펀드 내 주식 등을 사고팔 때 드는 매매·중개 수수료, ②기초지수 사용료, ③회계감사 및 법률 자문 비용 등이 포함된다.

[우리가 지불하는 실질 비용]

결국, 우리가 지불하는 진짜 비용은 다음과 같은 공식으로 계산된다.

총보수비용비율(TER) = 총보수 + 기타비용

3.1.2. 총보수와 TER의 구성요소 비교

구분	총보수(빙산의 일각)	총보수비용비율(TER)(빙산의 전체)
포함 항목	• 운용보수 • 판매보수 • 신탁보수 • 사무관리보수	총보수 + 기타비용(매매·중개 수수료, 지수 사용료, 회계감사비 등)
의미	자산운용사에 지불하는 명목상 수수료	1년간 투자자가 실질적으로 부담하는 모든 비용의 합
확인 방법	상품 광고, 투자설명서 요약 부분	금융투자협회 전자공시, 자산운용사 운용보고서

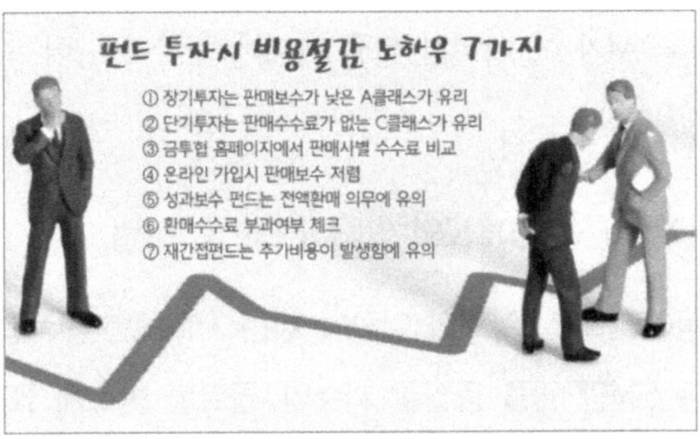

펀드 선취·후취·보수 수수료차이가 수익률 차이? [https://www.econovill.com]

3.2. 0.1%의 나비효과: 미세한 비용 차이가 만드는 거대한 격차

"고작 0.1% 차이가 뭐 그리 대수인가?"라고 생각할 수도 있다. 하지만 투자의 세계에서 시간과 복리라는 마법은 이 작은 차이를 거대한 결과의 차이로 증폭시킨다.

1) 1억 원을 투자한다고 가정해 보자. A ETF의 TER은 연 0.2%이고, B ETF의 TER은 연 0.5%이다. 두 ETF가 동일하게 연 7%의 수익률을 낸다고 했을 때, 30년 후의 결과는 어떻게 달라질까?

■ **TER 0.3% 차이가 만드는 30년 후의 격차**(1억 원 투자, 연 7% 수익 가정)

기간	A ETF(TER 0.2%)	B ETF(TER 0.5%)	격차
10년 후	약 1억 9,300만 원	약 1억 8,770만 원	약 530만 원
20년 후	약 3억 7,270만 원	약 3억 5,230만 원	약 2,040만 원
30년 후	약 7억 1,800만 원	약 6억 6,130만 원	약 5,670만 원

2) 고작 연 0.3%의 차이가 30년 뒤에는 원금의 절반이 넘는 5,670만 원이라는 엄청난 격차를 만들어내는 것이다. 이는 마치 작은 나비의 날갯짓이 지구 반대편에서 태풍을 일으키는 '나비효과'와 같다. AI가 이 미세한 비용 차이에 집착하는 이유가 바로 여기에 있다.

3.3. 가상 사례: AI '옵티머스'와 쌍둥이 펀드의 비밀

1) 대학 동기인 김선우 씨와 이하나 씨는 사회초년생 시절부터 꾸준히 모은 돈 5천만 원을 동일한 지수인 '글로벌 반도체 TOP10 지수'를 추종하는 ETF에 각각 투자하기로 했다. 이들은 거의 모든 것이 똑같아 보이는 두 개의 '쌍둥이 ETF'를 발견했다.

- ALPHA 글로벌 반도체 ETF: 총보수 연 0.4%
- BETA 글로벌 반도체 ETF: 총보수 연 0.5%

2) **김선우 씨의 결정:** "당연히 보수가 0.1%라도 싼 걸 골라야지. 같은 지수를 추종하는데 비싼 걸 살 이유가 없잖아." 그는 다른 정보는 확인하지 않고, 오직 겉으로 드러난 '총보수' 숫자만 보고 ALPHA ETF에 투자했다. 그는 합리적인 선택을 했다고 굳게 믿었다.

3) **이하나 씨의 결정:** 그녀는 AI 투자 조언 서비스 '옵티머스(Optimus)'를 활용했다. 그녀가 두 ETF의 이름을 입력하자, '옵티머스'는 즉시 두 상품의 투자설명서와 운용보고서를 스캔하여 비교 분석 결과를 내놓았다.

   [옵티머스 AI 리포트] "두 ETF는 동일 지수를 추종하나, 실질 비용(TER)에서 유의미한 차이가 존재합니다."

   - 실질 비용 분석: ALPHA ETF는 총보수가 0.4%로 낮아 보이지만, 포트폴리오에 신규 편입되는 종목을 발굴하기 위해 잦은 매매를 하는 전략을 사용합니다. 이로 인해 기타비용이 연 0.35% 추가 발생하여, 실질 총비용(TER)은 0.75%에 달합니다.
   - 실질 비용 분석: BETA ETF는 총보수가 0.5%로 다소 높아 보이지만, 지수를 그대로 복제하는 안정적 운용으로 '기타비용이 연 0.05%'에 불과합니다. 따라서 '실질 총비용(TER)은 0.55%'입니다.
   - 결론: 겉보기와는 달리, 장기 투자 시 BETA ETF가 ALPHA ETF보다 연간 0.2% 더 저렴한 상품입니다.

   이하나 씨는 AI의 분석을 통해 '값싸 보이는 상품의 함정'을 피할 수 있었다. 그녀는 '옵티머스'의 조언에 따라 BETA ETF에 투자했다.

4) 10년 후, 글로벌 반도체 시장은 꾸준히 성장했다. 김선우 씨의 계좌는 1억 2,500만 원이 되어 있었다. 그는 만족스러운 수익률이라고 생각했다. 하지만 이하나 씨의 계좌를 확인하고는 깜짝 놀랐다. 그녀의 계좌는 1억 3,100만 원으로, 김선우 씨보다 600만 원이나 더 많았다. 연 0.2%라는 작은 비용 차이가 10년이라는 시간 속에서 눈덩이처럼 불어나 큰 격차를 만들어낸 것이다.

5) TER은 ETF의 건강 상태를 보여주는 '종합 건강검진표'와 같다. 겉으로 보이는 모습이 아무리 화려하더라도, 이 검진표를 통해 숨겨진 질병(비용)을 찾아내지 못한다면 우리의 자산은 서서히 병들게 될 것이다. AI처럼 투자설명서와 운용보고서 속에 숨겨진 진짜 비용, TER을 꿰뚫어 보는 지혜야 말로 장기적인 투자 성공을 보장하는 가장 확실한 지름길이다.

4. 거래량과 추적오차, 꼭 확인해야 할 지표와 가상사례

4.1. AI의 눈으로 ETF의 건강 상태를 진단한다

AI가 ETF 포트폴리오를 구성할 때, 그것은 단순히 과거의 수익률 데이터에만 의존하는 것이 아니다. AI는 인간 투자자가 간과하기 쉬운 ETF의 근본적인 '건강 상태'를 다각도로 분석하여 안정적이고 신뢰할 수 있는 상품을 선별하는 것이다.

수많은 데이터 속에서 AI가 특히 주목하는 두 가지 핵심 지표가 바로 '거래량(Volume)'과 '추적오차(Tracking Error)'이다. 이 두 지표는 ETF의 혈압과 심전도처럼, 그 상품이 얼마나 원활하게 시장에서 순환하고 있으며, 본연의 임무를 얼마나 충실하게 수행하고 있는지를 명확하게 보여주는 바로미터라 할 수 있다. 이제부터 AI의 냉철한 시선으로 이 두 지표가 왜 중요한지, 그리고 어떻게 해석해야 하는지를 심층적으로 탐구해보고자 한다.

4.1.1. 시장의 활력, 거래량(Volume)의 비밀

거래량이란 특정 기간 동안 주식시장에서 해당 ETF가 얼마나 많이 거래되었는지를 나타내는 수치이다. 이것은 단순히 숫자의 많고 적음을 넘어 ETF의 유동성(Liquidity)을 판단하는 가장 직접적인 척도가 된다.

거래량이 중요한 이유는 투자자가 원할 때 언제든지 손실을 최소화하며 ETF를 매수하거나 매도할 수 있는 능력을 결정하기 때문이다.

비유하자면, 거래량이 풍부한 ETF는 언제나 손님으로 붐비는 대형 마트와 같다. 내가 물건을 팔고 싶을 때(매도) 즉시 사줄 사람이 있고, 사고 싶을 때(매수) 언제든 원하는 가격에 물건을 구할 수 있다.

반면, 거래량이 적은 ETF는 손님이 뜸한 외딴 상점과 같다. 내가 급하게 물건을 팔아야 할 때, 제값을 받지 못하고 헐값에 넘겨야 할 위험이 커진다. 즉, 내가 원하는 가격과 실제 체결되는 가격 사이의 차이인 '슬리피지(Slippage)'가 발생할 가능성이 높아지는 것이다. AI는 이러한 유동성 위험을 극도로 경계하며, 안정적인 거래가 보장되는, 즉 거래량이 풍부한

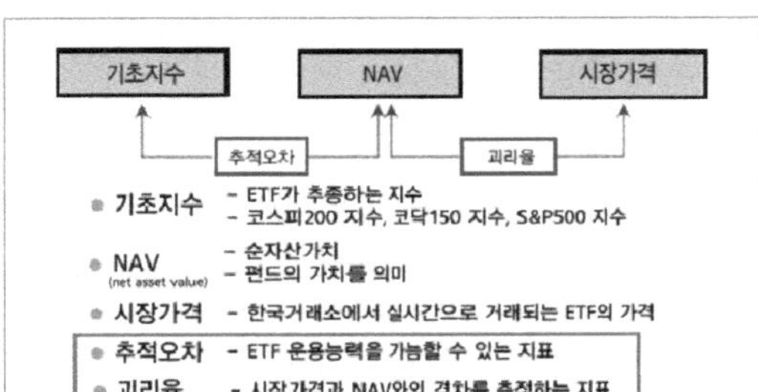

[차호중의 재테크 칼럼] ETF 투자와 상장폐지: 국제신문 [https://www.kookje.co.kr]

ETF를 선호하게 된다. 하루 평균 거래량이 최소 수만 주 이상은 되어야 안정적인 유동성을 가졌다고 판단할 수 있을 것이다.

4.1.2. 약속의 증표, 추적오차(Tracking Error)를 읽는 법

추적오차는 ETF가 추종하도록 설계된 '기초지수(Benchmark Index)'의 수익률을 얼마나 정확하게 복제하고 있는지를 나타내는 지표이다. KOSPI 200 지수를 추종하는 ETF라면, 그 ETF의 수익률은 KOSPI 200 지수의 등락과 거의 일치해야 하는 것이 당연하다. 추적오차는 바로 이 '일치하는 정도'에 대한 성적표인 것이다.

추적오차가 중요한 이유는 ETF 투자의 근본적인 목적과 맞닿아 있기 때문이다. 투자자는 특정 시장이나 산업의 성장 가능성을 보고 그 지수를 추종하는 ETF에 투자하는 것이다. 만약 ETF가 기초지수를 제대로 따라가지 못하고 수익률 격차가 크게 벌어진다면, 투자자는 예상치 못한 결과를 얻게 된다. 이는 마치 유명 셰프의 레시피를 따라 요리했지만 전혀 다른 맛의 음식이 나온 것과 같은 상황이다.

일반적으로 추적오차의 비율이 낮을수록 해당 ETF가 효율적으로 운용되고 있음을 의미한다. AI는 이 추적오차 데이터를 정밀하게 분석하여, 투자자와의 약속을 가장 성실하게 이행하는 '착한 ETF'를 식별해내는 것이다.

4.2. 가상 사례: AI의 냉철한 판단 - 'K-미래성장 100' vs '코리아 이노베이션 100'

1) 여기에 미래 유망 기술 기업 100개로 구성된 '대한민국 미래성장 100' 지수를 똑같이 추종하는 두 개의 가상 ETF, A와 B가 있다고 가정해본다. 초보 투자자 '김민준' 씨는 두 ETF의 1년 수익률만 보고 투자를 결정하려 한다.

구분	A: K-미래성장 100 ETF	B: 코리아 이노베이션 100 ETF
추종지수	대한민국 미래성장 100	대한민국 미래성장 100
최근 1년 수익률	25.2%	25.8%
일평균 거래량	50만 주	8,000 주
추적오차	0.2%	2.5%
총보수	연 0.15%	연 0.12%

2) 김민준 씨의 눈에는 최근 1년 수익률이 0.6%p 더 높고 총보수도 약간 더 저렴한 'B: 코리아 이노베이션 100 ETF'가 훨씬 매력적으로 보인다. 그는 B에 투자하기로 마음을 굳히려던 찰나, AI 기반 투자 분석 리포트를 확인하게 된다.

3) AI의 분석 결과는 정반대였다. AI는 'A: K-미래성장 100 ETF'를 강력 추천하며, B에 대해서는 '높은 위험 요인 존재' 경고를 보냈다.

[AI의 판단 근거]

- 첫째, 거래량이다. B의 일평균 거래량은 8,000주에 불과하다. 이는 김민준 씨가 목돈을 투자했다가 시장 상황이 급변하여 급하게 매도해야 할 경우, 원하는 가격에 팔지 못하고 큰 손실을 볼 수 있다는 '유동성 함정'을 의미하는 것이다. AI는 이 낮은 거래량을 치명적인 단점으로 평가한 것이다. 반면 A는 50만 주의 풍부한 거래량으로 언제든 안정적인 거래가 가능하다.
- 둘째, 추적오차이다. B의 추적오차는 2.5%로 매우 높다. 이는 기초지수의 수익률을 제대로 따라가지 못하고 있다는 명백한 증거이다. 25.8%라는 높은 수익률은 지수를 잘 추종한 결과가 아니라, 운용 과정의 불안정성으로 인한 '우연한 행운'일 가능성이 높

다고 AI는 분석한다. 이러한 ETF는 반대로 지수가 상승할 때 훨씬 저조한 성과를 낼 위험도 내포하고 있는 것이다. A의 추적오차 0.2%는 매우 안정적으로 지수를 복제하고 있음을 증명한다.

4) **시사점**: 결론적으로, AI는 눈앞의 달콤한 수익률이 아닌, ETF의 본질적인 건강 상태, 즉 거래량으로 대표되는 안정성과 추적오차로 증명되는 신뢰성을 기준으로 판단한 것이다. 김민준 씨는 AI의 분석을 통해 하마터면 '빛 좋은 개살구'에 투자할 뻔했던 위험에서 벗어나, 장기적으로 믿고 맡길 수 있는 우량 ETF를 선택하게 된 것이다. 이처럼 거래량과 추적오차는 ETF의 미래를 예측하는 가장 정직하고 강력한 지표라고 할 수 있다.

5. 유용한 ETF 정보 사이트 및 커뮤니티 활용방법과 가상사례

5.1. 데이터의 바다에서 보물 지도를 찾는 법

AI가 방대한 데이터를 분석해 최적의 ETF를 추천하는 시대가 되었지만, 투자 결정의 최종 주체는 언제나 인간이어야만 한다. 따라서 현대 투자자에게 ETF 관련 정보를 얻을 수 있는 웹사이트와 커뮤니티는 단순히 정보를 검색하는 공간을 넘어, AI의 판단을 검증하고 자신의 투자 철학을 세울 수 있는 필수적인 도구가 되는 것이다.

정보의 홍수 속에서 옥석을 가리고, 집단 지성의 힘을 빌려 더 현명한 의사결정을 내리게 하는 온라인 공간은 AI 시대의 투자자에게 가장 강력한 나침반이자 무기이다. 이제부터 이 디지털 나침반을 어떻게 활용하여 성공적인 투자의 항해를 할 수 있는지 구체적으로 알아볼 것이다.

5.1.1. 데이터 기반 의사결정: 필수 정보 사이트 활용 전략

정확하고 객관적인 데이터는 모든 투자의 시작점이다. 부정확한 정보에 기반한 투자는 사상누각과 같기 때문이다. 다음은 국내외 ETF 투자 시 반드시 즐겨찾기 해야 할 핵심 정보 사이트들이다.

사이트 명	주요 기능 및 특징	핵심 활용 Tip
네이버 증권 (국내)	국내 상장된 모든 ETF의 기본 정보, 시세, 차트, 토론실 등을 제공한다. 접근성이 가장 뛰어나고 직관적인 UI가 장점이다.	'ETF 상세정보' 내 '구성종목' 탭을 통해 해당 ETF가 어떤 자산에 투자하는지 상위 10개 종목을 반드시 확인하는 습관을 들여야 한다.
KRX 정보데이터시스템	한국거래소(KRX)가 직접 운영하는 공식 데이터 사이트이다. ETF의 순자산가치(NAV), 추적오차, 괴리율 등 가장 정확하고 신뢰도 높은 원천 데이터를 제공한다.	ETF의 건강 상태를 정밀 진단하고 싶을 때 추적오차율과 괴리율 추이를 주기적으로 확인하여 운용의 안정성을 점검하는 용도로 활용해야 한다.
ETF.com (해외)	미국을 포함한 글로벌 ETF에 대한 가장 권위 있는 정보를 제공하는 사이트이다. 심층적인 분석 리포트, 강력한 스크리너 기능, ETF 비교 분석 툴이 강점이다.	해외 ETF 투자 시, 'ETF Screener & Database' 메뉴를 활용하여 동일 테마 내 여러 ETF의 운용보수, 자산 규모, 구성종목을 비교 분석하여 최적의 상품을 골라내는 데 필수적이다.

이 사이트들은 투자자에게 객관적인 사실과 데이터를 제공한다. 감이나 소문에 의존하는 투자가 아닌, 데이터에 기반한 이성적인 판단을 내리는 훈련을 하는 데 가장 효과적인 도구인 것이다.

5.1.2. 집단 지성의 힘: 투자 커뮤니티 활용 전략

데이터가 투자의 '씨줄'이라면, 다양한 사람들의 경험과 분석이 담긴 커뮤니티는 투자의 '날줄'이 된다. 커뮤니티를 통해 시장의 최신 동향을 파악하고 다른 투자자들의 아이디어를 얻을 수 있다. 그러나 검증되지 않은 정보와 감정적인 선동이 난무하기도 하므로, 비판적인 시각으로 정보를 선별하는 지혜가 반드시 필요하다.

[스마트한 커뮤니티 활용법]

스마트한 커뮤니티 활용법은 다음과 같다.

(1) **교차 검증(Cross-Validation)을 생활 화한다:** 커뮤니티에서 매력적인 투자 아이디어를 발견했다면, 즉시 매수 버튼을 누르는 것이 아니다. 앞서 소개한 정보 사이트에서 해당 ETF의 객관적인 데이터를 직접 확인하고 검증하는 과정을 거쳐야 한다.

(2) **'어떻게'에 집중한다:** 단순히 'A 종목이 유망하다'는 식의 결론만 담긴 글보다, 'A 종목을 왜 유망하게 보는지' 그 분석 과정과 논리적 근거가 상세히 담긴 글에 주목해야 한다.

(3) **소음과 신호를 구분한다:** 감정적인 반응이나 맹목적인 찬양, 비난이 섞인 글은 '소음'일 가능성이 높다. 차분한 어조로 데이터와 논리에 기반해 자신의 의견을 펼치는 글이 진짜 '신호'인 것이다.

5.2. 가상사례: 박 대리의 똑똑한 '클라우드 컴퓨팅' ETF 발굴기

1) **IT 기업에 근무하는 '박서연' 대리는 미래 유망 산업으로 '클라우드 컴퓨팅' 분야를 주목하고 관련 ETF에 투자하기로 마음먹었다.** 그녀는 포털 검색을 통해 가장 먼저 눈에 띈 'TIGER 글로벌클라우드컴퓨팅 INDXX'라는 국내 상장 ETF를 발견했다.

- 1단계: 기본 정보 확인(네이버 증권) 박 대리는 먼저 네이버 증권에서 해당 ETF를 검색했다. 총보수, 순자산총액 등 기본적인 정보는 만족스러웠다. 그녀는 '구성종목' 탭을 눌러 상위 10개 기업을 확인했다. 마이크로소프트, 아마존, 구글 등 익숙한 빅테크 기업들이 포함된 것을 보고 괜찮은 상품이라고 생각했다.

TIGER 글로벌 클라우드 컴퓨팅 INDXX | 한국경제 [https://markets.hankyung.com]

- 2단계: 글로벌 상품 비교(ETF.com) 그녀는 문득 궁금증이 생겼다. "미국 시장에는 더 좋은 클라우드 ETF가 없을까?" 박 대리는 곧장 ETF.com에 접속해 'Cloud Computing'을 키워드로 검색했다. 수십 개의 ETF가 검색되었고, 그녀는 그중 운용 규모가 가장 큰 'SKYY'라는 ETF와 자신이 찾은 국내 ETF를 비교하기 시작했다.

구분	TIGER 글로벌클라우드컴퓨팅 (국내)	First Trust Cloud Computing ETF(SKYY) (미국)
운용보수	연 0.49%	연 0.60%
순자산총액	약 3,000억 원	약 4조 원
핵심 구성종목	빅테크 기업 비중 높음 (아마존, MS 등)	클라우드 인프라/소프트웨어 전문기업 비중 높음(Arista Networks, Nutanix 등)
전략적 특징	안정적인 대형주 중심	보다 순수하고 공격적인 클라우드 전문 포트폴리오

표를 통해 박 대리는 중요한 사실을 깨 달았다. 국내 ETF는 안정적인 빅테크 기업 비중이 높은 반면, 미국 'SKYY' ETF는 보수가 다소 비싸지만 클라우드 산업 성장에 직접적으로 관여하는 전문 기술주들을 훨씬 많이 담고 있었던 것이다.

- 3단계: 최종 검증(투자 커뮤니티) 박 대리는 국내의 한 ETF 투자 카페에 접속해 두 ETF를 비교 분석한 글이 있는지 찾아보았다. 다행히 한 전문 투자자가 쓴 상세한 분석 글을 발견할 수 있었다.

2) 그 글은 그녀가 ETF.com에서 파악한 내용을 재확인시켜 주었고, "안정성을 원한다면 국내 상품, 클라우드 산업 자체의 폭발적 성장을 노린다면 해외 상품이 더 적합할 수 있다"는 통찰을 더해주었다.

3) **결론 및 시사점:** 박서연 대리는 이 모든 과정을 거쳐, 자신의 투자 성향이 '안정성'보다는 '성장성'에 더 가깝다고 판단했다. 그녀는 환전의 번거로움과 높은 보수를 감수하고 미국 'SKYY' ETF에 투자하기로 최종 결정했다. 이는 단순히 남의 말을 듣고 투자한 것이 아니라, 여러 정보 채널을 활용해 스스로 정보를 조합하고 분석하여 내린 최적의 결론이었다. 이처럼 정보 사이트와 커뮤니티는 투자자가 자신만의 투자 스토리를 써 내려가게 만드는 가장 강력하고 유용한 도구인 것이다.

주제
4

시장이 흔들릴 때,
AI는 어떻게 위기를 관리할까?

제 15 장

위험 관리의 기술 - 손실을 최소화하는 법

1. AI 기반 투자 위험의 종류와 특성 파악하기와 가상사례

1.1. 빛이 강할수록 그림자도 짙어 진다

인공지능(AI)은 인간의 편향과 감정을 배제하고 방대한 데이터를 24시간 분석하여 최적의 투자 경로를 제시하는 강력한 도구이다. 그러나 이 눈부신 기술의 이면에는 우리가 반드시 인지하고 대비해야 할 새로운 형태의 위험들이 존재한다. 과거 투자자들이 탐욕과 공포라는 인간적 본능과 싸워야 했다면, 이제는 AI라는 기계적 이성이 만들어내는 미지의 그림자와 마주해야 하는 것이다.

AI 투자의 성공은 단순히 AI의 추천을 맹신하는 것이 아니라, AI가 가질 수 있는 내재적 위험의 특성을 정확히 이해하고 그것을 통제할 때 비로소 완성될 수 있다. 따라서 AI 시대의 현명한 투자자는 기술의 숭배자가 아닌, 기술의 명과 암을 꿰뚫어 보는 통찰력 있는 조련사가 되어야 한다.

1.1.1. AI 투자의 숨겨진 그림자: 세 가지 핵심 위험

AI 기반 투자 모델은 전통적인 투자 방식에서는 발견하기 어려운 독특한 위험 요소를 내포하고 있다. 그중 가장 대표적인 세 가지 위험은 데이터 편향성, 과적합, 그리고 블랙박스 모델의 문제이다.

1) **왜곡된 거울:** 데이터 편향 위험(Data Bias Risk)

AI 모델의 판단력은 전적으로 학습 데이터의 품질에 의존한다. 만약 AI가 편향되거나 특정 기간에만 치우친 데이터를 학습한다면, 그 결과물은 왜곡된 거울처럼 현실을 제대로 반영하지 못하게 된다. 예를 들어, 지난 10년간의 대세 상승장 데이터만을 학습한 AI는 갑작스러운 금융위기나 팬데믹 같은 구조적 시장 변화에 효과적으로 대응할 수 없다. 이는 '쓰레기를 넣으면 쓰레기가 나온다(Garbage In, Garbage Out)'는 데이터 과학의 제1원칙이기도 하다. AI는 데이터에 기록된 과거의 패턴을 학습할 뿐, 데이터에 없는 새로운 미래를 창조하지는 못하는 것이다.

2) **과거의 모범생:** 과적합 위험(Overfitting Risk)

과적합은 AI 모델이 훈련 데이터에 너무 과도하게 '최적화'되어 과거 데이터의 미세한 노이즈나 우연한 패턴까지 모두 의미 있는 신호로 학습해버리는 현상을 말한다. 이는 마치 시험 범위 내의 문제와 정답을 완벽하게 암기한 학생이, 막상 실제 시험에서 약간만 변형된 문제가 출제되면 풀지 못하는 것과 같다. 과적합된 AI 모델은 과거 데이터에 대한 백테스트에서는 경이로운 수익률을 보여주지만, 실제 투자 환경에서는 급격한 변화에 대응하지 못하고 처참한 성과를 기록할 가능성이 매우 높다.

3) 수수께끼의 신탁: 블랙박스 위험(Black Box Risk)

최신 AI, 특히 딥러닝 기반의 모델들은 수백만 개의 변수를 복잡하게 엮어 결론을 도출하기 때문에, 그 의사결정 과정을 인간이 완벽하게 이해하기 어려운 경우가 많다. 이를 '블랙박스(Black Box)' 문제라고 칭한다. AI가 특정 ETF를 매수하라고 추천했을 때, 왜 그런 결정을 내렸는지 그 이유를 명확히 설명할 수 없다면 투자자는 불안감을 느낄 수밖에 없다. 특히 시장이 예상과 다르게 움직일 때, 이것이 모델의 일시적인 오류인지 혹은 근본적인 결함인지 파악하기 어려워 적절한 대응 시점을 놓치는 치명적인 결과를 초래할 수 있다.

위험 종류	핵심 특징	투자자의 대처 방안
데이터 편향 위험	특정 기간이나 특정 상황의 데이터에만 의존하여 시장의 다양성을 반영하지 못한다.	AI가 어떤 데이터를 기반으로 학습했는지 확인하고, 여러 시장 국면(상승, 하락, 횡보)을 포괄하는지 점검해야 한다.
과적합 위험	과거 데이터에는 100% 들어맞지만, 새로운 데이터(미래)에 대한 예측력은 현저히 떨어진다.	제시된 백테스트 수익률을 맹신하지 말고, AI 모델이 실제 시장에서 검증된 기간이 얼마나 되는지를 확인해야 한다.
블랙박스 위험	AI의 판단 근거를 명확히 알 수 없어 신뢰도에 문제가 생기고, 문제 발생 시 원인 파악이 어렵다.	가급적 AI의 투자 전략과 핵심 로직을 투명하게 공개하는 상품을 선택하고, 소액으로 먼저 투자하며 AI의 특성을 파악하는 기간을 가져야 한다.

1.2. 가상사례: 완벽했던 AI 알파펀드, '이카루스'의 추락

1) 수많은 투자자가 '이카루스'에 자신의 자산을 맡겼고, 은퇴를 준비하던 투자자 '김지훈' 씨 역시 퇴직금의 상당 부분을 이 ETF에 투자했다:

2021년, 시장에 혜성처럼 등장한 AI 기반 ETF '이카루스 글로벌 테크'는 출시 후 3년간 연평균 45%라는 경이로운 수익률을 기록하며 시장의 총아로 떠올랐다. 이 ETF의 운용사는 "과거 15년간의 모든 데이터를 학습한 초거대 AI '헬리오스'가 인간을 초월한 판단을 내린다"고 홍보했다. 수많은 투자자가 '이카루스'에 자신의 자산을 맡겼고, 은퇴를 준비하던 투자자 '김지훈' 씨 역시 퇴직금의 상당 부분을 이 ETF에 투자했다.

헬리오스 AI의 핵심 전략은 시장의 미세한 변동성을 포착하여 단기적으로 가장 상승 확률이 높은 기술주로 빠르게 갈아타는 것이었다. 지난 3년간의 저금리 및 유동성 확장 국면에서 이 전략은 완벽하게 들어맞았다. 헬리오스는 과거 데이터에서 '금리가 낮고 성장주에 대한 관심이 높을 때, 특정 기술적 지표가 나타나면 주가는 반드시 반등한다'는 패턴을 학습했고, 이를 기계적으로 반복하여 엄청난 수익을 쌓아 올린 것이다.

2) **문제는 2024년 하반기, 예상치 못한 인플레이션과 중앙은행의 급격한 금리 인상이 시작되면서 발생했다:** 시장의 패러다임이 '성장'에서 '가치'와 '안정'으로 급격히 이동한 것이다. 그러나 '이카루스'는 추락하는 기술주들을 여전히 매수하고 있었다. 헬리오스 AI의 판단 로직은 과거 15년의 데이터에 과적합되어 있었기 때문이다. AI의 머릿속에는 '기술주는 일시적 조정을 거치고 곧 반등한다'는 과거의 성공 공식만이 각인되어 있었다.

3) **AI의 결정을 신뢰해야 한다는 원칙과 시장 붕괴의 공포 사이에서 우왕좌왕하는 사이, '이카루스'의 순자산가치는 불과 3개월 만에 60% 이상 폭락했다:** 운용사 매니저들은 AI의 이상 거래를 감지했지만, 왜 AI가 이런 판단을 내리는지 블랙박스 모델의 내부를 들여다볼

수 없었다. AI의 결정을 신뢰해야 한다는 원칙과 시장 붕괴의 공포 사이에서 우왕좌왕하는 사이, '이카루스'의 순자산가치는 불과 3개월 만에 60% 이상 폭락했다. 결국 드러난 진실은, 헬리오스 AI가 학습한 데이터의 80% 이상이 금리가 안정적이거나 하락하던 시기의 데이터였다는 점이다. 즉, 심각한 데이터 편향을 가진 채 잘못된 확신에 빠져 있었던 것이다.

4) **결국 AI는 '과거의 데이터에 대한 탐욕'이라는 또 다른 함정에 빠져버린 것이다:** 김지훈 씨는 AI가 인간의 탐욕을 이겨낼 것이라 믿었지만, 결국 AI는 '과거의 데이터에 대한 탐욕'이라는 또 다른 함정에 빠져버린 것이다. 이 사례는 AI의 눈부신 성과 뒤에는 어떤 위험이 도사리고 있는지, 그리고 그 위험을 이해하지 못한 투자의 끝이 얼마나 비극적일 수 있는지를 명확하게 보여주는 것이다.

2. AI 기반의 분산투자로 위험 줄이는 전략과 가상사례

2.1. 계란을 나누어 담는 것을 넘어

"모든 계란을 한 바구니에 담지 말라"는 격언은 투자의 세계를 관통하는 가장 오래되고 지혜로운 원칙이다. 이는 자산을 여러 곳에 나누어 하나의 위험이 전체를 파괴하지 못하도록 하는 분산투자의 본질을 설명한다.

그러나 인공지능(AI) 시대의 분산투자는 단순히 여러 바구니를 사용하는 차원을 넘어선다. AI는 각 바구니의 재질과 특성, 바구니들 사이의 거리, 그리고 어떤 폭풍우에 어떤 바구니가 더 잘 견디는지를 수치적으로 계산하여 최적의 오케스트라를 지휘하는 마에스트로와 같은 역할을 수행하는 것이다. AI에게 분산투자는 단순한 자산 배분이 아닌, 위험을 최소화하고 수익을 극대화하기 위한 정교한 과학이자 예술이라 할 수 있다.

AI를 활용해 글로벌 자산에 분산투자! You Tube

2.1.1. AI, 분산투자의 그랜드마스터가 되다

전통적인 분산투자가 주식, 채권, 원자재 등 자산군(Asset Class)을 나누는 데 집중했다면, AI는 그보다 훨씬 더 깊은 차원에서 포트폴리오의 위험을 분석하고 재구성한다.

(1) **상관관계 분석을 통한 최적의 짝 찾기:** AI는 수천 개에 달하는 ETF들의 과거 수익률 데이터를 분석하여 자산 간의 '상관관계(Correlation)'를 0.001 단위까지 정밀하게 계산한다. 상관관계란 한 자산이 움직일 때 다른 자산이 얼마나 비슷하게 혹은 다르게 움직이는지를 나타내는 척도이다.

맑은 날에는 선글라스가 필요하고 비 오는 날에는 우산이 필요한 것처럼, AI는 서로 반대로 움직이는(음(-)의 상관관계를 가진) 자산의 조합을 찾아내어 포트폴리오의 안정성을 극대화한다. 인간의 직관으로는 발견하기 어려운, '미국 바이오테크 ETF'와 '인도 소비재 ETF' 사이의 미묘한 관계까지도 AI는 찾아낼 수 있는 것이다.

(2) **위험의 DNA, 팩터(Factor) 기반 분산:** AI는 개별 자산을 넘어 그 자산이 가진 근본적인 특성, 즉 '팩터(Factor)'를 기준으로 포트

폴리오를 분산시킨다. 팩터란 주가의 움직임을 설명하는 핵심 DNA와 같은 것으로, 가치(Value), 성장(Growth), 모멘텀(Momentum), 퀄리티(Quality), 저변동성(Low Volatility) 등이 대표적이다. 이는 마치 영양사가 음식(자산)이 아닌 영양소(팩터)를 기준으로 식단을 짜는 것과 같다. AI는 포트폴리오가 무의식적으로 '성장'이라는 특정 팩터에만 과도하게 쏠리지 않도록 조절하여, 시장의 스타일 변화에도 흔들리지 않는 균형 잡힌 포트폴리오를 구축하게 된다.

(3) **수만 가지의 미래를 대비하는 시나리오 시뮬레이션:** AI는 과거 데이터 학습을 넘어, 발생 가능한 수만 가지의 가상 미래 시나리오를 시뮬레이션한다. '갑작스러운 인플레이션 쇼크', '특정 지역의 지정학적 리스크 발생', '기술 패권 전쟁 심화' 등 다양한 상황을 가정하고, 각각의 시나리오에서 포트폴리오의 손실이 어떻게 변화하는지를 측정한다. 그리고 이 모든 시나리오를 종합했을 때 평균적인 방어력이 가장 뛰어난 '올웨더(All-Weather)' 포트폴리오를 최종적으로 구성하는 것이다.

구분	전통적 분산투자(인간)	AI 기반 분산투자(기계)
분석 대상	주식, 채권, 원자재 등 넓은 자산군	수천 개 ETF, 개별 주식 등 세부 자산 단위
핵심 기준	자산군의 종류와 투자 지역	자산 간의 미세한 상관관계, 팩터(Factor)
리스크 관리	과거 경험과 직관에 의존하는 정적 배분	수만 가지 시나리오 시뮬레이션 기반의 동적 배분
결과물	'적당히' 분산된 포트폴리오	통계적으로 '최적화'된 전천후 포트폴리오

2.2. 가상사례: '2025 반도체 대란'을 이겨낸 AI 포트폴리오 '아크(ARK)'

1) IT 대기업에 근무하는 동기인 '이현우'와 '박준서'는 각자 다른 방식으로 은퇴 자금을 운용하고 있었다.

2) 이현우는 스스로를 '합리적 분산 투자자'라 여기며, 전문가들의 추천을 받아 포트폴리오를 직접 구성했다. 그의 포트폴리오는 누가 봐도 안정적으로 보였다.

3) 박준서는 자신의 지식의 한계를 인정하고, AI가 상관관계와 시나리오 분석을 통해 자산을 배분하는 '아크(ARK)'라는 EMP(ETF Managed Portfolio) 상품에 가입했다. 그의 포트폴리오는 다소 생소한 조합으로 이루어져 있었다.

이현우(직접 구성)	박준서(AI '아크' 구성)
① 미국 나스닥 100 ETF(40%)	① 미국 나스닥 100 ETF(20%)
② 글로벌 채권 ETF(30%)	② 일본 헬스케어 ETF(20%)
③ 금 ETF(15%)	③ 스위스 필수소비재 ETF(20%)
④ 이머징 마켓 ETF(15%)	④ 미국 장기채 ETF(20%)
	⑤ 글로벌 농산물 ETF(15%)
	⑥ 금 ETF(5%)

2025년 가을, 예기치 못한 대규모 지진으로 인해 글로벌 반도체 생산의 핵심 지역이 마비되는 '반도체 대란'이 발생했다. 기술주 중심의 나스닥 지수는 한 달 만에 35% 폭락했고, 글로벌 증시는 공포에 휩싸였다.

4) 결과는 극명하게 엇갈렸다.

이현우의 포트폴리오는 직격탄을 맞았다. 핵심 자산인 나스닥 100

ETF가 폭락하며 전체 포트폴리오는 "-21%"의 손실을 기록했다. 채권과 금이 선방했지만, 기술주 쇼크가 글로벌 경제 전체의 불안감으로 번지면서 기대만큼의 방어력을 보여주지 못했다.

반면, 박준서의 '아크' 포트폴리오는 놀라울 정도로 안정적이었다. 나스닥 ETF의 손실은 발생했지만, AI가 구성해 놓은 '안전장치'들이 완벽하게 작동한 것이다. AI는 '기술주 공급망 쇼크' 시나리오를 이미 수없이 시뮬레이션 했다. 그 결과, 이런 위기 상황에서는 ① 반도체와 상관관계가 거의 없고 고령화 사회의 필수 산업인 일본 헬스케어, ② 경기에 둔감한 스위스 필수소비재, ③ 산업재와 무관한 농산물 같은 자산들이 안전 피난처 역할을 한다는 것을 이미 알고 있었다. 이들 자산이 일제히 상승하며 기술주의 손실을 대부분 상쇄했고, 박준서의 포트폴리오는 -4% 손실로 성공적인 방어에 성공했다.

5) 시사점: 결국 이현우는 시장의 공포에 휩쓸려 자산을 매도했지만, 박준서는 AI의 정교한 위험 관리 능력을 신뢰하며 폭풍우를 온전히 견뎌낼 수 있었던 것이다. 이 사례는 진정한 분산투자가 단순히 자산을 나누는 행위가 아니라, 위험의 본질을 꿰뚫고 최적의 대안을 찾아내는 AI의 지능적인 연산 능력에서 비롯된다는 사실을 명확히 보여준다.

3. AI가 알려주는 손절매와 익절매의 올바른 기준 및 방법과 가상사례

3.1. 가장 어려운 결정, '언제 팔 것인가'

손절매의 주요 원칙은 미리 정한 손실률에 도달하면 기계적으로 매도하여 손실을 확정하고, 과거 매수 가격에 집착하지 말고 현재 시점에서

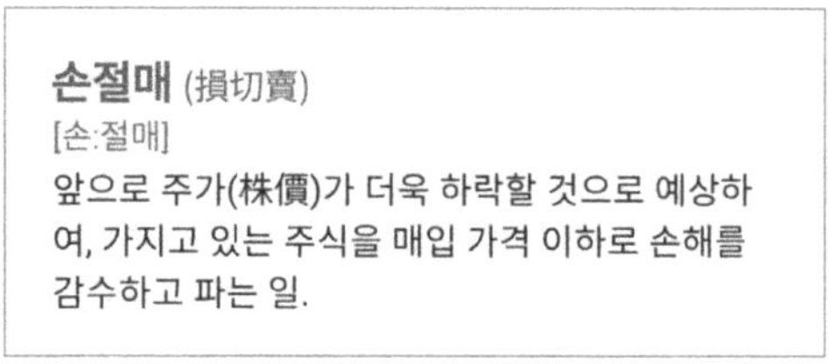
손절매 (損切賣)
[손:절매]
앞으로 주가(株價)가 더욱 하락할 것으로 예상하여, 가지고 있는 주식을 매입 가격 이하로 손해를 감수하고 파는 일.

손절 뜻 익절 뜻 간단하게 이해하자 [https://m.blog.naver.com]

종목의 가치를 재평가하는 것이다. 또한, 매수 이유가 소멸되었거나 기업의 펀더멘탈에 부정적인 변화가 생겼을 때 즉시 매도하며, 수익 방어를 위해 감정적인 판단을 배제하고 계획된 원칙을 지키는 것이 중요하다

투자의 여정에서 '무엇을 살 것인가'보다 '언제 팔 것인가'를 결정하는 것이 훨씬 더 어려운 문제이다. 인간은 본능적으로 손실을 확정하는 고통을 회피하려는 '손실 회피 편향'과, 더 큰 이익을 놓칠까 두려워하는 '탐욕' 사이에서 끊임없이 갈등하기 때문이다. 이처럼 감정의 안개가 자욱한 매도의 영역에서, 인공지능(AI)은 한 줄기 빛과 같은 명확한 기준점을 제시한다.

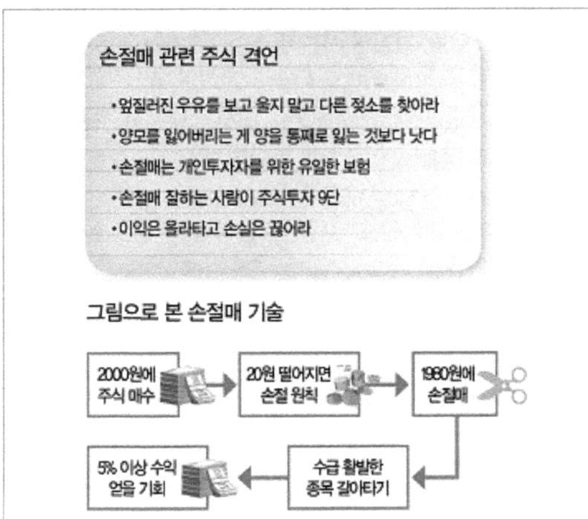

과감한 손절매 기술 다람쥐에게 배워라 [https://www.thescoop.co.kr]

AI에게 매도는 실패나 성공의 감정적 행위가 아니다. 그것은 오직 데이터에 근거하여 포트폴리오의 장기적 건강성을 유지하기 위한 지극히 이성적이고 합리적인 절차일 뿐이다. 이제부터 우리는 AI의 냉철한 시선을 통해 손절매와 익절매의 올바른 기준과 방법을 학습하게 될 것이다.

3.1.1. 손절매(Stop-Loss)의 이해와 원칙

손절매는 손실을 최소화하기 위한 전략이고, 익절매는 수익을 확정짓는 전략이다. 두 전략 모두 리스크 관리 측면에서 매우 중요하며, 성공적인 투자를 위해서는 반드시 숙지해야 할 필수 개념이다. 손실을 감수하고 매도하는 것을 말한다. 즉, 손실을 확정 짓는 매도 행위이다.

구분	내용
정의	- 손절매는 보유 자산의 가격이 하락할 경우, 더 큰 손실을 방지하기 위해 손실을 감수하고 매도하는 리스크 관리 전략이다. - 이는 감정적 판단을 배제하고 계획된 원칙에 따라 손실을 확정 짓는 행위를 의미한다.
필요성	- 감정적 매매 방지: 가격 하락 시 "다시 오를 것"이라는 막연한 기대 심리를 차단하고, 객관적인 기준에 따라 매도 결정을 내리게 한다. - 계획적 투자 실행: 사전에 설정한 손절 원칙을 일관성 있게 준수함으로써 계획적인 투자를 가능하게 한다. - 핵심 자산 보호: 적절한 시점에 손실 규모를 제한하여 더 큰 손실로 확대되는 것을 막고, 투자 원금을 보호하는 핵심적인 역할을 수행한다.
AI의 손절매 원칙	AI는 특정 하락률(-10% 등)과 같은 획일적인 가격 기준이 아닌, 투자의 본질적 가치(Value)가 훼손되었는지를 판단의 핵심 기준으로 삼는다. 1. 변동성 기반 손절매(Volatility-Based Stop-Loss) - 각 ETF 자산이 가진 고유의 변동성 수준을 '평균 실제 범위(ATR)'와 같은 지표로 측정한다. - 측정된 변동성의 정상 범위를 이탈하는 '비정상적 하락'이 발생했을 때만 위험 신호로 간주하여 손절매를 실행한다. 이는 건강한 조정과 위험한 추세 이탈을 구분하는 정교한 접근법이 된다. 2. 투자 근거 기반 손절매(Thesis-Based Stop-Loss) - ETF를 매수하게 된 근본적인 '투자 논리(Thesis)'가 훼손되었는지를 최우선으로 감시한다. - 예를 들어, '성장 모멘텀'을 근거로 투자했다면, 가격과 무관하게 해당 산업의 성장 동력이 상실되거나 핵심 경쟁력이 약화될 경우 투자 근거가 소멸된 것으로 판단하고 즉시 매도한다.

3.1.2. 익절매(Take-Profit)의 이해와 원칙

익절매의 원칙은 수익을 확정 짓고 시장 변화에 대비하는 것이며, 투자 목표 수익률에 도달했거나 시장 상황이 불확실할 때 수익을 안정적으로 확보하는 전략이다. 익절을 통해 확보한 수익은 다음 투자에 활용하거나 손실을 만회하는 데 사용될 수 있으며, 손실이 발생할 종목에서 이익을 얻어 전체 손익비를 개선하는 데도 기여한다.

구분	내용
정의 및 목적	- 익절매는 보유 자산의 가격 상승으로 발생한 수익을 확정 짓고 시장 변화에 대비하는 리스크 관리 전략이다. - 목표 수익률에 도달하거나 시장 불확실성이 증대될 때 안정적으로 수익을 확보하는 것을 목적으로 한다. - 이를 통해 확보된 자금은 재투자에 활용되거나 전체 포트폴리오의 손익비를 개선하는 데 기여할 수 있다.
주요 원칙	- 목표 수익률 달성: 사전에 설정한 목표 수익률에 도달했을 때 이익을 실현한다. - 시장 불확실성 대비: 시장 전망이 불투명하다고 판단될 때, 수익을 확보하여 안정성을 추구한다. - 손익비 관리: 손실 중인 자산이 있더라도 이익 중인 자산에서 충분한 수익을 실현하여 전체 계좌의 수익을 양(+)으로 관리한다. - 신중한 접근: 손절매는 신속하게 실행하는 것이 중요하나, 익절매는 추세를 관찰하며 수익을 극대화하기 위해 신중하게 접근하는 것이 요구된다.
의미와 중요성	- 수익의 실현: 평가 이익 상태인 미실현 수익을 현금화하여 실제 수익으로 확정 짓는 행위이다. - 투자 리스크 관리: 미래의 잠재적 가격 하락 위험으로부터 현재까지 발생한 수익을 보호하는 리스크 관리의 일환이 된다. - 투자 자산의 유연성 확보: 확보된 현금 자산을 통해 새로운 투자 기회를 모색하거나 시장 변화에 유연하게 대응할 수 있다.
AI의 익절매 원칙	AI는 '충분한 수익'이라는 감정적 만족감이 아닌, '기대수익의 감소'와 '기회비용'이라는 계량적 기준으로 익절 시점을 판단한다. 1. 모멘텀 소진 및 과열 신호 감지 - 거래량, 변동성, 상대강도지수(RSI) 등 데이터를 종합 분석하여 상승 동력(모멘텀)의 소진 여부를 측정한다. - 상승 추세가 둔화되거나 과열 국면의 통계적 이상 징후를 포착하여 추진력이 약화되기 전에 매도를 준비한다.

	2. 상대적 매력도와 기회비용 분석 - 현재 보유 자산의 수익률과 관계없이, 포트폴리오 내에서 더 높은 '위험 대비 기대수익률'을 가진 대안 자산을 발견하면 기회비용을 고려하여 자산 교체를 실행한다. - 이는 현재 수익에 안주하는 대신, 포트폴리오 전체의 미래 기대수익을 지속적으로 최적화하고 극대화하려는 과정이다.

3.1.3. 인간의 매도 기준과 AI의 매도 기준의 비교분석

구분	인간의 매도 기준(감정)	AI의 매도 기준(데이터)
손절매 (Stop-Loss)	"-10% 하락하면 판다" (공포)	"자산 고유의 변동성을 이탈하거나, 최초의 투자 근거가 훼손되면 판다"(논리)
익절매 (Profit-Taking)	"+20% 수익 났으니 만족한다" (탐욕/만족)	"상승 모멘텀이 통계적으로 소진되거나, 더 매력적인 대안이 나타나면 판다" (최적화)

3.2. 가상사례: AI '크로노스'의 두 가지 매도 결정 - 친환경 에너지 ETF 이야기

1) 2024년 초, 크로노스는 친환경 에너지 섹터의 성장성을 높게 평가하고, 그의 포트폴리오에 두 개의 관련 ETF를 편입했다: 투자에 입문한 '최민준' 씨는 AI 자산관리 서비스 '크로노스'를 이용하기 시작했다. 2024년 초, 크로노스는 친환경 에너지 섹터의 성장성을 높게 평가하고, 그의 포트폴리오에 두 개의 관련 ETF를 편입했다.
   - ETF 'A'(그린에너지 리더스): 대형 풍력, 태양광 기업들로 구성된 안정적인 ETF.
   - ETF 'B'(차세대 수소에너지): 차세대 수소 기술 기업에 집중 투자하는 변동성 높은 ETF.
2) 결정 1: ETF 'B'에 대한 손절매: 편입 후 ETF 'B'는 15% 급등하며 좋은 출발을 보였다. 그러나 3개월 뒤, 이 ETF가 핵심적으로 투자하

던 한 기업의 수소 저장 기술에 치명적인 결함이 있다는 연구 결과가 발표되었다. 이 소식으로 주가는 단 이틀 만에 -18% 급락했다. 최민준 씨는 '곧 회복하겠지'라며 막연한 기대를 품었지만, AI 크로노스의 결정은 단호했다.

크로노스는 -18%라는 하락률 때문에 매도한 것이 아니었다. AI는 이 뉴스가 ETF 'B'의 근본적인 투자 근거였던 '차세대 기술력'을 정면으로 훼손했다고 판단했다. AI의 분석에 따르면 해당 기술 없이는 포트폴리오의 미래 성장 가치가 40% 이상 감소하는 것으로 나타났다. 크로노스는 즉시 ETF 'B' 전량을 매도하여 더 큰 손실을 막았다. 이후 ETF 'B'는 실제로 3개월에 걸쳐 추가로 50% 더 폭락했다.

3) 결정 2: ETF 'A'에 대한 익절매: 반면, ETF 'A'는 꾸준히 상승하여 1년 만에 '+75%'라는 놀라운 수익률을 기록했다. 최민준 씨는 "이제 100% 수익도 가능하겠다"며 흥분했다. 그러나 어느 날 아침, 그는 크로노스가 ETF 'A'의 보유 비중 절반을 매도했다는 알림을 받았다. 최민준 씨는 아쉬운 마음에 고객센터에 문의했고, 다음과 같은 AI의 분석 리포트를 받았다. "ETF 'A'의 현재 주가는 펀더멘털 가치 대비 '과열 구간(RSI 85 이상)'에 진입했으며, 과거 데이터를 분석한 결과 유사한 과열 신호 이후 평균 15%의 단기 조정이 발생할 확률이 82%로 나타났습니다. 또한, 현재 확보된 수익금을 'AI 헬스케어 로봇' 섹터에 재투자할 경우, 향후 1년간의 기대수익률이 8% 더 높은 것으로 분석됩니다."

4) **크로노스는 탐욕을 부리지 않고 통계적으로 입증된 과열 구간에서 수익의 일부를 실현했으며,** 그 자금을 더 유망한 곳으로 이전한 것

이다. AI의 이 냉철한 판단 덕분에 최민준 씨는 한 달 뒤 찾아온 시장 조정을 피하고 포트폴리오 전체의 안정성과 성장성을 동시에 높일 수 있었다. 이는 AI의 매도 결정이 감정적인 과거의 성과에 얽매이는 것이 아니라, 오직 미래의 확률과 기회비용을 향해 있음을 증명하는 사례인 것이다.

4. AI가 말해주는 시장 폭락 시 대응 방법과 가상사례

4.1. 인간이 공포와 탐욕이라는 감정에 흔들릴 때, AI는 방대한 데이터를 기반으로 냉철한 분석을 수행한다.

주식 시장의 폭락은 모든 투자자에게 공포스러운 경험이다. 자산 가치가 급격히 하락하는 화면을 보며 이성적인 판단을 유지하기란 지극히 어려운 일이다. 대부분의 인간 투자자는 이 공포의 순간에 '패닉 셀(Panic Sell)'이라는 최악의 선택을 하곤 한다. 하지만 만약 인간의 감정적 판단을 배제하고, 오직 데이터와 확률에 기반하여 최적의 솔루션을 제시하는 조언자가 있다면 어떨까? 인공지능(AI)은 바로 이 역할을 수행하며, 위기를 기회로 전환하는 핵심 열쇠가 될 수 있다.

AI 투자 시스템은 인간과 근본적으로 다른 방식으로 시장 폭락에 접근한다. 인간이 공포와 탐욕이라는 감정의 롤러코스터를 탈 때, AI는 방대한 데이터를 기반으로 냉철한 분석을 수행할 뿐이다.

4.1.1. 시장 폭락 시 인간과 AI의 대응 방식 비교

구분	인간 투자자	AI 투자 조언 시스템
의사결정 기반	감정과 공포에 기반한 직관적 판단이다.	수십 년 간의 시장 데이터, 거시 경제 지표, 실시간 뉴스 센티멘트(Sentiment) 분석 등 데이터에 기반한 통계적 판단이다.

주요 행동	손실 회피 심리로 인한 투매(패닉 셀) 또는 '물타기'식의 비계획적 추가 매수이다.	사전에 설정된 원칙(Rule-based)과 사용자의 위험 허용 범위에 따른 체계적 리밸런싱(Rebalancing) 및 분할 매수이다.
리스크 관리	주관적 판단에 의존하며, 군중심리에 휩쓸리기 쉽다.	포트폴리오의 위험 지표(VaR, Beta 등)를 실시간으로 계산하고, 자산 배분을 통해 위험을 계량적으로 관리한다.
결과	최저점에서 자산을 매도하여 손실을 확정하고, 이후의 반등 기회를 놓칠 가능성이 높다.	단기적 손실은 발생할 수 있으나, 장기적으로는 저가 매수를 통해 자산 회복 속도를 높이고 초과 수익을 추구할 수 있는 기회가 된다.

4.1.2. AI의 위기 상황을 관리 과정 및 방법

AI는 다음과 같은 메커니즘을 통해 시장 폭락이라는 위기 상황을 관리한다.

(1) **방대한 데이터 기반의 상황 인식:** AI는 과거 금융위기, 닷컴 버블, 코로나19 팬데믹 등 역사적 폭락장의 데이터를 모두 학습한다. 현재 시장의 변동성 지수(VIX), 하락 속도, 거래량, 주요 경제 지표 등을 과거 데이터와 비교하여 현재 위기의 심각성과 예상 기간을 확률적으로 예측한다.

(2) **시나리오 시뮬레이션 및 백테스팅:** AI는 현재의 포트폴리오가 2008년 금융위기와 같은 상황에 처했을 때 어떤 결과가 초래될지를 수만 번의 시뮬레이션을 통해 계산한다. 이를 통해 최악의 상황을 가정하고, 그에 맞는 최적의 방어 전략을 도출해낸다.

(3) **실시간 비정상 신호 탐지:** 시장의 뉴스, 소셜 미디어의 텍스트 데이터를 실시간으로 분석하여 투자자들의 '공포' 심리가 어느 수준에 도달했는지 객관적 수치로 파악한다. 특정 자산군의 비정상적인 거래량 급증과 같은 이상 신호를 포착하여 추가 하락 또는 반등의 시그널을 탐지한다.

(4) 개인 맞춤형 리밸런싱 전략 제시: AI는 모든 투자자에게 동일한 조언을 하지 않는다. 투자자의 연령, 투자 목표, 위험 감수 성향을 모두 고려하여 가장 적합한 대응 전략을 개인 화하여 제시한다. 예를 들어, 은퇴를 앞둔 투자자에게는 채권 비중 확대를, 젊은 투자자에게는 우량주 분할 매수를 제안하는 방식이다.

4.2. 가상사례: 202X년 블랙 프라이데이, 투자자 김 씨와 AI 조수 '퀀텀 브레인'

1) **평범한 40대 직장인 김 씨는 지난 몇 년간 ETF 투자를 통해 꾸준히 자산을 불려왔다.** 그의 포트폴리오는 기술주 중심의 성장 ETF에 70%가 집중되어 있었다. 그러던 어느 금요일, 글로벌 긴축 공포와 지정학적 리스크가 겹치며 시장은 개장과 동시에 10% 이상 폭락했다. 김 씨의 계좌는 순식간에 수천만 원의 손실을 기록했고, 그의 심장은 곤두박질쳤다.

2) **당장 모든 것을 팔아치우고 싶은 충동에 사로잡힌 그는 스마트폰의 매도 버튼을 누르기 직전, 자신의 AI 투자 관리 앱 '퀀텀 브레인'의 알림을 확인했다.**

"경고: 현재 시장은 극단적 공포 구간에 진입했습니다. 감정적 매도는 장기 수익률에 치명적일 수 있습니다. 포트폴리오 긴급 진단 및 리밸런싱 전략을 제안합니다."

알림을 클릭하자, 퀀텀 브레인은 다음과 같은 분석 결과를 명료하게 보여주었다.

- "현재 VIX 지수는 52로, 역사적 평균(19)을 크게 상회하며 단기적 공포가 극에 달했음을 의미한다."

• "귀하의 포트폴리오 베타(Beta) 값은 1.4로, 시장 평균보다 높은 변동성에 노출되어 있다. 현재와 같은 하락장에서 손실이 확대될 위험이 크다."
• "과거 유사한 급락장에서 펀더멘털이 견고한 필수소비재 및 헬스케어 섹터 ETF는 6개월 내 시장 평균을 상회하는 반등을 기록한 데이터가 87%에 달한다."

3) 이어서 퀀텀 브레인은 김 씨의 현재 상황에 맞춘 구체적인 리밸런싱 포트폴리오를 표로 제시했다.

자산군(대표 ETF)	기존 비중	AI 추천 비중	조정 근거
미국 기술주(QQQ)	70%	40%	고변동성 자산 비중 축소를 통한 위험 관리 및 현금 확보이다.
S&P 500(SPY)	10%	20%	시장 대표 지수 비중 확대를 통해 안정성을 높이는 것이다.
필수소비재(XLP)	0%	15%	경기 방어적 성격으로 하락장에서 손실을 방어하는 것이다.
미국 장기채(TLT)	10%	15%	주식 시장과 음의 상관관계를 가진 안전자산 비중 확대이다.
현금 및 단기채	10%	10%	추가 하락 시 저가 매수 기회를 위한 유동성 확보이다.

4) 김 씨는 떨리는 손으로 AI의 제안대로 리밸런싱을 실행했다. 기술주 ETF의 일부를 손절매하는 것은 고통스러웠지만, 그는 자신의 감정이 아닌 데이터의 조언을 따르기로 결정했다. 그 후 2주간 시장은 더 하락했지만, 김 씨의 포트폴리오는 기존보다 훨씬 하락폭이 적었다. 필수소비재와 채권 ETF가 훌륭한 방패 역할을 해주었기 때문이다.

5) 공포가 시장을 지배하던 시기가 지나고 점차 반등이 시작되자, 김 씨의 안정적인 포트폴리오는 꾸준히 회복하기 시작했다. 만약 그가 그날 패

닉 셀을 했거나, 혹은 아무것도 하지 않고 기술주 하락을 그대로 맞았다면 겪었을 고통과 손실에 비하면 훨씬 성공적인 결과였다.

6) **시사점:** 이처럼 AI는 시장 폭락 시 투자자의 가장 이성적인 파트너가 되어준다. AI는 미래를 예측하는 수정 구슬이 아니다. 하지만 인간의 감정적 약점을 보완하고, 데이터에 기반한 원칙적인 투자를 실행하도록 돕는 가장 강력한 도구임은 분명한 사실이다. 투자의 세계에서 최종 결정은 인간의 몫이지만, 그 결정의 질을 높이는 데 AI는 결정적인 역할을 할 것이다.

5. AI 기반의 나이별, 자산별 위험 관리 방법과 가상사례

5.1. AI 기반의 나이별, 자산별 위험 관리 방법

투자의 세계에서 '위험(Risk)'은 피해야 할 대상이 아니라, 이해하고 관리해야 할 동반자이다. 특히 AI는 이 위험이라는 괴물을 길들이는 데 탁월한 능력을 발휘한다. AI는 인간처럼 막연한 감이나 직관에 의존하는 대신, 모든 투자자의 고유한 상황, 즉 '나이'와 '보유 자산'이라는 두 개의 핵

생애주기별 재무목표 설정과 실행으로 완성하는 개인 자산관리 로드맵
[https://www.jaenung.net]

심 변수를 중심으로 정밀한 위험 관리 시스템을 구축한다. 이는 마치 개인의 유전자 정보에 맞춰 약을 처방하는 '정밀의료'와도 같다.

5.1.1. 생애주기 모델(Life-Cycle Model)과 AI의 결합

전통적인 자산 관리 이론은 '생애주기 모델'에 기반한다. 젊을 때는 공격적인 투자를 통해 자산을 증식하고, 은퇴 시점이 다가올수록 안정적인 자산으로 전환하여 자산을 지키는 것이 핵심이다. AI는 이 기본 원칙을 한 차원 높은 수준으로 끌어올린다.

생애주기(나이)	투자 목표	AI의 위험 관리 전략	추천 ETF 포트폴리오(예시)
사회초년생(20~30대)	자산의 적극적 증식	높은 변동성을 감수하며 장기 고수익 추구. AI는 시장의 단기적 소음(Noise)을 필터링하고 성장 잠재력이 큰 혁신 기술, 신흥국 ETF 등에 대한 분산 투자를 추천한다.	성장주 중심: 미국 기술주 ETF(QQQ) 60%, S&P 500 ETF(SPY) 20%, 신흥국 ETF(EEM) 20%
중장년층(40~50대)	자산 증식과 안정의 균형	점진적으로 위험 자산 비중을 줄이고, 배당주나 우량 가치주 ETF 비중을 늘린다. AI는 포트폴리오의 '최대 낙폭(Maximum Drawdown)'을 시뮬레이션하여 감당 가능한 손실 범위를 유지하도록 돕는다.	가치주/배당주 혼합: S&P 500 ETF(SPY) 40%, 선진국 ETF(VEA) 20%, 고배당 ETF(SCHD) 20%, 채권 ETF(AGG) 20%
은퇴 준비기(60대 이상)	자산 보존 및 안정적 현금흐름	위험 자산 비중을 최소화하고, 인플레이션을 방어할 수 있는 물가연동채, 고등급 회사채, 리츠(REITs) ETF 비중을 늘린다. AI는 예상 은퇴 자금과 생활비를 계산하여 매월 필요한 현금흐름을 창출하는 포트폴리오를 설계한다.	안전자산 중심: 단기채 ETF(SHY) 40%, 물가연동채 ETF(TIP) 20%, 리츠 ETF(VNQ) 20%, 고배당 ETF(SCHD) 20%

AI는 단순히 나이에 따라 기계적으로 포트폴리오를 추천하는 것을 넘어선다. AI는 개인의 금융 이해도, 과거 투자 경험에서 보인 손실 회피

성향, 심지어는 소셜 미디어 활동에서 드러나는 낙관/비관 성향까지 데이터화하여 위험 허용도를 입체적으로 분석하고, 이를 포트폴리오 구성에 반영한다.

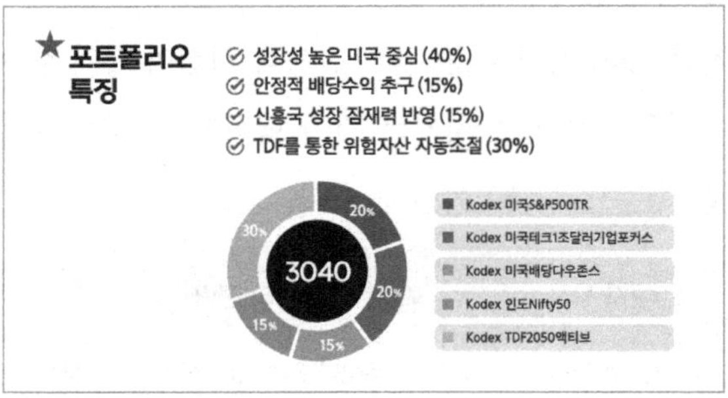

성공적인 은퇴를 위한 연금 포트폴리오, 연령별로 다르다?
[https://samsungfundblog.com]

5.2. 가상사례: 세 명의 친구, 하나의 AI - '프로젝트 노아(NOA)'

1) 여기 1억 원의 자산을 ETF에 투자하려는 세 명의 동갑내기 친구가 있다. 대기업 과장 박준형(35세), 스타트업 창업자 이지아(35세), 그리고 프리랜서 디자이너 최민호(35세)이다. 이들은 모두 AI 자산관리 서비스 '프로젝트 노아(NOA, Navigator of Assets)'를 통해 투자를 시작하기로 했다.

[안정 지향의 대기업 과장, 박준형]

박준형 씨는 안정적인 직장과 수입을 가졌지만, 두 자녀의 교육비와 주택 대출 상환이라는 현실적인 부담이 크다. 그는 투자 원금 손실에 대한 두려움이 크다고 AI에게 밝혔다. '노아'는 박준형 씨의 현금흐름과 부채 상황, 그리고 보수적인 투자 성향을 분석하여 다음과 같은 맞춤형 포트폴리오를 제안했다.

자산군	비중	AI의 판단 근거
S&P 500 ETF(SPY)	40%	시장 평균의 안정적 성장 추구.
선진국 ETF(VEA)	20%	미국 외 선진국 분산을 통한 위험 감소.
배당성장 ETF(DGRO)	20%	꾸준한 배당금으로 현금흐름 창출 및 안정성 확보.
미국 종합채권 ETF(AGG)	20%	주식 시장 하락 시 손실을 방어하는 안전판 역할.

'노아'는 박준형 씨에게 "당신의 포트폴리오는 시장이 20% 폭락하더라도 최대 손실이 12% 내외로 제한되도록 설계되었습니다"라는 시뮬레이션 결과를 함께 제시하며 심리적 안정감을 주었다.

[고위험 고수익 추구의 창업가, 이지아]

스타트업 CEO인 이지아 씨는 이미 사업을 통해 높은 위험을 감수하는 데 익숙하며, 투자 역시 공격적으로 자산을 증식시키길 원했다. '노아'는 이지아 씨의 높은 위험 감수 성향과 미래의 높은 기대소득을 고려하여 성장 잠재력이 극대화된 포트폴리오를 구성했다.

자산군	비중	AI의 판단 근거
나스닥 100 ETF(QQQ)	50%	혁신 기술 기업에 집중 투자하여 초과 수익 추구.
반도체 ETF(SOXX)	20%	4차 산업혁명의 핵심 섹터에 대한 선별적 투자.
신흥국 ETF(EEM)	20%	높은 성장 잠재력을 가진 신흥 시장에 대한 투자.
미국 장기채 ETF(TLT)	10%	최소한의 안전장치. 변동성 극대화 시 일시적 위험 회피 수단.

'노아'는 "이 포트폴리오는 높은 기대수익률만큼이나 큰 변동성을 동반합니다. 시장 급락 시 -30% 이상의 손실도 발생할 수 있으나, 과거 데이터상 5년 이상 장기 보유 시 높은 수익을 기록할 확률이 90% 이상입니다"라는 경고와 기회 요인을 동시에 설명했다.

[유동성이 중요한 프리랜서, 최민호]

프리랜서인 최민호 씨는 수입이 불규칙하여, 투자 자금이 언제든 생활비로 필요할 수 있는 상황이었다. 그는 적당한 수익을 원하면서도, 필요할 때 손실 없이 현금화할 수 있는 유동성을 가장 중요하게 생각했다. '노아'는 그의 불규칙한 현금흐름을 최우선으로 고려했다.

자산군	비중	AI의 판단 근거
단기채 ETF(SHY)	30%	현금에 가까운 유동성과 안정성 확보.
우량 회사채 ETF(LQD)	30%	단기채보다 높은 이자 수익 추구.
저변동성 ETF(USMV)	20%	시장 변동성이 낮아 안정적인 주식 투자 효과.
리츠 ETF(VNQ)	20%	부동산 투자를 통한 꾸준한 배당 수익 추구.

'노아'는 최민호 씨에게 "이 포트폴리오는 공격적인 자산 증식보다는 안정적인 이자 및 배당 수익에 초점을 맞추고 있으며, 언제든 손실을 최소화하며 현금화할 수 있도록 설계되었습니다"라고 설명했다.

2) 이처럼 AI는 동일한 나이와 자산을 가진 투자자라 할지라도, 그들의 직업, 부채, 성향 등 눈에 보이지 않는 데이터까지 읽어내어 각기 다른 최적의 솔루션을 제공한다.

3) 시사점: 이것이 바로 AI 시대의 진정한 '맞춤형 자산 관리'이며, 투자의 위험을 과학의 영역으로 끌어올리는 혁신인 것이다. AI는 더 이상 먼 미래의 기술이 아니라, 모든 투자자가 자신의 상황에 맞는 최적의 방패와 창을 가질 수 있도록 돕는 현실적인 투자 파트너이다.

제16장

공포에 팔지 않고, 탐욕에 사지 않는 원칙 세우기

1. 하락장을 감지하는 AI의 위험 신호등과 가상사례

1.1. AI의 위험 신호등은 주가 등락만을 보는 것이 아니다. 경제의 근본 체력부터 투자자들의 미세한 심리 변화까지, 데이터를 입체적으로 분석하여 판단의 정확도를 높인다.

인간은 명확한 위험 신호 앞에서도 종종 '이번에는 다를 것'이라는 낙관적 편향에 빠지곤 한다. 반면, AI는 감정 없이 오직 데이터로 시장의 온도를 측정한다. AI는 수많은 지표를 종합하여 시장의 위험 수준을 직관적인 '신호등' 체계로 변환하여 투자자에게 경고를 보낸다. 이는 폭풍우가 몰려오기 전, 미리 돛을 내리라고 알려주는 숙련된 항해사와 같은 역할을 수행하는 것이다.

AI의 위험 신호등은 단순히 주가 등락만을 보는 것이 아니다. 경제의 근본 체력(Fundamental)부터 투자자들의 미세한 심리 변화까지, 서로 다른 차원의 데이터를 입체적으로 분석하여 판단의 정확도를 높인다.

1.1.1. AI 위험 신호등의 단계별 판단 지표

신호	시장 지표(Quantitative Data)	대안 데이터(Alternative Data)
녹색 신호 (안전)	- VIX 지수 안정(20 이하) - S&P 500 지수, 200일 이동평균선 상회 - 장단기 금리차 정상 - 기업 실적 전망치 상향 조정	- 금융 뉴스 헤드라인 긍정/중립 비중 80% 이상 - 소셜 미디어 내 '성장', '기회' 키워드 빈도 증가 - 위성사진 분석 결과, 주요 항구 물동량 정상 수준
황색 신호 (주의)	- VIX 지수 상승(20-30 구간) - 지수와 200일 이동평균선 이격도 축소 - 장단기 금리차 축소 또는 역전 초기 - 특정 산업군의 실적 전망치 하향 조정	- 금융 뉴스 헤드라인 내 '불확실성', '긴축' 언급 급증 - 구글 트렌드 내 '경기침체(Recession)' 검색량 증가 - 위성사진 분석 결과, 주요 공장 주차장 차량 감소
적색 신호 (위험)	- VIX 지수 급등(30 이상) - '데드 크로스' 발생(50일 이동평균선이 200일 이동평균선을 하향 돌파) - 장단기 금리차 역전 심화 - 신용등급이 낮은 회사채(Junk Bond) 스프레드 급등	- 금융 뉴스 헤드라인 내 '위기', '폭락' 등 부정적 단어 지배적 - 소셜 미디어 내 공포 관련 키워드 폭증 - 기관 투자자들의 현금 보유 비중 급증 데이터 포착

이러한 다차원적 분석을 통해 AI는 인간이 감지하기 어려운 미세한 균열을 먼저 발견하고, 그 위험이 어느 정도 수준인지를 객관적인 신호로 알려준다. 이는 투자자가 감정적인 공포에 휩쓸려 투매에 나서는 것이 아니라, 계획된 시나리오에 따라 질서 있는 대응을 할 수 있도록 돕는 핵심 기능이다.

1.2. 가상사례: AI '오라클 아이(Oracle Eye)'와 투자자 이 씨의 폭풍 속 항해

1) 투자에 관심이 많은 직장인 이 씨는 최근 AI 자산관리 서비스 '오라클 아이'를 통해 ETF 투자를 시작했다. 시장은 연일 최고치를 경신하고 있었고, 이 씨의 계좌 역시 만족스러운 수익률을 기록하고 있었다.

'오라클 아이'의 신호등은 당연히 녹색 신호를 유지하고 있었다.

2) **그러던 어느 여름,** 이 씨의 스마트폰에 첫 번째 경고 알림이 도착했다.

3) **[오라클 아이: 황색 신호 전환] 분석 요약:** 시장 변동성 지수(VIX)가 28로 상승했으며, 블룸버그 통신 기사 10만 건을 분석한 결과 '인플레이션'과 '금리 인상' 키워드가 3주 연속 기하급수적으로 증가했습니다. 포트폴리오의 위험 자산 비중을 10% 축소하고, 물가연동채(TIP) ETF 비중을 늘릴 것을 권고합니다.

   당시 시장 분위기는 여전히 좋았기에, 이 씨는 AI의 분석에 반신반의했다. 하지만 그는 원칙에 따라 '오라클 아이'의 제안대로 포트폴리오를 일부 조정했다.

   한 달 뒤, 시장은 실제로 금리 인상 우려로 조정을 받기 시작했다. 그리고 얼마 지나지 않아, 새벽 시간에 두 번째 알림이 울렸다. 이번에는 경고음의 수준이 달랐다.

4) **[오라클 아이: 적색 신호 발령] 분석 요약:** S&P 500 지수에서 '데드크로스'가 발생했습니다. 또한, 신용 위험을 나타내는 하이일드 채권 스프레드가 임계치를 돌파했으며, 위성사진 분석 결과 북미 지역의 소매점 주차장 차량 수가 전월 대비 15% 급감하여 소비 심리 위축이 확인됩니다. 즉각적인 방어 전략 실행이 필요합니다. 성장주 ETF 비중을 30% 축소하고, 미국 장기채(TLT) 및 금(GLD) ETF 비중을 30% 확대할 것을 강력히 권고합니다.

   '오라클 아이'가 제시한 근거들은 명확했다. 시장 지표뿐 아니라 실물 경제의 위축 신호까지 포착한 것이다. 이 씨는 잠이 확 깨는 것을 느끼며 즉시 AI의 제안에 따라 포트폴리오를 대대적으로 변경했다. 주식 비중을 크게 줄이고 안전자산으로 자금을 옮기는 것은 마치 축제 분위기에서 혼자 빠져나오는 듯한 기분이었지만, 그는 데이터를 믿기로 했다.

5) **바로 다음 주, 예상치 못한 대형 악재가 터지며 글로벌 증시는 15% 이상 폭락했다.** 주변 동료들은 속수무책으로 자산이 녹아 내리는 것을 지켜봐야 했지만, 이 씨의 포트폴리오는 채권과 금 ETF가 훌륭한 방패가 되어주어 하락률을 -4% 수준에서 방어해냈다. 그는 공포의 하락장에서 자신의 자산을 지켜준 것이 자신의 감이 아니라, 24시간 시장의 모든 데이터를 감시하고 있던 AI의 냉철한 '위험 신호등'이었음을 깨 달았다.

6) **시사점:** 이처럼 AI의 위험 신호등은 미래를 100% 예언하는 수정 구슬이 아니다. 그러나 이는 시장에 짙게 깔린 안개를 걷어내고, 인간 투자자가 보지 못하는 암초의 위치를 알려주는 가장 정교한 레이더 시스템이다. 감정적 판단을 배제하고 데이터에 근거하여 위험을 관리하는 것, 이 것이야 말로 AI 시대의 가장 과학적인 투자 방법론인 것이다.

2. 공포에 팔지 않고, 탐욕에 사지 않는 AI의 원칙과 가상사례

2.1. AI가 감정에 휘둘리지 않는 핵심 원리: '체계적 리밸런싱'과 '정량적 역발상 투자'

투자의 대가 워런 버핏은 "다른 사람들이 탐욕을 부릴 때 두려워하고, 다른 사람들이 두려워할 때 탐욕을 부려라"라는 말을 남겼다. 이는 모든 투자자가 머리로는 이해하지만, 심장이 뛰는 현실에서는 실행하기 가장 어려운 원칙이다. 인간의 뇌는 시장의 극단적인 공포와 탐욕 앞에서 이성적 사고를 멈추도록 진화했기 때문이다. AI는 바로 이 지점에서 인간의 가장 치명적인 약점을 보완하는 완벽한 파트너가 된다. AI에게는 공포도, 탐욕도 없으며 오직 데이터에 기반한 알고리즘과 원칙만이 존재할 뿐이다.

2.1.1. AI가 감정에 휘둘리지 않는 핵심 원리: '체계적 리밸런싱(Systematic Rebalancing)'과 '정량적 역발상 투자(Quantitative Contrarian Investing)'

AI가 감정에 휘둘리지 않는 핵심 원리는 '체계적 리밸런싱(Systematic Rebalancing)'과 '정량적 역발상 투자(Quantitative Contrarian Investing)'라는 두 가지 기둥 위에 세워져 있다.

(1) **정량적 시장 감정 분석:** AI는 인간의 '감'이 아닌 데이터로 시장의 온도를 측정한다. CNN의 '공포와 탐욕 지수(Fear & Greed Index)', 옵션 시장의 '풋/콜 비율(Put/Call Ratio)', 뉴스 및 소셜 미디어의 텍스트에서 '버블', '폭락'과 같은 키워드의 빈도를 분석하여 현재 시장 참여자들의 심리가 어느 극단에 치우쳐 있는지를 객관적인 수치로 평가한다.

(2) **원칙 기반의 자동 리밸런싱:** AI는 사전에 설정된 최적의 자산 배분 비율을 기계적으로 유지하려 노력한다. 이는 감정을 이기는 가장 강력한 무기가 된다. 예를 들어, 주식 60%, 채권 40%의 포트폴리오를 설정했다고 가정한다.

- **탐욕의 구간(시장 과열):** 주식 시장이 급등하면 포트폴리오에서 주식 비중이 70%까지 올라간다. 이때 인간은 더 큰 수익을 기대하며 흥분하지만, AI는 기계적으로 비중이 늘어난 주식(고평가 자산)을 매도하고 비중이 줄어든 채권(저평가 자산)

을 매수하여 다시 60:40 비율을 맞춘다. 이는 '탐욕에 동참하지 않고' 자동으로 수익을 실현하는 행위이다.

- **공포의 구간**(시장 폭락): 주식 시장이 폭락하면 주식 비중이 50%로 쪼그라든다. 이때 인간은 공포에 질려 남은 주식마저 팔아치우려 하지만, AI는 원칙에 따라 상대적으로 가치가 보존된 채권을 팔아 급락한 주식을 매수한다. 이는 '공포에 팔지 않고' 오히려 염가에 자산을 매수하는 역발상 투자가 된다.

2.1.2. 체계적 리밸런싱(Systematic Rebalancing)

체계적 리밸런싱은 투자 초기 설정한 목표 자산 비중이 시장 변동으로 인해 달라졌을 때, 정해진 기준에 따라 주기적으로 포트폴리오를 조정하는 투자 전략이다. 이는 높은 수익을 내는 자산을 팔아 수익을 실현하고, 가격이 떨어진 자산을 저렴하게 매수하여 초기 위험 수준을 유지하고 장기적인 투자 목표를 달성하는 데 도움을 준다

구분	내용
정의	- 투자 초기에 설정한 목표 자산 비중이 시장 변동으로 달라졌을 때, 정해진 기준에 따라 주기적으로 포트폴리오를 조정하는 투자 전략이다. - 고수익 자산을 매도하여 수익을 실현하고, 저평가된 자산을 매수함으로써 초기 위험 수준을 유지하고 장기 투자 목표 달성을 지원한다.
목적	- 위험 관리: 특정 자산으로의 비중 쏠림을 방지하고, 초기에 설정한 위험 프로필을 유지하게 된다. - 수익 안정화: 시장 변동성이 클 때 고수익 자산을 매도하여 수익을 확정하고, 저평가된 자산을 매수하여 장기적으로 안정적인 수익을 추구한다.
과정	- 목표 설정: 투자자는 주식, 채권 등 특정 자산군에 대한 목표 비중을 설정한다. - 시장 변동: 자산 가격 변동으로 인해 포트폴리오 내 자산 비중이 목표에서 벗어나게 된다. - 전략 실행: 설정된 원칙에 따라 비중이 증가한 자산은 매도하고, 비중이 감소한 자산은 매수하여 목표 비중을 재조정한다.

장점	- 장기 목표 달성: 시장 변화에 의존하지 않고 초기 계획을 꾸준히 실행함으로써 장기 투자 목표 달성에 기여한다. - 심리적 안정: 투자가 사전에 정해진 규칙에 따라 자동적으로 이루어지므로, 감정적 판단에 따른 투자를 줄일 수 있다.

2.1.3. 정량적 역발상 투자(Quantitative Contrarian Investing)

정량적 역발상 투자(Quantitative Contrarian Investing)는 일반적인 시장 분위기나 대중의 심리와 반대로 행동하여, 비관론에 의해 과도하게 저평가된 우량 주식을 발굴하고, 계량적인 분석과 수치화된 데이터를 기반으로 매수하는 투자 전략이다. 이는 군중 심리에 휩쓸리지 않고, 시장의 잘못된 가격 책정으로 인해 발생하는 기회를 포착하여 수익을 추구한다.

구분	내용
정의	- 시장의 일반적인 분위기나 대중의 심리와 반대로 행동하여, 비관론으로 인해 과도하게 저평가된 우량 주식을 발굴하고 계량적 분석 및 수치화된 데이터를 기반으로 매수하는 투자 전략이다. - 군중 심리에 휩쓸리지 않고 시장의 잘못된 가격 책정으로 인해 발생하는 기회를 포착하여 수익을 추구한다.
주요 개념	- 역발상 투자(Contrarian Investing): 시장의 지배적인 심리와 반대로 행동하는 투자 전략으로, 대중이 비관적일 때 매수하고 낙관적일 때 매도하는 방식으로 움직인다. - 정량적(Quantitative): 심리적 판단에 의존하는 것이 아니라, 데이터를 수집하고 계량적으로 분석하여 투자 결정을 내리는 방식을 의미한다.
작동 방식	- 군중 심리 파악: 시장 참여자들의 일반적인 심리와 투자 동향을 분석한다. - 지표 분석: 기업의 펀더멘털, 주가, 재무 상태 등을 정량적으로 분석하여 과도하게 저평가된 종목을 선별한다. - 반대 포지션 취하기: 시장이 비관적일 때, 펀더멘털이 우수함에도 불구하고 저평가된 종목을 매수한다. - 분산 투자: 위험(리스크)을 줄이기 위해 여러 종목에 분산 투자하는 것이 중요하다.
장점	- 저평가 기회 포착: 시장의 과도한 비관론으로 인해 가격이 하락한 우량 주식을 저렴하게 매수할 기회를 얻을 수 있다. - 심리적 우위: 군중 심리에 휩쓸리지 않는 이성적 결정을 통해 시장의 심리적 허점을 활용할 수 있다.

주의점	- 위험성: 대중과 반대로 행동하므로, 잘못 판단할 경우 큰 손실을 볼 수 있다. - 정량적 데이터의 중요성: 단순한 역발상 심리에만 의존하기보다, 객관적이고 수치화된 데이터를 기반으로 신중하게 접근해야 한다.

2.1.4. 감정적 투자와 AI의 원칙 기반 투자 비교

구분	인간의 감정적 투자	AI의 원칙 기반 투자
시장 과열 시 (탐욕)	'더 오를 것'이라는 기대감(FOMO)에 추격 매수. 고점에서 가장 많은 자산을 보유하게 된다.	목표 비중을 초과한 주식 자산을 기계적으로 매도. 자동적인 '수익 실현' 및 '위험 관리'가 이루어진다.
시장 폭락 시 (공포)	'더 떨어질 것'이라는 공포감에 투매(Panic Sell). 저점에서 손실을 확정하게 된다.	목표 비중보다 낮아진 주식 자산을 기계적으로 매수. 자동적인 '저가 매수' 및 '평균 매수 단가 하락' 효과가 발생한다.
의사결정 기반	군중심리, 미디어의 자극적 헤드라인, 막연한 기대감과 공포이다.	데이터 기반의 시장 감정 분석 및 사전에 수립된 자산 배분 원칙(Algorithm)이다.
장기 결과	고점에서 사고 저점에서 파는 악순환을 반복하며 장기 수익률이 훼손될 가능성이 높다.	저렴할 때 사고 비쌀 때 파는 원칙을 자동으로 실행하여 장기적으로 안정적인 복리 효과를 극대화한다.

2.2. 가상사례: AI '센티넬(Sentinel)'과 신규 테마 ETF의 광기

1) 최근 '차세대 우주항공 기술' 테마 ETF가 시장의 모든 관심을 한 몸에 받으며 폭발적인 상승세를 보이고 있었다. 투자자 박 씨 역시 이 열풍에 동참하여 AI 투자 관리 시스템 '센티넬'을 통해 해당 ETF에 투자했다.

[1단계: 탐욕의 절정]

우주항공 ETF는 3개월 만에 80%가 넘는 경이로운 수익률을 기록했다. 모든 뉴스 채널과 온라인 커뮤니티는 이 ETF의 미래에 대한 장밋빛 전망으로 가득했다. 박 씨는 더 많은 돈을 투자하고 싶어 안달이 났다. 하지만 어느 날 '센티넬'로부터 알림이 도착했다.

[센티넬: 포트폴리오 리밸런싱 실행] 분석: '우주항공 ETF'의 비중이 목표치(15%)를 초과한 25%에 도달했습니다. 시장 탐욕 지수는 '극단적 탐욕(92점)'이며, 관련 뉴스 헤드라인의 긍정 감성 비율이 95%로 과열 신호가 감지됩니다. 실행: 초과분 10%에 해당하는 ETF를 자동 매도하여 수익을 확정하고, 해당 자금으로 '미국 국채(안전자산)' ETF를 매수하여 포트폴리오를 15% 비중으로 재조정합니다.

박 씨는 불만스러웠다. 더 높이 날아갈 것 같은 주식의 날개를 꺾는 AI가 야속하게 느껴졌다. 그는 '센티넬'이 아니었다면 더 큰 수익을 얻었을 것이라고 생각했다.

[2단계: 공포의 시작]

두 달 뒤, 거품은 꺼지기 시작했다. 해당 산업의 선도 기업이 기대에 못 미치는 실적을 발표하자, 우주항공 ETF는 끝을 모르고 추락했다. 불과 한 달 만에 주가는 고점 대비 50%나 폭락했다. 박 씨의 주변 사람들은 공포에 질려 손해를 보고 주식을 던지기 바빴다. 박 씨 역시 지금이라도 모두 팔아야 하는 것 아닌가 하는 공포에 휩싸였다. 그때, 다시 '센티넬'의 알림이 울렸다.

[센티넬: 포트폴리오 리밸런싱 실행] 분석: '우주항공 ETF'의 비중이 폭락으로 목표치(15%)에 미치지 못하는 8%로 감소했습니다. 시장 공포 지수는 '극단적 공포(8점)'이며, 풋/콜 비율이 역사적 고점에 도달해 투매 현상이 감지됩니다.

실행: 보유 중인 '미국 국채' ETF의 일부를 매도하여 확보된 자금으로 '우주항공 ETF'를 추가 매수, 포트폴리오를 다시 15% 비중으로 재조정합니다.

2) '센티넬'은 박 씨의 감정과 정반대로 움직였다. 모두가 공포에 질려 팔 때, '센티넬'은 이전에 탐욕의 정점에서 챙겨두었던 수익금으로 싸늘하게 식어버린 주식을 묵묵히 사들였다.

3) 결과 및 시사점: 그 후 시장이 점차 안정을 되찾고 기술의 장기적 가치가 재 평가받으면서 우주항공 ETF는 서서히 회복하기 시작했다. 고점에서 추격 매수하고 저점에서 투매했던 다른 투자자들은 큰 손실을 본 채 시장을 떠났지만, 박 씨의 계좌는 놀라울 정도로 빠르게 원금을 회복하고 다시 수익권으로 진입했다. AI가 탐욕의 정점에서 자동으로 수익을 실현하고, 공포의 계곡에서 추가 매수를 실행했기 때문이다.

이 사례는 AI가 어떻게 인간의 감정적 굴레를 끊어내는지를 명확히 보여준다. AI는 시장을 예측하지 않는다. 다만, 시장의 감정적 파동을 데이터로 읽고, 그 파동의 반대편에서 가장 이성적이고 원칙적인 행동을 기계처럼 수행할 뿐이다. 투자의 세계에서 가장 강력한 적은 시장이 아니라 바로 투자자 자신이며, AI는 그 적을 제어하는 가장 신뢰할 수 있는 도구인 것이다.

3. AI 기반의 자동 ETF 리밸런싱: 최고의 위험관리 기술과 가상사례

3.1. 리밸런싱의 핵심 원칙은 최초에 설정한 자산 배분 비중(Strategic Asset Allocation)을 꾸준히 유지하는 것이다.

훌륭한 포트폴리오는 정교하게 지어진 건축물과 같다. 하지만 시간이 지나면서 지반이 변하고 비바람이 몰아치면 구조는 뒤틀리기 시작한다. 이때 건축물을 보수하고 균형을 바로잡는 작업이 필요한데, 투자의 세계에서는 이 작업을 '리밸런싱(Rebalancing)'이라고 부른다.

AI 기반 자동 리밸런싱은 이 과정을 인간의 노동과 감정을 완벽히 배제한 채, 24시간 잠들지 않는 파수꾼처럼 수행하는 최고의 위험관리 기술이다.

리밸런싱의 핵심 원칙은 최초에 설정한 자산 배분 비중(Strategic Asset Allocation)을 꾸준히 유지하는 것이다. 예를 들어 '주식 60%, 채권 40%'으로 포트폴리오를 구성했는데, 주식 시장이 호황이라 주식의 가치가 상승하여 비중이 '70%, 30%'가 되었다고 가정한다. 이때 리밸런싱은 비중이 늘어난 주식(고평가 자산)을 일부 매도하고, 비중이 줄어든 채권(저평가 자산)을 매수하여 다시 60:40의 균형을 맞추는 행위이다. 이는 자연스럽게 '비쌀 때 팔고, 쌀 때 사는(Sell High, Buy Low)' 이상적인 투자를 기계적으로 실행하게 만든다.

AI는 이 전통적인 리밸런싱 개념을 한 차원 높은 경지로 끌어올린다.

3.1.1. 전통적 리밸런싱과 AI 기반 리밸런싱의 비교

구분	전통적 리밸런싱(인간 주도)	AI 기반 리밸런싱(알고리즘 주도)
실행 방식	정기적(Time-based): 분기, 반기, 연 단위로 날짜를 정해 실행한다. 시장 상황과 무관하게 주기적으로만 점검한다.	조건부(Threshold-based): 자산 비중이 설정된 허용 범위(예: ±5%)를 벗어나는 즉시 24시간 언제든 실행된다. 시장의 급변동에 즉각적으로 반응한다.
정밀도	수동 계산과 주문 실행으로 인해 오차가 발생할 수 있으며, 감정적 망설임으로 최적의 타이밍을 놓치기 쉽다.	나노초(Nanosecond) 단위로 포트폴리오를 감시하고, 알고리즘에 따라 단 1원의 오차 없이 정확한 수량을 자동으로 주문한다.
세금 최적화	리밸런싱 시 발생하는 양도소득세를 고려하기 복잡하여, 세후 수익률이 저하될 수 있다.	'세금 손실 수확(Tax-Loss Harvesting)' 알고리즘을 탑재한다. 수익이 난 자산을 매도할 때, 손실이 난 다른 자산을 함께 매도하여 이익과 손실을 상쇄시켜 세금을 최소화한다.

감정 개입	시장이 급등할 때 "더 오를 텐데" 하는 탐욕에 매도를 주저하고, 시장이 급락할 때 "겁나서" 매수를 포기하는 등 감정 개입의 여지가 매우 크다.	탐욕과 공포라는 데이터가 존재하지 않는다. 오직 사전에 입력된 원칙과 시장 데이터에 따라 냉정하게 실행될 뿐이다.

3.2. 가상사례: AI '이퀼리브리엄 엔진'과 격동의 202X년

1) 두 아이의 엄마이자 바쁜 전문직인 최 박사는 은퇴 자금 마련을 위해 '주식 70%, 채권 30%'의 포트폴리오를 AI 자산관리 서비스 '이퀼리브리엄 엔진'을 통해 운용하고 있었다. 그녀가 설정한 리밸런싱 규칙은 '자산 비중이 목표치에서 ±5% 이상 벗어날 경우 자동 실행'되는 것이었다.

2) **상황 1:** 예기치 못한 기술주 랠리(탐욕의 시간)

202X년 상반기, AI 혁신에 대한 기대로 기술주 중심의 주식 시장이 유례없는 랠리를 펼쳤다. 최 박사의 포트폴리오에서 주식 ETF의 가치가 급등하여, 전체 자산 비중이 '주식 76%, 채권 24%'로 변경되었다. ±5%의 허용 범위를 벗어난 것이다. 최 박사가 업무에 집중하고 있던 어느 날 오후, '이퀼리브리엄 엔진'으로부터 다음과 같은 실행 보고서가 도착했다.

[리밸런싱 실행 보고] 사유: 주식 자산 비중(76%)이 목표치(70%)를 +6% 초과하여 리밸런싱 조건을 충족했습니다.

실행:

- 수익이 발생한 '나스닥 100 ETF'를 6% 매도하여 수익을 확정했습니다.
- 해당 매도 자금으로 저평가된 '미국 종합채권 ETF'를 매수하여 포트폴리오를 70:30으로 복원했습니다.

• 세금 최적화: 이번 수익 실현에 따른 세금 부담을 줄이기 위해, 보유 중이던 포트폴리오 내에서 미미한 손실(-1.5%)을 기록 중인 '신흥국 ETF' 일부를 매도 후 재매수하여 손실을 확정, 과세 대상 이익을 축소했습니다.

만약 최 박사가 직접 관리했다면 "더 오를지도 모른다"는 기대감에 매도를 주저했을 것이다. 하지만 AI는 원칙에 따라 과열된 자산의 수익을 안정적으로 실현하고, 동시에 세금까지 관리했다.

3) **상황 2:** 갑작스러운 시장 조정(공포의 시간)

몇 달 뒤, 시장은 금리 인상 충격으로 급격한 조정을 맞았다. 주식시장은 단기간에 15% 하락했고, 최 박사의 포트폴리오 비중은 '주식 64%, 채권 36%'로 역전되었다. 또다시 허용 범위가 깨진 것이다. 최 박사의 마음속에는 불안감이 싹텄지만, AI는 흔들림이 없었다.

[리밸런싱 실행 보고] 사유: 주식 자산 비중(64%)이 목표치(70%)를 -6% 하회하여 리밸런싱 조건을 충족했습니다. 실행:

• 하락장에서 가치가 보존된 '미국 종합채권 ETF'를 6% 매도하여 투자 재원을 확보했습니다.

• 해당 매도 자금으로 가격이 저렴해진 '나스닥 100 ETF'를 추가 매수하여 포트폴리오를 70:30으로 복원했습니다.

4) **모두가 공포에 질려 주식을 팔 때,** '이퀼리브리엄 엔진'은 이전에 비싸게 팔아 챙겨두었던 현금(채권)으로 싸게 풀린 주식을 사 모은 것이다.

5) **결과적으로,** 이후 시장이 반등했을 때 최 박사의 포트폴리오는 더 많은 주식 수량을 보유한 덕분에 다른 투자자들보다 훨씬 빠르고 강력하게 회복했다.

6) **시사점:** 이 모든 과정은 최 박사가 자신의 일상에 집중하는 동안, AI에 의해 감정 한 톨 없이, 세금까지 고려하여 자동으로 이루어졌다. 이처럼 AI 기반 자동 리밸런싱은 단순히 포트폴리오의 균형을 맞추는 것을 넘어선다. 그것은 인간의 심리적 약점을 원천적으로 차단하고, 장기적 부의 축적이라는 목표를 향해 가장 이성적이고 효율적인 항해를 계속하도록 만드는 최첨단 위험관리 시스템인 것이다.

4. 인간의 심리를 역이용하는 AI의 역발상 투자와 가상사례

4.1. 인간의 심리를 역이용하는 AI의 역발상 투자

투자의 세계에는 '미스터 마켓(Mr. Market)'이라는 유명한 비유가 존재한다. 그는 매일 찾아와 나의 동업자에게 주식을 사거나 팔라고 제안하는 변덕스러운 조울증 환자와 같다. 어떤 날은 극도의 행복감에 취해 터무니없이 비싼 가격을 부르고, 어떤 날은 깊은 절망에 빠져 헐값에 모든 것을 팔아 치우려 한다. 대부분의 인간 투자자는 이 감정적인 미스터 마켓의 광기에 동조하여 함께 흥분하고 절망하지만, AI는 그의 감정 상태를 냉철하게 분석하여 오히려 이익을 얻는 유일한 이성적 파트너가 된다.

AI의 역 발상 투자는 인간의 집단적 심리 편향(Psychological Bias)을 데이터로 식별하고, 그 반대편에 서는 것을 핵심 전략으로 삼는다. AI는 인간의 뇌가 만들어내는 비이성적 패턴을 수익의 기회로 전환하는 것이다.

4.1.1. 인간의 심리 편향과 AI의 역발상 대응

인간의 심리 편향	대표적 행동	AI의 데이터 기반 역발상 전략
군중 심리 (Herding)	특정 테마나 주식이 유행하면, 그 본질적 가치와 무관하게 맹목적으로 추종 매수한다.	특정 ETF의 비정상적인 거래량 급증, 소셜 미디어 버즈량, 긍정 뉴스의 빈도를 분석한다. 과열 및 버블 징후 포착 시, 해당 자산의 비중을 축소하거나 매수를 보류한다.

최신 편향 (Recency Bias)	최근 급등한 자산은 앞으로도 계속 오를 것이라고 믿고, 최근 급락한 자산은 계속 부진할 것이라고 단정한다.	기술적 지표(RSI 등)를 통해 과매수/과매도 구간을 객관적으로 판단한다. 펀더멘털 대비 주가가 단기 급등했을 경우를 '고평가'로 인식하고, 급락했을 경우를 '저평가 기회'로 탐색한다.
손실 회피 (Loss Aversion)	같은 금액이라도 이익의 기쁨보다 손실의 고통을 훨씬 크게 느껴, 작은 손실에도 공포에 질려 투매한다.	시장의 공포 지수(VIX)와 개인 투자자의 투매 비율을 분석한다. 공포가 극에 달했을 때를 '최대 기회의 시점(Point of Maximum Opportunity)'으로 판단하고 분할 매수를 시작한다.

AI는 이처럼 인간의 심리가 만들어내는 시장의 비효율성을 먹고 자란다. 모두가 낙관론에 취해 환호할 때 조용히 이익을 실현하고, 모두가 비관론에 빠져 절망의 눈물을 흘릴 때 묵묵히 씨앗을 심는 냉철한 농부와 같은 것이다.

4.2. 가상사례: AI '카산드라(Cassandra)'와 메타버스 버블 붕괴

1) 202X년, 전 세계는 '메타버스'라는 새로운 패러다임에 열광했다. 빅테크 기업들이 앞다투어 대규모 투자 계획을 발표하자, 관련 기업들을 모아놓은 '메 타버스 ETF'는 연일 폭등하며 시장의 주인공이 되었다.

[1단계: 광기와 군중의 춤]

투자자 김 씨는 주변의 모든 사람이 메타버스 ETF로 큰 수익을 얻는 것을 보며 극심한 '소외 공포(FOMO)'를 느꼈다. 그는 뒤늦게라도 이 축제에 참여하기 위해 큰 금액을 투자하기로 마음먹었다. 그가 거래 버튼을 누르기 직전, 그의 AI 투자 조언 시스템 '카산드라'가 경고 메시지를 보냈다.

[경고: 극단적 과열 구간 진입] 분석: '메타버스 ETF' 관련 소셜 미디어 언급량이 4주 연속 300% 이상 증가, '버블', '신세계' 등 극단적 긍정 키워드가 97%를 차지하여 군중 심리가 최고조에 도달했습니다. 해당 ETF의 상대강도지수(RSI)는 88로, 기술적으로 심각한 과매수 상태입니다. 구글 트렌드 분석 결과, '메타버스 사는 법' 검색량이 역사적 최고치에 도달하여, 전문성 없는 개인 투자자의 추격 매수가 집중되고 있습니다.

결론: 펀더멘털 가치 대비 가격이 심각하게 고 평가되었습니다. 현재 시점에서의 신규 투자는 매우 높은 위험을 동반합니다.

김 씨는 AI의 경고에 실망했지만, 일단 투자를 보류하고 상황을 지켜보기로 했다.

[2단계: 절망과 패닉 셀]

화려한 축제는 짧았다. 글로벌 긴축과 경기 둔화 우려가 커지자, 아직 실체가 불분명한 메타버스 산업에 대한 기대는 빠르게 식어갔다. 주가는 곤두박질치기 시작했고, 언론의 헤드라인은 '메타버스는 신기루였나'와 같은 자극적인 제목으로 도배되었다. 고점에서 매수했던 투자자들은 공포에 질려 손실을 감수하며 주식을 내던지기 시작했다.

김 씨는 투자를 보류한 자신의 결정에 안도하면서도, 시장의 공포 분위기에 압도당하고 있었다. 그때, '카산드라'로부터 완전히 다른 종류의 알림이 도착했다.

[기회: 역발상 투자 제안] 분석: '메타버스 ETF' 관련 소셜 미디어 언급량은 급감했으나, '실패', '손실' 등 극단적 부정 키워드가 95%를

차지하여 투매 현상이 최고조에 달했습니다. 해당 ETF의 RSI는 19로, 극심한 과매도 상태입니다. 그러나, ETF를 구성하는 상위 5개 기업의 특허 출원 및 R&D 투자 데이터는 여전히 견고하여 장기적 성장 잠재력은 훼손되지 않았습니다.

결론: 시장의 과도한 공포로 인해 자산의 내재 가치 이하로 가격이 하락했습니다. 손실 회피 심리에 기반한 비이성적 투매 구간으로 판단, 장기적 관점의 분할 매수를 시작할 최적의 시점입니다.

2) **'카산드라'는 모두가 메타버스의 꿈에서 깨어나 절망을 이야기할 때, 오히려 그 꿈의 본질적 가치를 데이터로 확인하고 투자를 제안한 것이다.** 김 씨는 AI의 제안에 따라, 폭락한 메타버스 ETF를 소량씩 매수하기 시작했다.

3) **그 후 시장은 오랜 기간 침체를 겪었지만, 결국 기술의 잠재력은 다시 인정받기 시작했다.** 공포의 골짜기에서 용기 있게 씨앗을 뿌렸던 김 씨의 투자는, 훗날 시장이 회복되었을 때 가장 찬란한 과실을 맺게 되었다.

4) **시사점:** 이처럼 AI의 진정한 가치는 미래를 예측하는 것이 아니라, 인간의 집단 심리가 만들어내는 극단적인 가격 왜곡을 포착하는 데 있다. AI는 시장 참여자들의 심리 지도를 읽고, 가장 외롭고 두려운 길을 선택함으로써 가장 확실한 수익의 길로 투자자를 안내하는 궁극의 내비게이션인 것이다.

5. 변동성(Volatility)을 친구로 만드는 AI 멘탈 관리방법과 가상사례

5.1. '변동성'이라는 파도는 인간 투자자에게 공포와 불안을 유발하며, 잘못된 판단으로 이끄는 주된 원인이 된다. AI에게 변동성은 피해야 할 위험이 아니라, 오히려 수익을 창출하는 기회이다

투자의 여정은 잔잔한 호수를 항해하는 것이 아니라, 예측 불가능한 파도가 몰아치는 거친 바다를 건너는 것에 가깝다. 이때 '변동성(Volatility)'이라는 파도는 대부분의 인간 투자자에게 공포와 불안을 유발하며, 결국 잘못된 판단으로 이끄는 주된 원인이 된다.

하지만 AI에게 변동성은 피해야 할 위험이 아니라, 오히려 수익을 창출하는 에너지원이자 기회이다. AI는 투자자가 이 변동성이라는 파도를 두려워하는 대신, 그 힘을 이용하여 앞으로 나아가는 서퍼(Surfer)가 될 수 있도록 돕는 최상의 멘탈 코치이다.

5.1.1. AI가 변동성을 다루는 방식

AI가 변동성을 다루는 방식은 인간과 근본적으로 다르다. 인간이 변동성을 '위험'으로 인식하고 감정적으로 반응하는 반면, AI는 이를 '정보'로 인식하고 수학적으로 활용한다.

(1) **변동성의 객관적 측정:** AI는 '오늘 시장이 불안하다'와 같이 모호하게 느끼는 대신, 변동성 지수(VIX), 역사적 변동률, 옵션 시장의 내재 변동성 등 다양한 데이터를 통해 시장의 '파도 높이'를 실시간으로 정확하게 측정한다. 이는 공포의 대상을 명확한 데이터로 전환하여 통제 가능한 영역으로 가져오는 첫 단계이다.

(2) **변동성을 이용한 수익 창출**(Volatility Harvesting): AI는 변동성이 클수록 더 많은 기회가 생긴다는 사실을 알고리즘으로 구현한다. 앞서 설명한 '자동 리밸런싱'이 대표적인 예이다. 가격의 등락이 클수록, AI는 더 자주 '비싸게 팔고 싸게 사는' 행위를 반복할 수 있다. 즉, 시장의 소음(Noise)을 이용하여 차곡차곡 수익(Signal)을 쌓아가는 것이다.

(3) **감정적 방화벽**(Emotional Firewall) **구축**: AI는 투자자와 시장의 변동성 사이에 일종의 방화벽 역할을 한다. 시장이 급락할 때, AI는 "자산 가치 -20% 하락!"과 같은 자극적인 정보 대신, "현재 변동성은 2008년 금융위기 당시의 65% 수준이며, 당신의 포트폴리오는 사전 시뮬레이션된 위험 허용 범위 내에 있습니다. 현재 가격은 장기적 관점에서 매력적인 매수 구간입니다."와 같이 상황을 해석하고 맥락을 제공한다. 이는 투자자의 패닉 스위치가 켜지는 것을 막는 결정적인 역할을 한다.

모두가 'YES'를 외칠 때 'NO'라고 말할 용기, 역발상 투자
[https://www.jaenung.net]

5.1.2. 변동성에 대한 인간과 AI의 반응 비교

구분	인간 투자자	AI 투자 시스템
변동성 인식	'위험', '손실', '공포' 등 부정적 감정으로 인식한다.	'기회', '정보', '에너지' 등 수학적 데이터로 인식한다.
주요 행동	시장을 떠나거나(매도 후 관망), 뇌동매매(잦은 매매)를 통해 손실을 키운다.	설정된 원칙에 따라 리밸런싱을 실행하여 변동성을 초과 수익의 원천으로 활용한다.
의사결정 과정	단기적 가격 변동에 집중하며, 장기적 목표를 잊기 쉽다.	단기적 변동은 노이즈로 간주하고, 장기적 자산 배분 전략을 일관되게 유지한다.
결과	심리적 스트레스가 극대화되고, 자산 손실로 이어질 가능성이 높다.	심리적 개입을 원천 차단하고, 변동성을 이용하여 장기 수익률을 제고하는 기회가 된다.

5.2. 가상사례: AI '에퀴animity(평정심)'와 불안한 의사 안 박사

1) **소아과 의사인 안 박사는 지적인 투자자였지만, 매일같이 요동치는 주식 시장을 보면 극심한 스트레스를 받았다.** 그녀는 자산의 하락보다 그 과정에서 겪는 '불안감' 때문에 투자를 여러 번 포기했었다. 마지막이라는 심정으로, 그녀는 감정적 개입을 최소화하도록 설계된 AI 투자 시스템 '에퀴animity'에 자산을 맡겼다.

2) **상황:** 안갯속 장세, 방향성 없는 시장

어느 해 가을, 시장은 명확한 방향 없이 하루는 3% 올랐다가 다음 날은 2.5% 내리는 식의 극심한 변동성 장세를 수 주간 이어갔다. 과거의 안 박사라면 매일 밤 계좌를 확인하며 잠을 설쳤을 것이다. 그러나 '에퀴animity'는 다른 방식으로 그녀와 소통했다.

3) 어느 날 저녁, AI로부터 메시지가 도착했다.

[주간 변동성 리포트] 분석: 금주 시장의 연환산 변동성은 35%로, 이는 역사적 평균(18%)을 상회하는 높은 수준입니다. 그러나 이는 특

정 악재보다는 거시 경제 지표 발표에 따른 불확실성 증대에 기인한 것으로 분석됩니다. 당신의 포트폴리오는 이러한 변동성을 예상하여 설계되었습니다.

실행: 금주 3회의 가격 변동을 이용하여, 총자산의 0.15%에 해당하는 초과 수익을 리밸런싱을 통해 확보했습니다. 이는 '변동성 수확(Volatility Harvesting)'의 결과입니다.

AI는 단순히 등락률을 보여주는 대신, 변동성의 '원인'을 분석하고, 그 변동성을 '어떻게 이용했는지'를 보고했다.

4) **안 박사는 처음으로 시장의 흔들림이 내 자산을 갉아먹는 소음이 아니라,** 내 자산을 위한 일종의 '노동'이 될 수도 있음을 깨 달았다. 몇 주 뒤, 지루한 변동성 장세가 끝나고 시장은 원래의 위치로 돌아왔다. 시장 지수는 거의 제자리걸음을 했지만, 안 박사의 계좌는 2%가량의 플러스 수익률을 기록하고 있었다. '에퀴animity'의 최종 리포트는 다음과 같았다.

5) **[월간 성과 요약] 결론:** 해당 월의 시장 지수 수익률은 +0.2%였으나, 포트폴리오는 +2.0%의 수익을 기록했습니다. 이 차이(+1.8%)는 전적으로 높은 변동성을 활용한 11회의 자동 리밸런싱을 통해 창출된 '변동성 프리미엄'입니다.

6) **안 박사는 경이로운 감정을 느꼈다.** 자신이 가장 두려워했던 '시장의 불확실성과 흔들림'이 바로 자신의 계좌를 성장시킨 원동력이었던 것이다. AI는 그녀를 대신해 모든 감정적 고통을 감내했을 뿐만 아니라, 그 고통의 시간을 수익으로 바꿔 놓았다.

7) **시사점:** 그녀는 더 이상 시장의 파도를 두려워하지 않게 되었다. 파

도가 높을수록, 자신의 서퍼 AI가 더 멋진 묘기를 보여줄 것이라고 믿게 된 것이다. 이처럼 AI는 투자자에게 심리적 안정감을 제공하는 것을 넘어, 변동성 자체에 대한 관점을 근본적으로 바꾸어 놓는다. 변동성은 더 이상 피해야 할 적이 아니라, 꾸준히 이삭을 주워 담을 수 있는 풍요로운 밭이 된다. 이것이 바로 AI 시대의 진정한 멘탈 관리 방법인 것이다.

참고문헌

주제1: AI ETF, 제대로 알고 시작하자

제1장: ETF가 뭔 가요? - 투자 초보자를 위한 첫걸음

1. Bodie, Z., Kane, A., & Marcus, A. J. (2020). Investments. McGraw-Hill Education.
2. Ferri, R. (2011). The Power of Passive Investing: More Wealth with Less Work. John Wiley & Sons.
3. Gastineau, G. L. (2010). The Exchange-Traded Funds Manual. John Wiley & Sons.
4. 김성일. (2022). ETF 투자의 정석. 길벗.
5. 한국거래소. (2023). ETF 시장 백서. 한국거래소.

제2장: 내 생애 첫 투자, 왜 ETF일까?

1. Bogle, J. C. (2017). The Little Book of Common Sense Investing. John Wiley & Sons.
2. Malkiel, B. G. (2019). A Random Walk Down Wall Street: The Time-Tested Strategy for Successful Investing. W. W. Norton & Company.
3. Sharpe, W. F. (1991). The Arithmetic of Active Management. Financial Analysts Journal, 47(1), 7-9.
4. 성인모. (2021). ETF를 활용한 분산투자의 효과 분석. 금융공학연구, 20(2), 45-67.
5. 이찬우. (2023). 소액 투자를 통한 MZ세대의 자산 형성 연구. 한국재무학회 학술대회, 2023(1), 112-130.

제3장: 내 돈이 일할 집, 증권사 계좌 만들기

1. Financial Industry Regulatory Authority (FINRA). (2022). Choosing an Investment Professional. FINRA Foundation.
2. U.S. Securities and Exchange Commission (SEC). (2021). Investor Bulletin: How to Open a Brokerage Account. SEC Office of Investor Education and Advocacy.
3. 금융감독원. (2023). 금융소비자보호법 해설서. 금융감독원.
4. 금융투자협회. (2023). 비대면 계좌 개설 절차 및 유의사항 안내. 금융투자협회.
5. 전국은행연합회. (2022). 개인종합자산관리계좌(ISA) 활용 가이드. 전국은행연합회.

제4장: 세상의 모든 것에 투자한다, ETF의 종류

1. BlackRock. (2023). Great Migration: A Guide to Bond ETFs. BlackRock Publications.
2. Gorton, G., & Rouwenhorst, K. G. (2006). Facts and Fantasies about Commodity Futures. Financial Analysts Journal, 62(2), 47-68.
3. Hill, J. M. (2015). A Scientific Approach to ETFS: What They Are, How They Work, and How to Use Them. Palgrave Macmillan.
4. 강병욱. (2022). 채권투자 핵심 노하우. 이패스코리아.
5. 황유진. (2021). 국내 배당성장 ETF의 성과 분석 및 투자 전략. 한국증권학회지, 50(4), 501-523.

주제2: AI와 함께 ETF 투자하기: 나만의 포트폴리오 만들기

제5장: AI 시대의 투자 혁명 - 기계가 사람을 이기는 시대

1. Bartram, S. M., Branke, J., & Motahari, M. (2020). Artificial intelligence in asset management. The Cambridge Handbook of Artificial Intelligence, 1, 23-45.
2. Goodfellow, I., Bengio, Y., & Courville, A. (2016). Deep Learning. MIT Press.
3. Kolm, P. N., & Ritter, G. (2019). The Handbook of Financial Technology. John Wiley & Sons.

4. 최성필. (2021). 빅데이터와 인공지능을 활용한 금융투자 동향. 자본시장연구원 보고서, 21-03.
5. 박혜진, 이성복. (2022). 머신러닝 기반의 주가 예측 모형에 관한 연구. 지능정보연구, 28(1), 155-174.

제6장: ETF의 종류별 완전정복 - 내게 맞는 ETF 찾기

1. Ben-David, I., Franzoni, F., & Moussawi, R. (2017). Exchange-traded funds (ETFs). Annual Review of Financial Economics, 9, 169-189.
2. Rompotis, G. G. (2013). The Nontraditional Cost of Investing in Sector ETFs. Social Science Research Network.
3. Zimmerman, T. Q. (2016). The 52-Week Low Investor: A Contrarian Strategy that Lowers Risk, Beats the Market, and Overcomes Human Emotion. Harriman House.
4. 김재칠. (2020). 해외투자 ETF의 환헤지 전략과 성과 분석. 선물연구, 28(3), 289-315.
5. 신현강, 오승택. (2021). 인플레이션 헤지 수단으로서 원자재 ETF의 유용성 연구. 재무관리연구, 38(2), 1-28.

제7장: 실전! AI ETF 투자, ETF 계좌 개설부터 매매까지

1. Jung, D., Dorner, V., & Weinhardt, C. (2018). Robo-advising: A systematic literature review. Conference on e-Business, e-Services and e-Society, 23-34.
2. Lo, A. W. (2017). Adaptive Markets: Financial Evolution at the Speed of Thought. Princeton University Press.
3. 금융위원회. (2022). 로보어드바이저 테스트베드 운영 현황 및 발전방안. 금융위원회 보도자료.
4. 박민수. (2023). 핀테크 시대의 자산관리. 커리어북스.
5. 한국핀테크지원센터. (2023). 디지털 금융 리포트. 한국핀테크지원센터.

주제3: AI 기반 ETF 투자 전략 수립하기

제8장: AI 기반 ETF의 세계 - 똑똑한 기계가 고른 포트폴리오

1. Asness, C., Frazzini, A., & Pedersen, L. H. (2019). Quality at a reasonable price. Financial Analysts Journal, 75(3), 33-51.
2. Chan, E. P. (2013). Algorithmic Trading: Winning Strategies and Their Rationale. John Wiley & Sons.
3. Israel, R., Moskowitz, T. J., & Richardson, S. A. (2020). The ETF-ification of indexed investing. Journal of Portfolio Management, 46(3), 1-13.
4. 이현열. (2019). 딥러닝을 이용한 팩터 투자전략. 한국데이터정보과학회지, 30(1), 1-12.
5. 황선웅, 최우람. (2022). 퀀트 투자와 인공지능 기반 투자의 성과 비교 연구. 금융공학연구, 21(3), 1-25.

제9장: AI를 기반으로 "나만의 ETF 투자 철학" 만들기

1. Faber, M. T. (2013). The Ivy Portfolio: How to Invest Like the Top Endowments and Avoid Bear Markets. John Wiley & Sons.
2. Swedroe, L. E. (2012). The Incredible Shrinking Alpha: And What You Can Do to Escape Its Clutches. BAM Alliance Press.
3. 김솔. (2021). 머신러닝 기반의 투자자 성향 분석 및 포트폴리오 추천 시스템. 고려대학교 대학원 석사학위논문.
4. 오상훈. (2020). 로보어드바이저-자산관리 혁명. 한스미디어.
5. 장동혁, 김범. (2022). 강화학습을 이용한 동적 자산배분 포트폴리오 리밸런싱 전략. 한국지능정보시스템학회 학술대회 논문집, 2022(1), 589-596.

제10장: 투자의 황금률, AI는 자산배분을 어떻게 할까?

1. Ang, A. (2014). Asset Management: A Systematic Approach to Factor Investing. Oxford University Press.
2. Brinson, G. P., Hood, L. R., & Beebower, G. L. (1986). Determinants of portfolio performance. Financial Analysts Journal, 42(4), 39-44.

3. Ilmanen, A. (2011). Expected Returns: An Investor's Guide to Harvesting Market Rewards. John Wiley & Sons.
4. 김우성, 정재만. (2021). AI 기반 동적 자산배분 모델의 성과 연구. 재무연구, 34(2), 209-245.
5. 이웅희. (2022). 생애주기 투자 관점에서 본 연령대별 최적 포트폴리오. 보험금융연구, 33(1), 3-35.

제11장: AI ETF, 수익률 200% 활용법

1. Bernstein, W. J. (2017). The Four Pillars of Investing: Lessons for Building a Winning Portfolio. McGraw-Hill Education.
2. Clements, J. (2014). How to Think About Money. Jonathan Clements.
3. 강창희. (2019). 당신의 노후는 당신의 부모와 다르다. 토네이도.
4. 미래에셋은퇴연구소. (2023). 연금저축과 IRP를 활용한 스마트 세테크. 미래에셋은퇴연구소.
5. 존 리. (2020). 존리의 부자되기 습관. 지식노마드.

제12장: 수수료와 세금, 똑똑하게 절약하기

1. Ferri, R., & Benke, A. (2014). A Case for Index Fund Portfolios. Journal of Indexes, 17(3), 12-24.
2. U.S. Department of the Treasury. (2023). Tax Guide for Investors. Internal Revenue Service (IRS).
3. 국세청. (2023). 금융투자소득 세법 해설. 국세청.
4. 김도형. (2022). 개인종합자산관리계좌(ISA)의 세제 혜택 분석 및 개선 방안. 조세연구, 22(1), 7-35.
5. 박현진. (2021). 해외주식 및 ETF 투자 시 절세 전략 연구. 세무와 회계 연구, 10(2), 123-145.

제13장: AI의 추천, 100% 믿어도 될까?

1. Knight, F. H. (1921). Risk, Uncertainty, and Profit. Houghton Mifflin.
2. Taleb, N. N. (2010). The Black Swan: The Impact of the Highly Improbable. Random House.

3. O'Neil, C. (2016). Weapons of Math Destruction: How Big Data Increases Inequality and Threatens Democracy. Crown.
4. 유진. (2022). 인공지능 기반 금융투자의 잠재적 위험과 규제 방안. AI 법과 윤리, 2(1), 55-78.
5. 천창민. (2021). 데이터 편향이 AI 투자 모델에 미치는 영향 연구. 자본시장연구원 보고서, 21-10.

제14장: 투자 고수처럼 ETF 정보 해석하기

1. Elton, E. J., Gruber, M. J., de Souza, A., & Blake, C. R. (2019). Are Investors Rational? Choices Among Index Funds. The Journal of Finance, 74(3), 1335-1376.
2. Shin, J. H., & Soydemir, G. (2010). Exchange-traded funds, tracking error and the significance of the expense ratio. Journal of Economics and Finance, 34(3), 289-302.
3. 금융투자협회. (2023). 펀드 및 ETF 공시정보 활용 가이드. 금융투자협회.
4. 송홍선. (2020). 국내 ETF 시장의 추적오차 발생 원인과 개선 방안. 자본시장연구원 이슈보고서, 20-05.
5. 한국펀드평가. (2022). 좋은 펀드 고르는 법: 정량 지표 활용 가이드. U-Choice.

제4부: 시장이 흔들릴 때, AI는 어떻게 위기를 관리할까?

제15장: 위험 관리의 기술 - 손실을 최소화하는 법

1. Jorion, P. (2007). Value at Risk: The New Benchmark for Managing Financial Risk. McGraw-Hill.
2. Lee, K., & Lee, D. (2020). A study on deep learning-based financial time series prediction. Journal of Intelligent & Fuzzy Systems, 39(1), 1-10.
3. Thaler, R. H. (2015). Misbehaving: The Making of Behavioral Economics. W. W. Norton & Company.
4. 김성준, 윤정선. (2022). 강화학습 기반의 최적 손절매 및 익절매 전략 연구. 한국산업정보학회논문지, 27(1), 63-74.

5. 박영석. (2021). 금융위기 시 동적 자산배분 전략의 위험관리 효과 분석. 재무연구, 34(1), 1-32.

제16장: 공포에 팔지 않고, 탐욕에 사지 않는 원칙 세우기

1. Kahneman, D. (2011). Thinking, Fast and Slow. Farrar, Straus and Giroux.
2. Shiller, R. J. (2015). Irrational Exuberance. Princeton University Press.
3. Shefrin, H. (2002). Beyond Greed and Fear: Understanding Behavioral Finance and the Psychology of Investing. Oxford University Press.
4. 김민정, 곽준식. (2021). 소셜미디어 텍스트 마이닝을 통한 투자자 감성지수와 주가 예측. 경영과학, 38(4), 57-75.
5. 이준재. (2022). 행동경제학 관점에서 본 투자자의 비이성적 행태와 AI의 역할. 금융학회 공동학술대회, 2022(2), 250-270.

【저자 약력】

원제무

저자는 한양대 공대, 서울대 환경대학원, 미국 UCLA도시건축대학원을 졸업하고, MIT도시대학원에서 도시계획 및 교통계획 박사학위를 받았다.
저자는 귀국 후 KAIST 도시교통연구본부장, 서울연구원 선임연구위원, 서울시립대 도시공학과 교수 등을 거쳐 국토도시계획학회장과 한양대 도시대학원장을 역임했다.
현재는 한양대 도시대학원 명예교수로 재직하면서 연구와 강의를 해오고 있다.

AI가 골라 담는 ETF
– 95개 가상사례로 읽는 AI 기반 ETF 투자 전략 –

초판 인쇄 2025년 11월 15일
초판 발행 2025년 11월 20일

지은이 원제무
펴낸이 박노일

총괄기획 최준규
편 집 이상민

펴낸곳 pnc publishing and culture 피앤씨미디어
경기도 고양시 일산동구 강송로 153, 310-1501
등록 제396-2012-000203호
전 화 070)7550-3758 팩 스 02)6280-3758
홈페이지 www.pncmedia.co.kr 이메일 pnc@pncmedia.co.kr
ISBN 979-11-7401-055-1 93500

정 가 23,000원